Schriften zum Baurecht

Herausgegeben von

Prof. Dr. Christoph Degenhart, Universität Leipzig
Prof. Dr. Wolfgang Durner, Universität Bonn
Prof. Dr. Annette Guckelberger, Universität des Saarlandes
Prof. Dr. Martin Kment, Universität Augsburg
Prof. Dr. Thomas Mann,
　Georg-August-Universität Göttingen
Prof. Dr. Gerd Motzke, OLG München
Prof. Dr. Stefan Muckel, Universität zu Köln
Prof. Dr. Wolfgang Voit, Philipps-Universität Marburg
Prof. Dr. Heinrich Amadeus Wolff,
　Europa-Universität Viadrina Frankfurt (Oder)
Prof. Dr. Dr. h.c. Jan Ziekow, Deutsches Forschungs-
　institut für öffentliche Verwaltung, Speyer

Band 20

Anne Herrmann

Die Reduzierung der Flächeninanspruchnahme durch das Bauplanungsrecht

Juristische Geltung und Realisierung im sozialen System

 Nomos

Die Deutsche Nationalbibliothek verzeichnet diese Publikation in
der Deutschen Nationalbibliografie; detaillierte bibliografische
Daten sind im Internet über http://dnb.d-nb.de abrufbar.

ISBN 978-3-8487-5721-3 (Print)
ISBN 978-3-8452-9853-5 (ePDF)

1. Auflage 2019
© Nomos Verlagsgesellschaft, Baden-Baden 2019. Gedruckt in Deutschland. Alle Rechte,
auch die des Nachdrucks von Auszügen, der fotomechanischen Wiedergabe und der
Übersetzung, vorbehalten. Gedruckt auf alterungsbeständigem Papier.

Inhaltsverzeichnis

Einleitung   17

Erster Teil: Grundlagen   26

Erstes Kapitel: Flächeninanspruchnahme und nachhaltige Flächennutzung   26

    I. Die Auswirkungen von Flächeninanspruchnahme   26
       1. Folgen für die Ressource Fläche   27
       2. Folgen für die Ressource Luft   30
       3. Folgen für die Qualität des Siedlungsgebietes   31
       4. Folgen für den Haushalt der Gemeinden   32
    II. Der Umgang mit Fläche im Laufe der Siedlungsentwicklung   34
    III. Maßnahmen nachhaltiger Flächennutzung zur Reduzierung der Flächeninanspruchnahme   39
       1. Unterlassung der Flächeninanspruchnahme   40
          a. Nachhaltige Nutzung des Siedlungsgebietes   42
             aa. Nutzungskoordination, Nutzungsintensivierung, Mehrfachnutzung   42
             bb. Folgenutzung   44
          b. Nachhaltige Baustruktur des Siedlungsgebietes   48
             aa. Ausschöpfung des Potentials der Höhe und des Untergrundes   48
             bb. Ausschöpfung des Potentials der Fläche   50

Inhaltsverzeichnis

c.	Nachhaltige Mobilität im Siedlungsgebiet	52
aa.	Nutzungsmischung und Nachverdichtung anderer Nutzungen	53
bb.	Nachhaltige Nutzung der Verkehrsebenen	55
cc.	Ausschöpfung des Potentials der Höhe und des Untergrundes für Verkehrsebenen	55
d.	Stadtökologie	56
2.	Reduzierung der Flächeninanspruchnahme (im engeren Sinn)	58
3.	Freiraumentwicklung	59
4.	Renaturierung	60

Zweites Kapitel: Das Bauplanungsrecht als Instrument zur Reduzierung der Flächeninanspruchnahme   64

I. Die Eignung des Bauplanungsrechts für eine Reduzierung der Flächeninanspruchnahme   64
II. Die Wirkung des Bauplanungsrechts auf eine Reduzierung der Flächeninanspruchnahme   66
  1. Die Phase der Implementation   71
  2. Wirkungsfaktoren   73
    a. Merkmale des Problems   73
    b. Merkmale der Implementationsinstanz   74
      aa. Wertvorstellungen und Interessen   74
      bb. Verwaltungskultur   78
    c. Merkmale des gesellschaftlichen Bereichs   82
      aa. Gesellschaftliche Verhältnisse   82
      bb. Zielgruppen   84
    d. Merkmale der Normen   87
      aa. Klarheit der Normen   87
      bb. Regelungsdichte   89
      cc. Organisation   90
      dd. Programmtyp   91

		ee. Steuerung der Anwendung der Normen	92
	3.	Subjektiver Nutzen	93
	4.	Zusammenfassung der Anforderungen an die Wirkung	94

Drittes Kapitel: Verfassungsrechtliche Pflichten und Grenzen bezüglich der Auswirkungen von Flächeninanspruchnahme   98

    I. Verfassungsrechtliche Pflichten und Grenzen des Schutzes der Ressource Fläche   98
      1. Die Pflicht des Schutzes aus den Grundrechten   98
      2. Die Pflicht des Schutzes aus dem Umweltschutzprinzip   100
        a. Zielsetzung bezüglich der Ressource Fläche   101
        b. Adressaten der Zielsetzung   106
          aa. Gesetzgebung   107
          bb. Vollziehende Gewalt   109
          cc. Rechtsprechung   111
          dd. Die Planungshoheit der Gemeinden   111
        c. Verfassungsrechtliche Grenzen   114
          aa. Verfassungsrechtliche Vorgaben für die Stadtökologie   116
            (1) Schutz des Menschen   116
            (2) Schutz des Naturhaushalts   117
          bb. Wirtschaftsverfassung   118
            (1) Gesamtwirtschaftliches Gleichgewicht   118
            (2) Die Baufreiheit   120
            (3) Die Berufsfreiheit   124
    II. Verfassungsrechtliche Pflichten und Grenzen bezüglich der weiteren Auswirkungen der Flächeninanspruchnahme   127

Inhaltsverzeichnis

Zweiter Teil: Untersuchung des Bauplanungsrechts　130

Erstes Kapitel: Bauleitplanung　130

 Erster Abschnitt: Bauleitpläne als Grundlage der Flächennutzung　130

  I. Einführung　130
  II. Direkte Unterlassung der Flächeninanspruchnahme　134
   1. Bauflächen und Baugebiete　134
   2. Flächen für den überörtlichen Verkehr　137
   3. Freihaltung von Flächen　138
  III. Indirekte Unterlassung der Flächeninanspruchnahme durch Innenentwicklung　138
   1. Nachhaltige Nutzung des Siedlungsgebietes　139
    a. Nutzungsintensivierung　139
    b. Folgenutzung　140
    c. Zwischennutzung　140
   2. Nachhaltige Baustruktur des Siedlungsgebietes　143
    a. Ausschöpfung des Potentials der Höhe　143
     aa. Höhe baulicher Anlagen　143
     bb. Zahl der Vollgeschosse　144
     cc. Höhenlage　146
    b. Ausschöpfung des Potentials der Fläche　146
     aa. Freiflächen innerhalb des Siedlungsgebietes　147
     bb. Bebaubarkeit der Grundstücksfläche　148
      (1) Grundfläche　148
      (2) Überbaubare Grundstücksfläche　151
      (3) Bauweise　153
      (4) Abstandsflächen　154
      (5) Aspekte der Wirkung hinsichtlich der Bebaubarkeit der Grundstücksfläche　154

cc. Größe der Grundstücke	156
c. Ausschöpfung des Potentials des Untergrundes	157
aa. Überbaubare Grundstücksfläche	158
bb. Maß der baulichen Nutzung	159
d. Ausschöpfung des Potentials der Fläche, der Höhe und des Untergrundes	160
aa. Bebaubarkeit der Grundstücke	160
(1) Geschossfläche	160
(2) Baumasse	163
(3) Aspekte der Wirkung hinsichtlich der Bebaubarkeit der Grundstücke	165
bb. Zahl der Wohnungen in Wohngebäuden	165
3. Nachhaltige Mobilität im Siedlungsgebiet	166
a. Nutzungsmischung und Nachverdichtung anderer Nutzungsarten	166
aa. Begrenzung von Nutzungskonflikten	166
bb. Wohnklima	169
b. Nachhaltige Nutzung der Verkehrsebenen	171
c. Ausschöpfung des Potentials der Höhe und des Untergrundes für Verkehrsebenen	172
IV. Reduzierung der Flächeninanspruchnahme	174
V. Freiraumentwicklung	174
1. Naturgemäße Flächennutzung	174
a. Grünflächen sowie Schutz, Pflege und Entwicklung von Boden, Natur und Landschaft	174
b. Landwirtschaft und Wald	176
c. Aspekte der Wirkung hinsichtlich naturgemäßer Flächennutzung	177
2. Der Erholung dienende Sondergebiete	178
VI. Renaturierung	178

Inhaltsverzeichnis

Zweiter Abschnitt:	Die Abwägung in der Bauleitplanung	181

    I. Einführung   181
    II. Maßnahmen nachhaltiger Flächennutzung zur Reduzierung der Flächeninanspruchnahme   186
        1. Umweltschutz   186
            a. Planungsziele   186
            b. Planungsleitlinien   188
            c. Aspekte der Wirkung hinsichtlich der Planungsziele und -leitlinien   190
        2. Bevölkerung   194
        3. Wirtschaft   195
    III. Direkte Unterlassung der Flächeninanspruchnahme   196
    IV. Indirekte Unterlassung der Flächeninanspruchnahme durch Innenentwicklung   198
        1. Innenentwicklung   198
            a. Offenheit der Planung   198
            b. Vorrang der Innenentwicklung   199
            c. Vorhandene Ortsteile   200
            d. Bodenschutzklausel und Umwidmungssperrklausel   201
            e. Planerische Eingriffsregelung   204
        2. Nachhaltige Nutzung des Siedlungsgebietes   205
        3. Nachhaltige Baustruktur des Siedlungsgebietes   208
        4. Nachhaltige Mobilität im Siedlungsgebiet   209
            a. Nutzungsmischung und Nachverdichtung anderer Nutzungsarten   209
                aa. Vermeidung und Verringerung von Verkehr   210
                bb. Begrenzung von Nutzungskonflikten   210
                cc. Zentrale Versorgungsbereiche   211
                dd. Wohnklima   213
            b. Nachhaltige Nutzung der Verkehrsebenen   214

Inhaltsverzeichnis

	c. Ausschöpfung des Potentials der Höhe und des Untergrundes für Verkehrsebenen	215
V.	Reduzierung der Flächeninanspruchnahme	215
	1. Offenheit der Planung	215
	2. Bodenschutzklausel	216
	3. Planerische Eingriffsregelung	216
VI.	Freiraumentwicklung	217
	1. Naturschutz	217
	2. Land- und Forstwirtschaft	218
	3. Planerische Eingriffsregelung	219
VII.	Renaturierung	221

Dritter Abschnitt: Aspekte der Wirkung in der Bauleitplanung 223

    I. Bauleitplanung und Zielgruppen 223
       1. Das kooperative Städtebaurecht 223
       2. Ausnahmen und Befreiungen 226
       3. Sozialplan 228
       4. Instrumente zur Sicherung und Verwirklichung der Bauleitpläne 228
    II. Der Bebauungsplan der Innenentwicklung 230
    III. Die Kontrolle von Bauleitplänen 231
       1. Genehmigungsbedürftigkeit 231
       2. Begründung und zusammenfassende Erklärung 233
       3. Heilungs- und Unbeachtlichkeitsvorschriften 233

Zweites Kapitel: Planungsersatzvorschriften 236

    I. Einführung 236
    II. Direkte Unterlassung Flächeninanspruchnahme 237
       1. Abgrenzung Innenbereich und Außenbereich 237

Inhaltsverzeichnis

	a.	Im Zusammenhang bebaute Ortsteile	238
	b.	Innenbereichssatzungen	240
	c.	Aspekte der Wirkung bei der Abgrenzung von Innenbereich und Außenbereich	242
2.	Vorhaben im Außenbereich		243
	a.	Privilegierte Vorhaben	243
	b.	Teilprivilegierte Vorhaben	245
	c.	Vorhaben und Außenbereichssatzungen	246
	e.	Aspekte der Wirkung bei Vorhaben im Außenbereich	247

III. Indirekte Unterlassung der Flächeninanspruchnahme durch Innenentwicklung — 248
   1. Innenentwicklung — 248
   2. Nachhaltige Nutzung des Siedlungsgebietes — 251
      a. Nutzungskoordination, Nutzungsintensivierung und Mehrfachnutzung — 251
      b. Folgenutzung — 252
   3. Nachhaltige Baustruktur des Siedlungsgebietes — 254
      a. Einfügungsgebot — 254
      b. Abgrenzung Innenbereich und Außenbereich — 255
   4. Nachhaltige Mobilität im Siedlungsgebiet — 256
      a. Nutzungsmischung — 256
         aa. Abweichen vom Erfordernis des Einfügens — 256
         bb. Zentrale Versorgungsbereiche — 257
         cc. Vergnügungsstätten — 260
      b. Weitere Maßnahmen der nachhaltigen Mobilität im Siedlungsgebiet — 262
IV. Reduzierung der Flächeninanspruchnahme — 262
      a. Konzentrationszonen — 262
      b. Ausführung der Vorhaben — 264
V. Freiraumentwicklung — 265
VI. Renaturierung — 267

Drittes Kapitel: Besonderes Städtebaurecht　269

   I. Einführung　269
   II. Direkte Unterlassung der Flächeninanspruchnahme: Städtebauliche Entwicklungsmaßnahmen　271
   III. Indirekte Unterlassung der Flächeninanspruchnahme durch Innenentwicklung　274
      1. Nachhaltige Nutzung des Siedlungsgebietes　275
         a. Folgenutzung: Erhaltungssatzungen　275
         b. Mobilisierung von Brachflächen　275
            aa. Städtebauliche Sanierungsmaßnahmen　276
               (1) Substanzschwäche　276
               (2) Funktionsschwäche　277
               (3) Öffentliches Interesse　278
               (4) Sanierungsrechtliches Abwägungsgebot　280
               (5) Aspekte der Wirkung bei städtebaulichen Sanierungsmaßnahmen　280
            bb. Stadtumbaumaßnahmen　282
               (1) Funktionsverlust　282
               (2) Öffentliches Interesse　282
               (3) Abwägungsgebot für den Stadtumbau　283
               (4) Aspekte der Wirkung bei Stadtumbaumaßnahmen　284
            cc. Städtebauliche Entwicklungsmaßnahmen　285
         c. Zwischennutzung: Stadtumbaumaßnahmen　287
      2. Nachhaltige Baustruktur des Siedlungsgebietes　287
         a. Ausschöpfung des Potentials der Fläche　287
            aa. Grünflächen　288
               (1) Städtebauliche Sanierungsmaßnahmen　288

Inhaltsverzeichnis

(2) Stadtumbaumaßnahmen		289
bb. Abstandsflächen: Städtebauliche Sanierungsmaßnahmen		290
cc. Brachflächen		291
(1) Städtebauliche Sanierungsmaßnahmen		291
(2) Stadtumbaumaßnahmen		292
(3) Städtebauliche Entwicklungsmaßnahmen		292
(4) Aspekte der Wirkung hinsichtlich der Ausschöpfung des Potentials der Fläche durch Brachflächen		293
b. Ausschöpfung des Potentials der Fläche und Höhe: Städtebauliche Sanierungsmaßnahmen		294
3. Nachhaltige Mobilität im Siedlungsgebiet		295
a. Verkehr		295
aa. Städtebauliche Sanierungsmaßnahmen		295
bb. Stadtumbaumaßnahmen		296
b. Nutzungsmischung		296
aa. Begrenzung von Nutzungskonflikten: Städtebauliche Sanierungsmaßnahmen		297
bb. Versorgungsfunktion eines Gebietes		297
(1) Städtebauliche Sanierungsmaßnahmen		297
(2) Stadtumbaumaßnahmen		298
(3) Private Initiativen		299
cc. Wohnklima in einem Gebiet		300
(1) Städtebauliche Sanierungsmaßnahmen		300
(2) Stadtumbaumaßnahmen		301
(3) Städtebauliche Entwicklungsmaßnahmen		301

(4) Städtebauliche Maßnahmen
der Sozialen Stadt 302
IV. Reduzierung der Flächeninanspruchnahme:
Städtebauliche Entwicklungsmaßnahmen 303
V. Freiraumentwicklung: Städtebauliche
Entwicklungsmaßnahmen 304
VI. Renaturierung 305
  1. Städtebauliche Sanierungsmaßnahmen 305
  2. Stadtumbaumaßnahmen 305
  3. Städtebauliche Entwicklungsmaßnahmen 307
VII. Aspekte der Wirkung im besonderen
Städtebaurecht 307
  1. Sanierungsverfahren und Umgang mit
Betroffenen 308
  2. Städtebauförderung 309

Dritter Teil: Untersuchungsergebnis 312

I. Entwicklung des Bauplanungsrechts 312
II. Zusammenfassung der
bauplanungsrechtlichen Normen:
Maßnahmen 314
  1. Direkte Unterlassung der
Flächeninanspruchnahme 314
  2. Innenentwicklung 315
  3. Nutzungskoordination,
Nutzungsintensivierung und
Mehrfachnutzung 316
  4. Folgenutzung 317
  5. Nachverdichtung 318
  6. Nachhaltige Mobilität im Siedlungsgebiet 321
  7. Reduzierung der
Flächeninanspruchnahme
(im engeren Sinn) 324
  8. Freiraumentwicklung 325
  9. Renaturierung 326
III. Zusammenfassung der
bauplanungsrechtlichen Normen:
Wirkungsanforderungen 326
  1. Zweck der Normen 327

Inhaltsverzeichnis

      2. Struktur der Normen   329
      3. Ausgestaltung der Normen hinsichtlich
         der Zielgruppen   332
      4. Verfahren zu den Normen   333
      5. Steuerung der Anwendung der Normen   336

Hauptthesen der Untersuchung   339

Literaturverzeichnis   345

Einleitung

Flächeninanspruchnahme ist ein zentrales Umweltproblem, da der Boden die Lebensgrundlage des Menschen und zugleich eine knappe Ressource ist. Indem der Mensch stets neue Fläche für sich als Lebensraum beansprucht, gefährdet er damit seine eigene Lebensgrundlage: Ökosysteme gehen verloren und die Landwirtschaft als Grundlage der Ernährung wird geschädigt.[1] Von Flächeninanspruchnahme negativ betroffen sind darüber hinaus die Qualität des Siedlungsgebietes und der Haushalt der Gemeinden. In Deutschland stellt Flächeninanspruchnahme ein aktuelles großes Problem dar.[2]

Anhand der Statistik der Flächenerhebung nach der Art der tatsächlichen Nutzung des Statistischen Bundesamtes lässt sich die Flächeninanspruchnahme in der Bundesrepublik Deutschland nachvollziehen.[3] Die Umwandlung von natürlichen und naturnahen Flächen und Flächen der land- und forstwirtschaftlichen Bewirtschaftung in Siedlungs- und Verkehrsflächen wird unter den Begriff der Flächeninanspruchnahme gefasst.[4] Auch der Begriff Flächenverbrauch ist gebräuchlich, jedoch nicht wissenschaftlich korrekt, da eine Fläche nicht verbraucht werden kann, sondern stets vorhanden bleibt und sich lediglich die Nutzung der Fläche ändert[5]. Siedlungs- und Verkehrsflächen umfassen verschiedene Flächennutzungsarten mit dem gemeinsamen Kennzeichen, dass sie überwiegend siedlungswirtschaftlichen Zwecken dienen oder eine siedlungswirtschaftliche Ergänzungsfunktion aufweisen.[6] Dazu zählen die Gebäude- und zugehörigen Freiflächen, Betriebsflächen (ohne Abbauland), Erholungsflächen (einschließlich Friedhöfe) sowie Verkehrsflächen.[7] Grundlage dieser Erhebung sind die amtlichen Liegenschaftskataster.[8] Um den Trend besser widerzuspiegeln, veröffentlicht das Statistische Bundesamt seit 1992 gleitende vier-

---

1 Vgl. *Bock/Preuß*, in: Bock/Hinzen/Libbe, Nachhaltiges Flächenmanagement, S. 27.
2 Vgl. BT-Drucks. 18/4172; *Statistisches Bundesamt*, Statistisches Jahrbuch 2016, S. 467.
3 Siehe *Statistisches Bundesamt*, Statistisches Jahrbuch 2016, S. 465.
4 Vgl. *Rink/Banzhaf*, in: Groß, Handbuch Umweltsoziologie, S. 448.
5 *Ruppert*, in: Job/Pütz, Flächenmanagement, S. 1 f.
6 *Jörissen/Coenen*, Sparsame und schonende Flächennutzung, S. 35.
7 Vgl. *Statistisches Bundesamt*, Statistisches Jahrbuch 2016, S. 476.
8 *Statistisches Bundesamt*, Statistisches Jahrbuch 2016, S. 467.

Einleitung

jährige Durchschnittszahlen.⁹ Im 4-Jahres-Zeitraum von 1997 bis 2000 lag der Zuwachs der Siedlungs- und Verkehrsflächen bei 129 Hektar pro Tag.¹⁰ Seit der Jahrtausendwende hat der Zuwachs der Siedlungs- und Verkehrsflächen kontinuierlich abgenommen.¹¹ 2005 lag die vierjährige Durchschnittszahl bei 114 Hektar pro Tag, 2010 bei 87 Hektar pro Tag und 2014 bei 69 Hektar pro Tag.¹²

Die politischen Reaktionen in der Bundesrepublik Deutschland auf das Problem der Flächeninanspruchnahme begannen in den 1970er Jahren.¹³ 1976 forderte der Beirat für Raumordnung in seinem System gesellschaftlicher Indikatoren zur Sicherung der natürlichen Lebensgrundlagen und für den räumlichen Ausgleich der Lebensbedingungen 2.000 m² Freifläche pro Person als Mindestanspruch.¹⁴ Als das Umweltbewusstsein der Bevölkerung in den 1980er Jahren stieg, widmete sich die Politik verstärkt dem Umweltschutz. 1983 sprach sich die vom Bundesminister des Inneren sowie Ernährung, Landwirtschaft und Forsten eingesetzte Projektgruppe „Aktionsprogramm Ökologie" dafür aus, dass die weitere Versiegelung von Flächen durch Überbauung auf ein Mindestmaß zu reduzieren sei.¹⁵ 1985 thematisierte die Bodenschutzkonzeption der Bundesregierung die Flächeninanspruchnahme.¹⁶ Durch die anhaltende Flächeninanspruchnahme sei eine Flächennutzungspolitik notwendig, daher lege die Bodenschutzkonzeption als Ziel eine „Trendwende im Landverbrauch" fest.¹⁷ Unter anderem seien dabei noch vorhandene natürliche und naturnahe Flächen grundsätzlich zu sichern und vor neuer Baulandausweisung unter anderem die innergemeindliche Bestandserhaltung und das flächensparende Bauen zu fördern.¹⁸ Mit der Entschließung der Ministerkonferenz für Raumord-

---

9 Vgl. *Statistisches Bundesamt*, Nachhaltige Entwicklung in Deutschland. Daten zum Indikatorenbericht 2016, S. 56.
10 Vgl. Statistisches Bundesamt, Nachhaltige Entwicklung in Deutschland. Daten zum Indikatorenbericht 2016, S. 56.
11 Vgl. Statistisches Bundesamt, Nachhaltige Entwicklung in Deutschland. Daten zum Indikatorenbericht 2016, S. 56.
12 *Statistisches Bundesamt*, Statistisches Jahrbuch 2016, S. 465.
13 Vgl. *Scholich*, in: ARL, Handwörterbuch der Raumordnung, S. 309.
14 *Scholich*, in: ARL, Handwörterbuch der Raumordnung, S. 309; *Plogmann*, Zur Konkretisierung der Raumordnungsziele durch gesellschaftliche Indikatoren, S. 35 ff.
15 *Bundesminister des Innern*, Abschlußbericht der Projektgruppe „Aktionsprogramm Ökologie", S. 32.
16 BT-Drucks. 10/2977, S. 31 ff.
17 BT-Drucks. 10/2977, S. 8 und 33.
18 BT-Drucks. 10/2977, S. 8.

nung „Raumordnung und Schutz des Bodens" vom 14.12.1987 fand der Begriff Flächenhaushaltspolitik erstmalig Eingang in raumordnungspolitische Dokumente.[19] Dieser war von Akademie für Raumforschung und Landesplanung im Jahr 1987 geprägt worden.[20] Durch Flächenhaushaltspolitik sollen die Flächenressourcen auf allen Ebenen der räumlichen Planung haushälterisch behandelt werden wie etwa die finanziellen Ressourcen durch das Erfassen der Entwicklung und der Auswirkungen der Flächennutzung sowie der örtlichen und überörtlichen Bilanzierung und Bewertung der Flächeninanspruchnahme.[21] 1997 forderte die Enquete-Kommission „Schutz des Menschen und der Umwelt – Ziele und Rahmenbedingungen einer nachhaltig zukunftsverträglichen Entwicklung" eine deutliche Verlangsamung der Umwandlung von unbebauten Flächen in Siedlungs- und Verkehrsflächen.[22] Anzustreben sei bis 2010 eine Umwandlungsrate von 10 % der Rate von 1993 bis 1994,[23] dies wären 12 Hektar pro Tag. Langfristig sei die Umwandlung vollständig zu kompensieren, unter anderem durch Entsiegelung.[24] 1998 hielt das Umweltbundesamt in seinem Entwurf eines umweltpolitischen Schwerpunktprogrammes ebenfalls eine Reduzierung der Flächeninanspruchnahme für notwendig.[25] 2002 legte die Nachhaltigkeitsstrategie der Bundesregierung das Ziel einer Flächeninanspruchnahme von maximal 30 Hektar pro Tag im Jahr 2020 als eine Reaktion auf den Weltgipfel für nachhaltige Entwicklung 2002 in Johannesburg fest.[26] Auch in der nationalen Strategie zur biologischen Vielfalt von 2007 wurde dieses Ziel nochmals betont.[27] Diese politische Zielsetzung gilt bis heute.[28] In der Neuauflage der Nachhaltigkeitsstrategie der

---

19 *Scholich*, in: ARL, Handwörterbuch der Raumordnung, S. 309; siehe Entschließung v. 14. 12. 1987 der Ministerkonferenz für Raumordnung „Novellierung des Raumordnungsgesetzes", GMBl. 1988, S. 130.
20 Siehe *Borchard*, in: ARL, Flächenhaushaltspolitik: ein Beitrag zum Bodenschutz, S. 9.
21 *ARL*, Flächenhaushaltspolitik: ein Beitrag zur nachhaltigen Raumentwicklung, S. 1 f.
22 BT-Drucks. 13/11200, S. 129.
23 BT-Drucks. 13/11200, S. 129.
24 BT-Drucks. 13/11200, S. 129.
25 *Bundesministerium für Umwelt, Naturschutz und Reaktorsicherheit, Referat Öffentlichkeitsarbeit*, Nachhaltige Entwicklung in Deutschland, S. 58 ff.
26 *Presse- und Informationsamt der Bundesregierung*, Perspektiven für Deutschland, S. 99.
27 *BMU*, Nationale Strategie zur biologischen Vielfalt: vom Bundeskabinett am 7. November 2007 beschlossen, S. 51.
28 Siehe BT-Drucks. 18/12065, S. 2; *BMUB*, Deutsches Ressourceneffizienzprogramm II, S. 39; BT-Drucks. 18/4172, S. 3.

Einleitung

Bundesregierung 2016 wird darüber hinaus das Ziel gesetzt, die Flächeninanspruchnahme bis 2030 um 30 Hektar minus X pro Tag zu senken.[29]

Die politische Zielsetzung einer Reduzierung der Flächeninanspruchnahme auf maximal 30 Hektar pro Tag im Jahr 2020 entspricht nicht der tatsächlichen Siedlungsentwicklung.[30] Es ist mit einer deutlichen Zielüberschreitung zu rechnen.[31] Es besteht daher großer Handlungsbedarf, um die Lücke zwischen der tatsächlichen Siedlungsentwicklung und den politischen Forderungen schließen zu können. Als ein maßgebliches Instrument zur Reduzierung der Flächeninanspruchnahme wird dabei stets auch das Bauplanungsrecht genannt.[32] So war die Reduzierung der Neuinanspruchnahme von Flächen einer der Anlässe für die BauGB-Novelle 2013.[33] Auch die BauGB-Novelle 2017 geht auf die Reduzierung der Flächeninanspruchnahme ein,[34] in dessen Mittelpunkt jedoch die Stärkung des Zusammenlebens in der Stadt steht.[35]

Diese Arbeit möchte den aktuellen Beitrag des Bauplanungsrechts zur Problemlösung der Flächeninanspruchnahme herausarbeiten, wodurch sich die konkreten Weiterentwicklungsmöglichkeiten in diese Richtung erschließen. Dafür müssen drei Fragen beantwortet werden:
1. Wie kann das Problem der Flächeninanspruchnahme gelöst werden?
2. Inwiefern ist die Problemlösung in das Bauplanungsrecht übersetzt?
3. Inwiefern erfüllt diese Übersetzung Wirkungsanforderungen für die Realisierung im sozialen System?

Zur Beantwortung der 1. Frage wurden in der Forschung Strategien entwickelt, dabei tritt insbesondere die Anwendung des Kreislaufgedankens auf die Fläche hervor.[36] Zur Beantwortung der 2. Frage werden in der Forschung Instrumente des Bauplanungsrechts auf eine Reduzierung der Flä-

---

29 *Die Bundesregierung*, Deutsche Nachhaltigkeitsstrategie. Neuauflage 2016, S. 38.
30 Vgl. *Statistisches Bundesamt*, Nachhaltige Entwicklung in Deutschland. Indikatorenbericht 2016, S. 73.
31 Vgl. *Statistisches Bundesamt*, Nachhaltige Entwicklung in Deutschland. Indikatorenbericht 2016, S. 73.
32 Vgl. *Köck/Hofmann*, in: Umweltbundesamt, Effektivierung des raumbezogenen Planungsrechts, S. 11 ff.; *BBR*, Perspektive Flächenkreislaufwirtschaft, Instrumente und Akteure, S. 37 ff.; *BMUB*, Deutsches Ressourceneffizienzprogramm II, S. 39.
33 Vgl. BT-Drucks. 18/10942, S. 32.
34 Vgl. BT-Drucks. 18/10942, S. 1 f.
35 *Bundesministerium für Verkehr, Bau und Stadtentwicklung*, Berliner Gespräche, Band 1, S. 5.
36 Beispielsweise *Akademie für Raumforschung und Landesplanung (ARL) (Hrsg.)*, Flächenhaushaltspolitik: Feststellungen und Empfehlungen für eine zukunftsfähige

cheninanspruchnahme hin untersucht[37] oder auf einzelne Maßnahmen in diesem Zusammenhang wie der Mobilisierung von Brachflächen[38]. Die 3. Frage kann mit der Forschung in Verbindung gebracht werden, die die Praxis der Siedlungsentwicklung in den Gemeinden beschreibt und bewertet.[39] An diesen Forschungsstand knüpft die Arbeit an, indem sie den Sachverhalt zur Problemlösung der Flächeninanspruchnahme tiefer differenziert und das Bauplanungsrecht sodann auf diesen hin unter Einbeziehung der Ansätze aus der Implementationsforschung untersucht.

Die Arbeit ist in drei Teile gegliedert: In Teil I werden die für die weitere Untersuchung notwendigen Grundlagen erarbeitet, in Teil II erfolgt sodann eine dementsprechende Analyse des Bauplanungsrechts, das Untersuchungsergebnis wird in Teil III dargestellt.

Raum- und Siedlungsentwicklung, Hannover 1999; *Bundesamt für Bauwesen und Raumordnung (BBR) (Hrsg.)*, Perspektive Flächenkreislaufwirtschaft: Kreislaufwirtschaft in der städtischen/stadtregionalen Flächennutzung - Fläche im Kreis; ein ExWoSt-Forschungsfeld; ein Projekt des Forschungsprogramms "Experimenteller Wohnungs- und Städtebau" (ExWoSt) des Bundesministeriums für Verkehr, Bau und Stadtentwicklung (BMVBS) und des Bundesamtes für Bauwesen und Raumordnung (BBR), Band 1: Theoretische Grundlagen und Planspielkonzeption, Berlin 200; *Bock, Stephanie/Hinzen, Ajo/Libbe, Jens (Hrsg.)*, Nachhaltiges Flächenmanagement - ein Handbuch für die Praxis: Ergebnisse aus der REFINA-Forschung/ eine Publikation des Förderschwerpunkts "Forschung für die Reduzierung der Flächeninanspruchnahme und ein nachhaltiges Flächenmanagement" (REFINA) im Rahmen des Programms "Forschung für die Nachhaltigkeit" (FONA) des Bundesministeriums für Bildung und Forschung, Berlin 2011.

37 Beispielsweise *Jörissen, Juliane/Coenen, Reinhard*, Sparsame und schonende Flächennutzung: Entwicklung und Steuerbarkeit des Flächenverbrauchs, Berlin 2007; *Köck, Wolfgang/ Hofmann, Ekkehard*, Leistungsfähigkeit des Rechts der Bauleitplanung zur Reduzierung der Flächeninanspruchnahme, in: Umweltbundesamt (Hrsg.), Effektivierung des raumbezogenen Planungsrechts zur Reduzierung der Flächeninanspruchnahme, Berlin 2007, S. 11 ff.; *Thiel, Fabian*, Strategisches Landmanagement: Baulandentwicklung durch Recht, Ökonomie, Gemeinschaft und Information, 2. Auflage, Norderstedt 2008; *Schulz, Anne*, Reduzierung des Flächenverbrauchs mit Hilfe der Bauleitplanung, Berlin u. a. 2017.

38 Beispielsweise *Austermann, Christof*, Brachflächenreaktivierung als Instrument der Stadterhaltung und nachhaltiger Innenentwicklung, Göttingen 2012.

39 Beispielsweise *Wettemann-Wülk, Julia*, Nachhaltige Siedlungsentwicklung und Flächeninanspruchnahme in der raumplanerischen Abwägung und politischen Entscheidungsfindung, Würzburg 2015; hinsichtlich von Gemeinden mit Bevölkerungsrückgang *Klemme, Marion*, Stadtentwicklung ohne Wachstum: zur Praxis kommunaler Siedlungsflächenentwicklung: empirische Befunde und Folgerungen zu Steuerungsverständnissen und -formen öffentlicher Akteure, Saarbrücken 2010.

Einleitung

In Teil I Kapitel 1 wird zunächst das Problem der Flächeninanspruchnahme dargestellt: welche negativen Auswirkungen Flächeninanspruchnahme mit sich bringt. Dies stellt die Grundlage für Kapitel 3, den verfassungsrechtlichen Rahmen, dar. In Kapitel 3 kann somit untersucht werden, auf welche negativen Auswirkungen der Flächeninanspruchnahme die Verfassung in Form von Handlungsaufträgen für den Staat eingeht. Nach der Darstellung der negativen Auswirkungen Flächeninanspruchnahme geht das Kapitel 1 anschießend darauf ein, wie mit Fläche im Laufe der Siedlungsentwicklung umgegangen wurde und wie mit Fläche umzugehen ist, um eine Reduzierung der Flächeninanspruchnahme zu bewirken. Dabei wird in der Arbeit als Grundlage für die Untersuchung des Bauplanungsrechts in Teil II ein Sachverhalt der Problemlösung der Flächeninanspruchnahme konstruiert. Je klarer und detaillierter der Sachverhalt ist, umso genauer kann die Untersuchung des Bauplanungsrechts erfolgen, inwieweit das Bauplanungsrecht auf Problem der Flächeninanspruchnahme eingeht. Der Sachverhalt ist daher entscheidend.[40] Der Sachverhalt zur Problemlösung der Flächeninanspruchnahme wird daher so detailliert wie möglich dargestellt und so klar wie möglich definiert sowie durch Beispiele verständlich gemacht. Grundlage dafür sind die Forschung zu nachhaltiger Siedlungsentwicklung und die Verfolgung der Praxis. Der Sachverhalt zur Problemlösung ist in fünf Maßnahmen aufgeteilt. Die auf Innenentwicklung bezogene Maßnahme ist nochmals in Bereiche und Einzelmaßnahmen unterteilt. Diese sind zusätzlich nach dem Grad ihrer Nachhaltigkeit in eine Rangfolge gesetzt. Dadurch wird in Teil II eine Untersuchung des Bauplanungsrechts anhand der Definitionen der Maßnahmen und in Bezug auf Maßnahmen der Innenentwicklung zusätzlich entlang einer bestimmten Rangfolge möglich.

Nachdem feststeht, wie Flächeninanspruchnahme reduziert werden kann, befasst sich Teil I Kapitel 2 mit der Frage, inwiefern das Bauplanungsrecht nach seiner juristischeren Geltung für die Reduzierung der Flächeninanspruchnahme geeignet ist und wie die Flächeninanspruchnahme begrenzenden Normen des Bauplanungsrechts Wirkung im sozialen System entfalten können, beziehungsweise, wie sich die Wirkung von Flächeninanspruchnahme fördernden Normen des Bauplanungsrechts reduzieren lässt. In der Forschung und Praxis wird gehäuft auf Vollzugsdefizite von bauplanungsrechtlichen Normen, die die Reduzierung der Flächenin-

---

40 Vgl. *Raiser*, Grundlagen der Rechtssoziologie, S. 252 f. und 259; *Bruder*, Die Verwaltung 1983, 200 (202 f.).

Einleitung

anspruchnahme fördern, hingewiesen.[41] Daraus wird deutlich, dass die Wirkung von Normen im sozialen System eine erhebliche Rolle spielt[42]. Das Herausarbeiten der Faktoren, durch die sich Zielabweichungen der Gesetze verringern lassen, war Gegenstand der Implementationsforschung.[43] Diese hat zwei Ansätze hervorgebracht: den subjektiver Nutzen und die Herausarbeitung von Wirkungsfaktoren.[44] Da keine Theorie gefunden wurde,[45] nahm das Interesse an der Implementationsforschung Mitte der 1990er Jahre stark ab.[46] Die Komplexität eines Untersuchungsgegenstandes kann so hoch sein, dass er sich einer direkten theoretischen Beschreibung entzieht.[47] Wird er dennoch theoretisch behandelt, so kann dies zu einem drastisch vereinfachten Modell führen, das eine genaue Abbildung des Untersuchungsgegenstandes nicht mehr gewährleisten kann.[48] Dass die Implementationsforschung keine Theorie entwickelt hat, ist deshalb nicht negativ zu bewerten. Die zwei Ansätze aus der Implementationsforschung lassen sich auf das Bauplanungsrecht übertragen. Dabei handelt es sich um Tendenzaussagen, wie die Flächeninanspruchnahme reduzierende Normen Wirkung im sozialen System entfalten können, beziehungsweise, wie sich die Wirkung von die Flächeninanspruchnahme fördernden Normen reduzieren lässt. Die Übertragung des Ansatzes der Herausarbeitung der Wirkungsfaktoren erfolgt in zwei bis drei Schritten. Als erster Schritt ist der Kern der Wirkungsfaktoren aus der Forschung herauszuarbeiten, die die Wirkung von Normen einbezieht. Ein Wirkungsfaktor bezieht sich stets entweder auf das soziale System oder auf die Norm. Bezieht er sich auf die Norm, so können als zweiter Schritt sogleich Schlussfolgerungen über die Ausgestaltung der bauplanungsrechtlichen Normen entsprechend dieses Wirkungsfaktors erfolgen. Bezieht sich ein Wirkungs-

---

41 Vgl. *Bundesministerium für Verkehr, Bau und Stadtentwicklung*, Berliner Gespräche, Band 1, S. 12; *Thiel*, Städtebaurechtliche Instrumente zur Reduzierung des Flächenverbrauchs, S. 206; *BBR*, Perspektive Flächenkreislaufwirtschaft, Band 2, S. 57.
42 Vgl. *Raiser*, Grundlagen der Rechtssoziologie, S. 249 f.
43 *Dose*, in: Nohlen, Kleines Lexikon der Politik, S. 444; *Wollmann*, in: Nohlen, Lexikon der Politik, Band 2, S. 173; vgl. *Mayntz*, in: Mayntz, Implementation politischer Programme, S. 239; *Ebinger*, Wege zur guten Bürokratie, S. 33.
44 Vgl. *Raiser*, Grundlagen der Rechtssoziologie, S. 256 f.; Beschreibung des Ansatzes der Herausarbeitung von Wirkungsfaktoren siehe *Ebinger*, Wege zur guten Bürokratie, S. 37.
45 Vgl. *Bruder*, Die Verwaltung 1983, 200 (200 f.).
46 Vgl. *Ebinger*, Wege zur guten Bürokratie, S. 33.
47 Vgl. *Gähde*, in: Bartels/Stöckler, Wissenschaftstheorie, S. 64; Teil I Kapitel 2 II.
48 Vgl. *Gähde*, in: Bartels/Stöckler, Wissenschaftstheorie, S. 64.

Einleitung

faktor auf das soziale System, so muss als zweiter Schritt zunächst herausgearbeitet werden, welchen Bezug dieser Wirkungsfaktor zum Sachverhalt der Reduzierung der Flächeninanspruchnahme hat. Daraus können sodann als dritter Schritt Schlussfolgerungen über die Ausgestaltung der bauplanungsrechtlichen Normen entsprechend dieses Wirkungsfaktors gemacht werden. Die Übertragung des Ansatzes des subjektiven Nutzens erfolgt entsprechend. Da die Schlussfolgerungen über die Ausgestaltung der bauplanungsrechtlichen Normen sehr komplex sind, erfolgt im Anschluss eine Zusammenfassung der Ergebnisse der Übertragung in fünf Bereiche mit weiteren Untergliederungen, um sodann anhand dieser Struktur das Bauplanungsrecht in Teil II auf die Wirkungsanforderungen hin untersuchen zu können.

Dritte Grundlage für die Untersuchung in Teil II ist der verfassungsrechtliche Rahmen, in dem das Bauplanungsrecht den Sachverhalt zur Reduzierung der Flächeninanspruchnahme und die entsprechenden Wirkungsanforderungen umsetzen kann. Der verfassungsrechtliche Rahmen ist Gegenstand von Teil I Kapitel 3. Dabei wird untersucht, auf welche negativen Auswirkungen der Flächeninanspruchnahme die Verfassung in Form von Handlungsaufträgen für den Staat eingeht, inwiefern die Staatsgewalten tätig werden müssen und ob die Verfassung dem Handeln der Staatsgewalten gleichzeitig Grenzen setzt.

In Teil II wird das Bauplanungsrechts im Hinblick auf die drei in Teil I erarbeiteten Grundlagen untersucht. Teil II ist in drei Bereiche eingeteilt: der Bauleitplanung in Kapitel 1, den Planungsersatzvorschriften in Kapitel 2 und dem besonderen Städtebaurecht in Kapitel 3. Diese drei Bereiche der Bauleitplanung werden jeweils entlang des Sachverhaltes der Reduzierung der Flächeninanspruchnahme auf diesbezüglich aussagekräftige Normen analysiert. Dabei kann es sich um Normen handeln, die den Sachverhalt fördern, positiven oder negativen Einfluss auf diesen haben können oder ihn begrenzen. Besteht im Zusammenhang mit einer solchen Norm oder einer Mehrzahl von Normen auch Aussagekräftiges hinsichtlich der Wirkungsanforderungen oder hinsichtlich des verfassungsrechtlichen Rahmens, so wird dies unmittelbar mit dieser Norm beziehungsweise diesen Normen ebenfalls untersucht. Hinsichtlich der Wirkungsanforderungen betrifft dies positive aber auch auffällig negative Aspekte.

In Teil III wird das Untersuchungsergebnis dargestellt. Darin erfolgt in kommentierten Übersichten eine Zusammenfassung der aussagekräftigen Normen mit Berücksichtigung des verfassungsrechtlichen Rahmens: hinsichtlich des Sachverhaltes der Reduzierung der Flächeninanspruchnahme unterteilt in die einzelnen Maßnahmen und im Anschluss daran hinsichtlich der Wirkung unterteilt in die einzelnen Wirkungsanforderungen. Das Untersuchungsergebnis in Teil III gibt den aktuellen Beitrag des Bauplanungsrechtes zur Problemlösung der Flächeninanspruchnahme wieder, woraus sich konkrete Weiterentwicklungsmöglichkeiten ableiten lassen.

Erster Teil: Grundlagen

Erstes Kapitel: Flächeninanspruchnahme und nachhaltige Flächennutzung

Menschen schaffen sich ihre Lebensräume durch die Gestaltung von nicht naturgemäßen Nutzungsräumen, die konzentriert ein Siedlungsgebiet darstellen. Dafür wird Fläche beansprucht. In dieser Untersuchung soll Fläche mit der Geländeoberfläche als die natürliche Oberfläche des umgebenden Geländes[49] gleichgesetzt werden. Die Nutzungsräume können sich dabei sowohl auf der Ebene Fläche, der Geländeoberfläche, befinden, als auch auf Ebenen oberhalb und unterhalb dieser. Flächeninanspruchnahme soll in dieser Untersuchung als die Entstehung neuer Ebenen für Nutzungsräume auf bisher außerhalb des Siedlungsgebietes liegender Fläche verstanden werden, soweit diese nicht naturgemäß genutzt werden. Alle für die weitere Untersuchung relevanten Definitionen sind in einer Übersicht am Ende dieses Kapitels zusammengefasst.

I. Die Auswirkungen von Flächeninanspruchnahme

Die Auswirkungen von Flächeninanspruchnahme erstrecken sich auf mehrere Bereiche: Flächeninanspruchnahme hat negative ökologische, ökonomische sowie soziale Folgen.[50] Bezüglich der ökologischen Folgen stellt Flächeninanspruchnahme zudem kein isoliertes Umweltproblem dar.[51] Als „schleichender Belastungsprozess" werden die Umweltfolgen erst innerhalb längerer Zeiträume bemerkbar.[52] Die folgende Übersicht gibt einen

---

49 Vgl. *Söfker*, in: Ernst/Zinkahn/Bielenberg/Krautzberger, Baugesetzbuch, § 9 Rn. 252.
50 *Rink/Banzhaf*, in: Groß, Handbuch Umweltsoziologie, S. 453 ff.
51 *Rink/Banzhaf*, in: Groß, Handbuch Umweltsoziologie, S. 454.
52 *Rink/Banzhaf*, in: Groß, Handbuch Umweltsoziologie, S. 453 f.

Überblick über die Auswirkungen von Flächeninanspruchnahme, die sodann näher erläutert werden.

Die Auswirkungen von Flächeninanspruchnahme

Ressource Fläche
- Beeinträchtigung der Lebensraumfunktion (biologische Vielfalt)
- Beeinträchtigung der Regelungsfunktion (Wasser- und Wärmehaushalt)
- Beeinträchtigung der Nutzungsfunktion (Erholung, Landwirtschaft)

Ressource Luft
- Erhöhung des Anteils an Luftspurenstoffen

Qualität des Siedlungsgebietes
- Schwächung der Infrastruktur/ Leerstände bei Bevölkerungsrückgang
- Soziale Segregation
- Erreichbarkeitsprobleme

Haushalt der Gemeinden
- Infrastrukturkosten

---

1. Folgen für die Ressource Fläche

Siedlungsgebiet ist auf eine funktionsfähige Biosphäre angewiesen, zu der auch die Ressource Fläche gehört.[53] Sie schließt die Ressource Boden mit ein, ist jedoch weiter als diese, da sie auch die über und unter dem Boden liegenden Sachverhalte Grundwasser, Pflanzen und Tiere und anthropologische Nutzungen umfasst.[54] Durch Flächeninanspruchnahme werden die Lebensraumfunktion, die Regelungsfunktion und die Nutzungsfunktion der Ressource Fläche beeinträchtigt.[55]

---

53 *Einig/Petzold/Siedentop*, in: Walcha/Dreesbach, Nachhaltige Stadtentwicklung, S. 41.
54 Vgl. *Ewen*, Flächenverbrauch, S. 13 f.
55 Vgl. *Ewen*, Flächenverbrauch, S. 57 ff.

Erster Teil: Grundlagen

Flächeninanspruchnahme beeinträchtigt die Lebensraumfunktion von Fläche und trägt damit zu einer Reduzierung der biologischen Vielfalt bei[56]. Durch Versiegelung und Verdichtung des Bodens für Siedlungs- und Verkehrsflächen lässt die Bodeneignung als genereller Vegetationsstandort und damit auch als Standort für Tiere nach, da versiegelter und verdichteter Boden für die Besiedelung durch Pflanzen nicht mehr zur Verfügung steht.[57] Zudem verändern Siedlungs- und Verkehrsflächen auch die räumlichen Biotopzusammenhänge, denn das Überleben von Arten hängt nicht nur von kleinräumigen Nutzungen ab.[58] So hat die Fragmentierung des Freiraumes durch Siedlungs- und Verkehrsflächen enorme Auswirkungen auf die Tier- und Pflanzenwelt,[59] sie führen zur netzartigen Zerschneidung und Fragmentierung großflächiger, zusammenhängender Landschaftsräume.[60] Dadurch kommt es zur Unterschreitung der artspezifischen territorialen Minimalareale, was im Ergebnis wie ein vollständiger Lebensraumverlust zu werten ist.[61] Beispielsweise brauchen Luchse 5.000 bis 15.000 Hektar Wald und Habichte 3.000 bis 5.000 Hektar Wald mit Offenland.[62] Biotop-Mindestgrößen sind damit für einzelne Arten überlebenswichtig.[63] Auch auf verbleibenden Flächen, die Minimalareale nicht unterschreiten, kann der Lebensraum verloren sein, indem der Art notwendige Landschaftselemente wie Nahrungsfläche oder Wasserstellen von der Fläche abgeschnitten sind.[64] Darüber hinaus werden durch Siedlungs- und Verkehrsfläche auch Wanderkorridore von Tieren unterbrochen[65] und durch Beeinträchtigungen der Landschaft verringert sich die Vielfalt der ökologischen Nischen und somit die Zahl an diese angepasster Arten[66]. Die Landschafts-

---

56 *Siedentop*, in: Forum Stadt- und Regionalplanung e. V. u. a., Das Flächensparbuch, S. 22.
57 *Ewen*, Flächenverbrauch, S. 57.
58 *Ewen*, Flächenverbrauch, S. 60.
59 *Siedentop*, in: Forum Stadt- und Regionalplanung e. V. u. a., Das Flächensparbuch, S. 23.
60 *Krengel*, in: Forum Stadt- und Regionalplanung e. V. u. a., Das Flächensparbuch, S. 47.
61 *Krengel*, in: Forum Stadt- und Regionalplanung e. V. u. a., Das Flächensparbuch, S. 47.
62 *Krengel*, in: Forum Stadt- und Regionalplanung e. V. u. a., Das Flächensparbuch, S. 47.
63 *Ewen*, Flächenverbrauch, S. 60.
64 *Krengel*, in: Forum Stadt- und Regionalplanung e. V. u. a., Das Flächensparbuch, S. 47.
65 *Bock/Preuß*, in: Bock/Hinzen/Libbe, Nachhaltiges Flächenmanagement, S. 27.
66 *Krengel*, in: Forum Stadt- und Regionalplanung e. V. u. a., Das Flächensparbuch, S. 49 f.; *Ewen*, Flächenverbrauch, S. 61.

Erstes Kapitel: Flächeninanspruchnahme und nachhaltige Flächennutzung

zersiedelung und -zerschneidung gilt aus den aufgeführten Gründen als eine der wesentlichen Ursachen des Artenverlustes in Mitteleuropa.[67] Flächeninanspruchnahme beeinträchtigt die Regelungsfunktion der Fläche für den Wasserhaushalt und damit auch für den Wärmehaushalt.[68] Flächeninanspruchnahme bewirkt kontinuierlichen Wasserentzug.[69] Versiegelte sowie nicht versiegelte, aber in Anspruch genommene Flächen weisen eine geringere Aufnahmekapazität von Wasser auf.[70] Durch Bodenverdichtung wird die Versickerungsfähigkeit der Niederschläge im Boden daher eingeschränkt.[71] Dadurch verringern sich die Grundwasserneubildung und damit das Trinkwasserpotential.[72] Zudem kommt es durch Versiegelung zu einem schnellen oberirdischen Abführen des Niederschlagswassers in die Kanalisation.[73] Dieser erhöhte und beschleunigte Oberflächenabfluss ist eine Ursache für Hochwasser.[74] Da sich durch den Wasserentzug die Verdunstung verringert, beeinflusst versiegelter und verdichteter Boden der Siedungs- und Verkehrsflächen das Kleinklima.[75] Es wird weniger Energie für die Verdunstung aufgewendet, diese steht damit zusätzlich für die Erwärmung der Stadtatmosphäre zur Verfügung.[76] Dies führt zu negativen lokalklimatischen Veränderungen.[77] Bei einer Zunahme des Versiegelungsgrades um 10 % steigt die mittlere Jahrestemperatur um 0, 2 Kelvin.[78] Durch diese erhöhten Temperaturen werden Städte als „urbane Wärmeinseln" bezeichnet.[79] Der Regelungsfunktion kann nicht nur durch eine Re-

---

67 *Siedentop*, in: Forum Stadt- und Regionalplanung e. V. u. a., Das Flächensparbuch, S. 23.
68 Vgl. *Krengel*, in: Forum Stadt- und Regionalplanung e. V. u. a., Das Flächensparbuch, S. 46; *Ewen*, Flächenverbrauch, S. 61.
69 Vgl. *Chifflard*, in: Henninger, Stadtökologie, S. 120.
70 *Rink/Banzhaf*, in: Groß, Handbuch Umweltsoziologie, S. 454 f.
71 Vgl. *Krengel*, in: Forum Stadt- und Regionalplanung e. V. u. a., Das Flächensparbuch, S. 46.
72 Vgl. *Krengel*, in: Forum Stadt- und Regionalplanung e. V. u. a., Das Flächensparbuch, S. 46.
73 *Henninger*, in: Henninger, Stadtökologie, S. 73.
74 *Krengel*, in: Forum Stadt- und Regionalplanung e. V. u. a., Das Flächensparbuch, S. 46; *Ewen*, Flächenverbrauch, S. 62.
75 *Henninger*, in: Henninger, Stadtökologie, S. 73; *Ewen*, Flächenverbrauch, S. 86 f.
76 *Henninger*, in: Henninger, Stadtökologie, S. 73 f.; *Mathey u. a.*, Noch wärmer, noch trockener?, S. 27.
77 *Krengel*, in: Forum Stadt- und Regionalplanung e. V. u. a., Das Flächensparbuch, S. 46; *Ewen*, Flächenverbrauch, S. 86 f.
78 *Krengel*, in: Forum Stadt- und Regionalplanung e. V. u. a., Das Flächensparbuch, S. 46.
79 *Goudie*, Mensch und Umwelt, S. 354.

duzierung der Flächeninanspruchnahme, sondern auch durch weniger Versiegelung innerhalb des Siedlungsgebietes entgegengekommen werden. Durch Flächeninanspruchnahme ist die Nutzungsfunktion von Fläche betroffen, neben dem Verlust an Fläche als Kulturfunktion zur Erholung[80] hat die Ausweitung der Siedlungs- und Verkehrsfläche auf Kosten hochwertiger landwirtschaftlicher Nutzflächen weitreichendere Folgen[81]. In Deutschland führt die Ausweitung der Siedlungs- und Verkehrsfläche insbesondere zu Verlusten von Landwirtschaftsfläche.[82] Zu dieser Zurückdrängung und Verdrängung der Landwirtschaft kommt es, da Siedlungen historisch bevorzugt an Standorten mit hoher natürlicher Ertragsfähigkeit entstanden sind[83] und produktive, landwirtschaftlich als Äcker genutzte Flächen oft in ebenen Gebieten liegen, die sich gut für neue Baugebiete eignen[84]. So sind Gebiete mit überdurchschnittlicher Bodengüte in besonderem Maße von Besiedelung und Versiegelung betroffen.[85] Die Ausweitung der Siedlungs- und Verkehrsfläche auf Kosten landwirtschaftlicher Nutzflächen steht der Idee einer verbrauchernahen Versorgung entgegen und schränkt das diesbezügliche zukünftige Produktionspotential ein.[86]

2. Folgen für die Ressource Luft

Durch Flächeninanspruchnahme erhöht sich der Anteil von Luftspurenstoffen, die die Luft verunreinigen und dadurch unter anderem Vegetationsschäden, Gesundheitsschäden und eine Klimaänderung bewirken[87]. Die Hauptquelle von Luftverunreinigungen ist die Energiewirtschaft, da der Energiebedarf überwiegend durch Verbrennungsvorgänge fossiler

---

80 Vgl. *Bock/Preuß*, in: Bock/Hinzen/Libbe, Nachhaltiges Flächenmanagement, S. 28.
81 Vgl. *Krengel*, in: Forum Stadt- und Regionalplanung e. V. u. a., Das Flächensparbuch, S. 50.
82 *Siedentop*, in: Forum Stadt- und Regionalplanung e. V. u. a., Das Flächensparbuch, S. 23; *Jörissen/Coenen*, Sparsame und schonende Flächennutzung, S. 10.
83 *Siedentop*, in: Forum Stadt- und Regionalplanung e.V. u. a., Das Flächensparbuch, S. 23.
84 *Koch*, Ökologische Stadtentwicklung, S. 17.
85 *Siedentop*, in: Forum Stadt- und Regionalplanung e. V. u. a., Das Flächensparbuch, S. 23.
86 *Krengel*, in: Forum Stadt- und Regionalplanung e. V. u. a., Das Flächensparbuch, S. 50.
87 *Möller*, Luft, S. 505.

Erstes Kapitel: Flächeninanspruchnahme und nachhaltige Flächennutzung

Brennstoffe gedeckt wird.[88] Der Energiebedarf der Haushalte und des Verkehrs sind von der Raum- und Baustruktur abhängig.[89] Bezüglich des Energiebedarfs der Haushalte ist das Verhältnis der Wohnfläche zur Umfangsfläche der Gebäude entscheidend.[90] So verbraucht eine viergeschossige Blockbebauung weniger als eine zweigeschossige Reihenhausbebauung.[91] Zudem führt die Flächeninanspruchnahme zu längeren Wegen, wodurch auch der Energiebedarf des Verkehrs steigt.[92] Aus den aufgeführten Gründen ist der Energiebedarf für Stadtumlandbewohner daher mehr als doppelt so hoch wie für Stadtbewohner in einem dicht bebauten Quartier.[93] Der Energiebedarf der Haushalte und des Verkehrs erhöht sich somit durch Flächeninanspruchnahme. Kfz-Verkehr ist zudem auch selber Quelle von Luftverunreinigung aufgrund der durch den Verkehr erzeugten Abgase.[94] Da Flächeninanspruchnahme zu längeren Wegen führt, erhöht sich damit auch die Luftverunreinigung durch den Kfz-Verkehr.[95]

3. Folgen für die Qualität des Siedlungsgebietes

Eine Minderung der Flächeninanspruchnahme stabilisiert Siedlungen gegen gewerbliche Leerstände und Wohnungsleerstände.[96] Die Flächeninanspruchnahme fördert hingegen das Leerlaufen weniger attraktiver Quartiere.[97] Betroffen davon sind insbesondere Gemeinden mit einem Bevölkerungsrückgang.[98] Durch den Bevölkerungsrückgang in Deutschland wird sich das Leerlaufen von Gebäuden durch Flächeninanspruchnahme noch weiter verschärfen, denn der Altersaufbau der Bevölkerung hat sich in

---

88 Vgl. *Lahmann*, Luftverunreinigung – Luftreinhaltung, S. 26; *Galler*, Lehrbuch Umweltschutz, S. 91.
89 *Apel*, Landschaft und Landnutzung, S. 109.
90 *Apel*, Landschaft und Landnutzung, S. 109.
91 *Apel*, Landschaft und Landnutzung, S. 109.
92 Vgl. *Galler*, Lehrbuch Umweltschutz, S. 207 f.
93 *Apel*, Landschaft und Landnutzung, S. 109.
94 *Galler*, Lehrbuch Umweltschutz, S. 91; *Lahmann*, Luftverunreinigung – Luftreinhaltung, S. 20.
95 *Bock/Preuß*, in: Bock/Hinzen/Libbe, Nachhaltiges Flächenmanagement, S. 28.
96 *Schönwandt/Jung/Jacobi/Bader*, Flächenmanagement durch innovative Regionalplanung, S. 31 f.
97 *Siedentop*, in: Forum Stadt- und Regionalplanung e. V. u. a., Das Flächensparbuch, S. 26.
98 Vgl. *Bundesstiftung Baukultur*, Baukulturbericht 2016/17, S. 29.

Erster Teil: Grundlagen

Deutschland in den letzten 100 Jahren entscheidend verändert[99]. Zwar ist seit 2011 die Bevölkerungszahl in Deutschland gestiegen, doch wird bis 2060 selbst für den Fall stärkerer Zuwanderung ein Bevölkerungsrückgang um 8 Millionen Menschen gegenüber der Bevölkerungszahl des Jahres 2014 von 81,2 Millionen vorausberechnet.[100] Grund dafür ist die Alterung der Bevölkerung, die Zahl der Gestorbenen wird die Zahl der Geborenen immer stärker übersteigen.[101]

Das Ausmaß der ungleichen Verteilung und Trennung von Bevölkerungsgruppen oder sozialen Schichten in Bezug auf räumliche Teileinheiten einer Siedlung wird soziale Segregation genannt.[102] Flächeninanspruchnahme fördert soziale Segregation, wenn im Umland Siedlungseinheiten für obere Einkommensgruppen entstehen.[103]

Durch Flächeninanspruchnahme erhöht sich auch die Distanz der Einwohner zu Erholungslandschaften immer weiter, so dass diese zum Erreichen der Erholungslandschaften immer weitere Strecken verbunden mit einem immer höheren Zeitaufwand zurücklegen müssen.[104] Auch die Wege zu anderen nicht naturgemäßen Nutzungsräumen können sich verlängern, etwa zu Versorgungseinrichtungen oder zu Freizeiteinrichtungen, insbesondere zulasten von älteren Menschen und Haushalten ohne Pkw.[105]

4. Folgen für den Haushalt der Gemeinden

Es besteht ein Zusammenhang zwischen Siedlungsstruktur und Infrastrukturaufwand.[106] Flächeninanspruchnahme erfordert neue technische und

---

99 *Grünheid/Sulak*, in: Bundesinstitut für Bevölkerungsforschung, Bevölkerungsentwicklung 2016, S. 10.
100 *Grünheid/Sulak*, in: Bundesinstitut für Bevölkerungsforschung, Bevölkerungsentwicklung 2016, S. 8 f.
101 *Grünheid/Sulak*, in: Bundesinstitut für Bevölkerungsforschung, Bevölkerungsentwicklung 2016, S. 6 ff.
102 *Heineberg*, Stadtgeographie, S. 119.
103 Vgl. *Siedentop*, in: Forum Stadt- und Regionalplanung e. V. u. a., Das Flächensparbuch, S. 22.
104 Vgl. *Bock/Preuß*, in: Bock/Hinzen/Libbe, Nachhaltiges Flächenmanagement, S. 28.
105 Vgl. *Bock/Preuß*, in: Bock/Hinzen/Libbe, Nachhaltiges Flächenmanagement, S. 28.
106 Vgl. *Siedentop*, in: Forum Stadt- und Regionalplanung e. V. u. a., Das Flächensparbuch, S. 24.

soziale Infrastruktur.[107] Je weiter die Bevölkerung in der Region verteilt ist, umso mehr soziale Einrichtungen sind erforderlich.[108] Die technische Infrastruktur umfasst Straßen, Wasser und Abwasser, Strom und Gas, sowie Fernwärme.[109] Neue technische und soziale Infrastruktur erzeugt Herstellungs-, Betriebs-, Finanzierungs- und Instandhaltungskosten.[110] In Gemeinden mit einem Bevölkerungsrückgang erzeugt Flächeninanspruchnahme ein kontinuierliches Auseinanderdriften von Infrastrukturmenge und Bevölkerungsentwicklung, so dass dort zudem das Verhältnis aus Einwohnern als Zahlern und den Kosten immer ungünstiger wird.[111] Eine weitere Flächeninanspruchnahme durch Schaffung weiterer Gebäudekapazität führt unter demographischen Schrumpfungsbedingungen daher mittelfristig zu Problemen der Finanzierung infrastruktureller Leistungen.[112] Mit abnehmender baulicher Dichte, was mit Flächeninanspruchnahme verbunden ist, nimmt die Erschließungslänge je Wohnung zu.[113] Daher sind Infrastrukturkosten abhängig von der Nutzungsdichte. Eine niedrigere Dichte erzeugt deutlich höhere Kosten für die technische Infrastruktur.[114] Dies trifft insbesondere für Ein- und Zweifamilienhausgebiete mit einer nur geringen Siedlungsdichte zu, diese erfordern deutlich mehr Meter Wasserleitung, Abwasserrohr, Straße und Stromkabel als bei Bestandswohnungen.[115] Vereinfacht dargestellt führt halbe Dichte zu doppeltem Erschließungsaufwand, der Kostenaufwand nimmt somit bei abnehmender

---

107 *Gutsche*, in: Forum Stadt- und Regionalplanung e. V. u. a., Das Flächensparbuch, S. 30.
108 *Gutsche*, in: Forum Stadt- und Regionalplanung e. V. u. a., Das Flächensparbuch, S. 32.
109 *Gutsche*, in: Forum Stadt- und Regionalplanung e. V. u. a., Das Flächensparbuch, S. 30.
110 *Gutsche*, in: Forum Stadt- und Regionalplanung e. V. u. a., Das Flächensparbuch, S. 30.
111 Vgl. *Gutsche*, in: Forum Stadt- und Regionalplanung e. V. u. a., Das Flächensparbuch, S. 30.
112 Vgl. *Siedentop*, in: Forum Stadt- und Regionalplanung e. V. u. a., Das Flächensparbuch, S. 26; *Schönwandt/Jung/Jacobi/Bader*, Flächenmanagement durch innovative Regionalplanung, S. 31.
113 *Siedentop*, in: Forum Stadt- und Regionalplanung e. V. u. a., Das Flächensparbuch, S. 24.
114 *Gutsche*, in: Forum Stadt- und Regionalplanung e. V. u. a., Das Flächensparbuch, S. 29.
115 *Gutsche*, in: Forum Stadt- und Regionalplanung e. V. u. a., Das Flächensparbuch, S. 31.

Erster Teil: Grundlagen

Siedlungsdichte immer schneller zu.[116] Die Ausweitung der Infrastruktur durch dünn besiedelte Neubaubereiche verschärft daher die finanzielle Situation in den Kommunen und führt mittelfristig zu Gebührenerhöhungen für den Nutzer.[117] Eine bauliche Entwicklung an dezentralen Standorten, was ebenfalls mit Flächeninanspruchnahme verbunden ist, kann bis zu dreifach höhere Infrastrukturkosten verursachen.[118] Vereinfacht ausgedrückt ist das potentielle Maß der infrastrukturellen Folgekosten umso höher, je mehr Fläche durch weniger dichte und dezentrale Bebauung in Anspruch genommen wird.[119]

II. Der Umgang mit Fläche im Laufe der Siedlungsentwicklung

An der Flächeninanspruchnahme ist eine Vielzahl von demographischen, sozialen, ökonomischen und politischen Faktoren beteiligt.[120] Das Verursacherspektrum der Flächeninanspruchnahme ist sehr breit und reicht von den privaten Bauherren über Unternehmen bis zur staatlichen Institution.[121] Siedlungen sind auf Fläche angewiesen, Flächeninanspruchnahme ist damit zur Schaffung von Lebensraum des Menschen unvermeidbar.

Je unabhängiger eine Siedlung von der Versorgung des sie umgebenden Raumes ist, umso mehr Siedlungswachstum lässt dies zu. Durch den Verlust der Selbstversorgung sind die Siedlungen jedoch auch umso abhängiger von Verkehr. Die erste menschliche Kulturform der Jäger und Sammler war noch vollständig in den Naturhaushalt integriert.[122] Erste stationäre Eingriffe in den Naturhaushalt fanden mit Beginn der Sesshaftigkeit durch die Anlage geregelter Anbau- und Weideflächen statt.[123] Es entwickelten sich durch Handel und Arbeitsteilung allmählich von der Natur unabhängigere Daseinsformen.[124] Es bestand jedoch weiterhin eine enge Beziehung

---

116 *Gutsche*, in: Forum Stadt- und Regionalplanung e. V. u. a., Das Flächensparbuch, S. 31.
117 *Gutsche*, in: Forum Stadt- und Regionalplanung e. V. u. a., Das Flächensparbuch, S. 31 f.
118 *Siedentop*, in: Forum Stadt- und Regionalplanung e. V. u. a., Das Flächensparbuch, S. 24.
119 Vgl. *Siedentop*, in: Forum Stadt- und Regionalplanung e. V. u. a., Das Flächensparbuch, S. 24.
120 *Rink/Banzhaf*, in: Groß, Handbuch Umweltsoziologie, S. 451.
121 *Rink/Banzhaf*, in: Groß, Handbuch Umweltsoziologie, S. 454.
122 *Becker*, Wege und Möglichkeiten einer ökologischen Stadtplanung, S. 15.
123 *Becker*, Wege und Möglichkeiten einer ökologischen Stadtplanung, S. 15.
124 *Becker*, Wege und Möglichkeiten einer ökologischen Stadtplanung, S. 15.

Erstes Kapitel: Flächeninanspruchnahme und nachhaltige Flächennutzung

der Siedlungen zur umgebenden Umwelt, die ihnen die Eigenversorgung gewährleistete.[125] Sie blieben abhängig von der Ernährung durch das umgebende landwirtschaftliche Gebiet.[126] Die Produktivität der Landwirtschaft stieg allmählich, so dass eine landwirtschaftliche genutzte Fläche neben der ländlichen Bevölkerung eine immer größere Anzahl von Städten unterhalten konnte.[127] Die enge Bindung von Siedlungen an die umgebende Umwelt blieb jedoch häufig noch bis Anfang des 19. Jahrhunderts erhalten.[128] Die Industrialisierung löste die Siedlung endgültig vom Raum.[129] Siedlungen wurden unabhängig von der Versorgung durch den umliegenden Raum, was deren Ausweitung ohne Rücksicht auf die umgebende Umwelt erlaubte.[130] Diese Verselbstständigung der Siedlungen von der Versorgung des sie umgebenden Raumes musste durch den Warenaustausch durch Verkehr kompensiert werden.[131] Das Verhältnis des Menschen zur Fläche ist also gekennzeichnet durch eine Verselbstständigung von der Fläche verbunden mit einer Abhängigkeit von Verkehr. Durch die Verselbstständigung von der Fläche wird eine Ausweitung der Siedlungsflächen möglich und durch die Abhängigkeit von Verkehr eine Ausweitung der Verkehrsflächen notwendig, beides bewirkt Flächeninanspruchnahme.

Erst durch auftretende Umweltprobleme tritt der die Siedlungen umgebende Raum wieder mehr in den Vordergrund.[132] Siedlungen funktionieren nur scheinbar unabhängig vom ihnen umgebenden Raum,[133] sie sind stofflich und energetisch umweltabhängige Systeme.[134] Menschliches Leben ist nur im Rahmen eines bestimmten Spektrums bio-physischer, chemischer und ökologischer Lebensbedingungen möglich.[135] Die Existenz des Menschen ist damit vom Leistungsniveau der Biosphäre abhängig, so dass auch Siedlungen auf eine funktionsfähige Biosphäre angewiesen sind.[136] Das Verhältnis des Menschen zur ihm umgebenden Natur ist je-

---

125 *Koch*, Ökologische Stadtentwicklung, S. 11 f.
126 *Mackensen*, in: Sukopp/Wittig, Stadtökologie, S. 59.
127 *Mackensen*, in: Sukopp/Wittig, Stadtökologie, S. 59 f.
128 *Koch*, Ökologische Stadtentwicklung, S. 12.
129 *Koch*, Ökologische Stadtentwicklung, S. 13.
130 Vgl. *Koch*, Ökologische Stadtentwicklung, S. 13.
131 Vgl. *Koch*, Ökologische Stadtentwicklung, S. 17.
132 *Görg*, in: Weingarten, Strukturierung von Raum und Landschaft, S. 233 ff.
133 *Becker*, Wege und Möglichkeiten einer ökologischen Stadtplanung, S. 16.
134 *Einig/Petzold/Siedentop*, in: Walcha/Dreesbach, Nachhaltige Stadtentwicklung, S. 41.
135 *Brand*, Umweltsoziologie, S. 93.
136 *Einig/Petzold/Siedentop*, in: Walcha/Dreesbach, Nachhaltige Stadtentwicklung, S. 41.

doch problematisch. In der Wissenschaft bestehen dazu unterschiedliche Konzeptionen.[137] Am Anfang der menschlichen Siedlungsgeschichte stand die Emanzipation des Menschen von der Natur.[138] Durch immer stärkere Einflussnahme auf natürliche Prozesse ist die Siedlungsentwicklung eine immer weitere Entfremdung des Menschen von der ihn umgebenden Natur.[139] Dies kann als Ursache für die krisenhafte Entwicklung der Beziehung von Natur und Gesellschaft gesehen werden.[140] Es besteht die Tendenz anzunehmen, dass physisch-materielle Bedingungen, wie auch der geographisch-physische Raum, als Materialität des sozialen Geschehens betrachtet und damit für den sozialen Prozess funktionalisiert werden.[141] Dadurch erfolgt eine soziale praktische Aneignung der Natur und damit auch der Fläche unter Verleugnung der naturräumlichen Bindung.[142] Erst durch Reflexion auf scheiternde Strategien der Naturaneignung, den durch Menschen verursachten Umweltproblemen, wird die Relevanz der Lokalität wieder bewusst.[143] Diese Reflexion ist bei der Flächeninanspruchnahme besonders problematisch, da sie ein „schleichender Belastungsprozess" ist[144].

Der „gewollte" Umgang mit Fläche in der Bundesrepublik Deutschland kann anhand der städtebaulichen Leitbilder verdeutlicht werden.[145] Städtebauliche Leitbilder sind theoretische Konstrukte zur Beschreibung der inneren Gliederung und Differenzierung einer Stadt in ihrer baulichen Struktur, mit Grundriss, Aufriss und Bausubstanz, aber auch mit Nutzungs-, Wirtschafts- und Sozialstruktur.[146] Siedlungen spiegeln das Leben der Menschen wider.[147] Städtebauliche Leitbilder sind daher auch gesellschaftliche Bilder und schließen damit Wertehaltungen und Entwicklungen in Wirtschaft, Gesellschaft und Politik mit ein.[148] Ende des 19. Jahr-

---

137 Konzeptionen von Natur und Gesellschaft sind das „Gesellschaftliche Naturverhältnis" oder der „Gesellschaftliche Metabolismus". Siehe *Baerlocher*, Natur und soziales Handeln, S. 74 ff.
138 *Becker*, Wege und Möglichkeiten einer ökologischen Stadtplanung, S. 15.
139 *Becker*, Wege und Möglichkeiten einer ökologischen Stadtplanung, S. 15.
140 *Baerlocher*, Natur und soziales Handeln, S. 76 f.
141 Vgl. *Görg*, in: Weingarten, Strukturierung von Raum und Landschaft, S. 234; *Brand*, Umweltsoziologie, S. 98; *Baerlocher*, Natur und soziales Handeln, S. 82 f.
142 Vgl. *Görg*, in: Weingarten, Strukturierung von Raum und Landschaft, S. 234.
143 Vgl. *Görg*, in: Weingarten, Strukturierung von Raum und Landschaft, S. 234.
144 Vgl. *Rink/Banzhaf*, in: Groß, Handbuch Umweltsoziologie, S. 453 f.
145 Vgl. *Endlicher*, Einführung in die Stadtökologie, S. 24.
146 *Endlicher*, Einführung in die Stadtökologie, S. 24.
147 *Koch*, Ökologische Stadtentwicklung, S. 11.
148 *Endlicher*, Einführung in die Stadtökologie, S. 24.

hunderts waren die gründerzeitlichen Städte von engen Wohnverhältnissen und unverträglichen Nutzungen geprägt.[149] Die städtebaulichen Leitbilder von 1900 bis 1960 waren im Anschluss daran auf eine Ausdehnung der Siedlungen zugunsten der Wohnqualität angelegt, welche Flächeninanspruchnahme begünstigten.[150] Für die Gartenstadtbewegung ab 1900 waren Wohnsiedlungen im Umland mit einer geringen Bebauungsdichte charakteristisch.[151] Die auf einem internationalen Städtebaukongress 1933 entwickelte „Charta von Athen" hatte die Zielvorstellung einer funktionellen Stadt, die sich durch die räumliche Trennung der vier Funktionen Wohnen, Freizeit, Arbeiten und Verkehr auszeichnet.[152] Beeinflusst von der Gartenstadtbewegung, von der „Charta von Athen" und anderen Strömungen entwickelte sich in der frühen Nachkriegszeit sodann das Leitbild der „gegliederten und aufgelockerten Stadt".[153] Dieses Leitbild bewirkte eine starre Funktionstrennung, Suburbanisierungsprozesse und damit erhebliche Flächeninanspruchnahme.[154] Mitte der 1950er Jahre erreichte Europa das Auto als privates Verkehrsmittel,[155] was sich auch im Leitbild der „autogerechten Stadt" widerspiegelte.[156] Damit ergab sich nun die Möglichkeit einer Ausdehnung der Entfernung zwischen den verschiedenen Bereichen des täglichen Lebens und in der Folge zu einer schrankenlosen räumlichen Ausdehnung der Siedlung und einer flächenaufwendigen Bauweise.[157] Erst seit 1960 entstanden auch flächensparende städtebauliche Leitbilder.[158] Das Leitbild der „Urbanität durch Dichte" forderte eine städtebauliche Verdichtung und eine Verflechtung der Nutzungsarten.[159] Dies war verbunden mit Flächensanierungen in Innenstadtgebieten, aber auch mit einer Überplanung neuer Flächen.[160] Es entstanden Großwohnsiedlungen mit Hochhausbebauung, wobei die Funktionsmischung ausblieb.[161] Das Leitbild der „erhaltenden Stadterneuerung und dem behutsamen

---

149 *Endlicher*, Einführung in die Stadtökologie, S. 24.
150 Vgl. *Endlicher*, Einführung in die Stadtökologie, S. 24 ff.
151 Vgl. *Heineberg*, Stadtgeographie, S. 128; *Endlicher*, Einführung in die Stadtökologie, S. 26.
152 *Heineberg*, Stadtgeographie, S. 137.
153 *Heineberg*, Stadtgeographie, S. 137.
154 *Heineberg*, Stadtgeographie, S. 137.
155 *Apel*, Landschaft und Landnutzung, S. 98.
156 Vgl. *Heineberg*, Stadtgeographie, S. 138 f.
157 *Apel*, Landschaft und Landnutzung, S. 98 f.
158 Vgl. *Endlicher*, Einführung in die Stadtökologie, S. 28 ff.
159 *Heineberg*, Stadtgeographie, S. 139.
160 *Heineberg*, Stadtgeographie, S. 139.
161 *Heineberg*, Stadtgeographie, S. 139 f.

Stadtumbau" ab den 1970er Jahren, verbunden mit der Einführung der Städtebauförderung, legte den Schwerpunkt auf den Erhalt historischer oder älterer Bausubstanz.[162] In den 1980er Jahren wuchs das Umweltbewusstsein, so dass dementsprechend auf eine ökologisch verträgliche Gestaltung von Städten vermehrt Wert gelegt wurde.[163] Seit den 1990er Jahren bis in die Gegenwart ist nun das Leitbild der „nachhaltigen Stadtentwicklung" vorherrschend.[164] In diesem wird das Problem der Flächeninanspruchnahme wahrgenommen und eine Reduzierung der Flächeninanspruchnahme angestrebt.[165] Der Terminus „nachhaltige Entwicklung" war vor allem durch den Bericht der Brundtland-Kommission über Umwelt und Entwicklung aus dem Jahr 1987 bekannt geworden.[166] Auf der Konferenz der Vereinten Nationen für Umwelt und Entwicklung 1992 in Rio de Janeiro wurde das Aktionsprogramm „Agenda 21" beschlossen, durch das nachhaltige Entwicklung in den Kommunalverwaltungen als „Lokale Agenda 21" umzusetzen ist.[167] Daraufhin folgten zwei weitere wichtige internationale Konferenzen für die nachhaltige Siedlungsentwicklung.[168] 1994 beschloss die Europäische Konferenz über zukunftsbeständige Städte und Gemeinden die „Charta von Aalborg" und 1996 fand die UN-Weltkonferenz Habitat II statt.[169] 2007 wurde auf der europäischen und nationalen Ebene auf dem informellen Treffen der für Stadt- und Raumentwicklung zuständigen Minister die „Leipzig Charta zur nachhaltigen europäischen Stadt" beschlossen, die in Deutschland durch die „Nationale Stadtentwicklungspolitik" konkretisiert wird.[170] An dem Leitbild der „nachhaltigen Stadtentwicklung" wird weiterhin festgehalten, dies belegen der „Pakt von Amsterdam" der EU-Städtebauminister von 2016[171] und die

---

162 *Heineberg*, Stadtgeographie, S. 140.
163 Vgl. *Endlicher*, Einführung in die Stadtökologie, S. 29; *Heineberg*, Stadtgeographie, S. 141.
164 Vgl. *Heineberg*, Stadtgeographie, S. 141 ff.
165 Vgl. *Endlicher*, Einführung in die Stadtökologie, S. 178 ff.
166 *Heineberg*, Stadtgeographie, S. 141; vgl. *Hauff*, Unsere gemeinsame Zukunft: der Brundtland-Bericht der Weltkommission für Umwelt und Entwicklung, S. 46.
167 *Heineberg*, Stadtgeographie, S. 142; siehe AGENDA 21, Konferenz der Vereinten Nationen für Umwelt und Entwicklung, http://www.un.org/depts/german/conf/agenda21/agenda_21.pdf (1.9.2017.).
168 Vgl. *Heineberg*, Stadtgeographie, S. 142.
169 *Heineberg*, Stadtgeographie, S. 142.
170 *Heineberg*, Stadtgeographie, S. 146 f.
171 Siehe http://ec.europa.eu/regional_policy/sources/policy/themes/urban-development/agenda/pact-of-amsterdam.pdf (1.9.2017).

"New Urban Agenda" der UN-Weltkonferenz Habitat III von 2016[172]. Das Leitbild der „nachhaltigen Stadtentwicklung" verlangt Dichte im Städtebau durch kompakte und dennoch hochwertige Strukturen, Nutzungsmischung als funktionale Mischung innerhalb von Stadtquartieren sowie dezentrale Konzentration auf ausgewählte Siedlungsschwerpunkte.[173] Mit dem Leitbild der „nachhaltigen Stadtentwicklung" eng verbunden sind die Leitbilder „Kompakte Stadt" sowie „Stadt der kurzen Wege".[174] Neben dem Leitbild der „nachhaltigen Stadtentwicklung" existiert in Deutschland das Leitbild des Stadtumbaus unter Schrumpfungsbedingungen.[175] Schwerpunkte dieses Leitbildes sind die Revitalisierung der Innenstädte sowie eine kompakte Stadt durch Rückbau.[176] Eine Reduzierung der Flächeninanspruchnahme wird seit den 1970er Jahren aber auch unabhängig von den städtebaulichen Leitbildern immer häufiger thematisiert.[177]

III. Maßnahmen nachhaltiger Flächennutzung zur Reduzierung der Flächeninanspruchnahme

Maßnahmen nachhaltiger Flächennutzung gegen Flächeninanspruchnahme können in die direkte Unterlassung der Flächeninanspruchnahme, die indirekte Unterlassung der Flächeninanspruchnahme durch Innenentwicklung, die Reduzierung der Flächeninanspruchnahme im engeren Sinne, die Freiraumentwicklung und in die Renaturierung unterteilt werden. In der folgenden Übersicht sind die Maßnahmen nachhaltiger Flächennutzung zur Reduzierung der Flächeninanspruchnahme aufgeführt. Die einzelnen Maßnahmen werden sodann näher erläutert.

---

172 Siehe http://habitat3.org/wp-content/uploads/NUA-English.pdf (1.9.2017).
173 *Heineberg*, Stadtgeographie, S. 142 ff.
174 Vgl. *Heineberg*, Stadtgeographie, S. 143 f.
175 *Heineberg*, Stadtgeographie, S. 147 ff.
176 *Heineberg*, Stadtgeographie, S. 148 f.
177 Einleitung dieser Arbeit.

Erster Teil: Grundlagen

> Maßnahmen nachhaltiger Flächennutzung zur Reduzierung der Flächeninanspruchnahme
>
> - *Direkte Unterlassung der Flächeninanspruchnahme*
> - *Indirekte Unterlassung der Flächeninanspruchnahme durch Innenentwicklung*
>   - Nachhaltige Nutzung des Siedlungsgebietes
>   - Nutzungskoordination
>   - Nutzungsintensivierung
>   - Mehrfachnutzung
>   - Folgenutzung
>   - Nutzungswechsel ohne Nutzungsunterbrechung
>   - Mobilisierung von Brachflächen (Flächenrecycling)
>   - Zwischennutzung
>   - Nachhaltige Baustruktur des Siedlungsgebietes (Nachverdichtung)
>   - Ausschöpfung des Potentials der Höhe
>   - Ausschöpfung des Potentials des Untergrundes
>   - Ausschöpfung des Potentials der Fläche
>   - Nachhaltige Mobilität im Siedlungsgebiet
>   - Nutzungsmischung und Nachverdichtung anderer Nutzungen
>   - Nachhaltige Nutzung der Verkehrsebenen
>   - Ausschöpfung des Potentials der Höhe und des Untergrundes für Verkehrsebenen
>   - Nachverdichtung und Nutzungsmischung erzeugen Spannungen mit der ökologischen Siedlungsentwicklung
> - *Reduzierung der Flächeninanspruchnahme (im engeren Sinn)*
> - *Freiraumentwicklung*
> - *Renaturierung*

1. Unterlassung der Flächeninanspruchnahme

Eine Unterlassung der Flächeninanspruchnahme kann zunächst direkt erfolgen. Sie verhindert die Entstehung neuer Ebenen für nicht naturgemäße Nutzungsräume auf außerhalb des Siedlungsgebietes liegenden Flächen direkt.

Die Entstehung neuer Ebenen für nicht naturgemäße Nutzungsräume auf außerhalb des Siedlungsgebietes liegenden Flächen kann durch eine

Stärkung der Innenentwicklung aber auch indirekt erzielt werden.[178] Unter Innenentwicklung soll in dieser Untersuchung eine nachhaltige Nutzung und eine nachhaltige Baustruktur des Siedlungsgebietes verstanden werden sowie eine nachhaltige Mobilität im Siedlungsgebiet. Zu berücksichtigen ist dabei, dass dies im Einklang mit der Stadtökologie erfolgen muss. Viele Maßnahmen der Stärkung der Innenentwicklung finden sich in den Schwerpunkten der aktuellen Leitbilder der Sidungsentwicklung wider. Die Maßnahmen der indirekten Unterlassung der Flächeninanspruchnahme durch Innenentwicklung der Nutzung und Baustruktur des Siedlungsgebietes weisen einen unterschiedlichen Grad der Nachhaltigkeit auf, der in der folgenden Übersicht verdeutlicht werden soll.

Grad der Nachhaltigkeit der Maßnahmen nachhaltiger Nutzung und nachhaltiger Baustruktur des Siedlungsgebietes		
	Neue Ebenen für nicht naturgemäße Nutzungsräume im Siedlungsgebiet	Inanspruchnahme von Fläche für neue Ebenen nicht naturgemäßer Nutzungsräume innerhalb des Siedlungsgebietes
Nachhaltige Nutzung des Siedlungsgebietes	-	-
Ausschöpfung des Potentials der Höhe und des Untergrundes	+	-
Ausschöpfung des Potentials der Fläche	+	+

---

178 Vgl. *Bundesministerium für Verkehr, Bau und Stadtentwicklung*, Berliner Gespräche, Band 1, S. 47.

a. Nachhaltige Nutzung des Siedlungsgebietes

Durch eine nachhaltige Nutzung des Siedlungsgebietes werden vorhandene Nutzungsräume innerhalb des Siedlungsgebietes derart genutzt, dass keine neuen Ebenen für Nutzungsräume entstehen müssen. Nutzungsräume können überlastet, mindergenutzt oder von einer Nutzungsaufgabe betroffen sein. Aus diesem Merkmal eines Siedlungsgebietes lassen sich die Maßnahmen nachhaltiger Nutzung des Siedlungsgebietes entwickeln.

aa. Nutzungskoordination, Nutzungsintensivierung, Mehrfachnutzung

Aus der Überlastung von Nutzungsräumen lässt sich die Maßnahme der Nutzungskoordination ableiten. Ein Nutzungsraum ist überlastet, wenn die Nachfrage an der Nutzung dieses Raumes größer ist, als seine Kapazität. Eine Überlastung von Nutzungsräumen ist insbesondere in Bildungseinrichtungen zu verzeichnen. In diesen Fällen wären neue Ebenen für Nutzungsräume erforderlich, eine Koordination der Nutzung der Ebene eines Nutzungsraumes verhindert dies jedoch.[179] Ein Beispiel für Nutzungskoordination ist die Technische Universität Berlin.[180] Im Sommersemester 2003 wurden dort Kurse am Institut für Mathematik auf 2.300 Teilnehmer vergrößert, was unter anderem zu Problemen der Raumkapazität führte. Mit Hilfe mathematischer Modelle und Algorithmen konnte das Kriterium der Raumauslastung aber derart modelliert werden, dass es nachweislich optimal erfüllt wurde.

Aus einer Mindernutzung von Nutzungsräumen lässt sich die Maßnahme der Nutzungsintensivierung ableiten. Nutzungsintensivierung bedeutet, dass für eine Nutzung die Beanspruchung der Ebene eines Nutzungsraumes verringert wird.[181] Wohnt in einem Wohnhaus nur eine Person, so wird sie zwar alle Räume des Hauses nutzen, würden in demselben Wohnhaus jedoch zwei oder mehr Personen wohnen, so würden alle Räume intensiver genutzt werden. Dieses nur durch eine Person bewohnte Wohnhaus kann deshalb als mindergenutzt bezeichnet werden. Zwei oder mehr Personen in diesem Wohnhaus würden eine Nutzungsintensivierung darstellen. Für diese weiteren Personen würde kein Bedarf an neuen Ebenen

---

179 Dies kann durch Auslastungsuntersuchungen erreicht werden, siehe http://www.his-he.de/ab32/index7 (Stand: 1.9.2017).
180 Vgl. https://www.innocampus.tu-berlin.de/projekte/moses/ (1.9.2017).
181 Vgl. OVG Lüneburg NVwZ-RR 2014, 255 (255).

für Nutzungsräume für das Wohnen entstehen. Nutzungsintensivierung hat zur Folge, dass sich die Anzahl der Nutzungen innerhalb eines Nutzungsraumes, beispielsweise eines Wohngebäudes, insgesamt erhöht.[182] Eine Nutzungsintensivierung stellen unter anderem kleinere Wohnungen dar. In Deutschland waren 2011 jedoch 83 % der Wohngebäude Einfamilienhäuser und nur 46 % der Wohneinheiten waren darin untergebracht.[183] Ein Beispiel für Nutzungsintensivierung ist das „Clusterwohnen" in Zürich.[184] Dabei werden separate Wohneinheiten mit gemeinschaftlich genutzten Räumen wie Gästezimmern, Sitzungszimmern oder großen Wohnzimmern kombiniert. Dadurch wird der individuelle Bedarf an Nutzungsraum minimiert. Auch in Deutschland ist man auf diese Wohnform aufmerksam geworden.[185]

Aus einer Mindernutzung von Nutzungsräumen lässt sich auch die Maßnahme der Mehrfachnutzung ableiten. Mehrfachnutzung bedeutet, dass auf der Ebene eines Nutzungsraumes neben der primären Nutzung eine weitere zusätzliche Nutzung hinzutritt. Für die zusätzliche Nutzung entsteht dadurch kein Bedarf an neuen Ebenen für Nutzungsraum. Um durch die Mehrfachnutzung die primäre durch die zusätzliche Nutzung nicht zu stören, kann eine räumliche Trennung oder zeitliche Staffelung erfolgen.[186] Gebauter Raum sowie städtebauliche Grün- und Freiflächen werden fast ausschließlich monofunktional genutzt, da primär nur für einen bestimmten Verwendungszweck geplant und gebaut wird.[187] Dadurch werden insbesondere öffentliche Einrichtungen wie Gemeindehäuser oder Messehallen nur temporär genutzt und Sportflächen wie Fußball- oder Tennisplätze überwiegend während des Sommers,[188] so dass diese Flächen während langer Zeiträume ungenutzt sind. Ein Beispiel für Mehrfachnutzung ist das Staatstheater in Karlsruhe.[189] Die Nutzung des Gebäudes als Theater ist die primäre Nutzung. Daneben bestehen im Theaterfoyer Ar-

---

182 Vgl. OVG Lüneburg NVwZ-RR 2014, 255 (255).
183 *Bundesstiftung Baukultur*, Baukulturbericht 2016/17, S. 48.
184 Siehe http://anleitung.kalkbreite.net/gemeinsam-nutzen (Stand: 1.9.2017).
185 Beispielsweise hat in München die wagnis eG dieses Konzept aufgegriffen, siehe http://www.wagnis.org/wagnis/wohnprojekte/wagnisART.html (Stand: 1.9.2017.).
186 Vgl. *Apel u. a.*, in: Umweltbundesamt, Szenarien und Potentiale einer nachhaltig flächensparenden und landschaftsschonenden Siedlungsentwicklung, S. 205.
187 *Apel u. a.*, in: Umweltbundesamt, Szenarien und Potentiale einer nachhaltig flächensparenden und landschaftsschonenden Siedlungsentwicklung, S. 204.
188 *Apel u. a.*, in: Umweltbundesamt, Szenarien und Potentiale einer nachhaltig flächensparenden und landschaftsschonenden Siedlungsentwicklung, S. 204 f.
189 Siehe http://www.hoc.kit.edu/theabib.php (Stand: 1.9.2017).

beitsplätze für Studierende des Karlsruher Instituts für Technologie, die von den Studenten tagsüber genutzt werden können.

bb. Folgenutzung

Aus der Mindernutzung von Nutzungsräumen oder dessen Nutzungsaufgabe lässt sich die Maßnahme der Folgenutzung ableiten.[190] Folgenutzung bedeutet, dass auf bestehenden Ebenen von Nutzungsräumen nach einer Nutzungsaufgabe oder einer Mindernutzung eine kontinuierliche neue Nutzung dieser Ebenen folgt. So kann neuer Nutzungsbedarf innerhalb der vorhandenen Ebenen für Nutzungsräume aufgefangen werden,[191] ohne dass ein Bedarf an neuen Ebenen für Nutzungsräume entsteht. Folgenutzung kann gleichzeitig mit einer Nutzungsmischung verknüpft werden.

Ein Bedarf an neuen Ebenen für Nutzungsräume entsteht jedoch, soweit es nicht möglich ist, die alte Bausubstanz und damit vorhandene Ebenen für Nutzungsräume auch für die Folgenutzung einzubeziehen[192], und damit ein Abriss und die erneute Bebauung von Fläche für neue Ebenen für Nutzungsräume notwendig wird oder die Folgenutzung davon unabhängig eine Bebauung von Fläche für neue Ebenen für Nutzungsräume erfordert. Aus diesem Grund soll diese Form, beziehungsweise, dieser Bestandteil der Folgenutzung in der Untersuchung nicht unter die nachhaltige Nutzung des Siedlungsgebietes, sondern unter die Ausschöpfung des Potentials der Fläche fallen.[193]

Die Ebene eines Nutzungsraumes kann wiedergenutzt werden. Wiedernutzung bedeutet, dass die Ebene seiner ursprünglichen Verwendungsform, beispielsweise der Nutzungsart Gewerbe, erneut zugeführt wird.[194] Die Ebene eines Nutzungsraumes kann auch umgenutzt werden. Umnutzung bedeutet, dass sich die Nutzungsart auf der Ebene ändert, beispielsweise von einer gewerblichen in eine wohnungswirtschaftliche.[195] Wieder-

---

190 Vgl. *Wittenbecher*, in: ARL, Flächenhaushaltspolitik: Feststellungen und Empfehlungen, S. 17.
191 Vgl. *Apel u. a.*, in: Umweltbundesamt, Szenarien und Potentiale einer nachhaltig flächensparenden und landschaftsschonenden Siedlungsentwicklung, S. 174.
192 *Apel u. a.*, in: Umweltbundesamt, Szenarien und Potentiale einer nachhaltig flächensparenden und landschaftsschonenden Siedlungsentwicklung, S. 166.
193 Vgl. III. 1. b. bb.
194 Vgl. *Austermann*, Brachflächenreaktivierung, S. 30.
195 Vgl. *Austermann*, Brachflächenreaktivierung, S. 30.

Erstes Kapitel: Flächeninanspruchnahme und nachhaltige Flächennutzung

nutzungen und Umnutzungen entsprechen zudem der Dynamik des Wirtschaftslebens.[196] Nutzungsaufgaben betreffen oftmals zentral liegende Ebenen für Nutzungsräume mit vorhandener Infrastruktur, so dass eine Folgenutzung aussichtsreich ist.[197] Folgenutzungen müssen konzipiert werden.[198] Dadurch kann sich unmittelbar nach einer Nutzungsaufgabe oder Mindernutzung eine neue Nutzung anschließen, so dass es zu einem Nutzungswechsel ohne Nutzungsunterbrechungen kommt.

Meist ist eine Folgenutzung direkt im Anschluss an die Nutzungsaufgabe aus Gründen der Planung und Organisation der Folgenutzung sowie erforderlichem Umbau und Umgestaltungen nicht möglich. Vergeht zwischen der Nutzungsaufgabe und der Folgenutzung Zeit, so werden diese Flächen als Brachflächen bezeichnet.[199] Dies gilt auch für eine starke Mindernutzung.[200] Das ist der Fall, wenn auf Flächen beispielsweise nur noch ein Schrotthandel betrieben wird oder auf einem großen Industriegelände nur noch auf geringen Teilflächen eine industrielle Produktion erfolgt.[201] Maßgeblich ist die allgemeine Verkehrsauffassung.[202] Als Brachflächen gelten stillgelegte Industrie- und Gewerbeflächen, Militärliegenschaften, Verkehrsflächen[203] oder andere Flächen[204] innerhalb des Siedlungsgebietes. Auch ehemalige Wohnbauflächen können dazu gezählt werden.[205] Zu Brachflächen zählen damit ehemalige Bahnflächen oder Flughäfen, alte Montanstandorte bis hin zu nicht mehr genutzten Sportanlagen und Kliniken.[206] In dieser Untersuchung sollen unter Brachflächen alle Flächen mit

---

196 Vgl. *Jörissen/Coenen*, Sparsame und schonende Flächennutzung, S. 108.
197 *Apel u. a.*, in: Umweltbundesamt, Szenarien und Potentiale einer nachhaltig flächensparenden und landschaftsschonenden Siedlungsentwicklung, S. 163 ff.
198 Vgl. *Austermann*, Brachflächenreaktivierung, S. 29.
199 Vgl. *Schönwandt/Jung/Jacobi/Bader*, Flächenmanagement durch innovative Regionalplanung, S. 214; *Runkel*, in: Ernst/Zinkahn/Bielenberg/Krautzberger, Baugesetzbuch, § 165 Rn. 74.
200 *Runkel*, in: Ernst/Zinkahn/Bielenberg/Krautzberger, Baugesetzbuch, § 165 Rn. 75.
201 *Runkel*, in: Ernst/Zinkahn/Bielenberg/Krautzberger, Baugesetzbuch, § 165 Rn. 75.
202 *Runkel*, in: Ernst/Zinkahn/Bielenberg/Krautzberger, Baugesetzbuch, § 165 Rn. 75.
203 Vgl. *Ingenieurtechnischer Verband Altlasten e. V.*, Flächenrecycling, S. 3.
204 Vgl. *Güttler*, in: ARL, Flächenhaushaltspolitik: ein Beitrag zum Bodenschutz, S. 360.
205 Vgl. *Preuß/Ferber*, in: Forum Stadt- und Regionalplanung e. V. u. a., Das Flächensparbuch, S. 177.
206 Vgl. *Bundesinstitut für Bau-, Stadt- und Raumforschung im BBR*, Neue Stadtquartiere, S. 10.

bestehenden Ebenen von Nutzungsräumen nach einer Nutzungsaufgabe oder mit einer starken Minderung ohne zeitlich unmittelbar anschließende Folgenutzung fallen. Die Mobilisierung von Brachflächen nennt man Flächenrecycling. Hier soll unter die Mobilisierung von Brachflächen lediglich die neue Nutzung auf Brachflächen unter Verwendung der bestehenden Ebenen von Nutzungsräumen fallen. Soweit sich die Bausubstanz bereits in einem schlechten Zustand befindet und eine Beseitigung erfolgen muss,[207] fällt dies nicht mehr unter eine nachhaltige Nutzung des Siedlungsgebietes, sondern stellt eine Ausschöpfung des Potentials der Fläche dar.[208]

Flächenrecycling war schon seit den 1990er Jahren ein Thema, jedoch nur unter dem Aspekt der Altlastensanierung.[209] Nun liegt der Schwerpunkt auf nachhaltiger Flächennutzung.[210] Flächenrecycling ist dementsprechend die mittels planerischer, umwelttechnischer und wirtschaftspolitischer Maßnahmen nutzungsbezogene Wiedereingliederung von Flächen in den Wirtschafts- und Naturkreislauf, die ihre bisherige Funktion und Nutzung verloren haben.[211] Verstärkt wird dies durch das Konzept der Flächenkreislaufwirtschaft.[212] Diesem Konzept liegt der Kreislaufgedanke zugrunde.[213] Er ist in der Ökonomie und im Abfallrecht schon seit langem Standard und soll nun auf die Nutzung von Fläche übertragen werden.[214] Im Mittelpunkt der Flächenkreislaufwirtschaft liegt der Nutzungszyklus von Nutzungsräumen.[215] Dabei wird hinsichtlich der Brachflächen der Nutzungszyklus Planung, Nutzung, Nutzungsaufgabe, Brachliegen, Wiedereinbringen betrachtet.[216] Ziel ist ein effizienter Nutzungswechsel, so dass Brachflächen nicht erst entstehen.[217] Problematisch ist bei der Mobili-

---

207 *Apel u. a.*, in: Umweltbundesamt, Szenarien und Potentiale einer nachhaltig flächensparenden und landschaftsschonenden Siedlungsentwicklung, S. 166.
208 Vgl. III. 1. b. bb.
209 *Dosch*, in: Job/Pütz, Flächenmanagement, S. 34.
210 *Dosch*, in: Job/Pütz, Flächenmanagement, S. 34.
211 *Ingenieurtechnischer Verband Altlasten e. V.*, Flächenrecycling, S. 3.
212 *BBR*, Perspektive Flächenkreislaufwirtschaft, Band 1, S. 24.
213 Vgl. *Preuß/Verbücheln*, Towards circular flow land use management, S. 14 f.; *Thiel*, UPR 2005, 212 (213).
214 Vgl. *Preuß/Verbücheln*, Towards circular flow land use management, S. 14 f.; *Thiel*, UPR 2005, 212 (213).
215 *BBR*, Perspektive Flächenkreislaufwirtschaft, Band 1, S. 24.
216 *BBR*, Perspektive Flächenkreislaufwirtschaft, Band 1, S. 24.
217 Vgl. *BBR*, Perspektive Flächenkreislaufwirtschaft, Band 1, S. 26.

sierung von Brachflächen, dass zahlreiche Brachen von Altlasten betroffen sind und eine Altlastsanierung erhebliche Kosten verursacht.[218] In Deutschland bergen Industriestandorte und Kasernengelände erhebliches Potential für eine Folgenutzung. Ein Beispiel für eine Folgenutzung von Industriestandorten ist der Stadtteil Plagwitz in Leipzig.[219] Ab Mitte des 19. Jahrhunderts stieg Plagwitz zu einem Industriestandort auf. Anfang der 1990er Jahre stellten jedoch etwa 80 % der Betriebe die Produktion ein. Im Anschluss daran begann die Revitalisierung des Stadtteils, insbesondere durch die Umnutzung der Industriegebäude. So wurde unter anderem eine ehemalige sächsische Wollgarnfabrik, die ihre Produktion 1990 eingestellt hatte, in Wohngebäude umgenutzt. Ein Beispiel für die Folgenutzung von Kasernengeländen ist das Französische Viertel in Tübingen.[220] In Tübingen existierte ein Kasernengelände, das von französischen Streitkräften genutzt wurde. Als 1990 der Abzug der Streitkräfte absehbar war, begann Tübingen mit der Planung der Anschlussnutzung auf diesem Kasernengelände. So entstand seit 1991 auf diesem Gelände das Französische Viertel als neues Stadtviertel Tübingens unter Beibehaltung der Militärkasernen, die dafür umgebaut wurden.

Besteht für die Ebene eines Nutzungsraumes nach Nutzungsaufgabe oder Mindernutzung kein Bedarf einer Folgenutzung, ist jedoch absehbar, dass sich dies zukünftig ändern wird, oder kann sich die Folgenutzung aufgrund der Planung und Organisation sowie erforderlichem Umbau und Umgestaltungen nicht unmittelbar anschließen, so kommt eine zwischenzeitliche Nutzung dieser Ebene bis zur Folgenutzung in Betracht. Zwischennutzungen vermeiden lange Nutzungsunterbrechungen von Nutzungsräumen und sind daher insbesondere bei der Mobilisierung von Brachflächen ein wichtiges Instrument[221] sowie für die Vermeidung dieser. Eine Ebene wird so lange zwischengenutzt, bis ein kontinuierlicher Nut-

---

218 *Apel u. a.*, in: Umweltbundesamt, Szenarien und Potentiale einer nachhaltig flächensparenden und landschaftsschonenden Siedlungsentwicklung, S. 165 f.
219 Siehe http://www.werkstatt-stadt.de/de/projekte/118/ (Stand: 1.9.2017); Weitere zahlreiche Beispiele einer Folgenutzung von Industriestandorten sind im Ruhgebiet zu finden, das sich ausdrücklich als Ort der Industriekultur vermarktet.
220 Siehe http://www.franzoesisches-viertel.net/ (Stand: 1.9.2017); Stadtviertel können oftmals die Folgenutzung von Industriestandorten und Kasernengeländen sein. Weitere Beispiele dafür sind das „Neue Bauen am Horn" in Weimar, die „Vauban" in Freiburg, der „PHOENIX See" in Dortmund und die „weststadt" in Essen.
221 Vgl. *Austermann*, Brachflächenreaktivierung, S. 30; hinsichtlich von Regionen mit Bevölkerungsrückgang vgl. *BBR*, Perspektive Flächenkreislaufwirtschaft, Band 2, S. 100 und 107.

zungsbedarf an dieser Ebene besteht und die Zwischennutzung von einer kontinuierlichen Folgenutzung abgelöst wird. Ein Beispiel für eine Zwischennutzung ist das Areal der „Reese-Kaserne" in Augsburg.[222] Dieses Areal wurde 1994 von amerikanischen Streitkräften aufgegeben. Die Folgenutzung dieses Areals erforderte eine lange Planungszeit. Zur Überbrückung dieser fanden auf Teilflächen und in Gebäuden des Areals seit 1995 und bis zu zehn Jahre Zwischennutzungen statt. Etwa 300 Mieter nutzen dabei Flächen und Gebäude des Areals als Lagerräume, Stellplätze, Werkstätten, Verkaufsräume oder Gaststätten.

b. Nachhaltige Baustruktur des Siedlungsgebietes

Durch eine nachhaltige Baustruktur wird der Bedarf an neuen Ebenen für Nutzungsräume ohne eine Flächeninanspruchnahme gedeckt. Sie verhindert aber nicht die Entstehung des Bedarfs an neuen Ebenen für Nutzungsräume. Die nachhaltige Nutzung des Siedlungsgebietes hat damit Vorrang vor der nachhaltigen Baustruktur des Siedlungsgebietes, da diese den Bedarf an neuen Ebenen für Nutzungsräume nicht erst entstehen lässt. Die Maßnahmen nachhaltiger Baustruktur sind die Ausschöpfung des Potentials der Höhe, des Untergrundes und der Fläche. Die Ausschöpfung des Potentials der Höhe und der Fläche kann als Nachverdichtung bezeichnet werden.[223] Aber auch für die Ausschöpfung des Potentials des Untergrundes ist der Begriff der Nachverdichtung angebracht.[224]

aa. Ausschöpfung des Potentials der Höhe und des Untergrundes

Durch eine nachhaltige Baustruktur können neue Ebenen für Nutzungsräume entstehen, ohne dass dafür Fläche bebaut werden muss, durch Ebenen oberhalb und unterhalb von Fläche im Siedlungsgebiet.

Eine Ausschöpfung des Potentials der Höhe bedeutet, dass Ebenen für Nutzungsräume oberhalb einer Fläche im Siedlungsgebiet entstehen. Dadurch wird die Bebauung von Fläche vermieden. So kann das Potential der

---

222 Siehe http://www.werkstatt-stadt.de/de/projekte/227/ (Stand: 1.9.2017).
223 Vgl. *Brunner*, in: Leitungsgruppe des NFP 54, Nachhaltige Siedlungs- und Infrastrukturentwicklung, S. 81; *Fickert/Fieseler*, Baunutzungsverordnung, § 16 Rn. 3.
224 Vgl. *Brunner*, in: Leitungsgruppe des NFP 54, Nachhaltige Siedlungs- und Infrastrukturentwicklung, S. 81.

Höhe durch eine Aufstockung von Gebäuden und durch den Bau mehrgeschossiger Gebäude genutzt werden.[225] Bei Wohngebäuden kann eine Aufstockung um ein oder mehrere Geschosse oder durch Dachgeschossausbau erfolgen.[226] In Gewerbegebieten sind mehrgeschossige Parkhäuser denkbar, die große Parkflächen vermeiden.[227] Ein Beispiel für die Ausschöpfung des Potentials der Höhe ist der „Kulturbunker" in Frankfurt am Main.[228] In diesem Gebäude befinden sich sechs Künstlerateliers des Amtes für Wissenschaft und Kunst sowie das Institut für Neue Medien INM. Dies ist eine Folgenutzung eines Bunkers aus dem 2. Weltkrieg, der für die neue Nutzung um zwei Etagen aufgestockt wurde. Dabei wurden unterschiedliche Materialarten kombiniert. Auf dem massiven Betonblock des Bunkers entstand eine transparente Holz-/ Glas-/ Stahlkonstruktion. Die Folgenutzung des Bunkers konnte die Entstehung des Bedarfs an neuem kulturellem Nutzungsraum nicht vollständig verhindern. Dieser Bedarf an neuem kulturellem Nutzungsraum konnte aber durch die Ausschöpfung des Potentials der Höhe dieses Gebäudes gedeckt werden.

Eine Ausschöpfung des Potentials des Untergrundes bedeutet, dass Ebenen für Nutzungsräume unterhalb einer Fläche im Siedlungsgebiet entstehen. Dadurch wird die Bebauung von Fläche vermieden. Die Ausschöpfung des Potentials des Untergrundes belastet den Boden mehr als die Ausschöpfung des Potentials der Höhe, so dass letztere Maßnahme vorrangig ist. Die Ausnutzung des Potentials des Untergrundes führt zwar meist zu höheren Baukosten, dadurch werden jedoch zahlreiche zusätzliche Nutzungen möglich.[229] Ein Beispiel für die Ausschöpfung des Potentials des Untergrundes ist der Neubau eines Tiefdepots für das Germanische Nationalmuseum in Nürnberg.[230] Geplant ist der Neubau eines fünfgeschossi-

---

225 Vgl. *Apel u. a.*, in: Umweltbundesamt, Szenarien und Potentiale einer nachhaltig flächensparenden und landschaftsschonenden Siedlungsentwicklung, S. 172 und 174; *Jörissen/Coenen*, Sparsame und schonende Flächennutzung, S. 58.
226 *Apel u. a.*, in: Umweltbundesamt, Szenarien und Potentiale einer nachhaltig flächensparenden und landschaftsschonenden Siedlungsentwicklung, S. 172 und 174; vgl. *Schayck*, Ökologisch orientierter Städtebau, S. 75; *Jörissen/Coenen*, Sparsame und schonende Flächennutzung, S. 58.
227 *Apel u. a.*, in: Umweltbundesamt, Szenarien und Potentiale einer nachhaltig flächensparenden und landschaftsschonenden Siedlungsentwicklung, S. 184.
228 Siehe https://www.frankfurt.de/sixcms/detail.php?id=3793413&_ffmpar%5B_id_inhalt%5D=51979 (Stand: 1.9.2017).
229 *Brunner*, in: Leitungsgruppe des NFP 54, Nachhaltige Siedlungs- und Infrastrukturentwicklung, S. 79.
230 Siehe http://www.architektenssp.de/component/content/article/1000.html (Stand: 1.9.2017).

gen, unterirdischen Depotgebäudes. Im ersten Untergeschoss soll die Gebäudetechnik untergebracht werden. In den weiteren vier Untergeschossen soll auf 4.500 Quadratmetern eine Lagerfläche für Kultur- und Kunstgegenstände des deutschen Sprachraumes entstehen. Untersucht werden momentan auch Möglichkeiten des Baus eines Konzertsaals unter dem Königsplatz in München.[231]

bb. Ausschöpfung des Potentials der Fläche

Eine Baustruktur ist auch dann noch nachhaltig, wenn eine Inanspruchnahme von Fläche innerhalb des Siedlungsgebietes für neue Ebenen nicht naturgemäßer Nutzungsräume erfolgt. Dabei wird das Potential der Fläche innerhalb des Siedlungsgebietes ausgeschöpft. Vor diesen Maßnahmen haben die Ausschöpfung des Potentials der Höhe und des Untergrundes Vorrang, da dafür im Siedlungsgebiet keine Fläche in Anspruch genommen werden muss. Von allen Maßnahmen der Innenentwicklung weist die Ausschöpfung des Potentials der Fläche den geringsten Grad an Nachhaltigkeit auf, da sie sich gegen die Regelungsfunktion der Ressource Fläche richtet.[232] Findet eine Inanspruchnahme von bisher mindergenutzten oder von einer Nutzungsaufgabe betroffenen Flächen statt, so ist dies eine Form oder ein Bestandteil der Folgenutzung.[233] Die Inanspruchnahme einer solchen Fläche hat deshalb Vorrang vor der Inanspruchnahme von Flächen mit bisher aktiv genutzten naturgemäßen Nutzungsräumen wie beispielsweise einer parkähnlichen Grünfläche. Die Ausschöpfung des Potentials der Fläche kann renaturierte Flächen mit ehemals baulichen Nutzungsräumen betreffen, die nun wieder zu Flächen mit baulichen Nutzungsräumen umgewandelt werden.[234]

Durch Ausschöpfung des Potentials der Fläche können vorhandene Baugebiete aufgefüllt werden.[235] Bei freistehenden Gebäuden als bauliche Nutzungsräume bestehen zwischen diesen Gebäuden Flächen mit nicht bauli-

---

231 Siehe http://www.architektenssp.de/component/content/article/1186.html (Stand: 1.9.2017).
232 Vgl. III. 1.; Regelungsfunktion I. 1.
233 Vgl. III. 1. a. bb.
234 Vgl. *BBR*, Perspektive Flächenkreislaufwirtschaft, Band 1, S. 26.
235 Vgl. *Güttler*, in: ARL, Flächenhaushaltspolitik: ein Beitrag zum Bodenschutz, S. 352.

chen Nutzungsräumen.[236] In Großwohnsiedlungen ist ein ergänzender Neubau auf großen Gebäudeabstandsflächen denkbar.[237] In Ein- und Zweifamilienhausgebieten sind Neubauten auf den seitlichen Abstandflächen zwischen den Gebäuden der unmittelbaren Straßenrandbebauung denkbar, so dass eine Blockbebauung entlang der Straßenfront entsteht.[238] Durch eine Aneinanderreihung von Gebäuden werden Flächen mit nicht baulichen Nutzungsräumen verhindert.[239] Eine Aneinanderreihung von Gebäuden bedeutet, dass zwischen den Gebäuden kein seitlicher Abstand zueinander besteht. Eine Aneinanderreihung von Gebäuden kann beispielsweise durch die Errichtung von Reihenhäusern statt freistehenden Einfamilienhäusern erfolgen.[240] Freistehende Gebäude oder Gebäudegruppen können auch in die Fläche mit nicht baulichen Nutzungsräumen hinein ausgebaut werden. Dabei kommt im Rahmen des Wohnungsbaues bei bereits bestehender Bausubstanz ein Ausbau der Gebäude in die Fläche in Betracht, so dass dadurch zusätzlich kleine Wohnungen geschaffen werden können.[241]

Ein Beispiel für die Ausschöpfung des Potentials der Fläche ist eine Einfahrtschließung in Darmstadt.[242] Zwischen aneinandergereihten Gründerzeithäusern bestand eine Einfahrt in den hinter den Häusern liegenden Garten von 38 Quadratmetern. Die Einfahrt war ohne Aufenthaltsqualität. In dieser Einfahrt entstand 145 Quadratmeter Wohnfläche mit einer Glasbausteinfassade. Neben Wohnungserweiterungen des anliegenden Hauses befindet sich auf den oberen drei Etagen mit einer Dachterrasse eine separate Wohneinheit, die als „Haus im Haus" bezeichnet werden kann. Die Wohnqualität ist dabei gewährleistet, indem mehr Platz geschaffen wird durch Treppen und Trennwände, die auch als Schränke und Regale dienen, und indem Licht in die Räumlichkeiten gelangt durch Galerien statt geschlossener Zimmer und durch die Fassade aus Glasbausteinen.

---

236 Vgl. *Apel u. a.*, in: Umweltbundesamt, Szenarien und Potentiale einer nachhaltig flächensparenden und landschaftsschonenden Siedlungsentwicklung, S. 180.
237 *Apel u. a.*, in: Umweltbundesamt, Szenarien und Potentiale einer nachhaltig flächensparenden und landschaftsschonenden Siedlungsentwicklung, S. 181.
238 *Apel u. a.*, in: Umweltbundesamt, Szenarien und Potentiale einer nachhaltig flächensparenden und landschaftsschonenden Siedlungsentwicklung, S. 183.
239 Vgl. *Fuchs/Schleifnecker*, Handbuch ökologische Siedlungsentwicklung, S. 59.
240 *Fuchs/Schleifnecker*, Handbuch ökologische Siedlungsentwicklung, S. 59.
241 *Apel u. a.*, in: Umweltbundesamt, Szenarien und Potentiale einer nachhaltig flächensparenden und landschaftsschonenden Siedlungsentwicklung, S. 173.
242 Siehe http://www.db-bauzeitung.de/db-themen/db-archiv/baulueckenschliessung-in-darmstadt/ (Stand: 1.9.2017).

c. Nachhaltige Mobilität im Siedlungsgebiet

Nutzungsräume müssen für Menschen erreichbar gemacht werden. Die Mobilität im Siedlungsgebiet wird durch das Verkehrssystem innerhalb eines Siedlungsgebietes gewährleistet. Das Verkehrssystem innerhalb eines Siedlungsgebietes ist Teil der Siedlungsstruktur und hat damit auch einen Flächenanteil im Siedlungsgebiet.[243] Befinden sich unterschiedliche Arten von Nutzungsräumen nah aneinander, so sind die Wege zwischen ihnen kurz, so dass meist der Rad- und Gehverkehr ausreicht. Befinden sie sich jedoch weit voneinander entfernt, werden Straßen für den dann notwendigen Verkehr erforderlich. Der Bedarf an Wegen zwischen den unterschiedlichen Nutzungsräumen steigt damit, je weiter sie voneinander entfernt sind. Ist die vorhandene Verkehrsinfrastruktur bereits auf den motorisierten Individualverkehr ausgerichtet, so schafft dies zudem die Möglichkeit, neue Ebenen für weitere weit voneinander entfernte Nutzungsräume zu errichten.[244] Auch die Maßnahmen nachhaltiger Mobilität im Siedlungsgebiet weisen einen unterschiedlichen Grad der Nachhaltigkeit auf. Dies soll in der folgenden Übersicht verdeutlicht werden.

---

243 *Apel u. a.*, in: Umweltbundesamt, Szenarien und Potentiale einer nachhaltig flächensparenden und landschaftsschonenden Siedlungsentwicklung, S. 192.
244 *Apel*, Landschaft und Landnutzung, S. 99.

Grad der Nachhaltigkeit der Maßnahmen nachhaltiger Mobilität im Siedlungsgebiet			
	Weitere Wege	Neue Ebenen für den Verkehr	Bebauung/ Versiegelung von Fläche für den Verkehr
Nutzungsmischung und Nachverdichtung anderer Nutzungen	-	-	-
Nachhaltige Nutzung der Verkehrsebenen	+	-	-
Ausschöpfung des Potentials der Höhe und des Untergrundes für Verkehrsebenen	+	+	-

aa. Nutzungsmischung und Nachverdichtung anderer Nutzungen

Nutzungsmischung bedeutet, dass auf nah aneinander liegenden Ebenen von Nutzungsräumen, vertikal oder horizontal[245] und bezogen auf ein Gebäude bis hin zu einem Stadtquartier oder der Innenstadt, unterschiedliche Nutzungsarten bestehen. Nutzungsmischung führt zu kürzeren Wegen.[246] Durch Freizeit- und Versorgungsaktivitäten am Wohnort, erfolgen diese beispielsweise im Fuß- und radläufigen Wohnumfeld.[247] Nutzungsmischung kann mit Hilfe einer Funktionsanreicherung durch die Ausrichtung der Arbeits- und Versorgungsaktivitäten am Wohnort sowie der Inte-

---

245 Vgl. *Bundesstiftung Baukultur*, Baukulturbericht 2014/15, S. 63.
246 *Koch*, Ökologische Stadtentwicklung, S. 128; *Fuchs/Schleifnecker*, Handbuch ökologische Siedlungsentwicklung, S. 63.
247 Vgl. *Apel u. a.*, in: Umweltbundesamt, Szenarien und Potentiale einer nachhaltig flächensparenden und landschaftsschonenden Siedlungsentwicklung, S. 208 f.

gration von Freizeit- und Erholungseinrichtungen erfolgen.[248] Dies setzt die Schaffung von Raumqualitäten voraus, die den unterschiedlich starken und tageszeitlich ändernden Nutzungsansprüchen gerecht werden, wie Kindergarten und Spielplätze verbunden mit Kinderlärm, Entspannung sowie Kommunikation.[249] Bezüglich eines Stadtquartiers ist dabei die Belebung der Erdgeschosszonen der Gebäude wichtig.[250] Zudem sollte ein kleiner urbaner Ortsmittelpunkt geschaffen werden mit einem Minimum an öffentlichem Leben.[251] So kann Nutzungsmischung existierende Monostrukturen ersetzen.[252] Ein Beispiel für Nutzungsmischung ist das "Frankenberger Viertel" in Aachen.[253] Dort befand sich ein Güterbahnhof, der in den 1980er Jahren stillgelegt wurde. Der östliche Teil dieser Fläche lag brach, auf dem westlichen Teil verblieben eine Baustoffhandlung und kleinere Gewerbebetriebe. Auf dieser Fläche entstanden für den Stadtteil "Frankenberger Viertel" ein Bürger- und Jugendpark, eine Gesamtschule, die auch als Stadtteilbildungszentrum genutzt wird, sowie neuer Wohnungsbau und Gewerbe.

Für die Nachverdichtung der Ebenen von unterschiedlichen Nutzungsräumen[254] ist charakteristisch, dass sie zu näher aneinander liegenden Ebenen von Nutzungsräumen führt und damit wie auch die Nutzungsmischung zu kürzeren Wegen[255]. Nachverdichtung kann deshalb gleichzeitig mit einer Nutzungsmischung verknüpft werden und bietet für diese erhebliches Potential[256].

---

248 Vgl. *Schayck*, Ökologisch orientierter Städtebau, S. 75; *Apel u. a.*, in: Umweltbundesamt, Szenarien und Potentiale einer nachhaltig flächensparenden und landschaftsschonenden Siedlungsentwicklung, S. 208 f.
249 *Apel u. a.*, in: Umweltbundesamt, Szenarien und Potentiale einer nachhaltig flächensparenden und landschaftsschonenden Siedlungsentwicklung, S. 209.
250 *Bundesstiftung Baukultur*, Baukulturbericht 2014/15, S. 65.
251 *Apel*, Landschaft und Landnutzung, S. 103.
252 *Jörissen/Coenen*, Sparsame und schonende Flächennutzung, S. 58; vgl. *Apel u. a.*, in: Umweltbundesamt, Szenarien und Potentiale einer nachhaltig flächensparenden und landschaftsschonenden Siedlungsentwicklung, S. 180 f.
253 Siehe http://www.werkstatt-stadt.de/de/projekte/50/ (Stand: 1.9.2017).
254 Nachverdichtung III. 1. b.
255 Vgl. *BBR*, Kompass für den Weg zur Stadt der Zukunft, S. 25; *Jörissen/Coenen*, Sparsame und schonende Flächennutzung, S. 103.
256 Vgl. *Bundesstiftung Baukultur*, Baukulturbericht 2014/15, S. 65.

bb. Nachhaltige Nutzung der Verkehrsebenen

Eine nachhaltige Nutzung des Siedlungsgebietes ist auch hinsichtlich der Verkehrsebenen möglich. Eine Nutzungskoordination der Verkehrsebenen kann durch flexibilisierte Arbeitszeiten und durch die Verlagerung des täglichen Schulbeginns und -endes erfolgen.[257] Eine Nutzungsintensivierung wird durch die Nutzung von Fahrrädern und Bussen anstelle von Autos erreicht: Fahrräder nehmen weniger Verkehrsebene in Anspruch als Autos und Busse weniger Verkehrsebene als Autos und Fahrräder.[258] Bezüglich der Nutzung von Bussen müssen entsprechende Angebote des Personennahverkehrs geschaffen werden. Für die Fahrradnutzung ist förderlich, wenn Fahrradschnellwege zur Verfügung gestellt werden, die eine gute Erreichbarkeit von Nutzungsräumen mit dem Fahrrad, im Stadtgebiet und auch darüber hinaus, gewährleisten. Im Ruhgebiet entsteht beispielsweise der Fahrradschnellweg Ruhr RS1, der 102 Kilometer lang werden soll als Verkehrsader zwischen Duisburg und Hamm.[259] Schließlich kommt für Verkehrsebenen auch die Folgenutzung in Betracht. Ein Beispiel dafür ist die Nordbahntrasse Wuppertal.[260] Dies war ein innerstädtischer Abschnitt einer Eisenbahnstrecke, auf der der Eisenbahnverkehr 1999 eingestellt wurde. 2006 begann die Planung der Folgenutzung dieses innerstädtischen Abschnittes als innerstädtischer Fuß-, Rad- und Inlinerweg von insgesamt 23 Kilometern, der 2014 fertiggestellt wurde.

cc. Ausschöpfung des Potentials der Höhe und des Untergrundes für Verkehrsebenen

Eine Ausschöpfung des Potentials der Höhe und insbesondere des Untergrundes ist auch bei Verkehrsebenen möglich. Im Untergrund können Parkebenen für den ruhenden Verkehr oder in größeren Siedlungsgebieten U-Bahnstrecken entstehen. Ein Beispiel für die Ausschöpfung des Potentials der Höhe und des Untergrundes für Verkehrsebenen ist der Stadtteil Vau-

---

257 Dies wurde für Zürich untersucht, um Ausbauten der Verkehrsebenen aufgrund der Verkehrsspitzen zu vermeiden, siehe http://www.metropolitanraum-zuerich.ch/themen/verkehr/brechen-der-verkehrsspitzen.html (Stand: 1.9.2017).
258 Fotografische Darstellung siehe *AGORA Köln, Themengruppe Mobilität*, Verkehr des guten Lebens, S. 45.
259 Siehe http://www.rs1.ruhr/ (Stand: 1.9.2017).
260 Siehe https://www.wuppertal.de/tourismus-freizeit/gruenes_wuppertal/trassen/102370100000154340.php (Stand: 1.9.2017).

ban in Freiburg.[261] Dort erfolgt eine Bündelung des ruhenden Verkehrs in zwei Sammelgaragen am Siedlungsrand.

d. Stadtökologie

Unter Stadtökologie versteht man sehr unterschiedliche Konzeptionen, je nach Blickwinkel der wissenschaftlichen Disziplin.[262] Bei der angewandten Stadtökologie steht die Komplexität des Ökosystems der Stadt im Mittelpunkt, die Stadt wird ökologisch betrachtet.[263] Gegenstand der Stadtökologie sind deshalb Flächen innerhalb eines Siedlungsgebietes oder Flächen, die vom Siedlungsgebiet "abhängig" geworden sind.[264] Die angewandte Stadtökologie ist ein Beitrag nachhaltiger Stadtentwicklung,[265] da innerhalb dieser auf Basis stadtökologischer Erkenntnisse auch Überlegungen zu einer ökologischen Stadtentwicklung erfolgen.[266] Dabei wird der Schutz des Naturhaushaltes und des Menschen innerhalb der Stadt verfolgt.[267] Die Maßnahmen der Innenentwicklung, die der Reduzierung der Flächeninanspruchnahme dienen, dürfen daher nicht zum Nachteil von Naturhaushalt und der Gesundheit der Menschen innerhalb des Siedlungsgebietes erfolgen.

Der Naturhaushalt umfasst die Tier- und Pflanzenwelt, Boden, Wasser und Luft, sowie ihr Wirkungsgefüge.[268] Auch innerhalb des Siedlungsgebietes ist der Naturhaushalt zu schützen. Dies kann durch Wald- und Grünzonen, weniger Bodenversiegelung und der Freihaltung von Luftschneisen erfolgen.[269] Durch ihre ökologischen Funktionen sind Grünzonen innerhalb des Siedlungsgebietes besonders wichtig.[270] Durch die Verdunstung von Wasser dämpfen Blätter die Temperatur der Umgebung, zudem binden sie Staub und andere Schadstoffe.[271] Grünflächen und ihr Boden tragen positiv zur städtischen Grundwasserwirtschaft bei und eine viel-

---

261 Siehe http://www.vauban.de/ (Stand: 1.9.2017).
262 *Endlicher*, Einführung in die Stadtökologie, S. 11 f.
263 *Henninger*, in: Henninger, Stadtökologie, S. 11.
264 Vgl. *Endlicher*, Einführung in die Stadtökologie, S. 17.
265 *Endlicher*, Einführung in die Stadtökologie, S. 19.
266 Vgl. *Henninger*, in: Henninger, Stadtökologie, S. 30.
267 Vgl. *Endlicher*, Einführung in die Stadtökologie, S. 19.
268 Vgl. *Grooterhorst*, DVBl. 1987, 654 (658).
269 Vgl. *Grooterhorst*, DVBl. 1987, 654 (655).
270 Vgl. *Apel*, Landschaft und Landnutzung, S. 116.
271 *Apel*, Landschaft und Landnutzung, S. 116.

fältige Vegetation leistet einen Beitrag zur Artenvielfalt.[272] Die nachhaltige Baustruktur des Siedlungsgebietes, insbesondere die Ausschöpfung des Potentials der Fläche, zielt auf eine intensivere Nutzung der Siedlungsbereiche. Sie kann daher in Bezug auf den Naturhaushalt innerhalb des Siedlungsgebietes durch weniger Wald- und Grünzonen, eine höhere Bodenversiegelung und einen verminderten schonenden Umgang mit Boden sowie durch weniger Luftschneisen zu Nachteilen führen. Zu fordern ist deshalb insbesondere eine angemessene Anwendung der Ausschöpfung des Potentials der Fläche verbunden mit der Aufwertung von Freiflächen im Siedlungsgebiet.[273] Anzustreben ist ein optimales Verhältnis zwischen Nachverdichtung und dem notwenigen Abstand der Nutzungen.[274] Sie muss daher stets mit dem Erhalt des landschaftsökologisch notwendigen Grüns innerhalb der Stadt verbunden sein.[275] Die Mindestkriterien für die Grünausstattung in den Siedlungsräumen müssen eingehalten werden.[276] Nachverdichtung stellt daher hohe Anforderungen an Konzepte der Gestaltung von Grün- und Freiflächen.[277]

Aufgrund der negativen Auswirkungen von Siedlungen auf Luft, Wasser und den Boden, ist auch von überwiegend negativen gesundheitlichen Auswirkungen der Siedlungen auszugehen. Dies sind insbesondere Herz-Kreislauf-Erkrankungen durch sommerliche Hitze und Feinstaub, Atemwegserkrankungen und Hautallergien im Zusammenhang mit der Luftbelastung sowie Lärm an belebten Straßen und Plätzen. Nutzungsmischung führt zu mehr Lärmimmissionen, die nachhaltige Baustruktur des Siedlungsgebietes zu weniger Wald- und Grünzonen, einer höheren Bodenversiegelung und einem verminderten schonenden Umgang mit Boden sowie zu weniger Luftschneisen. Damit erhöhen sich auch durch diese Maßnahmen die Gesundheitsrisiken der Menschen im Siedlungsgebiet. Bei Maßnahmen der Nachverdichtung ist die Qualität des Wohnumfeldes zu be-

---

272 *Apel*, Landschaft und Landnutzung, S. 116.
273 *Krengel*, in: Forum Stadt- und Regionalplanung e. V. u. a., Das Flächensparbuch, S. 52.
274 Vgl. *Birkedal*, Die Implementation des Staatsziels Umweltschutz, S. 268.
275 *Apel u. a.*, in: Umweltbundesamt, Szenarien und Potentiale einer nachhaltig flächensparenden und landschaftsschonenden Siedlungsentwicklung, S. 185; vgl. *Krengel*, in: Forum Stadt- und Regionalplanung e. V. u. a., Das Flächensparbuch, S. 51 f.
276 Vgl. *Krengel*, in: Forum Stadt- und Regionalplanung e. V. u. a., Das Flächensparbuch, S. 51 f.
277 *Apel u. a.*, in: Umweltbundesamt, Szenarien und Potentiale einer nachhaltig flächensparenden und landschaftsschonenden Siedlungsentwicklung, S. 185.

achten, so dass weniger eine höhere Dichte, als vielmehr eine qualifizierte Dichte angestrebt werden sollte.[278] Die Vermeidung von für den Menschen schädlichen Lärm, Gerüchen, Wärme- oder Lichtemissionen kann durch eine räumliche Trennung von belastenden und empfindlichen Nutzungen erreicht werden,[279] was der Nutzungsmischung entgegensteht.[280] Dabei kann eine Bündelung von Belastungen in Gebieten erfolgen, die bereits vorbelastet sind, insbesondere dort, wo sich die Belastungen nicht linear summieren.[281] Jedoch ist der Typ der „klassischen" Gemengelage, bei dem das Nebeneinander von Wohnen und gewerblichen Nutzungen zu massiven Beeinträchtigungen führt, in Deutschland kaum noch anzutreffen.[282] Unter anderem sind ein Grund dafür geänderte und wohnverträglichere Produktions- und Arbeitsmethoden.[283]

2. Reduzierung der Flächeninanspruchnahme (im engeren Sinn)

Bei einer Reduzierung der Flächeninanspruchnahme steht die Entstehung neuer Ebenen für nicht naturgemäße Nutzungsräume auf außerhalb des Siedlungsgebietes liegenden Flächen fest. Eine Reduzierung der Flächeninanspruchnahme hält diese jedoch gering. Dies erfolgt durch die Anwendung der Maßnahmen der Innenentwicklung auf diese neu entstehenden Ebenen. Ein Beispiel für eine Reduzierung der Flächeninanspruchnahme durch die Maßnahme der Nutzungsmischung ist der Stadtteil Rieselfeld in Freiburg.[284] Der Stadtteil Rieselfeld entstand auf ehemals außerhalb des Siedlungsgebietes liegender Fläche, dafür sind in diesem Wohnen, Versorgung und Freizeit gemischt, indem sich in den Erdgeschosszonen der Wohngebäude Einkaufsmöglichkeiten, Restaurants und Cafés befinden. Der Stadtteil verfügt über Schulen, einen eigenen Marktplatz mit einem Bürgerhaus, sowie einer Kirche mit ökumenischem Gottesdienst und liegt am Rand eines Naturschutzgebietes mit Erholungsmöglichkeiten.

---

278 Vgl. *BBR*, Perspektive Flächenkreislaufwirtschaft, Band 2, S. 46.
279 *Koch*, Ökologische Stadtentwicklung, S. 63.
280 Vgl. *Koch*, Ökologische Stadtentwicklung, S. 63.
281 *Koch*, Ökologische Stadtentwicklung, S. 64.
282 *Bundesstiftung Baukultur*, Baukulturbericht 2014/15, S. 67.
283 *Bundesstiftung Baukultur*, Baukulturbericht 2014/15, S. 67.
284 Siehe http://www.freiburg.de/pb/,Lde/208628.html (Stand: 1.9.2017).

3. Freiraumentwicklung

Freiraum soll in dieser Untersuchung als naturgemäß genutzte Fläche am Rand oder außerhalb des Siedlungsgebietes verstanden werden. Eine Stärkung der Freiraumentwicklung ist die Verhinderung oder das Geringhalten der Entstehung neuer Ebenen für nicht naturgemäße Nutzungsräume auf außerhalb des Siedlungsgebietes liegenden Flächen für die Förderung der aktiven Nutzung dieses Freiraumes.[285] Durch die Stärkung der Freiraumentwicklung wird der Freiraum positiv beschrieben.[286] Der Schwerpunkt liegt daher auch nicht auf den negativen Auswirkungen einer Flächeninanspruchnahme, sondern auf den positiven Auswirkungen einer anderweitigen naturgemäßen Nutzung dieser Flächen. Für die aktive Nutzung des Freiraumes ist das Erfassen und Darstellen der landschaftlichen Besonderheiten und Potentiale einer Region erforderlich.[287] Eine aktive Nutzung des Freiraumes ist durch Freizeitaktivitäten, landschaftsgebundene Erholung und Tourismus denkbar.[288] Es können beispielsweise stadtnahe Erholungsbereiche entwickelt werden.[289] Des Weiteren kann der Freiraum für die Land- oder Forstwirtschaft, sowie für eine wasserwirtschaftliche Mehrzwecknutzung wie der Grundwasserbildung oder des Oberflächenabflusses genutzt werden.[290] Eine weitere Nutzungsmöglichkeit ist der Schutz von Natur und Landschaft zum Erhalt wertvoller Biotope und Landschaftsbilder.[291] Mit der Nutzbarkeit und Erlebbarkeit der Freiräume steigt auch deren Wertschätzung.[292] Eine Stärkung der Freiraumentwick-

---

285 Vgl. *Schönwandt/Jung/Jacobi/Bader*, Flächenmanagement durch innovative Regionalplanung, S. 201.
286 *Siedentop/Egermann*, in: Siedentop/Egermann, Freiraumschutz und Freiraumentwicklung, S. 1.
287 Vgl. *Apel u. a.*, in: Umweltbundesamt, Szenarien und Potentiale einer nachhaltig flächensparenden und landschaftsschonenden Siedlungsentwicklung, S. 190.
288 *Schönfelder*, in: Siedentop/Egermann, Freiraumschutz und Freiraumentwicklung, S. 8; vgl. *Apel u. a.*, in: Umweltbundesamt, Szenarien und Potentiale einer nachhaltig flächensparenden und landschaftsschonenden Siedlungsentwicklung, S. 190.
289 *Schekahn/Grundler*, Nachhaltige Freiraumsicherung und -entwicklung, S. 112.
290 *Schönfelder*, in: Siedentop/Egermann, Freiraumschutz und Freiraumentwicklung, S. 8.
291 Vgl. *Einig/Dora*, in: Siedentop/Egermann, Freiraumschutz und Freiraumentwicklung, S. 107; *Apel u. a.*, in: Umweltbundesamt, Szenarien und Potentiale einer nachhaltig flächensparenden und landschaftsschonenden Siedlungsentwicklung, S. 190.
292 *Schönwandt/Jung/Jacobi/Bader*, Flächenmanagement durch innovative Regionalplanung, S. 201.

Erster Teil: Grundlagen

lung reduziert somit indirekt die Flächeninanspruchnahme. Ein Beispiel für die Stärkung der Freiraumentwicklung ist der Münchner Grüngürtel.[293] Dieser befindet sich zwischen dem Stadtrand von München und den Nachbargemeinden und umschließt München auf einer Länge von 70 Kilometern. Der Münchner Grüngürtel umfasst unter anderem Landwirtschaftsfläche, Wälder, Heidegebiete und Mooslandschaften. Er dient als Naherholungsraum und es finden dort Maßnahmen des Arten- und Biotopenschutzes statt. Darüber hinaus werden im Münchner Grüngürtel Projekte durchgeführt wie beispielsweise die Münchner Kräutergärten. Im Grüngürtel wird ein Nebeneinander von Landwirtschaft, Erholung und Naturschutz angestrebt. Durch diese Funktionen wird Flächeninanspruchnahme auf diesen Flächen zurückgehalten.

4. Renaturierung

Besteht für eine Fläche, die nicht naturgemäß genutzt wurde, nach einer Nutzungsaufgabe oder Mindernutzung kein Bedarf einer Folgenutzung und ist nicht absehbar, dass sich dies künftig ändern wird, so können die Ebenen mit nicht naturgemäßen Nutzungsräumen auf dieser Fläche wieder beseitigt werden.[294] Durch diese Renaturierung können agrarisch oder ökologisch wertvolle Bereiche entstehen.[295] Siedlungsfläche kann dadurch zugunsten der Wiederherstellung von Landschaft aufgegeben werden, so dass dadurch vorhandene Belastungen reduziert und bereits eingetretene Schädigungen der ökologischen Funktionsfähigkeit des Naturhaushaltes saniert werden.[296] Die Spanne reicht von der Erweiterung bestehender Parkanlagen in innerstädtischen Quartieren über landwirtschaftliche Nutzungsformen bis hin zu Waldflächen, die insbesondere für Abrissgebiete am Stadtrand in Frage kommen.[297] Renaturierung kann somit sowohl innerhalb, als auch außerhalb oder am Rand des Siedlungsgebietes erfolgen. Innerhalb des Siedlungsgebietes kann die renaturierte Fläche für einen

---

293 Siehe http://www.muenchen.de/rathaus/Stadtverwaltung/Referat-fuer-Stadtplanung-und-Bauordnung/Stadt-und-Bebauungsplanung/Gruenplanung/Muenchner-Gruenguertel.html (Stand: 1.9.2017).
294 Vgl. *BBR*, Perspektive Flächenkreislaufwirtschaft, Band 2, S. 54 und 116.
295 *Brunner*, in: Leitungsgruppe des NFP 54, Nachhaltige Siedlungs- und Infrastrukturentwicklung, S. 78 f.
296 *Koch*, Ökologische Stadtentwicklung, S. 74.
297 *Bundesministerium für Verkehr, Bau und Stadtentwicklung/BBR*, Renaturierung als Strategie nachhaltiger Stadtentwicklung, S. 16 ff.

möglicherweise in Zukunft entstehenden Bedarf an neuen Ebenen für nicht naturgemäße Nutzungsräume zur Ausschöpfung des Potentials der Fläche „reserviert" werden. Bis zu diesem Zeitpunkt dienen die renaturierten Flächen im Siedlungsgebiet der Stadtökologie. Am Rand oder außerhalb des Siedlungsgebietes stellt Renaturierung einen Rückzug aus der Fläche dar[298]. Renaturierung eignet sich gut bei großen Brachflächenbeständen wie Altstandorten in peripherer Lage oder Randlage.[299] Sie ist daher vor allem in Schrumpfungsregionen ein effektives Instrument.[300] Ein Beispiel für Renaturierung ist die ehemalige Plattenbausiedlung „Weißwasser Süd" in Weißwasser.[301] Diese Plattenbausiedlung am Stadtrand von Weißwasser war vom Einwohnerrückgang betroffen, verbunden mit einer stark rückläufigen Nutzung der Plattenbausiedlung. Für eine Folgenutzung bestand aufgrund des Einwohnerrückganges kein Bedarf und eine diesbezügliche zukünftige Änderung war nicht absehbar. Damit erfolgte ein großflächiger Abriss der Plattenbausiedlung, so dass die Stadtgrenze nach innen verlagert wurde. Die Fläche der Plattenbausiedlung „Weißwasser Süd" wurde durch Aufforstung renaturiert. Die ehemalige Plattenbausiedlung ist nun ein Mischwald.

---

298 Vgl. *Koch*, Ökologische Stadtentwicklung, S. 73 f.
299 Vgl. *BBR*, Perspektive Flächenkreislaufwirtschaft, Band 2, S. 54.
300 *BBR*, Perspektive Flächenkreislaufwirtschaft, Band 2, S. 107.
301 Siehe http://www.werkstatt-stadt.de/de/projekte/133/ (Stand: 1.9.2017).

Definitionen

Fläche:	Geländeoberfläche
Siedlungsgebiet:	Konzentration von nicht naturgemäßen Nutzungsräumen des Menschen auf der Ebene Fläche und auf Ebenen oberhalb und unterhalb der Fläche
Flächeninanspruchnahme:	Entstehung neuer Ebenen für Nutzungsräume auf bisher außerhalb des Siedlungsgebietes liegender Fläche, soweit diese nicht naturgemäß genutzt werden
Direkte Unterlassung der Flächeninanspruchnahme:	Direkte Verhinderung der Entstehung neuer Ebenen für nicht naturgemäße Nutzungsräume auf außerhalb des Siedlungsgebietes liegenden Flächen
Innenentwicklung:	Maßnahmen zur Verhinderung der Entstehung des Bedarfs an neuen Ebenen für Nutzungsräume (nachhaltige Nutzung) oder zur Deckung des Bedarfs an neuen Ebenen für Nutzungsräume ohne einer Flächeninanspruchnahme (nachhaltige Baustruktur)
Nutzungskoordination:	Koordination der Nutzung der Ebene eines Nutzungsraumes zur Verhinderung von dessen Überlastung
Nutzungsintensivierung:	Verringerung der Beanspruchung der Ebene eines Nutzungsraumes für eine Nutzung
Mehrfachnutzung:	Hinzutreten einer weiteren zusätzlichen Nutzung auf der Ebene eines Nutzungsraumes neben der primären Nutzung
Folgenutzung:	Kontinuierliche neue Nutzung auf bestehenden Ebenen von Nutzungsräumen nach einer Nutzungsaufgabe oder Mindernutzung
Brachflächen:	Flächen mit bestehenden Ebenen von Nutzungsräumen nach einer Nutzungsaufgabe oder mit einer starken Mindernutzung ohne zeitlich unmittelbar anschließender Folgenutzung
Mobilisierung von Brachflächen:	Neue Nutzung auf Brachflächen unter Verwendung der bestehenden Ebenen von Nutzungsräumen

Zwischennutzung:	Zeitlich begrenzte Nutzung einer bestehenden Ebene eines Nutzungsraumes nach einer Nutzungsaufgabe oder Mindernutzung und vor einer kontinuierlichen neuen Nutzung
Ausschöpfung des Potentials der Höhe:	Ebenen für Nutzungsräume oberhalb einer Fläche im Siedlungsgebiet
Ausschöpfung des Potentials des Untergrundes:	Ebenen für Nutzungsräume unterhalb einer Fläche im Siedlungsgebiet
Ausschöpfung des Potentials der Fläche:	Inanspruchnahme von Fläche innerhalb des Siedlungsgebietes für neue Ebenen nicht naturgemäßer Nutzungsräume
Nutzungsmischung:	Unterschiedliche Nutzungsarten auf nah aneinander liegenden Ebenen von Nutzungsräumen, vertikal oder horizontal und bezogen auf ein Gebäude bis hin zu einem Stadtquartier oder der Innenstadt
Reduzierung der Flächeninanspruchnahme (im engeren Sinn):	Direktes Geringhalten der Entstehung neuer Ebenen für nicht naturgemäße Nutzungsräume auf bisher außerhalb des Siedlungsgebietes liegenden Flächen
Freiraum:	Naturgemäß genutzte Fläche am Rand oder außerhalb des Siedlungsgebietes
Freiraumentwicklung:	Verhinderung oder Geringhalten der Entstehung neuer Ebenen für nicht naturgemäße Nutzungsräume auf außerhalb des Siedlungsgebietes liegenden Flächen für die Förderung der aktiven Nutzung des Freiraumes
Renaturierung:	Beseitigung von Ebenen mit nicht naturgemäßen Nutzungsräumen auf einer Fläche

Zweites Kapitel: Das Bauplanungsrecht als Instrument zur Reduzierung der Flächeninanspruchnahme

Die Reduzierung der Flächeninanspruchnahme bedarf der Umsetzung. Erfolgt dies als Zielvorstellung durch Rechtsnormen, so sind zwei Stufen zu überwinden.[302] Die erste Stufe ist die „Übersetzung" in das Recht, die zweite Stufe ist die Realisierung dieses Rechts im sozialen System.[303] Dem liegt die Systemtheorie Niklas Luhmanns zugrunde.[304] Der Grad, inwieweit durch Bauplanungsrecht diese zwei Stufen überwunden werden können, stellt das Potential des Bauplanungsrechts als Instrument zur Reduzierung der Flächeninanspruchnahme dar. Die zweite Stufe der Realisierung des Rechts im sozialen System resultiert daraus, dass zwischen einer Norm und ihrer Wirkung keine lineare kausale Verbindung besteht.[305] Trotz dieser zweiten Stufe wird das Recht aber als ein wichtiges Steuerungsmedium gesehen.[306] Es ist somit zu untersuchen, ob das Bauplanungsrecht für eine „Übersetzung" der Reduzierung der Flächeninanspruchnahme geeignet ist und wie diese „Übersetzung" eine tatsächliche Wirkung hervorrufen kann.

I. Die Eignung des Bauplanungsrechts für eine Reduzierung der Flächeninanspruchnahme

Die juristische Geltung des Bauplanungsrechts ist eine Sollgeltung.[307] Bauplanungsrechtliche Normen werden in Kraft gesetzt und dadurch verbindlich gemacht. Ihr Aussagegehalt kann sodann rechtsdogmatisch durch Aus-

---

302 *Raiser*, Grundlagen der Rechtssoziologie, S. 252.
303 *Raiser*, Grundlagen der Rechtssoziologie, S. 252.
304 *Raiser*, Grundlagen der Rechtssoziologie, S. 251; *Luhmann*, Soziale Systeme, S. 30 ff.
305 *Ziegert*, in: Plett/Ziegert, Empirische Rechtsforschung, S. 155 f.; Zu beachten ist ebenfalls, dass es durch eine Norm auch zu unbeabsichtigten und unerwünschten Nebenfolgen kommen kann. Siehe *Raiser*, Grundlagen der Rechtssoziologie, S. 255 und vgl. *Deutsches Institut für Urbanistik*, Planspiel 2012, S. 52 f.
306 Vgl. *Raiser*, Grundlagen der Rechtssoziologie, S. 252; *Piesker*, in: König u. a., Grundmuster der Verwaltungskultur, S. 150 ff.
307 Vgl. *Raiser*, Grundlagen der Rechtssoziologie, S. 239 f.

legung, Klassifikation und Systematisierung erarbeitet werden.[308] Die Entstehungsgeschichte des Bauplanungsrechts lässt sich wie folgt kurz zusammenfassen: Die Vorabreiten zum Bundesbaugesetz begannen bald nach Entstehung der Bundesrepublik Deutschland.[309] Das BBauG ist am 29.6.1960 verkündet worden.[310] Aufgrund der Ermächtigung des § 2 Absatz 10 BBauG ist die Baunutzungsverordnung erlassen worden[311] und trat am 1.8.1962 in Kraft[312]. Ein das BBauGB ergänzendes Sonderrecht für städtebauliche Sanierungs- und Entwicklungsmaßnahmen enthielt das Städtebauförderungsgesetz,[313] dass am 1.8.1971 in Kraft getreten ist.[314] Das Baugesetzbuch fasste das BBauG und das StBauFG zusammen,[315] das BauGB trat am 1.7.1987 in Kraft.[316]

Neben der rechtlichen Einflussnahme bestehen zahlreiche andere Steuerungsmöglichkeiten zur Reduzierung der Flächeninanspruchnahme, so beispielsweise ökonomische Instrumente.[317] Ökonomische Instrumente und die Steuerung der Bodennutzung kommen jedoch ohne unmittelbare Eingriffe in die Verfügungsrechte nicht aus.[318] Daher ist auch eine rechtliche Umsetzung erforderlich.[319] Dafür ist es naheliegend, Rechtsmaterien in Betracht zu ziehen, die sich mit der Flächennutzung befassen.[320] Das ist das Recht der Gesamtplanung,[321] zu dem das Raumordnungsrecht, das Landesplanungsrecht und das Bauplanungsrecht zählen.[322] Ohne das Planungsrecht wäre Stadtentwicklung sehr problematisch.[323] Die Gesamtpla-

---

308 Vgl. *Raiser*, Grundlagen der Rechtssoziologie, S. 14.
309 *Battis*, in: Battis/Krautzberger/Löhr, Baugesetzbuch, Einl Rn. 11.
310 BGBl. I 1960/30, S. 341.
311 *Battis*, in: Battis/Krautzberger/Löhr, Baugesetzbuch, Einl Rn. 14.
312 BGBl. I 1962/23, S. 429 ff.
313 *Battis*, in: Battis/Krautzberger/Löhr, Baugesetzbuch, Einl Rn. 15.
314 BGBl. I 1971/72, S. 1125 ff.
315 *Battis*, in: Battis/Krautzberger/Löhr, Baugesetzbuch, Einl Rn. 23.
316 BGBl. I 1986/63, S. 2191 ff.
317 Vgl. *Schimansky*, Die Problematik des Freiflächenverbrauchs, S. 211.
318 Vgl. *Schimansky*, Die Problematik des Freiflächenverbrauchs, S. 211.
319 Vgl. *Schimansky*, Die Problematik des Freiflächenverbrauchs, S. 211.
320 Vgl. *Schimansky*, Die Problematik des Freiflächenverbrauchs, S. 211.
321 *Schimansky*, Die Problematik des Freiflächenverbrauchs, S. 211; Da es sich bei Flächeninanspruchnahme um Eingriffe in Boden und Natur handelt, kommen darüber hinaus Rechtsgebiete in Betracht, die diesen Bereich regeln, insbesondere das Bodenschutzrecht und das Naturschutzrecht. Vgl. *Engelhardt*, in: Job/Pütz, Flächenmanagement, S. 45 f.
322 *Mitschang*, in: Henckel u. a., Planen-Bauen-Umwelt, S. 164.
323 Vgl. *Ramsauer*, in: Bundesministerium für Verkehr, Bau und Stadtentwicklung, Berliner Gespräche, Band 2, S. 9.

nung ist und bleibt damit ein zentrales Standbein für die Reduzierung der Flächeninanspruchnahme.[324] Dem Bauplanungsrecht kommt dabei eine maßgebliche Rolle zu, da sich dadurch entscheidet, ob bestimmte Flächen für bauliche Zwecke in Anspruch genommen werden oder nicht[325]. Für die Reduzierung der Flächeninanspruchnahme ist das Bauplanungsrecht deshalb ein bedeutsamer Rechtsbereich.[326]

II. Die Wirkung des Bauplanungsrechts auf eine Reduzierung der Flächeninanspruchnahme

Von der juristischen Geltung des Bauplanungsrechts zur Reduzierung der Flächeninanspruchnahme als erster Stufe ist seine Wirkung als zweite Stufe zu unterscheiden.[327] Bezüglich bauplanungsrechtlicher Normen, die der Reduzierung der Flächeninanspruchnahme dienen, wird in der Forschung und Praxis immer wieder auf Vollzugsdefizite hingewiesen und eine Erhöhung der Wirkung dieser Normen gefordert.[328]

Die rechtliche Umsetzung einer Zielvorstellung ist ein Prozess, der mit der Problemartikulation und der Zieldefinition beginnt.[329] Daraufhin wird ein Normprogramm entwickelt, dass durch Implementationsträger und Adressaten implementiert wird und sodann Wirkung entfaltet.[330] Die Wirkung von Normen ist Gegenstand der Evaluationsforschung,[331] ein spezifisches Evaluationsverfahren ist die Gesetzesfolgenabschätzung.[332] Durch diese werden Informationen über zu erwartende oder eingetretene Wirkungen einer Normierungsabsicht oder einer bestehenden Regelung

---

324 Vgl. *Schimansky*, Die Problematik des Freiflächenverbrauchs, S. 211; *BBR*, Perspektive Flächenkreislaufwirtschaft, Band 2, S. 56.
325 Vgl. BVerwG DVBl. 1995, 1008 (1009); *Schimansky*, Die Problematik des Freiflächenverbrauchs, S. 50.
326 Vgl. BT-Drucks. 17/11468, S. 28; *BMUB*, Deutsches Ressourceneffizienzprogramm II, S. 39.
327 Vgl. *Mayntz*, in: Mayntz, Implementation politischer Programme, S. 236.
328 Vgl. *Bundesministerium für Verkehr, Bau und Stadtentwicklung*, Berliner Gespräche, Band 1, S. 12; *BBR*, Perspektive Flächenkreislaufwirtschaft, Band 2, S. 57; *Thiel*, Städtebaurechtliche Instrumente zur Reduzierung des Flächenverbrauchs, S. 206; *Klemme*, Stadtentwicklung ohne Wachstum, S. 120 ff.
329 *Mayntz*, in: Mayntz, Implementation politischer Programme, S. 236 und 238.
330 *Mayntz*, in: Mayntz, Implementation politischer Programme, S. 236 und 238; vgl. *Rehbinder*, Rechtssoziologie, S. 170 ff.
331 Vgl. *Wollmann*, in: Nohlen, Lexikon der Politik, Band 2, S. 173.
332 *Konzendorf*, in: Widmer/Beywl/Fabian, Evaluation, S. 31.

ermittelt.[333] Die Methoden der Gesetzesfolgenabschätzung sind zahlreich.[334] Anfang der 1970er bis Mitte der 1990er Jahre[335] machte es sich die Implementationsforschung zum Ziel, die Wirkungsfaktoren, auf die die Abweichungen von Zielvorstellung und tatsächlicher Wirkung in der Durchführungsphase zurückzuführen sind, festzustellen[336]. Der Unterschied zwischen Evaluationsforschung und Implementationsforschung lässt sich methodisch ausdrücken.[337] Bei der Evaluationsforschung ist die Wirkung die abhängige Variable und es wird nach den auf die Wirkung einwirkenden Faktoren als unabhängige Variablen gefragt, wozu auch der Implementationsprozess zählt.[338] Bei der Implementationsforschung ist der Implementationsprozess die abhängige Variable und es wird nach den auf diesen Prozess einwirkenden Faktoren als unabhängige Variablen gefragt.[339] Die Implementationsforschung kann als ein Beitrag zu einer Gesetzgebungslehre aus politikwissenschaftlicher Sicht gesehen werden.[340] Aufgrund der begrenzten Aussagekraft sozialer Prognosen sind jedoch nur Tendenzaussagen möglich.[341] Wegen der starken Empirielastigkeit der Implementationsforschung entwickelte sich keine Theorie der Implementation,[342] so dass das Forschungsinteresse Mitte der 1990er Jahre stark ab-

---

333 *Konzendorf*, in: Widmer/Beywl/Fabian, Evaluation, S. 31.
334 Für die Methoden der Gesetzesfolgenabschätzung gibt das Bundesministerium des Inneren nach § 44 Absatz 1 Satz 5 GGO Empfehlungen. § 44 Absatz 1 GGO lautet: „Unter Gesetzesfolgen sind die wesentlichen Auswirkungen des Gesetzes zu verstehen. Sie umfassen die beabsichtigten Wirkungen und die unbeabsichtigten Nebenwirkungen. Die Darstellung der voraussichtlichen Gesetzesfolgen muss im Benehmen mit den jeweils fachlich zuständigen Bundesministerien erfolgen und hinsichtlich der finanziellen Auswirkungen erkennen lassen, worauf die Berechnungen oder die Annahmen beruhen. Es ist darzustellen, ob die Wirkungen des Vorhabens einer nachhaltigen Entwicklung entsprechen, insbesondere welche langfristigen Wirkungen das Vorhaben hat. Das Bundesministerium des Innern kann zur Ermittlung von Gesetzesfolgen Empfehlungen geben." Siehe auch *Böhret/Konzendorf*, in: Bundesministerium des Inneren, Moderner Staat - moderne Verwaltung, S. 9 ff.
335 *Ebinger*, Wege zur guten Bürokratie, S. 33.
336 *Dose*, in: Nohlen, Kleines Lexikon der Politik, S. 444; *Wollmann*, in: Nohlen, Lexikon der Politik, Band 2, S. 173; vgl. *Mayntz*, in: Mayntz, Implementation politischer Programme, S. 239; *Ebinger*, Wege zur guten Bürokratie, S. 33.
337 *Wollmann*, in: Nohlen, Lexikon der Politik, Band 2, S. 173.
338 *Wollmann*, in: Nohlen, Lexikon der Politik, Band 2, S. 173.
339 *Wollmann*, in: Nohlen, Lexikon der Politik, Band 2, S. 173.
340 Vgl. *Zeh*, in: Schreckenberger/König/Zeh, Gesetzgebungslehre, S. 59.
341 Vgl. *Schulze-Fielitz*, in: Dreier, Rechtssoziologie am Ende des 20. Jahrhunderts, S. 172 f.
342 Vgl. *Bruder*, Die Verwaltung 1983, 200 (200 f.).

Erster Teil: Grundlagen

nahm.³⁴³ Es dominieren bis in die Gegenwart fallstudienorientierte Ansätze aus Anlass von Reformen, die lediglich nicht verallgemeinerungsfähige induktive Beiträge leisten.³⁴⁴ Aufgrund der Vielgestaltigkeit der Vorschriften, Tatbestände und Wege der Verwirklichung dürfte es aber auch kaum möglich sein, ein allgemein anerkanntes und verwendbares Modell der Faktoren aufzustellen.³⁴⁵ Der am weitesten verbreitete Ansatz ist der des subjektiven Nutzens.³⁴⁶ Darüber hinaus besteht eine Vielzahl von möglichen Wirkungsfaktoren, wobei es der Forschung nur sehr begrenzt gelang, einen allgemein anerkannten Kern der relevanten Faktoren herauszufiltern.³⁴⁷ Dieser Kern der relevanten Wirkungsfaktoren lässt sich jedoch strukturiert darstellen.³⁴⁸

Die Ansätze aus der Implementationsforschung lassen sich auf das Bauplanungsrecht übertragen, so dass Tendenzaussagen über die Wirkung des Bauplanungsrechts für eine Reduzierung der Flächeninanspruchnahme möglich sind. Die folgende Übersicht gibt einen Überblick über die Folgerungen für die Ausgestaltung der bauplanungsrechtlichen Normen zugunsten einer Reduzierung der Flächeninanspruchnahme aus den Ansätzen der Implementationsforschung. Diese werden im Anschluss näher erläutert.

---

343 Vgl. *Ebinger*, Wege zur guten Bürokratie, S. 33.
344 *Ebinger*, Wege zur guten Bürokratie, S. 38; *Hucke/Wollmann*, in: Mayntz, Implementation politischer Programme, S. 217.
345 *Raiser*, Grundlagen der Rechtssoziologie, S. 257; vgl. Einleitung dieser Arbeit.
346 *Raiser*, Grundlagen der Rechtssoziologie, S. 256.
347 *Ebinger*, Wege zur guten Bürokratie, S. 37.
348 Vgl. *Rehbinder*, Rechtssoziologie, S. 170 ff.; *Bruder*, Die Verwaltung 1983, 200 (202 ff.); *Raiser*, Grundlagen der Rechtssoziologie, S. 257 ff.; *Mayntz*, in: Mayntz, Implementation politischer Programme, S. 242.

Übertragung der Ansätze aus der Implementationsforschung auf das Bauplanungsrecht	
Ansätze aus der Forschung	Folgerungen für die Ausgestaltung der bauplanungsrechtlichen Normen zugunsten einer Reduzierung der Flächeninanspruchnahme
1. Wirkungsfaktoren	
Merkmale des Problems	
Struktur des Problems	– Förderung der Maßnahmen nachhaltiger Flächennutzung zur Reduzierung der Flächeninanspruchnahme
Merkmale der Implementationsinstanz	
Wertvorstellungen und Interessen	– Verdeutlichung der summativen Auswirkungen der Flächeninanspruchnahme gegenüber der Verwaltung – Klare Formulierung des Zwecks der Norm – Verbindliche Aussagen für die Verwaltung
Verwaltungskultur	– Instrument des Flächenmanagements – Flexibles Eingehen auf unterschiedliche städtebauliche Situationen – Unterstützung bisheriger Verwaltungsaktivitäten
Merkmale des gesellschaftlichen Bereichs	
Gesellschaftliche Verhältnisse	– Flexibles Eingehen auf

	unterschiedliche städtebauliche Situationen - Verbindliche hinreichend abstrakte Aussagen für die Verwaltung
Zielgruppen	- Verdeutlichung der summativen Auswirkungen der Flächeninanspruchnahme gegenüber den Zielgruppen - Eingehen auf die Interessen der Zielgruppen - Deutliche verbindliche Aussagen für Zielgruppen (nachrangig)
Merkmale der Normen	
Klarheit der Normen	- Klare Formulierung des Zwecks der Norm - Klar umrissene städtebauliche Situation - Klare Verhaltensanweisungen
Regelungsdichte	- Klar umrissene städtebauliche Situation - Verfahrensanforderungen unter Ressourcenschonung
Organisation	- Vermeidung einer horizontalen Aufteilung der Zuständigkeiten
Programmtyp	- Geringhaltung der Verhaltensänderung und Kosten für die Zielgruppen bei regulativen Programmen - Geeignete Kontroll- und Sanktionsmittel bei regulativen Programmen

Steuerung der Anwendung der Normen	– Steuerung der Anwendung der Normen durch Selbstkontrolle, durch die vorgesetzte Behörde und durch Gerichte – Offenlegung der Entscheidungsgründe
2. Subjektiver Nutzen	
Verwaltung	– Ressourcenschonung der Verwaltung – Erhöhung des Ressourcenaufwandes bei Flächeninanspruchnahme
Zielgruppen	– Geringhaltung der Verhaltensänderung und Kosten für die Zielgruppen – Erhöhung der Verhaltensänderung und Kosten für die Zielgruppen, sowie geeignete Kontroll- und Sanktionsmittel bei Flächeninanspruchnahme

1. Die Phase der Implementation

Die Umsetzung einer Zielvorstellung erfolgt durch die vier Schritte: Problemartikulation, Zieldefinition, Programmentwicklung und Implementation.[349] Der erste Schritt ist die Problemartikulation: Die Flächeninanspruchnahme stellt durch ihre negativen Folgen für die Ressourcen Fläche und Luft sowie für die Siedlungsentwicklung und für den Haushalt der Gemeinden ein Problem dar.[350] Der zweite Schritt ist die Zieldefinition: Das Problem der Flächeninanspruchnahme kann durch eine Reduzierung dieser gelöst werden. Der dritte Schritt ist die Programmentwicklung: Für

---

349 *Mayntz*, in: Mayntz, Implementation politischer Programme, S. 238.
350 Teil I Kapitel 1 I.

eine Reduzierung der Flächeninanspruchnahme ist der Regelungsbereich des Bauplanungsrechts geeignet.[351]

Der vierte Schritt ist die Implementation. In der Phase der Implementation wirken Implementationsträger und die Zielgruppen zusammen.[352] Bezüglich des Implementationsträgers sind zwei Ausgangssituationen zu unterscheiden.[353] Entweder gibt es eine administrative Durchführungsinstanz oder es besteht lediglich eine gerichtliche Erzwingungsinstanz.[354] Ist eine administrative Durchführungsinstanz vorhanden, so ist ihre Implementationsstruktur zu beachten, was auch die Kontrollbeziehungen in vertikaler Richtung einschließt.[355] Bezüglich der Zielgruppen können diese je nach Art des durchzuführenden Normprogramms auf ganz unterschiedliche Weise betroffen sein.[356] Für das Bauplanungsrecht ist eine administrative Durchführungsinstanz vorhanden. Die Zielgruppen des Bauplanungsrechts sind die zivile Gesellschaft und der Immobilienmarkt.[357] Vom Immobilienmarkt sind die Grundstückseigentümer, die Grundstücksnutzer, die Bau- und Immobilienbranche sowie die Investoren erfasst.[358] Zu den Grundstücksnutzern zählen die gewerblichen und privaten Nutzer von Flächen.[359] Da das Bauplanungsrecht die Siedlungsentwicklung im Gemeindegebiet festlegt, betrifft es darüber hinaus auch die Einwohner des betroffenen Ortsteils oder, falls es sich um den Ortskern handelt, des gesamten Gemeindegebietes. Damit wirken diese Personengruppen als Zielpersonen ebenfalls an der Implementation mit.[360]

---

351 I.
352 *Mayntz*, in: Mayntz, Implementation politischer Programme, S. 238 und 244 ff.
353 *Mayntz*, in: Mayntz, Implementation politischer Programme, S. 244.
354 *Mayntz*, in: Mayntz, Implementation politischer Programme, S. 244 f.
355 Vgl. *Mayntz*, in: Mayntz, Implementation politischer Programme, S. 245 f.
356 *Mayntz*, in: Mayntz, Implementation politischer Programme, S. 246.
357 Vgl. *Wettemann-Wülk*, Nachhaltige Siedlungsentwicklung, S. 82.
358 Vgl. *Zwicker-Schwarm*, in: Bock/Hinzen/Libbe, Nachhaltiges Flächenmanagement, S. 119 f.
359 *Zwicker-Schwarm*, in: Bock/Hinzen/Libbe, Nachhaltiges Flächenmanagement, S. 119; *Wettemann-Wülk*, Nachhaltige Siedlungsentwicklung, S. 43.
360 Den Einfluss der Einwohner des Gemeindegebietes, wenn der Ortskern betroffen ist, zeigt der Eichplatz in Jena. Der Eichplatz ist ein großer zentraler Platz in Jena, der momentan hauptsächlich als Parkplatz genutzt wird. Die Stadt Jena stellte für diesen Platz einen Bebauungsplan auf, der eine großflächige Bebauung vorsah. Bürgerinitiativen gegen die Eichplatzbebauung führten zu einer Bürgerbefragung der Stadt Jena, in der etwa zwei Drittel gegen den Bebauungsplan stimmten. Damit wird die für den Eichplatz von der Stadt Jena vorgesehene Bebauung nicht stattfinden. Aus dieser Erfahrung weitet die Stadt Jena nun die Bürgerbeteiligung im Bereich der Stadtentwicklung aus. Aktuelles Bürger-

2. Wirkungsfaktoren

Ein Ansatz aus der Implementationsforschung ist die Herausarbeitung der Wirkungsfaktoren. Der Kern der relevanten Wirkungsfaktoren lässt sich in die folgenden vier Kategorien einteilen: Merkmale des Problems, der Implementationsinstanz, des gesellschaftlichen Bereichs und Merkmale der Normen.[361]

a. Merkmale des Problems

Die Merkmale des Problems haben Einfluss auf die Wirkung.[362] Daraus können Rückschlüsse auf die Ausgestaltung von Normen gemacht werden, die die Wirkung erhöhen.

Jedes Problem hat eine unterschiedliche Struktur.[363] Von der Struktur des Problems ist abhängig, ob eine problemlösungsorientierte Theorie oder problemlösungsorientierte Erkenntnisse verfügbar sind.[364] Können aus der Struktur des Problems Theorien oder Erkenntnisse zur Problemlösung abgeleitet werden, so sind die Tatbestände der Lösung des Problems hinreichend aufgeklärt.[365] Dies ist für die Wirkung der Instrumente für die Problemlösung entscheidend.[366] Somit beeinflusst die Handhabbarkeit des Problems die Wirkung.[367] Der Inhalt einer Norm sollte entsprechend der Tatbestände der Lösung des Problems ausgestaltet werden, um auf diese einzugehen und damit die Wirkung zu erhöhen.[368] Sind die Tatbestände der Lösung des Problems nicht hinreichend aufgeklärt, besteht die Gefahr, dass eine Norm von falschen Voraussetzungen ausgeht und damit ins Leere läuft[369] oder nur auf einige wenige Einzelfälle angewendet werden kann[370].

---

beteiligungsverfahren siehe https://vorhaben.jena.de/de/576398 (Stand: 1.9.2017).
361 Vgl. *Rehbinder*, Rechtssoziologie, S. 170 f.; *Bruder*, Die Verwaltung 1983, 200 (202 ff.).
362 *Bruder*, Die Verwaltung 1983, 200 (202 f.); *Rehbinder*, Rechtssoziologie, S. 170; *Mayntz*, in: Mayntz, Implementation politischer Programme, S. 243.
363 Vgl. *Bruder*, Die Verwaltung 1983, 200 (202 f.).
364 Vgl. *Bruder*, Die Verwaltung 1983, 200 (202 f.).
365 Vgl. *Raiser*, Grundlagen der Rechtssoziologie, S. 259.
366 Vgl. *Raiser*, Grundlagen der Rechtssoziologie, S. 259.
367 *Bruder*, Die Verwaltung 1983, 200 (202 f.).
368 Vgl. *Raiser*, Grundlagen der Rechtssoziologie, S. 259.
369 *Raiser*, Grundlagen der Rechtssoziologie, S. 252 f.
370 Vgl. *Deutsches Institut für Urbanistik*, Planspiel 2012, S. 50.

Das Problem der Flächeninanspruchnahme lässt sich durch Maßnahmen nachhaltiger Flächennutzung zur Reduzierung der Flächeninanspruchnahme lösen. Bauplanungsrechtliche Normen müssten nach dem Wirkungsfaktor Merkmale des Problems inhaltlich derart ausgestaltet sein, dass sie die Maßnahmen nachhaltiger Flächennutzung zur Reduzierung der Flächeninanspruchnahme fördern. Hierbei überschneiden sich die erste Stufe, die „Übersetzung" der Problemlösung in das Recht, und die zweite Stufe, die Realisierung dieses Rechts im sozialen System. Die erste Stufe verlangt eine Reduzierung der Flächeninanspruchnahme durch das Bauplanungsrecht, die zweite Stufe verlangt die Förderung der Maßnahmen nachhaltiger Flächennutzung zur Reduzierung der Flächeninanspruchnahme und stellt damit gleichzeitig eine Konkretisierung der ersten Stufe dar.

b. Merkmale der Implementationsinstanz

Die Wertvorstellungen und Interessen der Implementationsinstanz[371] sowie die Verwaltungskultur[372] haben Einfluss auf die Wirkung. Daraus können Rückschlüsse auf die Ausgestaltung von Normen gemacht werden, die die Wirkung erhöhen.

aa. Wertvorstellungen und Interessen

Für die Wirkung eines durch die Verwaltung umzusetzenden Ziels ist das Verhältnis des Ziels zu den Wertvorstellungen und Interessen der Verwaltung ausschlaggebend. Das Problembewusstsein der Verwaltung für das umzusetzende Ziel indiziert,[373] inwiefern dieses Ziel mit den eigenen Wertvorstellungen und Interessen der Verwaltung übereinstimmt.[374] Dabei erscheint es durch politische Konjunkturzyklen schwierig, das Ziel über einen längeren Zeitraum im Aufmerksamkeitsbereich der Verwaltung zu erhalten.[375] Die Verwaltung kann aber auch Interessen und Wertvorstellung verfolgen, die nicht auf das umzusetzende Ziel gerichtet sind, die je-

---

371 *Raiser*, Grundlagen der Rechtssoziologie, S. 259 f.
372 Vgl. *Piesker*, in: König u. a., Grundmuster der Verwaltungskultur, S. 144.
373 Vgl. *Bruder*, Die Verwaltung 1983, 200 (213).
374 *Raiser*, Grundlagen der Rechtssoziologie, S. 260.
375 Vgl. *Bruder*, Die Verwaltung 1983, 200 (213 f.).

doch als Begleiterscheinung gleichzeitig das Ziel realisieren.[376] Es kann auch eine Verfolgung von Interessen der Verwaltung bestehen, die sie nicht mit dem umzusetzenden Ziel verknüpft[377] und die dieses Ziel behindern. Eine Reduzierung der Flächeninanspruchnahme ist zwar ein öffentliches Interesse, jedoch kein spezifisches Interesse der jeweiligen Gemeinde,[378] es sei denn, die Flächeninanspruchnahme hatte bereits erkennbare negative Auswirkungen.[379] Meist kommt es in Gemeinden zu einer Reduzierung der Flächeninanspruchnahme als Begleiterscheinung der Verfolgung andere Ziele wie der Anpassung der Stadtstruktur an den Bevölkerungsrückgang.[380] Im Gegensatz zum Interesse einer Reduzierung der Flächeninanspruchnahme, die vermeintlich nur ökologische Interessen betrifft und diffus, schwer abschätzbar sowie wenig spezifisch erscheint, sind wirtschaftliche und soziale Interessen konkret, aktuell und erscheinen einfach zu prognostizieren.[381] Den Gemeinden fehlt daher meist mangels Sicht- und Wahrnehmbarkeit der Folgen der Flächeninanspruchnahme, mangels fachspezifischen Wissens insbesondere der ökologischen Zusammenhänge verbunden mit Landnutzungsmaßnahmen das Problembewusstsein.[382] Bei der Flächeninanspruchnahme ist es bereits schwierig, diese als Problem zu erkennen. Für eine Reduzierung der Flächeninanspruchnahme besteht somit nicht immer das notwendige Verständnis.[383] Die Gemeinden sind zudem dem individuellen Wohl ihrer Gemeindemitglieder verpflichtet, nehmen eine kurzfristige politische Perspektive ein und handeln aufgrund der räumlich und zeitlich begrenzten Sichtweise nicht als Verantwortliche künftiger Generationen.[384] Aufgrund der Verfolgung der Gemeindeinteressen findet oftmals Flächeninanspruchnahme statt, falls es nicht bereits an Alternativen der Neuausweisung mangelt[385]. In Deutschland sind Gemeindeinteressen, die eine Flächeninanspruchnahme nach sich ziehen, gehäuft Abwanderungsängste. Um der hohen Abwanderung

---

376 Vgl. *Wettemann-Wülk*, Nachhaltige Siedlungsentwicklung, S. 266.
377 *Raiser*, Grundlagen der Rechtssoziologie, S. 260; vgl. *Mayntz*, in: Mayntz, Implementation politischer Programme, S. 245.
378 *Jörissen/Coenen*, Sparsame und schonende Flächennutzung, S. 112 f.
379 Vgl. *Wettemann-Wülk*, Nachhaltige Siedlungsentwicklung, S. 201.
380 Vgl. *Wettemann-Wülk*, Nachhaltige Siedlungsentwicklung, S. 266.
381 *Jörissen/Coenen*, Sparsame und schonende Flächennutzung, S. 112.
382 *Schmalholz*, Steuerung der Flächeninanspruchnahme, S. 111 f.; vgl. *Wettemann-Wülk*, Nachhaltige Siedlungsentwicklung, S. 132.
383 Vgl. *Deutsches Institut für Urbanistik*, Planspiel 2012, S. 16.
384 *Jörissen/Coenen*, Sparsame und schonende Flächennutzung, S. 112; vgl. *Wettemann-Wülk*, Nachhaltige Siedlungsentwicklung, S. 141.
385 Vgl. *Wettemann-Wülk*, Nachhaltige Siedlungsentwicklung, S. 214.

entgegenzuwirken, kommt es zu Konkurrenz zwischen den Gemeinden, möglichst viele Menschen und Unternehmen von anderen Gemeinden abzuwerben[386] und zur Ansiedlung zu bewegen[387]. Daher sind die Gemeinden bedacht, innerhalb des Gemeindegebietes genügend Bauland anzubieten, da bei einem Rückgang an bebaubarer Fläche die Preise für die bebaubaren Grundstücke steigen.[388] Folglich besteht die Gefahr, dass Nachfrager das Umland der Gemeinde mit niedrigeren Bodenpreisen bevorzugen.[389] Daraus können auf dem Grundstücksmarkt Überkapazitäten und Dumpingpreise entstehen.[390] Bei diesem Anbieten an Bauland orientieren sich die Gemeinden an den Prioritäten des Immobilienmarktes, auf dem überwiegend die Ortsrandlage bevorzugt wird.[391] Zudem sehen die Gemeinden die Ausweisung neuer Baugebiete als eine Marketingmaßnahme, da dies die Außenwirkung einer lebendigen und wachsenden Gemeinde erzeugt.[392] Die Entwicklung neuer Bauplätze auf Außenbereichsgrundstücken bewerten die Gemeinden daher als Überlebensstrategie.[393] 64,7 % der stark schrumpfenden Gemeinden weisen Einfamilienhausgebiete aus.[394] In diesen Gemeinden ist die Flächeninanspruchnahme mit einer Bevölkerungsabnahme bei gleichzeitigem Siedlungswachstum an den Ortsrändern verbunden.[395] Die Infrastrukturkosten durch die Flächeninanspruchnahme werden dabei nicht wahrgenommen, da sie zeitverzögert entstehen.[396] Vor allem überschätzen Kommunen häufig die positive Wirkung neuer Wohngebiete auf Steuereinnahmen.[397] Weitere Gemeindeinteressen, die eine Flächeninanspruchnahme fördern, sind in wachsenden Gemeinden eine bereits überlastete Infrastruktur sowie zu hohe Bodenpreise.[398] Insgesamt ist bezüglich der Flächeninanspruchnahme eine Dominanz einer marktwirt-

---

386 Vgl. *Wettemann-Wülk*, Nachhaltige Siedlungsentwicklung, S. 168.
387 *Engelke/Jung*, Strategien zukünftiger Raumentwicklung, S. 3; bezüglich der Einwohner siehe *Klemme*, Stadtentwicklung ohne Wachstum, S. 78 ff.
388 Vgl. *Wettemann-Wülk*, Nachhaltige Siedlungsentwicklung, S. 146 und 254.
389 Vgl. *Wettemann-Wülk*, Nachhaltige Siedlungsentwicklung, S. 146 und 254.
390 *Bundesstiftung Baukultur*, Baukulturbericht 2016/17, S. 29.
391 Vgl. *Jörissen/Coenen*, Sparsame und schonende Flächennutzung, S. 79 f.
392 Vgl. *Wettemann-Wülk*, Nachhaltige Siedlungsentwicklung, S. 168.
393 Vgl. *Deutsches Institut für Urbanistik*, Planspiel 2012, S. 16.
394 *Bundesstiftung Baukultur*, Baukulturbericht 2016/17, S. 48.
395 Vgl. *Flaig/Kriese*, in: Gottwald/Löwer, Demografischer Wandel, S. 40 f.
396 *Gutsche*, in: Forum Stadt- und Regionalplanung e. V. u. a., Das Flächensparbuch, S. 33.
397 *Gutsche*, in: Forum Stadt- und Regionalplanung e. V. u. a., Das Flächensparbuch, S. 33.
398 Vgl. *Wettemann-Wülk*, Nachhaltige Siedlungsentwicklung, S. 212 und 214 f.

schaftlichen Perspektive der Gemeinden zu verzeichnen.[399] Das Problembewusstsein der Gemeinden für eine Reduzierung der Flächeninanspruchnahme zu wecken, ist deshalb von entscheidender Bedeutung.[400] Dies kann erreicht werden, indem die negativen Folgen von Flächeninanspruchnahme an konkreten Flächeninanspruchnahmen der Gemeinde aufgezeigt werden.[401] Dafür ist eine summative Betrachtungsweise notwendig,[402] die in zweierlei Hinsicht gilt. Für jede einzelne Flächeninanspruchnahme werden die Folgen erst durch die Gesamtbetrachtung der Folgen für alle einzelnen betroffenen Bereiche erkennbar.[403] Finden viele einzelne Flächeninanspruchnahmen statt, so müssen diese zudem zusammen betrachtet werden, um die Gesamtfolgen erfassen zu können.[404]

Damit sich ein Bewusstsein der Verwaltung für ein bestimmtes Problem entwickelt, müssten die Normen, die das Ziel fördern, das Problem aufzeigen und dabei an die Perspektive der Gemeinden anknüpfen. Bauplanungsrechtliche Normen müssten inhaltlich daher derart ausgestaltet werden, dass die Auswirkungen der Flächeninanspruchnahme durch eine summative Betrachtungsweise ermittelt werden.[405] Dabei sollte auch an die marktwirtschaftlichen Perspektive der Gemeinden angeknüpft werden. Den Gemeinden könnten die finanziellen Vor- und Nachteile der Flächeninanspruchnahme verdeutlicht werden.[406] Damit sich die Kommunen über die Kosten von Flächeninanspruchnahme bewusst würden, wären die Schaffung von Kostentransparenz in der Flächenausweisung und bei der Wohnstandortwahl sowie eine einhergehende Betrachtung langfristiger Folgekosten von Siedlungsinfrastruktur wichtig.[407] Darüber hinaus könnten durch eine klare Zieldefinition in den Normen, die hinter der Norm stehenden Wertentscheidungen offengelegt werden, so dass die Verwaltung

---

399 Vgl. *Wettemann-Wülk*, Nachhaltige Siedlungsentwicklung, S. 264.
400 Vgl. *Greiving*, in: ARL, Flächenhaushaltspolitik: Feststellungen und Empfehlungen, S. 169.
401 Vgl. *Wettemann-Wülk*, Nachhaltige Siedlungsentwicklung, S. 143.
402 Vgl. *Tomerius*, ZUR 2008, 1 (6); *Köck/Hofmann*, in: Umweltbundesamt, Effektivierung des raumbezogenen Planungsrechts, S. 34.
403 Vgl. *Köck/Hofmann*, in: Umweltbundesamt, Effektivierung des raumbezogenen Planungsrechts, S. 34.
404 Vgl. *Tomerius*, ZUR 2008, 1 (6).
405 Vgl. *Schmalholz*, Steuerung der Flächeninanspruchnahme, S. 138.
406 Vgl. *Wettemann-Wülk*, Nachhaltige Siedlungsentwicklung, S. 249; *Bundesstiftung Baukultur*, Baukulturbericht 2016/17, S. 29 f.
407 *Bock/Preuß*, in: Weith, Flächenmanagement im Wandel, S. 62.

den Zweck der Norm nachvollziehen kann[408]. Um dem Druck von Vollzugsverzichtsinteressen aufgrund entgegenstehender Interessen der Verwaltung entgegenzuwirken, sollten Normen aber auch verbindliche Aussagen zugunsten des verfolgten Ziels enthalten.[409]

bb. Verwaltungskultur

Ein weiterer Faktor der Wirksamkeit ist die Verwaltungskultur,[410] die als die Gesamtheit der Vorverständnisse, Einflüsse und Verhaltensweisen, die die öffentliche Verwaltung prägen, verstanden werden kann.[411] Verwaltungskultur wird aus stabilen, relativ dauerhaften Handlungsregelmäßigkeiten und Gleichförmigkeiten abgeleitet.[412] In Deutschland kann das Verwaltungshandeln als legalistisch bezeichnet werden.[413] Das bedeutet, dass dem Recht beim Verwaltungshandeln eine besondere Bedeutung zukommt:[414] es ist auf das Gesetz ausgerichtet und durch dieses geprägt.[415] Es gibt jedoch Anzeichen, dass diese regelorientierte Verwaltungskultur zunehmend flexiblere ergebnisbezogene Kulturmuster annimmt,[416] ohne jedoch die deutsche legalistische Verwaltungskultur vollends umzuwandeln.[417] Grund für die neuen Tendenzen ist der Einfluss des Public Management,[418] das sich in der ersten Hälfte des 20. Jahrhunderts in den USA durchgesetzt hat.[419] Dieses bringt durch pragmatische Gestaltungsvorstellungen eine Steuerungsperspektive in die Verwaltungskultur hinein, wie

---

408 *Rehbinder*, Rechtssoziologie, S. 130; vgl. *Deutsches Institut für Urbanistik*, Planspiel 2012, S. 7, 19 und 26.
409 Vgl. *Schuppert*, Verwaltungswissenschaft, S. 496 f.
410 Vgl. *Piesker*, in: König u. a., Grundmuster der Verwaltungskultur, S. 144 ff.
411 *Hill*, in: König u. a., Grundmuster der Verwaltungskultur, S. 181; Es existiert keine allgemein akzeptierte Definition von „Verwaltungskultur". Der Begriff wird in unterschiedlichen Disziplinen verwendet, die jeweils unterschiedliche Aspekte betrachten. Siehe *Piesker*, in: König u. a., Grundmuster der Verwaltungskultur, S. 144 f.
412 *König*, in: König u. a., Grundmuster der Verwaltungskultur, S. 14.
413 *Hill*, in: König u. a., Grundmuster der Verwaltungskultur, S. 181 f.; *Piesker*, in: König u. a., Grundmuster der Verwaltungskultur, S. 147 f.
414 *Piesker*, in: König u. a., Grundmuster der Verwaltungskultur, S. 148.
415 *Hill*, in: König u. a., Grundmuster der Verwaltungskultur, S. 181 f.
416 *Reichard*, in: König u. a., Grundmuster der Verwaltungskultur, S. 263 f.
417 *König*, in: König u. a., Grundmuster der Verwaltungskultur, S. 21 f.
418 *Reichard*, in: König u. a., Grundmuster der Verwaltungskultur, S. 263 f.; *Hill*, in: König u. a., Grundmuster der Verwaltungskultur, S. 181.
419 *König*, in: König u. a., Grundmuster der Verwaltungskultur, S. 16.

Ziele durch Effizienz und Effektivität möglichst umfassend erreicht werden können.[420] Nachteil dieser Tendenz ist eine Lockerung des Gemeinwohlbezugs und der Rechtsbindung durch die Ökonomisierung der Verwaltung, da sie auch eine unternehmerische Denkweise mit sich bringt.[421] Andererseits kann der Einfluss des Public Management dazu beitragen, dass auf neue Herausforderungen, wie demographischer Wandel und Klimawandel, flexibel eingegangen werden kann und diese dadurch besser bewältigt werden.[422]

Auch im Bereich der Stadtentwicklung findet sich zunehmend der Begriff Management wieder und weist auf eine veränderte Arbeitsweise in der städtischen Praxis hin.[423] Dabei werden auch längerfristige Zeitdimensionen bedeutsamer.[424] Im Zusammenhang mit städtischen Prozessen ist der Begriff des Flächenmanagements anzutreffen.[425] Der Begriff Flächenmanagement hatte in den 1990er Jahren in Theorie und Praxis zunehmend Verwendung und umfasst traditionell die Gebiete Bauleitplanung, Bodenordnung und Erschließungsmaßnahmen.[426] Angesichts veränderter Ziele entwickelte sich Flächenmanagement zu einer aktiven und bedarfsorientierten Steuerung der Siedlungsentwicklung mit dem Ziel nachhaltiger Flächenentwicklung im Sinne der Flächenhaushaltspolitik.[427] Dabei nahm auch der Aspekt der Reduzierung der Flächeninanspruchnahme kontinuierlich zu.[428] Flächenmanagement trägt daher zur Umsetzung der Maßnahmen nachhaltiger Flächennutzung zur Reduzierung der Flächeninanspruchnahme bei. Es kombiniert hierarchische und konsensuale Instru-

---

420 *Reichard*, in: König u. a., Grundmuster der Verwaltungskultur, S. 262.
421 *Engi*, Politische Verwaltungssteuerung, S. 36; *Reichard*, in: König u. a., Grundmuster der Verwaltungskultur, S. 265.
422 *Reichard*, in: König u. a., Grundmuster der Verwaltungskultur, S. 266; Daher sollte aus der Perspektive der Steuerung der Verwaltung die Ausrichtung der Verwaltungsrechtswissenschaft als normtextorientierte Interpretationswissenschaft hin zu einer problemlösungsorientierten Handlungswissenschaft weiterentwickelt werden. Siehe *Hill*, in: König u. a., Grundmuster der Verwaltungskultur, S. 184 f.
423 Vgl. *Sinning*, in: Sinning, Stadtmanagement, S. 7 ff.; Die Gefahren der dabei einhergehenden Ökonomisierung der Verwaltung liegen im Bereich der Stadtentwicklung beispielsweise in der Immobilienwirtschaft. Siehe *Sinning*, in: Sinning, Stadtmanagement, S. 8.
424 *Sinning*, in: Sinning, Stadtmanagement, S. 10.
425 *Sinning*, in: Sinning, Stadtmanagement, S. 10.
426 *Löhr/Wiechmann*, in: ARL, Handwörterbuch der Raumordnung, S. 317.
427 Vgl. *Löhr/Wiechmann*, in: ARL, Handwörterbuch der Raumordnung, S. 317; *Bock/Libbe*, in: Bock/Hinzen/Libbe, Nachhaltiges Flächenmanagement, S. 55.
428 Vgl. *Löhr/Wiechmann*, in: ARL, Handwörterbuch der Raumordnung, S. 317.

mente im Planungsprozess.[429] Zu diesen gehören Flächeninformationen, Planung und Anordnung, Kooperation sowie ökonomische Maßnahmen.[430] Damit eine Steuerung nachhaltiger Flächennutzung zur Reduzierung der Flächeninanspruchnahme durch die Verwaltung erfolgen kann, muss zunächst die Kenntnis der Gemeinden über die verfügbaren Instrumente und Instrumentenkombinationen, deren Anwendungsvoraussetzungen und Grenzen gestärkt werden.[431] Sodann werden der Gemeinde durch das Sammeln von grundstücksbezogenen Informationen potentielle Bauflächen im Bestand ersichtlich.[432] Innerörtliche Baulandpotentiale können in Flächeninformationssystemen wie dem Brachflächen- und Baulückenkataster erfasst werden.[433] Planungen sind ein Instrument des Flächenmanagements, da sie direkt oder mittelbar den Umfang und die Standorte der Siedlungs- und Verkehrsflächenentwicklung beeinflussen.[434] Anordnungen lösen unmittelbar Rechtspflichten aus und können im Zusammenhang mit der Siedlungs- und Verkehrsflächenentwicklung eingesetzt werden.[435] Interkommunale Kooperation ist die Zusammenarbeit von Gebietskörperschaften, zu denen Gemeinden, kreisangehörige und kreisfreie Städten und Kreise zählen.[436] Der Aufbau tragfähiger Kooperationsmodelle ist aufgrund des kommunalen Standortwettbewerbs und der daraus fol-

---

429 *Löhr/Wiechmann*, in: ARL, Handwörterbuch der Raumordnung, S. 317; Zu erwähnen ist, dass das Flächenmanagement auf ein Landmanagement ausgeweitet werden kann. Anders als das Flächenmanagement stehen bei dem Landmanagement nicht nur die Siedlungsentwicklung im Mittelpunkt, sondern komplexe Wirkungszusammenhänge zwischen dem Flächenmanagement, der ländlichen Bodenordnung und der Landbewirtschaftung. Siehe *Gaasch/Weith*, Planerin 2011, S. 9 f.; das Landmanagement war auch Gegenstand der Fördermaßnahme „Nachhaltiges Landmanagement" vom Bundesministerium für Bildung und Forschung, siehe http://nachhaltiges-landmanagement.de/de/einfuehrung/ (Stand: 1.9.2017).
430 Vgl. *Bock*, in: Bock/Hinzen/Libbe, Nachhaltiges Flächenmanagement, S. 235; *BBR*, Perspektive Flächenkreislaufwirtschaft, Band 2, S. 26 ff.
431 Vgl. *Greiving*, in: ARL, Flächenhaushaltspolitik: Feststellungen und Empfehlungen, S. 174; *Hinzen*, in: Bock/Hinzen/Libbe, Nachhaltiges Flächenmanagement, S. 167 f.; *Spannowsky*, UPR 2011, 241 (249).
432 Vgl. *Flach/Polívka*, in: Forum Stadt- und Regionalplanung e. V. u. a., Das Flächensparbuch, S. 149; *BBR*, Perspektive Flächenkreislaufwirtschaft, Band 1, S. 38.
433 *Flach/Polívka*, in: Forum Stadt- und Regionalplanung e. V. u. a., Das Flächensparbuch, S. 149.
434 Vgl. *BBR*, Perspektive Flächenkreislaufwirtschaft, Band 2, S. 27.
435 Vgl. *BBR*, Perspektive Flächenkreislaufwirtschaft, Band 2, S. 88.
436 *Jörissen/Coenen*, Sparsame und schonende Flächennutzung, S. 120.

genden konkurrierenden Baulandausweisungen besonders wichtig.[437] Ökonomische Instrumente sind Fördermittel[438] sowie die Analyse der Kosten der Flächeninanspruchnahme[439] und wirtschaftliche Anreize[440]. Normen zugunsten einer Reduzierung der Flächeninanspruchnahme müssten Instrumente des Flächenmanagements darstellen.[441] In dieser Untersuchung sollen die Instrumente des Flächenmanagements sowohl die von der Verwaltung freiwillig anwendbaren als auch zwingend anwendbare Instrumente in den Blick genommen werden. Die neuen Tendenzen des Public Management lassen sich rechtlich weit weniger einbinden als die legalistische Verwaltungstradition, da die pragmatischen Gestaltungsvorstellungen zu einer Zielerreichung eines flexiblen Eingehens auf die jeweiligen Bedingungen und Situationen bedürfen.[442] Der Verwaltung muss zugunsten des Public Managements daher ein situativeres, anpassungsfähiges Verhalten ermöglicht werden.[443] Normen müssten ein flexibleres Eingehen auf die unterschiedlichen städtebaulichen Situationen zulassen.[444] Flexibilität wird insbesondere durch final programmierte Normen erreicht, konditional programmierte Normen behindern ein flexibles Handeln der Verwaltung hingegen.[445] Die Normen sollten darüber hinaus im besten Fall bisherige Verwaltungsaktivitäten unterstützen[446] oder zumindest mit diesen vereinbar sein[447].

---

437 *Jörissen/Coenen*, Sparsame und schonende Flächennutzung, S. 119 f.
438 Vgl. *BBR*, Perspektive Flächenkreislaufwirtschaft, Band 2, S. 79 ff.
439 *Preuß/Floeting*, in: Bock/Hinzen/Libbe, Nachhaltiges Flächenmanagement, S. 313.
440 *Floeting/Preuß*, in: Bock/Hinzen/Libbe, Nachhaltiges Flächenmanagement, S. 351.
441 Vgl. *BBR*, Perspektive Flächenkreislaufwirtschaft, Instrumente und Akteure, S. 42.
442 Vgl. *Engi*, Politische Verwaltungssteuerung, S. 31.
443 Vgl. *Engi*, Politische Verwaltungssteuerung, S. 32.
444 Vgl. *BBR*, Perspektive Flächenkreislaufwirtschaft, Instrumente und Akteure, S. 42.
445 Vgl. *Engi*, Politische Verwaltungssteuerung, S. 32.
446 Vgl. *Deutsches Institut für Urbanistik*, Planspiel 2012, S. 33 ff.
447 Vgl. *Deutsches Institut für Urbanistik*, Planspiel 2012, S. 28.

Erster Teil: Grundlagen

c. Merkmale des gesellschaftlichen Bereichs

Die gesellschaftlichen Verhältnisse[448] und die Zielgruppen[449] haben Einfluss auf die Wirkung. Daraus können Rückschlüsse auf die Ausgestaltung von Normen gewonnen werden, die die Wirkung erhöhen.

aa. Gesellschaftliche Verhältnisse

Für die Wirkung spielen die gesellschaftlichen Verhältnisse eine Rolle.[450] Je komplexer und dynamischer diese sind, desto schwerer ist es, eine beabsichtigte Wirkung zu erreichen.[451] Moderne Gesellschaften sind durch eine stetig wachsende Komplexität und Dynamik gekennzeichnet und damit durch unübersichtlicher werdende und sich beschleunigt verändernde Sachverhalte.[452] Regelungsbereiche werden immer unüberschaubarer und Normen von der Realentwicklung überrollt.[453] Die Unbeständigkeit der Sachverhalte macht eine durchgängige Vorausbestimmung durch das Recht unmöglich.[454] Als Instrument zur planmäßigen Veränderung der Wirklichkeit ist das Recht daher überfordert.[455] Das Recht wird immer mehr durch äußere Entwicklungen bestimmt, als das es diese selbst steuert.[456]

Auch die Siedlungsentwicklung unterliegt vielfältigen Wandlungsprozessen und steht immer wieder vor neuen Herausforderungen und Situationen,[457] wie der Globalisierung, dem demographischen Wandel oder der Unterbringung von Flüchtlingen. Die Stadtentwicklung muss auf sich immer wieder neu stellende Herausforderungen und Situationen flexibel reagieren können.[458] Das Planungsrecht kann somit zu den dynamischen Rechtsmaterien gezählt werden.[459] Die Verwaltung muss sich intern eben-

---

448 *Engi*, Politische Verwaltungssteuerung, S. 27.
449 *Rehbinder*, Rechtssoziologie, S. 171 f.
450 *Engi*, Politische Verwaltungssteuerung, S. 27.
451 *Engi*, Politische Verwaltungssteuerung, S. 28.
452 *Engi*, Politische Verwaltungssteuerung, S. 28 f.
453 *Engi*, Politische Verwaltungssteuerung, S. 29.
454 *Engi*, Politische Verwaltungssteuerung, S. 109 f.
455 *Engi*, Politische Verwaltungssteuerung, S. 107.
456 *Engi*, Politische Verwaltungssteuerung, S. 41 f.
457 *Sinning*, in: Sinning, Stadtmanagement, S. 7.
458 *Sinning*, in: Sinning, Stadtmanagement, S. 7.
459 Vgl. *Hill*, in: König u. a., Grundmuster der Verwaltungskultur, S. 184.

falls dynamisieren, um ihre Aufgaben weiterhin erfüllen zu können.[460] Das erfordert aktive Strategien, dem die Tendenzen des Public Management entgegenkommen.[461] Normen müssten somit auch der Komplexität und Dynamik der gesellschaftlichen Entwicklung gerecht werden und deshalb ein flexibles Eingehen auf die unterschiedlichen Situationen zulassen.[462] Eine abnehmende Regelungsdichte ist dabei unausweichlich.[463] Das Tempo der Entwicklung und die Vielfalt der Aufgaben zwingen zu Generalklauseln und offenen Zielvorgaben.[464] Abwägungsleitlinien kommen dem entgegen, da sie eine schnellere Anpassung ermöglichen.[465] Das Recht ist daher auf einer entsprechenden Allgemeinheitsstufe zu halten und als Rahmenordnung zu konzipieren, in dem Handlungsräume bezeichnet und begrenzt werden.[466] Dies gelingt durch hinreichende Abstraktion der vielfältigen und wechselnden Einzelerscheinungen.[467] Dabei müssen die Normen aber auch zugunsten einer Lenkung der Verwaltung in Richtung des gewünschten Ziels auch verbindliche Aussagen für diese enthalten.[468]

Ein Beispiel für das Verhältnis von gesellschaftlicher Realentwicklung und dem Bauplanungsrecht ist die Problematik der Unterbringung von Flüchtlingen. Dafür wurde eine Flexibilisierung des Bauplanungsrechts erforderlich, was durch das Gesetz über Maßnahmen im Bauplanungsrecht zur Erleichterung der Unterbringung von Flüchtlingen 2014[469] und durch das Asylverfahrensbeschleunigungsgesetz 2015[470] erfolgte. Der durch das Asylverfahrensbeschleunigungsgesetz eingeführte § 246 Absatz 14 Satz 1 BauGB besagt darüber hinaus, dass bei Aufnahmeeinrichtungen, Gemeinschaftsunterkünften oder sonstigen Unterkünften für Flüchtlinge oder Asylbegehrende bis zum 31. Dezember 2019 von den Vorschriften des BauGB oder den aufgrund des BauGB erlassenen Vorschriften in erforderlichem Umfang abgewichen werden kann, soweit auch bei Anwendung der § 246 Absatz 8 bis 13 BauGB dringend benötigte Unterkunftsmöglichkei-

---

460 *Engi*, Politische Verwaltungssteuerung, S. 28.
461 Vgl. *Löhr/Wiechmann*, in: ARL, Handwörterbuch der Raumordnung, S. 317.
462 Vgl. *BBR*, Perspektive Flächenkreislaufwirtschaft, Instrumente und Akteure, S. 42.
463 Vgl. *Engi*, Politische Verwaltungssteuerung, S. 161 f.
464 *Engi*, Politische Verwaltungssteuerung, S. 41.
465 Vgl. *Hill*, in: König u. a., Grundmuster der Verwaltungskultur, S. 184.
466 *Engi*, Politische Verwaltungssteuerung, S. 110.
467 *Engi*, Politische Verwaltungssteuerung, S. 163.
468 Vgl. *Engi*, Politische Verwaltungssteuerung, S. 163.
469 BGBl. I 2014/53, S. 1748.
470 BGBl. I 2015/40, S. 1731.

Erster Teil: Grundlagen

ten im Gebiet der Gemeinde, in der sie entstehen sollen, nicht oder nicht rechtzeitig bereitgestellt werden können.

bb. Zielgruppen

Die Merkmale der Zielgruppen sind ein weiterer Wirkungsfaktor.[471] Bedeutend ist zunächst, in welchem Ausmaß und mit welcher Intensität unterschiedliche Zielgruppen durch die Problemlösung betroffen sind.[472] Je kleiner und homogener die Zielgruppe ist, desto eher gelingt die administrative Durchführung,[473] denn mit steigender Heterogenität nimmt die Tendenz zu, Verhaltensänderungen zu unterlaufen.[474] Die Maßnahmen nachhaltiger Flächennutzung zur Reduzierung der Flächeninanspruchnahme betreffen die zivile Gesellschaft und den Immobilienmarkt. Es besteht somit eine Vielzahl von Zielgruppen, so dass bereits dadurch die Wirkung vermindert ist. Ausschlaggebend sind aber der private Nutzen der Zielgruppen sowie ihre Wertvorstellungen, worin auch das rechtliche Empfinden mit eingeschlossen ist.[475] Aus den Wertvorstellungen können auch dem Ziel gegenläufige Interessen resultieren.[476] Bei gegenläufigem Nutzen und Interessen der Zielgruppen ist es schwierig, längerfristig die Balance der Interessen zu halten, so dass die Gefahr einer Aufweichung der Ziele zugunsten der gegenläufigen Interessen der Zielgruppen besteht.[477] Hinzu kommt, dass anders als im politischen Bereich bei Zielopponenten die Aufmerksamkeit gegen das Ziel und damit der Widerstand über einen längeren Zeitraum erhalten bleiben kann.[478]

Grundstückseigentümer haben einen zur Reduzierung der Flächeninanspruchnahme gegenläufigen Nutzen, da eine Ausweisung von Bauflächen einen Wertzuwachs des Grundstückes bedeutet.[479] Da die Bodenpreise am

---

471 *Rehbinder*, Rechtssoziologie, S. 171 f.
472 *Bruder*, Die Verwaltung 1983, 200 (203).
473 *Rehbinder*, Rechtssoziologie, S. 171.
474 *Bruder*, Die Verwaltung 1983, 200 (215).
475 *Rehbinder*, Rechtssoziologie, S. 171 f.; *Raiser*, Grundlagen der Rechtssoziologie, S. 260 ff.; vgl. *Mayntz*, in: Mayntz, Implementation politischer Programme, S. 246.
476 Vgl. *Raiser*, Grundlagen der Rechtssoziologie, S. 261 f.
477 Vgl. *Bruder*, Die Verwaltung 1983, 200 (214).
478 *Bruder*, Die Verwaltung 1983, 200 (217).
479 *Wettemann-Wülk*, Nachhaltige Siedlungsentwicklung, S. 41.

Siedlungsrand geringer sind als in der innerörtlichen Lage,[480] unterstützt Flächeninanspruchnahme das Gewinnstreben der Grundstückseigentümer durch den Verkauf des Baulandes.[481] Aufgrund der geringeren Bodenpreise außerhalb des Siedlungsbereiches haben Investoren ebenfalls einen zur Reduzierung der Flächeninanspruchnahme gegenläufigen Nutzen.[482] Im Siedlungsbereich hingegen stehen die Bodenpreise gehäuft mit Spekulationen im Zusammenhang, so dass sie von Investoren als unrentabel erachtet werden.[483] Zudem werden die eventuell auftretenden Entwicklungsprobleme oftmals als zu hoch oder unkalkulierbar eingeschätzt.[484] Die Bau- und Immobilienbranche strebt nach wirtschaftlichen Gewinnen durch den Bau und somit auch durch den Bau außerhalb des Siedlungsgebietes.[485] Dazu ist anzumerken, dass Arbeitsplätze aber auch durch die Modernisierung des Wohnungsbestandes geschaffen werden.[486] Gewerbliche Nutzer von Flächen richten sich nach ihren Standortanforderungen.[487] Diese bevorzugen aufgrund besserer Erweiterungsmöglichkeiten und Verkehrszugängen Standorte am Siedlungsrand.[488] Der private Nutzer von Flächen hat tendenziell die Wunschvorstellung eines Eigenheims in einer ruhigen, landschaftlich wertvollen, suburbanen Lage.[489] Jedoch ist es nicht ausgeschlossen, dass auch Stadthäuser für private Nachfrager ansprechend sein können und sich eine diesbezügliche Tendenz entwickeln kann.[490]

In der zivilen Gesellschaft ist das Problembewusstsein für die Folgen der Flächeninanspruchnahme mangels einer Medienwirksamkeit wenig vorhanden.[491] Normen zur Förderung der Reduzierung der Flächeninanspruchnahme sollten das diesbezügliche Problembewusstsein der Zielgruppen stärken,[492] indem sie die summativen Auswirkungen von Flä-

---

480 *Heineberg*, Stadtgeographie, S. 121 ff.; vgl. *Wettemann-Wülk*, Nachhaltige Siedlungsentwicklung, S. 203 und 252.
481 Vgl. *Wettemann-Wülk*, Nachhaltige Siedlungsentwicklung, S. 131.
482 *Wettemann-Wülk*, Nachhaltige Siedlungsentwicklung, S. 131.
483 *Wettemann-Wülk*, Nachhaltige Siedlungsentwicklung, S. 131 f.
484 *Wettemann-Wülk*, Nachhaltige Siedlungsentwicklung, S. 131 f.
485 *Wettemann-Wülk*, Nachhaltige Siedlungsentwicklung, S. 42.
486 *Wettemann-Wülk*, Nachhaltige Siedlungsentwicklung, S. 42.
487 *Wettemann-Wülk*, Nachhaltige Siedlungsentwicklung, S. 43.
488 *Wettemann-Wülk*, Nachhaltige Siedlungsentwicklung, S. 43.
489 *Rink/Banzhaf*, in: Groß, Handbuch Umweltsoziologie, S. 452; *Wettemann-Wülk*, Nachhaltige Siedlungsentwicklung, S. 132 und 202; vgl. *Bundesstiftung Baukultur*, Baukulturbericht 2016/17, S. 36 ff.
490 Vgl. *Wettemann-Wülk*, Nachhaltige Siedlungsentwicklung, S. 177 und 255.
491 *Bock/Hinzen*, in: Bock/Hinzen/Libbe, Nachhaltiges Flächenmanagement, S. 165.
492 *Schuppert*, Verwaltungswissenschaft, S. 497.

cheninanspruchnahme aufzeigen. Der Einfluss der Zielgruppen auf die Verwaltung erhöht sich immer mehr.[493] Dies kann als Führungsschwäche gewertet werden.[494] Bezüglich der Bürger können jedoch auch die positiven Effekte hervorgehoben werden, die Bürger werden in diesen Entscheidungsprozess einbezogen.[495] Die Verwaltung rückt durch die stärker werdenden Zielgruppen immer mehr in eine Verhandlungsposition, so dass sich Verwaltungshandeln zunehmend in den Formen der Kooperation vollzieht.[496] Gemeinden gehen auf den Immobilienmarkt ein, da sie darin eine Förderung der Entwicklung ihrer Gemeinde sehen.[497] Auch bezüglich der zivilen Gesellschaft ist der Einfluss auf die Stadtentwicklung nicht zu unterschätzen,[498] so dass sich Gemeinden vermehrt um Bürgerbeteiligungsverfahren bemühen.[499] Eine zunehmende Kooperation mit Wirtschaft und Bürgerschaft ist somit auch im Bereich der Siedlungsentwicklung zu verzeichnen.[500] Es ist deshalb für ein festgelegtes Ziel förderlich, wenn Normen zugunsten dieses Zieles auf die Interessen der Zielgruppen eingehen.[501] Dies ist zu erreichen durch zweiseitig oder mehrseitig vereinbartes Recht, das sich auch zunehmend durchsetzt[502]. Als Reaktion auf Widerstände der Zielgruppen, durch öffentlichen oder privaten Druck, kann die Implementationsbereitschaft der Verwaltung zugunsten eines Ziels zur Vermeidung von Konflikten gänzlich fehlen.[503] Bezüglich der Siedlungsentwicklung fühlen sich Gemeinden vom Immobilienmarkt auch unter

---

493 *Engi*, Politische Verwaltungssteuerung, S. 33 f.
494 *Rehbinder*, Rechtssoziologie, S. 172 f.
495 *Bogumil*, in: König u. a., Grundmuster der Verwaltungskultur, S. 423.
496 *Engi*, Politische Verwaltungssteuerung, S. 33 f.
497 Vgl. *Jörissen/Coenen*, Sparsame und schonende Flächennutzung, S. 79 f.; vgl. II. 2. b. aa.
498 Beispielsweise kam es zu Widerständen der Einwohner gegen die geplante zukünftige Nutzung des Eichplatzes in Jena (siehe Fn. 48) oder des Tempelhofer Feldes in Berlin, die die von den Städten geplante zukünftige Nutzung der Flächen verhinderte. Siehe http://www.mein-eichplatz.de/ (Stand: 1.9.2017) und http://www.thf100.de/start.html (Stand: 1.9.2017).
499 Nach Widerständen in der Bürgerschaft zu geplanten zukünftigen Nutzungen kam es beispielsweise in der Stadt Jena und in der Stadt Heidelberg zur Ausarbeitung von Bürgerbeteiligungsverfahren. Aktuelles Bürgerbeteiligungsverfahren in diesen Städten siehe Fn. 48 und http://www.heidelberg.de/hd,Lde/HD/Rathaus/Buergerbeteiligung.html (Stand: 1.9.2017).
500 *Sinning*, in: Sinning, Stadtmanagement, S. 11.
501 *Schuppert*, Verwaltungswissenschaft, S. 497.
502 *Engi*, Politische Verwaltungssteuerung, S. 41.
503 *Rehbinder*, Rechtssoziologie, S. 171; *Schuppert*, Verwaltungswissenschaft, S. 495; *Mayntz*, in: Mayntz, Implementation politischer Programme, S. 245.

Druck gesetzt.[504] Ist in Verbindung mit einem verfolgten Ziel ein Eingehen auf die Interessen der Zielpersonen nicht möglich, so müssten Normen zugunsten des verfolgten Zieles die Widerstandsfähigkeit der Verwaltung gegen gesellschaftlichen Druck erhöhen[505]. Dies könnte durch verbindliche Aussagen für Zielgruppen erfolgen.[506] Recht kann daher als ein Druckmittel im Fall mangelnder Kooperation eingesetzt werden.[507]

d. Merkmale der Normen

Die Merkmale der Normen Klarheit der Normen,[508] Regelungsdichte,[509] Organisation,[510] Programmtyp[511] und die Steuerung der Anwendung der Normen[512] haben Einfluss auf die Implementation durch die Implementationsinstanz und durch die Adressaten der Normen und bestimmen damit die Wirkung.

aa. Klarheit der Normen

Wichtig sind klare und in sich widerspruchsfreie Normen,[513] da dies Einfluss auf die Implementation durch die Implementationsinstanz hat. Dieser Wirkungsfaktor ist von besonders großer Bedeutung,[514] da in der Verwaltung Normen erst durch Organisation und Routine vermittelt werden[515] und jede Änderung eine Einarbeitung der Praxis und rechtliche Unsicherheiten nach sich zieht[516]. Unklarheiten bei der Auslegung, wie die

---

504 Vgl. *Wettemann-Wülk*, Nachhaltige Siedlungsentwicklung, S. 143.
505 *Schuppert*, Verwaltungswissenschaft, S. 496 f.
506 Vgl. *Schuppert*, Verwaltungswissenschaft, S. 496 f.
507 *Engi*, Politische Verwaltungssteuerung, S. 41.
508 *Raiser*, Grundlagen der Rechtssoziologie, S. 253 und 257 f.
509 *Rehbinder*, Rechtssoziologie, S. 170.
510 *Schuppert*, Verwaltungswissenschaft, S. 491 f.
511 *Bruder*, Die Verwaltung 1983, 200 (203 ff.).
512 *Rehbinder*, Rechtssoziologie, S. 169 f.
513 *Rehbinder*, Rechtssoziologie, S. 170 f.; *Raiser*, Grundlagen der Rechtssoziologie, S. 253 und 257 f.; vgl. *Bruder*, Die Verwaltung 1983, 200 (203 und 207).
514 Vgl. *Deutsches Institut für Urbanistik*, Planspiel 2012, S. 26 und 57.
515 Vgl. *Blankenburg*, in: Plett/Ziegert, Empirische Rechtsforschung, S. 57.
516 *Bundesministerium für Verkehr, Bau und Stadtentwicklung*, Berliner Gespräche, Band 1, S. 12 und vgl. S. 34; *Heitfeld-Hagelgans*, in: Bundesministerium für Verkehr, Bau und Stadtentwicklung, Berliner Gespräche, Band 2, S. 107 f.

Norm konkret zu verstehen ist, führen zu Anwendungsunsicherheiten.[517] Ist eine Norm eindeutig, so wird ein klarer Einbau in den Vollzugsprozess gewährleistet.[518] Normklarheit führt zudem zu einem höheren Aufmerksamkeitspotential hinsichtlich der Implementationsinstanz.[519] Die Normen müssen verständlich, eindeutig und überschaubar sein.[520] Dies ist der Fall, wenn die Norm ein Ziel klar vorgibt,[521] eine klar umrissene Situation beinhaltet und klar umrissene Aufträge zu ihrer Bewältigung.[522] Eine klar umrissene städtebauliche Situation wird durch Konkretisierungen und klare Definitionen der Begriffe in den Regelungen erreicht.[523] Konkretisierungen von Normen können generell aber auch erst durch Richterrecht erfolgen, denn für die Verwaltung ist es irrelevant, ob die Konkretisierung durch das Gesetz oder erst durch die Rechtsprechung stattfindet.[524] Fehlen klare Verhaltensanweisungen, so wird die Implementation vernachlässigt, so dass die Wirkung der Norm auf eine nur symbolische also lediglich an die Akzeptanz appellierende Wirkung reduziert wird.[525] Bei verwaltungsrechtlichen Vorschriften kann man mit Fachkenntnissen und einem weite-

---

517 Vgl. *Deutsches Institut für Urbanistik*, Planspiel 2012, S. 16 f. und 76 ff.
518 *Bruder*, Die Verwaltung 1983, 200 (206).
519 *Bruder*, Die Verwaltung 1983, 200 (206).
520 *Schuppert*, Verwaltungswissenschaft, S. 493.
521 *Rehbinder*, Rechtssoziologie, S. 170 f.; *Raiser*, Grundlagen der Rechtssoziologie, S. 253.
522 Vgl. *Bruder*, Die Verwaltung 1983, 200 (203 und 207); *Schuppert*, Verwaltungswissenschaft, S. 511 f.
523 Vgl. *Krautzberger/Stüer*, DVBl. 2013, 805 (808); *Schmalholz*, Steuerung der Flächeninanspruchnahme, S. 12.
524 Vgl. *Rehbinder*, Rechtssoziologie, S. 129; Das Gesetz lässt viele Auslegungen zu und die Gerichte legen dieses Gesetz fallbezogen aus. Dabei haben Gerichtsentscheidungen für die Verwaltung nur gegenüber den Prozessbeteiligten und allein für den konkret entschiedenen Fall Bindungswirkung, die tatsächliche rechtliche Bedeutung geht aber weit darüber hinaus. Sie hat für den administrativen Gesetzesvollzug Leitlinienfunktion und bietet eine Orientierung für künftiges Verwaltungshandeln. Die Rechtsprechung wahrt eine einheitliche Auslegung und Anwendung des Rechts. Sie hat eine die Gesetzgebung ergänzende über die Rechtsschutzgewährung hinausgehende Funktion. Es handelt sich dabei nicht um case law wie im anglo-amerikanischen Rechtskreis, jedoch um eine dem nahekommende „rechtstatsächliche" Bedeutung über den entschiedenen Fall hinaus. Siehe *Gaentzsch*, in: Bundesministerium für Verkehr, Bau und Stadtentwicklung, Berliner Gespräche zum Städtebaurecht, Band 2, S. 56 f.
525 Vgl. *Raiser*, Grundlagen der Rechtssoziologie, S. 253 f.; *Bruder*, Die Verwaltung 1983, 200 (206 f.).

ren Verständnishorizont der Verwaltung rechnen, so dass die Normen eher in der juristischen Fachsprache verfasst sein können.[526]

bb. Regelungsdichte

Ein weiterer Wirkungsfaktor ist die Regelungsdichte der Norm,[527] dies hat ebenfalls Einfluss auf die Implementation durch die Implementationsinstanz. Eine Norm ist umso wirkungsvoller, je höher ihre Regelungsdichte ist. Zunächst ist dafür von Relevanz, wie konkret eine Norm ausgestaltet ist. Generalklauseln, Ermessensspielräume und unbestimmte Rechtsbegriffe verringern die Regelungsdichte und somit auch die Wirkung.[528] Des Weiteren ist die Steuerungsform des Verwaltungshandelns durch die Norm von Bedeutung.[529] Final programmierte Normen räumen einen größeren Freiraum ein als konditional programmierte Normen.[530] Sie verringern dadurch die Regelungsdichte und damit die Wirkung der Normen, indem sie mehr Raum für unterschiedliches Durchführungsverhalten der Verwaltung lassen.[531] Der Wirkungsfaktor der Regelungsdichte kollidiert mit zwei anderen Wirkungsfaktoren, eine hohe Regelungsdichte entspricht nicht der Verwaltungskultur und den gesellschaftlichen Verhältnissen.[532] Die Verwaltungskultur und die gesellschaftlichen Verhältnisse sind gewichtige Wirkungsfaktoren, an die sich Normen anzupassen haben, um Herausforderungen zu bewältigen. Die Regelungsdichte darf deshalb nicht zulasten einer des flexiblen Eingehens auf die unterschiedlichen städtebaulichen Situationen gehen. Bezüglich der Regelungsdichte sind deshalb lediglich Konkretisierungen für eine klar umrissene städtebauliche Situation angebracht.[533] Verfahrensanforderungen können eine geringe Regelungsdichte

---

526 *Raiser*, Grundlagen der Rechtssoziologie, S. 258 f.
527 Vgl. *Rehbinder*, Rechtssoziologie, S. 170.
528 Vgl. *Rehbinder*, Rechtssoziologie, S. 170; *Schuppert*, Verwaltungswissenschaft, S. 512.
529 *Rehbinder*, Rechtssoziologie, S. 170.
530 *Rehbinder*, Rechtssoziologie, S. 170; *Mayntz*, in: Mayntz, Implementation politischer Programme, S. 245 f.; *König*, in: Hill/Hof, Wirkungsforschung zum Recht II, S. 94.
531 *Mayntz*, in: Mayntz, Implementation politischer Programme, S. 245 f.; *König*, in: Hill/Hof, Wirkungsforschung zum Recht II, S. 94.
532 Vgl. Wirkungsfaktor Verwaltungskultur II. 2. b. bb. und Wirkungsfaktor gesellschaftliche Verhältnisse II. 2. c. aa.
533 Vgl. Wirkungsfaktor der Klarheit der Norm II. d. aa.

kompensieren und somit die Wirkung darüber erhöhen.[534] Zu beachten ist dabei der Anwendungsaufwand, den das Verfahren erzeugt,[535] denn dieser kann der Wirkung erheblich entgegenstehen.[536] Die vorhandenen Ressourcen der Verwaltung in personeller, sachlicher und finanzieller Hinsicht sind begrenzt. Durch eine Norm darf es daher nicht zu Kapazitätsüberlastungen kommen,[537] denn Bearbeitungsaufwand, Sachverstandserfordernisse und Zeitbedarf können den Vollzug behindern.[538] Der erforderliche Zeitaufwand durch die Komplexität des Verfahrens kann das Personal auch derart überfordern, so dass dies zur Nichtbeachtung der Vorschriften führt.[539] Für die Anwendung einer Norm kann die personelle und finanzielle Ausstattung auch von vornherein gänzlich fehlen.[540] Darüber hinaus kann durch Aufwandsüberlegungen die Implementationsbereitschaft der Verwaltung sinken, wenn die Verwaltung ihre Ressourcen schonen möchte.[541] Daher sind die Verfahrensanforderungen bei einer geringen Regelungsdichte lediglich mäßig zu erhöhen.

cc. Organisation

Die Wirkung beeinflussend sind auch die Ausgestaltung der Organisation, des Verfahrens und der Kontrolle für die Norm,[542] da sie sich ebenfalls auf die Implementation durch die Implementationsinstanz auswirkt. Bei der Organisation ist eine möglicherweise bestehende horizontale Aufteilung der Zuständigkeiten für die Wirkung nachteilig.[543] Sie erzeugt einen inneradministrativen Interaktionsaufwand[544] und es können Koordinationspro-

---

534 Vgl. *Schuppert*, in: Dreier, Rechtssoziologie am Ende des 20. Jahrhunderts, S. 227; *König*, in: Hill/Hof, Wirkungsforschung zum Recht II, S. 93.
535 Vgl. *Schuppert*, Verwaltungswissenschaft, S. 493.
536 Vgl. *Deutsches Institut für Urbanistik*, Planspiel 2012, S. 58 f.
537 Vgl. *Mayntz*, in: Mayntz, Implementation politischer Programme, S. 245; *Rehbinder*, Rechtssoziologie, S. 171.
538 *Schuppert*, Verwaltungswissenschaft, S. 493.
539 *Schuppert*, Verwaltungswissenschaft, S. 494.
540 Vgl. *Deutsches Institut für Urbanistik*, Planspiel 2012, S. 18.
541 *Rehbinder*, Rechtssoziologie, S. 171.
542 Vgl. *Schuppert*, Verwaltungswissenschaft, S. 491 f.
543 Vgl. *Schuppert*, Verwaltungswissenschaft, S. 494 f.; *Mayntz*, in: Mayntz, Implementation politischer Programme, S. 246; *Bruder*, Die Verwaltung 1983, 200 (208).
544 *Schuppert*, Verwaltungswissenschaft, S. 494 f.; *Mayntz*, in: Mayntz, Implementation politischer Programme, S. 246.

bleme auftreten⁵⁴⁵. Außerdem können Bestandssicherungsstrategien die Kooperationsbereitschaft beeinträchtigen⁵⁴⁶. Daher ist die Wahl der Implementationsstruktur der Implementationsinstanz wichtig.⁵⁴⁷ Die Implementationsstruktur für ein bestimmtes Problem lässt sich aber nur in engen Grenzen wählen.⁵⁴⁸ In der Regel besteht eine Zuständigkeitsverteilung, so dass dadurch bereits eine verantwortliche Implementationsinstanz festgelegt ist, die mit der Durchführung betraut werden muss.⁵⁴⁹

dd. Programmtyp

Relevant für die Wirkung ist auch der Programmtyp, da dieser Auswirkungen auf die Implementation durch die Zielgruppen hat.⁵⁵⁰ Bei Geboten, Verboten oder Genehmigungspflichten handelt es sich um regulative Programme.⁵⁵¹ Der Vorteil eines regulativen Programms ist, dass dadurch eine direkte Verhaltensbeeinflussung von Zielgruppen bewirkt wird.⁵⁵² Diese rufen bei den Zielgruppen aber schneller Widerstand hervor.⁵⁵³ Dabei sind die verlangten Verhaltensänderungen relevant,⁵⁵⁴ denn je größer die notwendige Verhaltensänderung ist, desto größer werden die Widerstände.⁵⁵⁵ Darüber hinaus ist die Bereitschaft einer Verhaltensänderung auch abhängig mit den dadurch verbundenen Kosten für die Zielgruppen.⁵⁵⁶ Bei einem regulativen Programm müssen daher die Verhaltensänderung und die Kosten für die Zielgruppen gering gehalten werden. Ein regulatives Programm erfordert zudem einen hohen administrativen Aufwand sowie spezielle Kontroll- und Sanktionsmittel.⁵⁵⁷ Es müssen wirksame Sanktionen zur Durchsetzung einer Norm mit aufgenommen werden, die sachlich geeignet und stark genug sind, den Widerstand der Zielgruppen zu über-

---

545 *Rehbinder*, Rechtssoziologie, S. 171; vgl. *Bruder*, Die Verwaltung 1983, 200 (208).
546 *Bruder*, Die Verwaltung 1983, 200 (209 f.); *Rehbinder*, Rechtssoziologie, S. 171.
547 *Bruder*, Die Verwaltung 1983, 200 (210 f.).
548 *Mayntz*, in: Mayntz, Implementation politischer Programme, S. 245.
549 *Mayntz*, in: Mayntz, Implementation politischer Programme, S. 245.
550 *Bruder*, Die Verwaltung 1983, 200 (218 ff.).
551 *Bruder*, Die Verwaltung 1983, 200 (218).
552 *Bruder*, Die Verwaltung 1983, 200 (220).
553 *Bruder*, Die Verwaltung 1983, 200 (220); vgl. *Mayntz*, in: Mayntz, Implementation politischer Programme, S. 243.
554 *Rehbinder*, Rechtssoziologie, S. 171.
555 *Bruder*, Die Verwaltung 1983, 200 (215).
556 *Rehbinder*, Rechtssoziologie, S. 171.
557 *Bruder*, Die Verwaltung 1983, 200 (220).

winden.[558] Dabei kann der Kontroll- und Sanktionsaufwand den Vollzug aber auch behindern.[559] Er ist deshalb so gering wie möglich zu halten und auf das zu beschränken, was für das Erreichen einer Verhaltensänderung der Adressaten nötig ist.[560] Zudem muss die Tätigkeit des Sanktionsapparats den Adressaten hinreichend bekannt gemacht werden.[561] Ein weiterer Programmtyp sind Anreizprogramme.[562] Um Anreizprogramme handelt es sich bei Angeboten finanzieller Hilfen.[563] Diese sind mit einem geringen administrativen Aufwand verbunden und motivieren die Zielgruppen positiv.[564] Es besteht dabei jedoch die Gefahr einer nur selektiven Inanspruchnahme.[565] Somit haben sowohl regulative Programme, als auch Anreizprogramme Vor- und Nachteile hinsichtlich der Wirkung.

ee. Steuerung der Anwendung der Normen

Die Steuerung der Anwendung der Normen ist für die Wirkung ebenfalls bedeutend.[566] Dafür kommt es neben der Selbstkontrolle und der Kontrolle durch Gerichte, die erst nach der Implementation durch die Verwaltung einsetzen kann, auf die Intensität der Steuerung durch die vorgesetzte Behörde an[567], dies reicht von der Zielvorgabe bis hin zur verwaltungsinternen Kontrolle.[568] Von der Intensität der rechtlichen Steuerung durch die vorgesetzte Behörde hängt es ab, wie groß die Möglichkeit der nachgeordneten Behörde zu abweichendem Durchführungsverhalten ist.[569] Es sollte, insbesondere bei einer geringen Regelungsdichte, zudem gewährleistet sein, dass die Verwaltung ihre Entscheidungsgründe zugunsten der Kontrolle offenlegt.[570]

---

558 *Raiser*, Grundlagen der Rechtssoziologie, S. 259.
559 Vgl. *Schuppert*, Verwaltungswissenschaft, S. 493; vgl. II. 2. d. bb. und II. 3.
560 Vgl. *Bruder*, Die Verwaltung 1983, 200 (214).
561 *Raiser*, Grundlagen der Rechtssoziologie, S. 259.
562 *Mayntz*, in: Mayntz, Implementation politischer Programme, S. 243 f.; *Bruder*, Die Verwaltung 1983, 200 (219).
563 *Bruder*, Die Verwaltung 1983, 200 (219).
564 *Bruder*, Die Verwaltung 1983, 200 (220).
565 *Bruder*, Die Verwaltung 1983, 200 (220).
566 *Rehbinder*, Rechtssoziologie, S. 169 f.
567 *Rehbinder*, Rechtssoziologie, S. 169.
568 *Mayntz*, in: Mayntz, Implementation politischer Programme, S. 246.
569 Vgl. *Mayntz*, in: Mayntz, Implementation politischer Programme, S. 245 f.
570 Vgl. *Hill*, in: König u. a., Grundmuster der Verwaltungskultur, S. 184.

3. Subjektiver Nutzen

Neben der Herausarbeitung der Wirkungsfaktoren ist der subjektive Nutzen ein weiterer Ansatz der Implementationsforschung, um die Wirkung von Normen zu bestimmen[571]. Dieser rational-utilitaristische Ansatz geht davon aus, dass alle an der Implementation Beteiligten auf eine Norm so reagieren, wie es ihrem subjektiven Nutzen für das Erreichen ihrer individuellen Bedürfnisse und Ziele am besten entspricht.[572] Dem liegt die Theorie der rationalen Entscheidung der neoklassischen Ökonomie zugrunde.[573] Der homo oeconomicus verfolgt sein Ziel nach dem Wirtschaftlichkeitsprinzip, indem er aus einem gegebenen Bestand an Mitteln für sein Ziel einen möglichst großen Nutzen zieht oder das Ziel mit einem Minimum an Mitteln sicherstellt.[574] Hat der homo oeconomicus mehrere Ziele, so stehen diese in einer bestimmten Präferenzrelation zueinander und das Wirtschaftlichkeitsprinzip bestimmt sodann, in welcher Reihenfolge der homo oeconomicus diese Ziele verfolgt.[575] Nach der Theorie der Institutionenökonomik kann auch eine Einrichtung wie die Verwaltung homo oeconomicus sein.[576]

Nach diesem Ansatz hat die Ausgestaltung einer Norm als Mittel zu einer Zielerreichung für die an der Implementation Beteiligten Einfluss auf die Implementation durch diese und bestimmt damit die Wirkung.

Gemeinden möchten ihre Ziele mit möglichst wenig Ressourcenaufwand erreichen.[577] Soll ein Ziel der Gemeinde durch eine Norm gefördert werden, so ist darauf zu achten, dass durch diese Norm eine Ressourcenschonung erfolgt.[578] Dadurch wären für die Gemeinden Anreize geschaffen, diese Norm anzuwenden.[579] Nach dem Wirtschaftlichkeitsprinzip wird sich eine Gemeinde dadurch eher für dieses Ziel entscheiden. Ist die Verfolgung eines Zieles der Gemeinde jedoch nicht erwünscht, so sollten

---

571 *Raiser*, Grundlagen der Rechtssoziologie, S. 256.
572 *Raiser*, Grundlagen der Rechtssoziologie, S. 256; vgl. *Strehl*, in: Busch/Kutscha, Recht, Lehre und Ethik der öffentlichen Verwaltung, S. 165.
573 *Strehl*, in: Busch/Kutscha, Recht, Lehre und Ethik der öffentlichen Verwaltung, S. 164 f.
574 *Strehl*, in: Busch/Kutscha, Recht, Lehre und Ethik der öffentlichen Verwaltung, S. 165.
575 *Watzenberg*, Der homo oeconomicus und seine Vorurteile, S. 28.
576 Vgl. *Strehl*, in: Busch/Kutscha, Recht, Lehre und Ethik der öffentlichen Verwaltung, S. 176; *Jost*, Effektivität von Recht, S. 28.
577 Vgl. *Jost*, Effektivität von Recht, S. 28.
578 Vgl. *Rehbinder*, Rechtssoziologie, S. 171.
579 Vgl. *BBR*, Perspektive Flächenkreislaufwirtschaft, Band 2, S. 39.

Normen diesbezüglich den Ressourcenaufwand erhöhen, so dass die Wahrscheinlichkeit steigt, dass sich Gemeinden aufgrund des Wirtschaftlichkeitsprinzips von diesem Ziel abwenden. Für die Zielgruppen ist es ausschlaggebend, für die Verfolgung ihrer Ziele keine Verhaltensänderung aufgrund von Normen vornehmen zu müssen oder Kosten zu tragen.[580] Soll ein Ziel der Zielgruppen durch eine Norm gefördert werden, so sind die Verhaltensänderung und die Kosten durch diese Norm gering zu halten. Nach dem Wirtschaftlichkeitsprinzip werden sich die Zielgruppen dadurch eher für dieses Ziel entscheiden. Ist die Verfolgung eines Zieles der Zielgruppen jedoch nicht erwünscht, so sollten Normen diesbezüglich den Grad der Verhaltensänderung und die Kosten erhöhen. Zusätzlich könnten bei Verstoß gegen diese Normen die Sanktionsmittel erhöht werden, um die Vorteile eines Verstoßes für die Verfolgung eines Zieles zu verringern.[581] Auf diese Weise steigt die Wahrscheinlichkeit, dass sich die Zielgruppen aufgrund des Wirtschaftlichkeitsprinzips von diesem Ziel abwenden.

4. Zusammenfassung der Anforderungen an die Wirkung

Die aus dem Ansatz der Wirkungsfaktoren und aus dem Ansatz des subjektiven Nutzens gewonnenen Folgerungen für die Ausgestaltung der bauplanungsrechtlichen Normen für die Reduzierung der Flächeninanspruchnahme lassen sich in fünf Kategorien einteilen: 1. Zweck der Normen, 2. Struktur der Normen, 3. Ausgestaltung der Normen hinsichtlich der Zielgruppen, 4. Verfahren zu den Normen und 5. Steuerung der Anwendung der Normen. Dies soll in der folgenden Übersicht verdeutlicht und im Anschluss daran näher erläutert werden.

---

580 Vgl. *Jost*, Effektivität von Recht, S. 43 f.; *Bruder*, Die Verwaltung 1983, 200 (215).
581 *Jost*, Effektivität von Recht, S. 43.

> **Zusammenfassung**
>
> *Der Zweck der Normen*
> – Förderung der Maßnahmen nachhaltiger Flächennutzung zur Reduzierung der Flächeninanspruchnahme
>   – Gleichzeitig Konkretisierung der 1. Stufe
>   – Erfüllung weiterer Wirkungsanforderungen in der Norm oder durch Hilfsnormen möglich
> – Instrument des Flächenmanagements
> – Verdeutlichung der Auswirkungen der Flächeninanspruchnahme gegenüber der Verwaltung
>
> *Die Struktur der Normen*
> – Klare Formulierung des Zwecks der Norm
> – Klar umrissene städtebauliche Situation
> – Flexibles Eingehen auf unterschiedliche städtebauliche Situationen
> – Verbindliche hinreichend abstrakte Aussagen für die Verwaltung
>
> *Die Ausgestaltung der Normen hinsichtlich der Zielgruppen*
> – Verdeutlichung der Auswirkungen der Flächeninanspruchnahme gegenüber den Zielgruppen
> – Eingehen auf die Interessen der Zielgruppen
> – Deutliche verbindliche Aussagen für Zielgruppen (nachrangig)
>
> *Das Verfahren zu den Normen*
> – Klare Verhaltensanweisungen
> – Unterstützung bisheriger Verwaltungsaktivitäten
> – Ressourcenschonung der Verwaltung
> – Erhöhung des Ressourcenaufwandes bei Flächeninanspruchnahme
>
> *Die Steuerung der Anwendung der Normen*
> – Intensivierung der Steuerung durch Selbstkontrolle, durch die vorgesetzte Behörde und durch Gerichte
> – Offenlegung der Entscheidungsgründe bei Flächeninanspruchnahme

Zweck bauplanungsrechtlicher Normen müsste nach den Merkmalen des Problems der Flächeninanspruchnahme die Förderung von Maßnahmen nachhaltiger Flächennutzung zur Reduzierung der Flächeninanspruchnahme sein. Dies ist gleichzeitig eine Konkretisierung der 1. Stufe, der „Übersetzung" der Reduzierung der Flächeninanspruchnahme in das Bauplanungsrecht. Diese Normen können weitere Anforderungen an die Wirkung erfüllen, sie können diesbezüglich aber auch von anderen Normen unterstützt werden, die deshalb als Hilfsnormen bezeichnet werden können. Dabei sollen als Hilfsnormen nur bauplanungsrechtliche Normen untersucht werden. Als weitere Anforderung an den Zweck der Norm verlangt die Verwaltungskultur zudem, dass Normen Instrumente des Flächenmanagements darstellen. Darüber hinaus sollten die summativen Auswirkungen der Flächeninanspruchnahme gegenüber der Verwaltung verdeutlicht werden, damit das Problem der Flächeninanspruchnahme mehr im Bewusstsein der Verwaltung verankert wird.

In Bezug auf die Struktur müsste für eine Klarheit der Normen und für eine Stärkung des Problembewusstseins der Verwaltung für das Problem der Flächeninanspruchnahme in den Normen der Zweck der Förderung von Maßnahmen nachhaltiger Flächennutzung zur Reduzierung der Flächeninanspruchnahme klar formuliert werden. Ebenfalls für eine Klarheit der Normen, aber auch für eine höhere Regelungsdichte, sollte die städtebauliche Situation klar umrissen werden. Die Verwaltungskultur und die gesellschaftlichen Verhältnisse verlangen zudem, dass die Normen flexibel auf unterschiedliche städtebauliche Situationen eingehen können. Die gesellschaftlichen Verhältnisse fordern zur Lenkung der Verwaltung aber auch verbindliche, zur Wahrung der Flexibilität hinreichend abstrakte Aussagen für diese. Verbindliche Aussagen sind auch wichtig, um der Reduzierung der Flächeninanspruchnahme entgegenstehenden Interessen der Verwaltung entgegenzuwirken.

Bei der Ausgestaltung der Normen hinsichtlich der Zielgruppen ist darauf zu achten, dass zur Stärkung des Problembewusstseins der Zielgruppen für das Problem der Flächeninanspruchnahme die summativen Auswirkungen der Flächeninanspruchnahme gegenüber den Zielgruppen verdeutlicht werden. Die Normen sollten zudem auf die Interessen der Zielgruppen eingehen. Dies entspricht auch dem subjektiven Nutzen der Zielgruppen und den Anforderungen an regulative Programme, wonach Verhaltensänderungen und Kosten gering zu halten sind. Ist das Eingehen auf die Interessen der Zielgruppen nicht möglich, müssten die Normen für diesen Fall nachrangig deutliche verbindliche Aussagen für die Zielgruppen enthalten. Dies entspricht auch den Anforderungen der regulativen Programme, geeignete Kontroll- und Sanktionsmittel bereitzustellen. Bei Flächeninanspruchnahme durch Zielgruppen sind entgegen des subjektiven Nutzens eine Erhöhung der Verhaltensänderungen und Kosten zu verlangen sowie die diesbezügliche Bereitstellung geeigneter Kontroll- und Sanktionsmittel.

Das Verfahren zu den Normen betreffend sollten die Normen für eine Klarheit der Norm und zur Kompensation einer geringeren Regelungsdichte klare Verhaltensanweisungen enthalten. Dabei ist es vorteilhaft, dass bisherige Verwaltungsaktivitäten der bestehenden Verwaltungskultur unterstützt werden. Entsprechend des subjektiven Nutzens der Verwaltung ist darauf zu achten, dass für eine Reduzierung der Flächeninanspruchnahme eine Ressourcenschonung bewirkt wird. Darauf zielen auch die Anforderung an die Organisation, eine horizontale Aufteilung der Zuständigkeiten zu vermeiden und Verfahrensanforderungen zur Kompensation einer geringeren Regelungsdichte unter Berücksichtigung des Ressourcenaufwandes aufzustellen. Bei Flächeninanspruchnahme der Verwaltung sollte entgegen des subjektiven Nutzens der Verwaltung der Ressourcenaufwand erhöht werden.

Zur Steuerung der Anwendung der Normen ist sodann eine Intensivierung der Steuerung durch Selbstkontrolle, durch die vorgesetzte Behörde und durch Gerichte zu fordern, sowie eine Offenlegung der Entscheidungsgründe bei Flächeninanspruchnahme.

Drittes Kapitel: Verfassungsrechtliche Pflichten und Grenzen bezüglich der Auswirkungen von Flächeninanspruchnahme

Die Auswirkungen von Flächeninanspruchnahme können durch den Schutz der davon betroffenen Bereiche vermieden werden. Das Verfassungsrecht legt die verfassungsrechtlichen Pflichten und Grenzen bezüglich der Auswirkungen der Flächeninanspruchnahme fest. Dieser verfassungsrechtliche Rahmen gibt wider, welches Potential die Verfassung für die Reduzierung der Flächeninanspruchnahme in sich birgt. An diesen Rahmen hat sich das der Verfassung untergeordnete Recht und damit auch das Bauplanungsrecht zu richten.

I. Verfassungsrechtliche Pflichten und Grenzen des Schutzes der Ressource Fläche

Flächeninanspruchnahme hat zunächst Auswirkungen auf die Ressource Fläche.[582] Für den Staat ergeben sich verfassungsrechtliche Pflichten aus den Grundrechten[583] und aus den Staatszielbestimmungen[584].

1. Die Pflicht des Schutzes aus den Grundrechten

Ein Umweltgrundrecht existiert nicht, da dessen Inhalt nicht allgemein und abstrakt bestimmt werden könnte und für den Gesetzgeber dadurch ein zu weiter Gestaltungsspielraum bestehen würde.[585] Die Grundrechte gewährleisten damit keinen umfassenden Umweltschutz.[586] Für den Umweltschutz relevant ist Art. 2 Absatz 2 Satz 1 GG. Nach Art. 2 Absatz 2

---

582 Teil I Kapitel 1 I. 1.
583 *Kingreen/Poscher*, Grundrechte, S. 32 ff.
584 *Degenhart*, Staatsorganisationsrecht, S. 231.
585 *Epiney*, in: v. Mangoldt/Klein/Starck, Kommentar zum Grundgesetz, Art. 20a Rn. 40.
586 *Epiney*, in: v. Mangoldt/Klein/Starck, Kommentar zum Grundgesetz, Art. 20a Rn. 12.

Satz 1 GG hat jeder das Recht auf Leben und körperliche Unversehrtheit. Dies ist ein Freiheitsgrundrecht. Freiheitsgrundrechte dienen in der verfassungsgeschichtlichen Überlieferung dazu, die Freiheitssphäre des Einzelnen vor dem Staat zu schützen.[587] Zwar sind die Grundrechte dadurch als Abwehrrechte formuliert, das Grundgesetz gibt jedoch mit diesen Grundrechten auch zu erkennen, dass diese Freiheiten über das Interesse des Einzelnen hinaus Eingriffe in diese abzuwehren, wertvoll sind.[588] Sie sind auch objektiv wertvoll, so dass sich daraus über die Abwehrfunktion hinausgehende Grundrechtsfunktionen ergeben.[589] Dies ist die Leistungs- bzw. Schutzfunktion der Grundrechte.[590] Sie stellt, anders als die Abwehrfunktion, die nur eine Nichtüberschreitung der Rechtsgrenze sicherstellt, die Auferlegung einer verfassungsrechtlichen Handlungspflicht für den Staat dar.[591] Neben der Abwehrfunktion begründen Freiheitsgrundrechte immer dort diese positiven Handlungspflichten, wo Freiheit nur durch den Staat gewährleistet werden kann.[592] Das trifft aufgrund seines systematischen Zusammenhanges mit Art. 1 Absatz 1 GG insbesondere auf Art. 2 Absatz 2 Satz 1 GG zu.[593] Nach Art. 1 Absatz 1 GG ist die Würde des Menschen unantastbar. Sie zu achten und zu schützen ist Verpflichtung aller staatlichen Gewalt. Dies umfasst unter anderem die Achtung und den Schutz der körperlichen und seelischen Identität und Integrität des Menschen.[594] Das Recht auf Leben und körperliche Unversehrtheit nach Art. 2 Absatz 2 Satz 1 GG steht dem nahe, es hat einen besonders sichtbaren Menschenwürdegehalt.[595] Die Leistungs- bzw. Schutzfunktion der Grundrechte wird in die Teilbereiche Schutz vor Dritten und Teilhabe unterteilt.[596] Aufgrund der Teilhabefunktion der Grundrechte wird aus Art. 2 Absatz 2 Satz 1 GG (i. V. m. Art. 1 Absatz 1 GG) ein Anspruch auf Leistun-

---

587 *Ipsen*, Staatsrecht II, S. 17; vgl. *Jarass*, in: Merten/Papier, Handbuch der Grundrechte, S. 632.
588 *Kingreen/Poscher*, Grundrechte, S. 29.
589 *Kingreen/Poscher*, Grundrechte, S. 29.
590 *Jarass*, in: Merten/Papier, Handbuch der Grundrechte, S. 634.
591 *Bull*, Die Staatsaufgaben nach dem Grundgesetz, S. 159.
592 *Bull*, Die Staatsaufgaben nach dem Grundgesetz, S. 155 f.; vgl. *Jarass*, in: Merten/Papier, Handbuch der Grundrechte, S. 634.
593 *Kingreen/Poscher*, Grundrechte, S. 107.
594 *Kingreen/Poscher*, Grundrechte, S. 92 und 107.
595 *Kingreen/Poscher*, Grundrechte, S. 107.
596 *Jarass*, in: Merten/Papier, Handbuch der Grundrechte, S. 635; Teilweise wird nur der Schutz vor Dritten als Schutzfunktion bezeichnet und nur die sonstigen Gehalte als Leistungsfunktion. Siehe *Jarass*, in: Merten/Papier, Handbuch der Grundrechte, S. 635.

gen der zum Leben unerlässlichen Güter, auf Sicherung des Existenzminimums, entnommen.[597] Zum Leben unerlässliche Güter sind auch die knappen Umweltressourcen, so dass von diesem Anspruch auch das ökologische Existenzminimum umfasst ist und folglich elementare ökologische Gefährdungen von Leben und Gesundheit vom Staat vermieden werden müssen.[598] Die Ressource Fläche ist eine knappe Ressource und ein zum Leben der Menschen unerlässliches Gut, da sie die Ressource Boden, das Grundwasser, Pflanzen und Tiere sowie die anthropologischen Nutzungen umfasst[599]. Die Ressource Fläche muss daher vom Staat derart geschützt werden, dass es zu keinen elementaren ökologischen Gefährdungen von Leben und Gesundheit kommt.[600] Aus dem Recht auf Leben und körperliche Unversehrtheit nach Art. 2 Absatz 2 Satz 1 GG (i. V. m. Art. 1 Absatz 1 GG) in seiner Teilhabefunktion lässt sich somit eine Pflicht des Schutzes der Ressource Fläche für den Staat ableiten.[601] Eine Umsetzung der Pflicht des Schutzes der Ressource Fläche nach Art. 2 Absatz 2 Satz 1 GG (i. V. m. Art. 1 Absatz 1 GG) kann durch die Maßnahmen nachhaltiger Flächennutzung zur Reduzierung der Flächeninanspruchnahme erfolgen. Verfassungsrechtliche Grenzen bestehen für den Schutz dieses ökologischen Existenzminimums nicht.[602]

2. Die Pflicht des Schutzes aus dem Umweltschutzprinzip

Nach Art. 20a GG schützt der Staat auch in Verantwortung für die künftigen Generationen die natürlichen Lebensgrundlagen und die Tiere im Rahmen der verfassungsmäßigen Ordnung durch die Gesetzgebung und nach Maßgabe von Gesetz und Recht durch die vollziehende Gewalt und die Rechtsprechung. Bezüglich der natürlichen Lebensgrundlagen beinhal-

---

597 *Schulze-Fielitz*, in: Dreier, Grundgesetz, Band 1, Art. 2 II Rn. 96; vgl. *Murswiek*, in: Sachs, Grundgesetz, Art. 2 Rn. 224.
598 Vgl. *Murswiek*, in: Sachs, Grundgesetz, Art. 2 Rn. 227; *Schulze-Fielitz*, in: Dreier, Grundgesetz, Band 2, Art. 20a Rn. 4; a. A. *Horn*, in: Stern/Becker, Grundrechte-Kommentar, Art. 2 Rn. 85.
599 *Ewen*, Flächenverbrauch, S. 13 f.
600 Vgl. *Austermann*, Brachflächenreaktivierung, S. 95 f.
601 Vgl. *Schulze-Fielitz*, in: Dreier, Grundgesetz, Band 2, Art. 20a Rn. 4; *Murswiek*, in: Sachs, Grundgesetz, Art. 2 Rn. 227; *Austermann*, Brachflächenreaktivierung, S. 95 f.
602 Vgl. *Austermann*, Brachflächenreaktivierung, S. 96.

tet Art. 20a GG das Umweltschutzprinzip.[603] Diese ist eine Staatszielbestimmung.[604] Nach der Sachverständigenkommission Staatszielbestimmungen/Gesetzgebungsaufträge sind Staatszielbestimmungen „Verfassungsnormen mit rechtlich bindender Wirkung, die der Staatstätigkeit die fortdauernde Beachtung oder Erfüllung bestimmter Aufgaben – sachlich umschriebener Ziele – vorschreiben".[605] Das Grundgesetz beschränkt sich auf wenige Staatszielbestimmungen, unter anderen die Verwirklichung eines vereinten Europas nach der Präambel zum Grundgesetz und Art. 23 Absatz 1 GG, die Gleichstellung von Frauen und Männern nach Art. 3 Absatz 2 Satz 2 GG sowie der Umweltschutz nach Art. 20a GG.[606] Als objektiv verbindliche Rechtssätze entfalten Staatsziele Rechtswirkungen,[607] sie richten sich an den Staat und haben bezüglich der Zielvorgaben auf alle Staatsgewalten Bindungswirkung.[608] Sie enthalten Rechtspflichten, die jeweiligen Zielsetzungen zu verfolgen und zu berücksichtigen.[609] Damit sind Staatszielbestimmungen verfassungsrechtliche Handlungspflichten.[610] Da sie sich an den Staat richten, begründen sie keine subjektiv-rechtlichen Positionen.[611]

a. Zielsetzung bezüglich der Ressource Fläche

Es entspricht dem Prinzip der Demokratie nach Art. 20 Absatz 2 Satz 1 GG, dass die Gesetzgebung durch eine Staatszielbestimmung nicht auf einen schlichten Verfassungsvollzug reduziert wird.[612] Daher ist das Um-

---

603 *Schulze-Fielitz*, in: Dreier, Grundgesetz, Band 2, Art. 20a Rn. 28.
604 *Murswiek*, in: Sachs, Grundgesetz, Art. 20a Rn. 12; *Sannwald*, in: Schmidt-Bleibtreu/Klein/Hofmann/Henneke, GG, Art. 20a Rn. 5.
605 *Die Sachverständigenkommission „Staatszielbestimmungen/Gesetzgebungsaufträge"*, in: Der Bundesminister des Innern/ Der Bundesminister der Justiz, Staatszielbestimmungen, Gesetzgebungsaufträge, S. 21.
606 *Maurer*, Staatsrecht I, S. 167.
607 *Epiney*, in: v. Mangoldt/Klein/Starck, Kommentar zum Grundgesetz, Art. 20a Rn. 36.
608 *Maurer*, Staatsrecht I, S. 168.
609 *Epiney*, in: v. Mangoldt/Klein/Starck, Kommentar zum Grundgesetz, Art. 20a Rn. 43.
610 Vgl. *Epiney*, in: v. Mangoldt/Klein/Starck, Kommentar zum Grundgesetz, Art. 20a Rn. 43 ff.
611 *Epiney*, in: v. Mangoldt/Klein/Starck, Kommentar zum Grundgesetz, Art. 20a Rn. 35.
612 *Wolf*, KritVj 1997, 280 (284).

weltschutzprinzip unbestimmt[613] zulasten klar umrissener Situationen. Seine normative Kraft ist deshalb reduziert.[614] Die Unbestimmtheit ist die Garantie dafür, dass die Vorabfestlegung nach Art. 20a GG nicht in Widerspruch zum Demokratieprinzip gerät.[615] Das Umweltschutzprinzip ist somit ein unbestimmt formuliertes Ziel, welches der Konkretisierung, vordergründig durch den Gesetzgeber, bedarf.[616] Es lassen sich aus diesem deshalb nur wenige Zielvorgaben ableiten.[617]

Das Umweltschutzprinzip bezieht sich auf die natürlichen Lebensgrundlagen. Dies sind alle natürlichen Voraussetzungen von denen das Leben des Menschen abhängt, folglich alle Umweltgüter, ohne die das Leben des Menschen nicht über längere Zeiträume fortbestehen könnte und die natürlichen Güter, ohne die ein physiologisch gesundes Leben nicht möglich ist.[618] Der Streit, ob darüber hinaus auch die natürlichen Lebensgrundlagen der Tiere und Pflanzen zu schützen sind, ist eher akademischer Natur, da Umwelt aufgrund der Grenze der Erkenntnisse über ökologische Zusammenhänge auch dort aus menschlichen Interessen zu schützen ist, wo sich ein konkreter menschlicher Nutzen nicht erkennen lässt.[619] Die natürlichen Lebensgrundlagen des Menschen umfassen die Umweltmedien Luft, Wasser, Boden; Pflanzen, Tiere und Mikroorganismen in ihren Lebensräumen als Arten und Gattungen; Klima, Atmosphäre und Landschaft; sowie alle Wechselbeziehungen wie natürliche Lebensmittel, die Leistungsfähigkeit des Naturhaushalts, die Nutzungsfähigkeit der Naturgüter oder die Vielfalt, Eigenheit und Schönheit der Natur und Landschaft.[620] Dies setzt nicht voraus, dass die Natur vom Menschen nicht beeinflusst oder verändert wurde, so fallen beispielsweise auch kultivierte Landschaften unter den Begriff der natürlichen Lebensgrundlagen.[621] Nicht darunter fallen jedoch soziale, kulturelle, wirtschaftliche oder politische Bedingungen für das Wohlbefinden des Menschen.[622] Die Ressource

---

613 *Wolf*, KritVj 1997, 280 (284).
614 Vgl. *Wolf*, KritVj 1997, 280 (284).
615 *Wolf*, KritVj 1997, 280 (284).
616 *Murswiek*, in: Sachs, Grundgesetz, Art. 20a Rn. 17 und 57.
617 Vgl. *Epiney*, in: v. Mangoldt/Klein/Starck, Kommentar zum Grundgesetz, Art. 20a Rn. 60 ff.
618 *Schulze-Fielitz*, in: Dreier, Grundgesetz, Band 2, Art. 20a Rn. 32.
619 *Murswiek*, in: Sachs, Grundgesetz, Art. 20a Rn. 22 ff.
620 *Schulze-Fielitz*, in: Dreier, Grundgesetz, Band 2, Art. 20a Rn. 32 ff.
621 *Murswiek*, in: Sachs, Grundgesetz, Art. 20a Rn. 28.
622 *Epiney*, in: v. Mangoldt/Klein/Starck, Kommentar zum Grundgesetz, Art. 20a Rn. 18.

Fläche ist eine natürliche Voraussetzung des Lebens des Menschen, da sie die Ressource Boden, Grundwasser, Pflanzen und Tiere sowie anthropologische Nutzungen umfasst[623]. Die Ressourcen Fläche gehört daher zu den natürlichen Lebensgrundlagen.

Die natürlichen Lebensgrundlagen sind nach Art. 20a GG zu schützen. Da Art. 20a GG dem Staat eine verfassungsrechtliche Handlungspflicht auferlegt, ist ein Rückzug aus dem Umweltschutz nicht möglich.[624] Art. 20a GG definiert kein Ziel, das durch Maßnahmen erreicht werden soll, sondern nimmt einen konkreten Zustand als gegeben an und verpflichtet den Staat darauf, diesen Zustand zu schützen.[625] Dieser durch Art. 20a GG vorausgesetzte Zustand ist die Existenz der natürlichen Lebensgrundlagen. Daraus folgt, dass ein ökologisches Existenzminimum gewährleistet sein muss.[626] Die Umweltgüter als Grundlage des Lebens müssen erhalten bleiben für eine nicht nur geringe Zahl von Menschen, die Menschheit ist vor kollektiven Risiken zu schützen.[627] Somit ist auch die Ressource Fläche als Teil der natürlichen Lebensgrundlagen zu erhalten. Der Staat schützt nach Art. 20a GG die natürlichen Lebensgrundlagen auch in Verantwortung der künftigen Generationen. Der Schutz der natürlichen Lebensgrundlage ist nach dieser Formulierung nicht nur gegenwartsbezogen, sondern auch zukunftsbezogen.[628] Damit verbietet das Umweltschutzprinzip eine Reduktion des Schutzes der natürlichen Lebensgrundlagen auf kurzfristige Interessen ihrer aktuellen gesellschaftlichen Nutzung.[629] Es sind vielmehr die natürlichen Lebensgrundlagen unter Einbeziehung von Langzeitrisiken zu schützen.[630] So müssen durch Prognosen potentielle Langzeitrisiken berücksichtigt und irreversible Beeinträchtigungen einberechnet werden.[631] Es gilt das Prinzip der Nachhaltigkeit,[632]

---

623 *Ewen*, Flächenverbrauch, S. 13 f.
624 *Murswiek*, in: Sachs, Grundgesetz, Art. 20a Rn. 40.
625 *Huster/Rux*, in: Epping/Hillgruber, Grundgesetz, Art. 20a Rn. 20.
626 Vgl. *Murswiek*, in: Sachs, Grundgesetz, Art. 20a Rn. 41; *Epiney*, in: v. Mangoldt/Klein/Starck, Kommentar zum Grundgesetz, Art. 20a Rn. 61; *Schulze-Fielitz*, in: Dreier, Grundgesetz, Band 2, Art. 20a Rn. 44.
627 *Murswiek*, in: Sachs, Grundgesetz, Art. 20a Rn. 41; *Wolf*, KritVj 1997, 280 (298); *Heselhaus*, in: Hansmann/Sellner, Grundzüge des Umweltrechts, S. 23.
628 *Epiney*, in: v. Mangoldt/Klein/Starck, Kommentar zum Grundgesetz, Art. 20a Rn. 30.
629 *Wolf*, KritVj 1997, 280 (290).
630 *Jarass*, in: Jarass/Pieroth, Grundgesetz, Art. 20a GG Rn. 6.
631 *Schulze-Fielitz*, in: Dreier, Grundgesetz, Band 2, Art. 20a Rn. 37.
632 *Sommermann*, in: v. Münch/Kunig, Grundgesetz, Art. 20a Rn. 25; *Jarass*, in: Jarass/Pieroth, Grundgesetz, Art. 20a GG Rn. 10.

Erster Teil: Grundlagen

das Konzept des umweltgerechten nachhaltigen Wirtschaftens.[633] Bezüglich lebensnotwendiger natürlicher Ressourcen ergibt sich aus diesem Prinzip der Nachhaltigkeit ein konkreter Maßstab für das Schutzniveau.[634] Art. 20a GG verlangt eine nachhaltige Ressourcenbewirtschaftung.[635] Mit erschöpfbaren Ressourcen muss sparsam umgegangen werden.[636] Bei nicht erschöpfbaren Ressourcen muss schonend, also nur so viel verbraucht werden, wie sich regenerieren kann, da die diesbezügliche Anpassungsfähigkeit der Umwelt nicht überschritten werden darf.[637] Die Ressource Fläche ist dementsprechend nicht nur gegenwärtig, sondern auch für die Zukunft zu erhalten. Da die natürliche Umwelt Voraussetzung dafür ist, dass sich alle anderen Schutzgüter und Prinzipien des Rechts erst entfalten können, sind diese Mindestanforderungen des Schutzes nach Art. 20a GG in diesem fundamentalen Sinn allen anderen Werten vorgeordnet.[638]

Über die Mindestanforderungen hinaus lässt sich aus dem Wortlaut des Art. 20a GG kein konkretes Schutzniveau entnehmen, das der Staat bezüglich der natürlichen Lebensgrundlagen zu erreichen hat.[639] Der Wille des verfassungsändernden Gesetzgebers war es jedoch, den tatsächlich praktizierten Umweltschutz zu verbessern.[640] Dabei handelte es sich auch nicht um lediglich symbolische Politik, dies würde der Funktion und Bedeutung der Verfassung widersprechen.[641] Der Umweltschutz nach Art. 20a GG darf folglich über die Mindestanforderungen hinaus nicht auf einem beliebig niedrigen Niveau stattfinden.[642] Der Staat muss Kenntnis darüber haben, wie sich seine Aktivitäten voraussichtlich auf die natürlichen Lebensgrundlagen auswirken und sodann die angestrebten Ziele seiner Maßnahmen

---

633 *Schulze-Fielitz*, in: Dreier, Grundgesetz, Band 2, Art. 20a Rn. 39.
634 Vgl. *Murswiek*, in: Sachs, Grundgesetz, Art. 20a Rn. 45.
635 *Murswiek*, in: Sachs, Grundgesetz, Art. 20a Rn. 37; *Schulze-Fielitz*, in: Dreier, Grundgesetz, Band 2, Art. 20a Rn. 40; *Sommermann*, in: v. Münch/Kunig, Grundgesetz, Art. 20a Rn. 26.
636 Vgl. *Epiney*, in: v. Mangoldt/Klein/Starck, Kommentar zum Grundgesetz, Art. 20a Rn. 66.
637 *Murswiek*, in: Sachs, Grundgesetz, Art. 20a Rn. 38.
638 *Wolf*, KritVj 1997, 280 (302 f.).
639 Vgl. *Schink*, DÖV 1997, 221 (226 f.); *Murswiek*, in: Sachs, Grundgesetz, Art. 20a Rn. 39; *Sannwald*, in: Schmidt-Bleibtreu/Klein/Hofmann/Henneke, GG, Art. 20a Rn. 16.
640 *Schulze-Fielitz*, in: Dreier, Grundgesetz, Band 2, Art. 20a Rn. 44; *Murswiek*, in: Sachs, Grundgesetz, Art. 20a Rn. 43.
641 *Murswiek*, in: Sachs, Grundgesetz, Art. 20a Rn. 43; vgl. *Schink*, DÖV 1997, 221 (226).
642 Vgl. *Schink*, DÖV 1997, 221 (226 f.).

mit den Risiken für die natürlichen Lebensgrundlagen ins Verhältnis setzen.[643] Hoheitliches Handeln des Staates muss demnach umweltgemäß sein, der Umweltschutzaspekt muss bei potentiell umweltbeeinträchtigenden Handlungen gegenüber anderen Zielen abgewogen werden.[644] Es gilt der Grundsatz der Verhältnismäßigkeit.[645] In dessen Rahmen sind beim Grundsatz der Erforderlichkeit insbesondere gleichwertige Handlungsalternativen zu prüfen, die die natürliche Lebensgrundlage am wenigsten belasten.[646] Art. 20a GG enthält für diese Abwägung keine strikte Vorzugsregel, der Umweltschutz hat weder absoluten noch relativen Vorrang gegenüber anderen Verfassungszielen und Zielen, die nicht im Grundgesetz festgelegt sind.[647] Der Gesetzgeber hat auf eine Vorrangklausel, wie der Formulierung „besonderer Schutz", in der Vorschrift verzichtet.[648] Auch durch den Hinweis „im Rahmen der verfassungsmäßigen Ordnung" wird bestätigt, dass Art. 20a GG weder absoluten noch relativen Vorrang hat gegenüber anderen Verfassungszielen und Zielen, die nicht im Grundgesetz festgelegt sind.[649] So drückt diese Formulierung aus, dass andere öffentliche Interessen zur Abwägung gestellt werden können.[650] Daher ist das rechtlich oder tatsächlich verwirklichte Schutzniveau von politischen Gestaltungsentscheidungen beim Ausgleich abhängig und damit relativ.[651] Da es der Willen des verfassungsändernden Gesetzgebers war, den tatsächlich praktizierten Umweltschutz zu verbessern, und folglich die Einführung von Art. 20a GG im Jahr 1994 zu einer Verbesserung der Umweltsituation führen sollte, wird in der Literatur daraus oftmals auch ein Verbesserungsgebot gefolgert und daraus sodann ein Verschlechterungsverbot.[652] Darüber hinaus impliziere dies auch der Sinn und Zweck der Schutzgewäh-

---

643 Vgl. *Huster/Rux*, in: Epping/Hillgruber, Grundgesetz, Art. 20a Rn. 23.
644 Vgl. *Schink*, DÖV 1997, 221 (227); *Schulze-Fielitz*, in: Dreier, Grundgesetz, Band 2, Art. 20a Rn. 46 ff.; *Huster/Rux*, in: Epping/Hillgruber, Grundgesetz, Art. 20a Rn. 23 f.
645 *Schulze-Fielitz*, in: Dreier, Grundgesetz, Band 2, Art. 20a Rn. 47 ff.
646 *Schulze-Fielitz*, in: Dreier, Grundgesetz, Band 2, Art. 20a Rn. 47.
647 Vgl. *Murswiek*, in: Sachs, Grundgesetz, Art. 20a Rn. 55; *Schulze-Fielitz*, in: Dreier, Grundgesetz, Band 2, Art. 20a Rn. 46.
648 *Murswiek*, in: Sachs, Grundgesetz, Art. 20a Rn. 7 ff.
649 *Epiney*, in: v. Mangoldt/Klein/Starck, Kommentar zum Grundgesetz, Art. 20a Rn. 47.
650 *Heselhaus*, in: Hansmann/Sellner, Grundzüge des Umweltrechts, S. 17.
651 *Schulze-Fielitz*, in: Dreier, Grundgesetz, Band 2, Art. 20a Rn. 46.
652 *Murswiek*, in: Sachs, Grundgesetz, Art. 20a Rn. 43 f.; *Schulze-Fielitz*, in: Dreier, Grundgesetz, Band 2, Art. 20a Rn. 44.

rung des Art. 20a GG.[653] Jede Verschlechterung des heutigen Zustandes der natürlichen Lebensgrundlage bringt Gefahren für künftige Generationen mit sich.[654] Das Verschlechterungsverbot sei eine Ergebnisverpflichtung.[655] Die Ergebnisverpflichtung beziehe sich dabei auf die Gesamtsituation der Umwelt, nicht auf die einzelnen Umweltgüter.[656] Da Art. 20a GG mit anderen Verfassungszielen und Zielen, die nicht im Grundgesetz festgelegt sind, abgewogen werden muss und dabei keinen absoluten oder relativen Vorrang hat, erscheint die Realisierung einer Ergebnisverpflichtung nach Art. 20a GG aber eher zweifelhaft.[657] Durch das relative Schutzniveau ist auch der Schutz der Ressource Fläche bei hoheitlichem Handeln des Staates, das diese potentiell beeinträchtigen kann, mit anderen Zielen abzuwägen.

b. Adressaten der Zielsetzung

Art. 20a GG verpflichtet den Staat und damit Bund und Länder sowie die Gemeinden, sonstigen Körperschaften des öffentlichen Rechts und sämtliche Träger öffentlicher Gewalt.[658] Der Staat ist auch dann gebunden, wenn er in privatrechtlichen Organisationsformen agiert.[659] Die Verpflichtung erfasst nicht nur den Bereich der Umweltpolitik, sondern die Gestaltung der Politik in allen Bereichen.[660] Zudem umfasst der Schutzauftrag das gesamte Spektrum des staatlichen Verhaltens: sowohl positives Tun, als auch Unterlassen.[661] Die Adressaten des Umweltschutzprinzips sind daher bei staatlichem Handeln in allen Bereichen verpflichtet, die Ressource Fläche

---

653 *Epiney*, in: v. Mangoldt/Klein/Starck, Kommentar zum Grundgesetz, Art. 20a Rn. 64.
654 *Epiney*, in: v. Mangoldt/Klein/Starck, Kommentar zum Grundgesetz, Art. 20a Rn. 65.
655 *Epiney*, in: v. Mangoldt/Klein/Starck, Kommentar zum Grundgesetz, Art. 20a Rn. 64; vgl. *Schink*, DÖV 1997, 221 (226 f.).
656 *Epiney*, in: v. Mangoldt/Klein/Starck, Kommentar zum Grundgesetz, Art. 20a Rn. 65; vgl. *Murswiek*, in: Sachs, Grundgesetz, Art. 20a Rn. 44.
657 *Schink*, DÖV 1997, 221 (226 f.); *Groß*, ZUR 2009, 364 (367); *Schulze-Fielitz*, in: Dreier, Grundgesetz, Band 2, Art. 20a Rn. 44 ist für ein Verschlechterungsverbot, weist aber auf die Grenzen dieser „eher heuristischen Formel" hin.
658 *Schulze-Fielitz*, in: Dreier, Grundgesetz, Band 2, Art. 20a Rn. 63.
659 *Schulze-Fielitz*, in: Dreier, Grundgesetz, Band 2, Art. 20a Rn. 65.
660 *Murswiek*, in: Sachs, Grundgesetz, Art. 20a Rn. 57a.
661 *Epiney*, in: v. Mangoldt/Klein/Starck, Kommentar zum Grundgesetz, Art. 20a Rn. 57.

gegenwärtig und für die Zukunft zu erhalten, sowie bei ihrem hoheitlichen Handeln, das die Ressource Fläche potentiell beeinträchtigen kann, diese mit anderen Zielen abzuwägen.

Die Staatsgewalten haben die Pflichten aus dem Umweltschutzprinzip im Rahmen ihrer Kompetenzen zu erfüllen.[662] Dass der Schutzauftrag nach Art. 20a GG im „Rahmen der verfassungsmäßigen Ordnung" und für vollziehende Gewalt und Rechtsprechung zudem an Gesetz und Recht gebunden ist, ist im Hinblick auf Art. 20 Absatz 3 GG rein deklaratorisch, da sich dies bereits aus Art. 20 Absatz 3 GG ergibt.[663] Diese Formulierung kann jedoch auch als Schärfung der gesamtstaatlichen Verantwortung für den Umweltschutz betrachtet werden.[664]

aa. Gesetzgebung

Der Schutzauftrag des Art. 20a GG richtet sich in erster Linie an den Gesetzgeber.[665] Aufgrund der Unbestimmtheit des Umweltschutzprinzips lassen sich neben den wenigen Zielvorgaben auch nur wenige Mittel zur Verwirklichung und damit nur wenige Verhaltensanweisungen ableiten,[666] so dass auch diese der Konkretisierung bedürfen.[667] Einige Vorgaben über die Mittel zur Verwirklichung lassen sich jedoch aus den Zielvorgaben entnehmen.[668]

Nach Art. 20a GG sind die natürlichen Lebensgrundlagen zu schützen, so dass sich der Gesetzgeber aus dem Umweltschutz nicht zurückziehen darf[669] und tätig werden muss, sobald eine erhebliche neue Umweltgefahr vorliegt[670]. Da durch das Umweltschutzprinzip aber nicht nur gegenwärtiger, sondern auch nachhaltiger Schutz gefordert wird, hat der Gesetzgeber

---

662 *Murswiek*, in: Sachs, Grundgesetz, Art. 20a Rn. 57.
663 *Epiney*, in: v. Mangoldt/Klein/Starck, Kommentar zum Grundgesetz, Art. 20a Rn. 53; *Schulze-Fielitz*, in: Dreier, Grundgesetz, Band 2, Art. 20a Rn. 41.
664 *Austermann*, Brachflächenreaktivierung, S. 88 f.
665 *Epiney*, in: v. Mangoldt/Klein/Starck, Kommentar zum Grundgesetz, Art. 20a Rn. 57.
666 Vgl. *Epiney*, in: v. Mangoldt/Klein/Starck, Kommentar zum Grundgesetz, Art. 20a Rn. 59 ff.
667 Vgl. *Murswiek*, in: Sachs, Grundgesetz, Art. 20a Rn. 17.
668 Vgl. *Epiney*, in: v. Mangoldt/Klein/Starck, Kommentar zum Grundgesetz, Art. 20a Rn. 59.
669 *Epiney*, in: v. Mangoldt/Klein/Starck, Kommentar zum Grundgesetz, Art. 20a Rn. 76.
670 Vgl. *Sommermann*, in: v. Münch/Kunig, Grundgesetz, Art. 20a Rn. 39.

darüber hinaus das Vorsorgeprinzip umzusetzen[671] als notwendiges Leitprinzip[672], denn den durch die Zivilisation entstehenden entgrenzten ökologischen Risiken für die Zukunft ist ein Schutz entgegenzustellen, der dies berücksichtigt[673]. Das Vorsorgeprinzip beinhaltet die Vermeidung und nachrangig die Minimierung von Umweltbelastungen.[674] Dieser Schutz lässt sich durch Vorsorgemaßnahmen im Vorfeld der konkreten Bedrohung der ökologischen Schutzgüter realisieren.[675] Bezüglich der Ressource Fläche muss der Gesetzgeber somit bei erheblichen Gefahren für diese tätig werden, um sie gegenwärtig zu erhalten, sowie Vorsorge schaffen, um sie auch für die Zukunft zu erhalten.

Der Gesetzgeber hat aufgrund des relativen Schutzes außerdem die Belange des Art. 20a GG bei allen gesetzgeberischen Tätigkeiten zu berücksichtigen.[676] Das zieht auch eine verfahrensrechtliche Sicherung nach sich.[677] Durch den Gesetzgeber hat eine „Umweltverträglichkeitsprüfung" stattzufinden, um den Belang zu ermitteln.[678] Ob darüber hinaus eine Begründungspflicht hinsichtlich der Beachtung der materiellen Vorgaben des Art. 20a GG besteht, ist streitig.[679] Dafür spricht, dass eine Begründungspflicht des Gesetzgebers die Wirkung des Art. 20a GG erhöht, indem sie die Nachprüfbarkeit sichert[680]. Durch dieses Berücksichtigungsgebot findet eine „Ökologisierung" der Rechtsordnung statt.[681] Der Gesetzgeber hat damit bei allen gesetzgeberischen Tätigkeiten, die die Ressource Fläche potentiell beeinträchtigen können, diese zu berücksichtigen. Dem Gesetzgeber steht darüber hinaus bezüglich des Ziels und der Mittel des Umwelt-

---

671 *Epiney*, in: v. Mangoldt/Klein/Starck, Kommentar zum Grundgesetz, Art. 20a Rn. 73.
672 *Sommermann*, in: v. Münch/Kunig, Grundgesetz, Art. 20a Rn. 21.
673 Vgl. *Wolf*, KritVj 1997, 280 (294).
674 *Wolf*, KritVj 1997, 280 (295).
675 *Wolf*, KritVj 1997, 280 (294).
676 *Epiney*, in: v. Mangoldt/Klein/Starck, Kommentar zum Grundgesetz, Art. 20a Rn. 77; *Sommermann*, in: v. Münch/Kunig, Grundgesetz, Art. 20a Rn. 13.
677 Vgl. *Heselhaus*, in: Hansmann/Sellner, Grundzüge des Umweltrechts, S. 25.
678 *Epiney*, in: v. Mangoldt/Klein/Starck, Kommentar zum Grundgesetz, Art. 20a Rn. 81.
679 *Heselhaus*, in: Hansmann/Sellner, Grundzüge des Umweltrechts, S. 25.
680 *Epiney*, in: v. Mangoldt/Klein/Starck, Kommentar zum Grundgesetz, Art. 20a Rn. 84.
681 *Wolf*, KritVj 1997, 280 (301).

schutzes nach Art. 20a GG ein großer Gestaltungsspielraum zu[682] in Form einer Konkretisierungsprärogative[683].

bb. Vollziehende Gewalt

Die vollziehende Gewalt ist an die Konkretisierung des Art. 20a GG durch den Gesetzgeber gebunden.[684] Darüber hinaus richtet sich Art. 20a GG auch an sie.[685]

Die Regierung hat dem Umweltschutzprinzip im Rahmen ihrer Kompetenzen zu genügen.[686] Diese Pflicht hat die Regierung als wesentlicher Anreger und Teil des Gesetzgebungsprozesses durch Gesetzesinitiativen zu erfüllen.[687] Damit hat sie diesbezüglich den Gesetzgebungsbedarf zu beobachten,[688] was eine umfassende Umweltbeobachtung voraussetzt.[689] Bei der Konkretisierung gesetzlicher Anforderungen durch Rechtsverordnungen und Verwaltungsvorschriften hat die Regierung die Pflichten des Art. 20a GG ebenfalls zu beachten.[690] Die Regierung hat somit die Flächenentwicklung in Deutschland zu beobachten und muss bei Gesetzgebungsbedarf durch Gesetzesinitiativen tätig werden. Bei Rechtsverordnungen und Verwaltungsvorschriften hat sie die Ressource Fläche zu beachten.

Auch die Verwaltung hat dem Umweltschutzprinzip im Rahmen ihrer Kompetenzen zu genügen.[691] Bei der Auslegung unbestimmter Rechtsbegriffe des einfachen Rechts, hat die Verwaltung Art. 20a GG zu beachten, was sich bereits aus der Normenhirarchie ergibt.[692] Bei der Auslegung unbestimmter Rechtsbegriffe kommen insbesondere das „öffentliche Interes-

---

682 *Epiney*, in: v. Mangoldt/Klein/Starck, Kommentar zum Grundgesetz, Art. 20a Rn. 58 f.
683 *Sommermann*, in: v. Münch/Kunig, Grundgesetz, Art. 20a Rn. 15 und 37.
684 *Murswiek*, in: Sachs, Grundgesetz, Art. 20a Rn. 57.
685 *Epiney*, in: v. Mangoldt/Klein/Starck, Kommentar zum Grundgesetz, Art. 20a Rn. 89.
686 Vgl. *Murswiek*, in: Sachs, Grundgesetz, Art. 20a Rn. 57.
687 *Schulze-Fielitz*, in: Dreier, Grundgesetz, Band 2, Art. 20a Rn. 74; vgl. *Heselhaus*, in: Hansmann/Sellner, Grundzüge des Umweltrechts, S. 31.
688 *Schulze-Fielitz*, in: Dreier, Grundgesetz, Band 2, Art. 20a Rn. 74.
689 *Murswiek*, in: Sachs, Grundgesetz, Art. 20a Rn. 62.
690 Vgl. *Murswiek*, in: Sachs, Grundgesetz, Art. 20a Rn. 62; *Schulze-Fielitz*, in: Dreier, Grundgesetz, Band 2, Art. 20a Rn. 74.
691 Vgl. *Murswiek*, in: Sachs, Grundgesetz, Art. 20a Rn. 57.
692 *Epiney*, in: v. Mangoldt/Klein/Starck, Kommentar zum Grundgesetz, Art. 20a Rn. 93.

se"; „öffentliche Belange" und das „Wohl der Allgemeinheit" in Betracht, da der Schutz der natürlichen Lebensgrundlagen ein diesbezüglicher Aspekt ist.[693] Im Zweifel hat die Verwaltung davon auszugehen, dass der Gesetzgerber eine umweltschützende oder –schonende Lösung ermöglichen wollte, es sei denn, dass der Wille des Gesetzgebers klar erkennbar ein anderes Ziel verfolgt.[694] In diesem Fall darf die Verwaltung dieses Ziel aufgrund der Konkretisierungsprärogative des Gesetzgebers nicht konterkarieren.[695] Die Verwaltung hat sich damit bei der Auslegung unbestimmter Rechtsbegriffe im Zweifel für eine die Ressource Fläche schützende oder schonende Lösung zu entscheiden, wenn nicht der Wille des Gesetzgebers klar erkennbar ein anderes Ziel verfolgt. Des Weiteren entfaltet Art. 20a GG für die Verwaltung immer dann Wirkung, wo ihr Entscheidungsspielräume offen stehen.[696] Wenn Entscheidungen der Verwaltung dieser ein Ermessen einräumen, hat sie die Ziele des Art. 20a GG als Belange bei ihrer Ermessensbetätigung einzubeziehen.[697] Bei speziellen Umweltgesetzen hat dies kaum Auswirkungen, da sie ohnehin dem Schutz der natürlichen Lebensgrundlagen dienen.[698] Relevant ist diese Ermessensausübung jedoch, wenn Gesetze andere Zwecke verfolgen.[699] Dies setzt jedoch voraus, dass durch das Gesetz nicht abschließend die in Betracht kommenden Ermessensgesichtspunkte durch den Gesetzgeber festgelegt wurden.[700] Zudem wirkt Art. 20a GG bei planerischen Abwägungs- und Gestaltungsspielräumen, die Ziele des Art. 20a GG sind abwägungserhebliche Belange.[701] Bei Ermessens- und Planungsentscheidungen hat die Verwaltung somit den Belang der Ressource Fläche in ihre Entscheidung einzubeziehen.

---

693 *Epiney*, in: v. Mangoldt/Klein/Starck, Kommentar zum Grundgesetz, Art. 20a Rn. 93; vgl. *Murswiek*, in: Sachs, Grundgesetz, Art. 20a Rn. 68.
694 *Sommermann*, in: v. Münch/Kunig, Grundgesetz, Art. 20a Rn. 43.
695 *Sommermann*, in: v. Münch/Kunig, Grundgesetz, Art. 20a Rn. 43.
696 *Murswiek*, in: Sachs, Grundgesetz, Art. 20a Rn. 61.
697 *Epiney*, in: v. Mangoldt/Klein/Starck, Kommentar zum Grundgesetz, Art. 20a Rn. 94; *Schulze-Fielitz*, in: Dreier, Grundgesetz, Band 2, Art. 20a Rn. 79.
698 *Murswiek*, in: Sachs, Grundgesetz, Art. 20a Rn. 69.
699 *Murswiek*, in: Sachs, Grundgesetz, Art. 20a Rn. 69.
700 *Murswiek*, in: Sachs, Grundgesetz, Art. 20a Rn. 69.
701 *Schulze-Fielitz*, in: Dreier, Grundgesetz, Band 2, Art. 20a Rn. 80.

cc. Rechtsprechung

Auch die Rechtsprechung ist an die Konkretisierung des Art. 20a GG durch den Gesetzgeber gebunden.[702] Darüber hinaus richtet sich Art. 20a GG auch an die Rechtsprechung.[703] Sie hat bei der Auslegung anderer Verfassungsbestimmungen und bei der Auslegung unbestimmter Rechtsbegriffe des einfachen Rechts Art. 20a GG zu beachten.[704] Damit hat sich auch die Rechtsprechung bei der Auslegung unbestimmter Rechtsbegriffe im Zweifel für eine die Ressource Fläche schützende oder schonende Lösung zu entscheiden, wenn nicht der Wille des Gesetzgebers klar erkennbar ein anderes Ziel verfolgt. Des Weiteren hat die Rechtsprechung den Gesetzgeber und die vollziehende Gewalt bezüglich ihrer Pflichten aus Art. 20a GG zu korrigieren.[705] Sie prüft somit auch, ob der Gesetzgebers und die vollziehende Gewalt bezüglich der Ressource Fläche ihre Pflichten nach Art. 20a GG wahren. Soweit dem Gesetzgeber und der vollziehenden Gewalt die weitere Konkretisierung überlassen ist, darf die Rechtsprechung ihre eigene Vorstellung über eine „richtige" Konkretisierung aber nicht an Stelle der Entscheidungen der anderen Staatsgewalten stellen.[706] Daraus folgt, dass die Kontrolle des Gesetzgebers auf evidente Verstöße beschränkt ist.[707] Bezüglich der Verwaltung gelten die allgemeinen Regeln über die Rechtswidrigkeit des Verwaltungshandelns.[708]

dd. Die Planungshoheit der Gemeinden

Bei der Umsetzung der Pflicht des Schutzes der Ressource Fläche nach Art. 20a GG ist das Verhältnis der Gemeinden zu den anderen Trägern öffentlicher Gewalt zu beachten. Nach Art. 28 Absatz 2 Satz 1 GG muss den Gemeinden das Recht gewährleistet sein, alle Angelegenheiten der örtlichen Gemeinschaft im Rahmen der Gesetze in eigener Verantwortung zu regeln.

---

702 *Murswiek*, in: Sachs, Grundgesetz, Art. 20a Rn. 57; vgl. *Sommermann*, in: v. Münch/Kunig, Grundgesetz, Art. 20a Rn. 15.
703 *Murswiek*, in: Sachs, Grundgesetz, Art. 20a Rn. 57.
704 *Sommermann*, in: v. Münch/Kunig, Grundgesetz, Art. 20a Rn. 30.
705 *Murswiek*, in: Sachs, Grundgesetz, Art. 20a Rn. 63; *Epiney*, in: v. Mangoldt/Klein/Starck, Kommentar zum Grundgesetz, Art. 20a Rn. 95.
706 *Murswiek*, in: Sachs, Grundgesetz, Art. 20a Rn. 63.
707 *Epiney*, in: v. Mangoldt/Klein/Starck, Kommentar zum Grundgesetz, Art. 20a Rn. 95; *Heselhaus*, in: Hansmann/Sellner, Grundzüge des Umweltrechts, S. 32.
708 Vgl. *Heselhaus*, in: Hansmann/Sellner, Grundzüge des Umweltrechts, S. 32.

Art. 28 Absatz 2 Satz 1 GG ist kein Grundrecht, sondern eine institutionelle Garantie.[709] Sie garantiert, dass es institutionell im Staatsaufbau Gemeinden geben muss.[710] Des Weiteren ist diese verfassungsrechtliche Bestimmung eine Kompetenzverteilungsnorm: Sie verteilt die Kompetenzen zwischen den Gemeinden und den anderen Trägern öffentlicher Gewalt.[711] Ausschlaggebend bei der Kompetenzverteilung ist der lokale Bezug: Alle Angelegenheiten des örtlichen Wirkungskreises regeln die Gemeinden.[712] Das sind diejenigen Aufgaben, die das Zusammenleben und -wohnen der Menschen vor Ort betreffen oder einen spezifischen Bezug darauf haben.[713] Wann und wie die Gemeinde diese Aufgaben wahrnimmt, liegt in der eigenen Verantwortung.[714] Ein Eingriff in den Schutzbereich der kommunalen Selbstverwaltungsgarantie stellen alle belastenden Regelungen gemeindlicher Angelegenheiten durch andere Träger öffentlicher Gewalt dar.[715] Die Eigenverantwortlichkeit umfasst die Gemeindehoheiten Gebiets-, Organisations-, Finanz-, Personal- und Planungshoheit.[716] Die Planungshoheit ist die Befugnis, voraussehbare Entwicklungen in Bezug auf Gemeindeangelegenheiten längerfristig zu steuern, insbesondere für das eigene Gebiet die Bodennutzung festzulegen.[717] Maßnahmen nachhaltiger Flächennutzung zur Reduzierung der Flächeninanspruchnahme zur Umsetzung der Pflicht des Schutzes der Ressource Fläche nach Art. 20a GG betreffen die Bodennutzung im Gemeindegebiet und damit die Planungshoheit der Gemeinde. Erfolgt dies durch andere Träger öffentlicher Gewalt, so kann es sich deshalb um einen Eingriff in die Planungshoheit handeln,[718] wie bei verbindlichen hinreichend abstrakten Aussagen des Gesetzgebers für die Gemeinden zugunsten Maßnahmen nachhaltiger Flächennutzung zur Reduzierung der Flächeninanspruchnahme.

Die kommunale Selbstverwaltungsgarantie erfolgt „im Rahmen der Gesetze", damit besteht ein Gesetzesvorbehalt.[719] Aus Gründen des effektiven

---

709 *Dreier*, in: Dreier, Grundgesetz, Band 2, Art. 28 Rn. 78.
710 *Zippelius/Würtenberger*, Deutsches Staatsrecht, S. 159.
711 Vgl. *Zippelius/Würtenberger*, Deutsches Staatsrecht, S. 159.
712 *Zippelius/Würtenberger*, Deutsches Staatsrecht, S. 159.
713 *Pieroth*, in: Jarass/Pieroth, Grundgesetz, Art. 28 Rn. 23.
714 *Zippelius/Würtenberger*, Deutsches Staatsrecht, S. 159; *Pieroth*, in: Jarass/Pieroth, Grundgesetz, Art. 28 Rn. 32.
715 *Pieroth*, in: Jarass/Pieroth, Grundgesetz, Art. 28 Rn. 34.
716 *Zippelius/Würtenberger*, Deutsches Staatsrecht, S. 159; vgl. *Pieroth*, in: Jarass/Pieroth, Grundgesetz, Art. 28 Rn. 25 ff.
717 *Pieroth*, in: Jarass/Pieroth, Grundgesetz, Art. 28 Rn. 26.
718 Vgl. Planungsziele und Planungsleitlinien Teil II Kapitel 1 Abschnitt 2 II. 1. c.
719 *Nierhaus*, in: Sachs, Grundgesetz, Art. 28 Rn. 59.

Rechtsschutzes ist dies ein Gesetzesbegriff im materiellen Sinn und umfasst damit nicht nur förmliche Gesetze, sondern auch Rechtsverordnungen, Satzungen, Raumordnungsprogramme und Gewohnheitsrecht.[720] Die in Art. 28 Absatz 2 Satz 1 GG eingreifenden Regelungen müssen verhältnismäßig sein.[721] Die Beeinträchtigung muss aus Gründen des Gemeininteresses erfolgen[722] und dafür geeignet, erforderlich und angemessen sein. Da Grund und Boden nicht vermehrbar und unentbehrlich ist, stellt der Schutz der Ressource Fläche einen gewichtigen Belang dar.[723] Doch auch die Planungshoheit der Gemeinden ist gewichtig, denn für das Gemeinwesen haben Städte und Gemeinden eine große Bedeutung.[724] Die kommunale Selbstverwaltungsgarantie hat einen bedeutsamen Bezug zum Demokratieprinzip, Gemeinden müssen demokratisch organisiert sein.[725] Die kommunale Selbstverwaltung resultiert aus dem Prinzip demokratischer Dezentralisation, die die gegliederte Demokratie verfeinert.[726] Sie steigert die Möglichkeit der Ausübung von Staatsgewalt durch Bürger im Bereich der örtlichen Angelegenheiten und stärkt damit die bürgernahe Demokratie.[727]

Über das Gebot der Verhältnismäßigkeit hinaus besteht entsprechend der Wesensgehaltsgarantie bei Grundrechten für die kommunale Selbstverwaltungsgarantie eine Kernbereichsgarantie[728]. Eine Beseitigung oder Aushöhlung des Kernbereiches der kommunalen Selbstverwaltungsgarantie ist nicht möglich.[729] Identitätsbestimmende Merkmale der gemeindlichen Selbstverwaltung dürfen demnach nicht beseitigt oder derart ausgehöhlt werden, dass den Gemeinden kein ausreichender Spielraum zur Ausübung verbleibt.[730] Ob die Planungshoheit zum Kernbereich gehört ist streitig.[731] Es ist jedoch

---

720 *Nierhaus*, in: Sachs, Grundgesetz, Art. 28 Rn. 63.
721 *Brohm*, Öffentliches Baurecht, S. 193; *Pieroth*, in: Jarass/Pieroth, Grundgesetz, Art. 28 Rn. 43; vgl. BVerfGE 103, 332 (338 f.).
722 *Brohm*, Öffentliches Baurecht, S. 193; *Zippelius/Würtenberger*, Deutsches Staatsrecht, S. 160.
723 Vgl. BVerfGE 21, 73 (82 f.).
724 *Portz*, in: Bundesministerium für Verkehr, Bau und Stadtentwicklung, Berliner Gespräche, Band 2, S. 31 f.
725 *Pecher*, Verfassungsimmanente Schranken, S. 278.
726 *Pecher*, Verfassungsimmanente Schranken, S. 278; *Nierhaus*, in: Sachs, Grundgesetz, Art. 28 Rn. 34; *Zippelius/Würtenberger*, Deutsches Staatsrecht, S. 158.
727 *Pecher*, Verfassungsimmanente Schranken, S. 278.
728 *Pieroth*, in: Jarass/Pieroth, Grundgesetz, Art. 28 Rn. 22.
729 *Pieroth*, in: Jarass/Pieroth, Grundgesetz, Art. 28 Rn. 22.
730 *Pieroth*, in: Jarass/Pieroth, Grundgesetz, Art. 28 Rn. 22.
731 *Austermann*, Brachflächenreaktivierung, S. 106 f.; Das Bundesverfassungsgericht hat dies offen gelassen. Siehe BVerfGE 56, 298 (312 f.).

angebracht, zum Kernbereich der kommunalen Selbstverwaltungsgarantie bezüglich der Planungshoheit einen substantiellen Gestaltungsspielraum für die räumliche Ortsplanung zuzuerkennen, da jede menschliche Aktivität erdgebunden ist, muss einer Gemeinde diesbezüglich eine autonome Gestaltung zuerkannt werden.[732]

c. Verfassungsrechtliche Grenzen

Wie bereits oben dargestellt,[733] gilt für die Umsetzung der Pflicht des Schutzes der Ressource Fläche nach dem Umweltschutzprinzip durch Maßnahmen nachhaltiger Flächennutzung zur Reduzierung der Flächeninanspruchnahme Folgendes: Die Mindestanforderungen des Schutzes nach Art. 20a GG sind in diesem fundamentalen Sinn allen anderen Werten vorgeordnet,[734] so dass für die Umsetzung zum gegenwärtigen Erhalt der Ressource Fläche und für die Zukunft keine verfassungsrechtlichen Grenzen bestehen. Über die Mindestanforderungen hinaus muss der Umweltschutz aufgrund des nur relativen Schutzniveaus mit anderen Zielen abgewogen werden[735] und hat dabei weder absoluten noch relativen Vorrang gegenüber anderen Verfassungszielen und Zielen, die nicht im Grundgesetz festgelegt sind[736]. Folglich bestehen für die Umsetzung des Schutzes der Ressource Fläche, über den gegenwärtigen Erhalt dieser und für die Zukunft hinaus, auch verfassungsrechtliche Grenzen.

In der folgenden Übersicht sind die verfassungsrechtlichen Grenzen des Schutzes der Ressource Fläche zusammengefasst. Dabei stellen das Demokratieprinzip und die Planungshoheit der Gemeinden Grenzen für Aspekte der Wirkung dar. Verfassungsrechtliche Vorgaben für die Stadtökologie sowie für die Wirtschaftsverfassung beziehen sich hingegen auf Maßnahmen nachhaltiger Flächennutzung zur Reduzierung der Flächeninanspruchnahme, diese verfassungsrechtlichen Grenzen werden sodann näher erläutert.

---

732 Vgl. *Brohm*, Öffentliches Baurecht, S. 194 f.
733 I. 2. a.
734 *Wolf*, KritVj 1997, 280 (302 f.).
735 Vgl. *Schink*, DÖV 1997, 221 (227); *Schulze-Fielitz*, in: Dreier, Grundgesetz, Band 2, Art. 20a Rn. 46 ff.; *Huster/Rux*, in: Epping/Hillgruber, Grundgesetz, Art. 20a Rn. 23 f.
736 Vgl. *Schulze-Fielitz*, in: Dreier, Grundgesetz, Band 2, Art. 20a Rn. 46; *Murswiek*, in: Sachs, Grundgesetz, Art. 20a Rn. 55; vgl. I. 2. a.

Verfassungsrechtliche Grenzen des Schutzes der Ressource Fläche

	Verfassungsrechtliche Grenze für:
Demokratieprinzip	
Art. 20 Absatz 2 Satz 1 GG (Verfassungsprinzip)	Klar umrissene Situationen und klare Verhaltensanweisungen im Art. 20a GG
Planungshoheit der Gemeinde	
Art. 28 Absatz 2 Satz 1 GG (Institutionelle Garantie)	Verbindliche hinreichend abstrakte Aussagen für die Gemeinden
Verfassungsrechtliche Vorgaben für die Stadtökologie	
Schutz des Menschen Art. 2 Absatz 2 Satz 1 GG (Grundrecht)	Maßnahmen Nutzungsmischung und Nachverdichtung
Schutz des Naturhaushalts Art. 20a GG (Staatszielbestimmung)	Maßnahme Nachverdichtung
Wirtschaftsverfassung	
Gesamtwirtschaftliches Gleichgewicht Art. 109 Absatz 2 GG (Staatszielbestimmung)	Maßnahmen nachhaltiger Flächennutzung zur Reduzierung der Flächeninanspruchnahme
Baufreiheit Art. 14 Absatz 1 Satz 1 GG (Grundrecht)	Maßnahmen nachhaltiger Flächennutzung zur Reduzierung der Flächeninanspruchnahme
Berufsfreiheit Art. 12 Absatz 1 GG (Grundrecht)	Keine Grenze

aa. Verfassungsrechtliche Vorgaben für die Stadtökologie

Das Grundgesetz enthält Bestimmungen, die zur Stadtökologie einen Aussagegehalt haben. Die Stadtökologie fordert den Schutz des Menschen und des Naturhaushaltes innerhalb des Siedlungsgebietes.[737]

(1) Schutz des Menschen

Der stadtökologische Schutz des Menschen ist durch das Grundrecht auf Leben und körperliche Unversehrtheit nach Art. 2 Absatz 2 Satz 1 GG gesichert. Dieses Grundrecht umfasst das Recht zu leben und das Recht auf körperliche Unversehrtheit, was die Gesundheit im biologisch-physiologischen Sinn sowie im psychischen Bereich betrifft[738]. Ein Eingriff in diesen Schutzbereich stellen damit nicht nur Schmerzen, sondern auch Schädigungen und Gefährdungen der Gesundheit dar.[739] Die Umsetzung der Pflicht des Schutzes der Ressource Fläche nach dem Umweltschutzprinzip durch Nachverdichtung und Nutzungsmischung kann in dieses Recht eingreifen. Nutzungsmischung führt zu mehr Lärmimmissionen, Nachverdichtung zu weniger Wald- und Grünzonen, einer höheren Bodenversiegelung und einem verminderten schonenden Umgang mit Boden sowie zu weniger Luftschneisen. Damit erhöhen sich durch Nutzungsmischung und Nachverdichtung die Gesundheitsrisiken. Nach Art. 2 Absatz 2 Satz 3 GG darf in dieses Grundrecht nur auf Grund eines Gesetzes eingegriffen werden. Es besteht damit ein Gesetzesvorbehalt.[740] Dabei sind förmliche Gesetze gemeint, ein Eingriff kann demnach durch förmliche Gesetze oder aufgrund eines solchen durch eine untergesetzliche Norm oder einen Verwaltungsakt erfolgen, sofern die Ermächtigung ausreichend bestimmt ist.[741] Das Recht auf körperliche Unversehrtheit hat einen besonders sichtbaren Menschenwürdegehalt, der mit seinem Wesensgehalt übereinstimmt.[742] Soweit dieser reicht, darf das Recht auf Leben und körperliche Unversehrtheit nicht angetastet werden.[743] Zudem muss der Verhältnis-

---

737 Vgl. *Endlicher*, Einführung in die Stadtökologie, S. 19; Teil I Kapitel 1 III. 1. d.
738 *Kingreen/Poscher*, Grundrechte, S. 107.
739 *Kingreen/Poscher*, Grundrechte, S. 107.
740 *Jarass*, in: Jarass/Pieroth, Grundgesetz, Art. 2 Rn. 95.
741 *Jarass*, in: Jarass/Pieroth, Grundgesetz, Art. 2 Rn. 95.
742 *Kingreen/Poscher*, Grundrechte, S. 110.
743 *Kingreen/Poscher*, Grundrechte, S. 110.

mäßigkeitsgrundsatz beachtet werden.[744] Grund und Boden ist nicht vermehrbar und unentbehrlich, damit stellt der Schutz der Ressource Fläche einen wichtigen Belang dar.[745] Das Recht auf Leben und körperliche Unversehrtheit ist aber aufgrund des Menschenwürdegehalts besonders sensibel.[746] Sind die Risiken für die Gesundheit des Menschen so groß, dass sie als Gefahr zu qualifizieren sind, so ist eine Gefahrenabwehr, beziehungsweise, eine Gefahrenvorsorge geboten.[747] Ein Risiko verdichtet sich zu einer Gefahr, wenn der Schadenseintritt hinreichend wahrscheinlich ist.[748] Die hinreichende Wahrscheinlichkeit hängt von der Größe des potentiellen Schadens ab.[749] Je größer der potentielle Schaden ist, desto geringer ist die erforderliche Wahrscheinlichkeit.[750] Bei Risiken für das menschliche Leben oder bei schwerwiegenden, bleibenden Körperschäden reicht schon eine sehr geringe Wahrscheinlichkeit aus.[751] Bei geringfügigen, vorübergehenden Körperschäden muss die Wahrscheinlichkeit größer sein.[752]

(2) Schutz des Naturhaushalts

Der stadtökologische Schutz des Naturhaushaltes innerhalb des Siedlungsgebietes leitet sich aus der Staatszielbestimmung des Umweltschutzprinzips nach Art. 20a GG ab, da der Naturhaushalt innerhalb des Siedlungsgebietes zu den natürlichen Lebensgrundlagen gehört. Innerhalb des Art. 20a GG sind Kollisionen von Umweltgütern möglich.[753] Der Ausgleich kollidierender Umweltgüter erfolgt in diesem Fall durch eine Gesamtbetrachtung.[754] Es ist eine einheitliche Optimierung der Umwelt anzustreben, in dem die für die natürlichen Lebensgrundlagen beste und verträglichste Variante zu wählen ist.[755] Die Umsetzung der Pflicht des Schutzes der Ressource Fläche nach Art. 20a GG durch Nachverdichtung kollidiert gleich-

---

744 *Jarass*, in: Jarass/Pieroth, Grundgesetz, Art. 2 Rn. 96.
745 Vgl. BVerfGE 21, 73 (82 f.).
746 Vgl. *Kingreen/Poscher*, Grundrechte, S. 110.
747 *Murswiek*, in: Sachs, Grundgesetz, Art. 2 Rn. 177.
748 *Murswiek*, in: Sachs, Grundgesetz, Art. 2 Rn. 179.
749 *Murswiek*, in: Sachs, Grundgesetz, Art. 2 Rn. 179.
750 *Murswiek*, in: Sachs, Grundgesetz, Art. 2 Rn. 179.
751 *Murswiek*, in: Sachs, Grundgesetz, Art. 2 Rn. 179.
752 *Murswiek*, in: Sachs, Grundgesetz, Art. 2 Rn. 179.
753 Vgl. *Birkedal*, Die Implementation des Staatsziels Umweltschutz, S. 267.
754 *Birkedal*, Die Implementation des Staatsziels Umweltschutz, S. 267.
755 *Birkedal*, Die Implementation des Staatsziels Umweltschutz, S. 267 f.

zeitig mit dem Schutz des Naturhaushalts innerhalb des Siedlungsgebietes nach Art. 20a GG. Dies folgt daraus, dass Nachverdichtung auf eine intensivere Nutzung der Siedlungsbereiche zielt und daher in Bezug auf den Naturhaushalt innerhalb des Siedlungsgebietes zu Nachteilen führen kann durch weniger Wald- und Grünzonen, eine höhere Bodenversiegelung und einen verminderten schonenden Umgang mit Boden sowie durch weniger Luftschneisen.

bb. Wirtschaftsverfassung

Das Grundgesetz ist in der Frage der Wirtschaftsordnung zurückhaltend.[756] Es enthält jedoch Bestimmungen, die einen wirtschaftlichen Aussagegehalt haben und damit die Wirtschaftsordnung determinieren.[757] Dies sind punktuelle Aussagen in Grundrechten und anderen Verfassungsvorgaben.[758] Die Wirtschaftsverfassung ist damit die Summe dieser verfassungsrechtlichen Bestimmungen.[759]

(1) Gesamtwirtschaftliches Gleichgewicht

Nach Art. 109 Absatz 2 GG erfüllen Bund und Länder gemeinsam die Verpflichtungen der Bundesrepublik Deutschland aus Rechtsakten der Europäischen Gemeinschaft auf Grund des Artikels 104 des Vertrags zur Gründung der Europäischen Gemeinschaft zur Einhaltung der Haushaltsdisziplin und tragen in diesem Rahmen den Erfordernissen des gesamtwirtschaftlichen Gleichgewichts Rechnung. Das Erfordernis des gesamtwirtschaftlichen Gleichgewichtes nach Art. 109 Absatz 2 GG ist eine Staatszielbestimmung.[760] Als diese ist die Wahrung des gesamtwirtschaftlichen Gleichgewichts eine verfassungsrechtliche Pflicht.[761] Art. 109 Absatz 2 GG

---

756 Vgl. *Stober*, Allgemeines Wirtschaftsverwaltungsrecht, S. 36 f.
757 *Schliesky*, Öffentliches Wirtschaftsrecht, S. 17.
758 *Schliesky*, Öffentliches Wirtschaftsrecht, S. 19 und 97 ff.
759 Vgl. *Schliesky*, Öffentliches Wirtschaftsrecht, S. 17.
760 *Heun*, in: Dreier, Grundgesetz, Band 3, Art. 109 Rn. 21; *Kloepfer*, Finanzverfassungsrecht, S. 267.
761 Vgl. *Kirchhof*, in: v. Mangoldt/Klein/Starck, Kommentar zum Grundgesetz, Art. 109 Abs. 2 Rn. 60 ff.; *Heun*, in: Dreier, Grundgesetz, Band 3, Art. 109 Rn. 21; *Kube*, in: Maunz/Dürig, Grundgesetz, Art. 109 Rn. 68 und 86; *Kloepfer*, Finanzverfassungsrecht, S. 267.

ist als Verpflichtung einer allgemeinen Wirtschaftslenkung und Richtpunkt für alle Felder der Politik zu verstehen.[762] Der Staat ist Träger der öffentlichen Haushalte. Aufgrund des aus diesem resultierenden Einflusses trägt der Staat eine Verantwortung für die Sicherung der wirtschaftlichen Grundlagen der Gesellschaft und die wirtschaftliche Stabilität.[763] Das gesamtwirtschaftliche Gleichgewicht ist ein zu konkretisierender unbestimmter Verfassungsbegriff.[764] Der ökonomische Gleichgewichtsbegriff bezeichnet die ausgewogene Relation zwischen gesamtwirtschaftlicher Nachfrage und gesamtwirtschaftlichem Angebot. Eine Interpretationshilfe des Begriffs des gesamtwirtschaftlichen Gleichgewichts nach Art. 109 Absatz 4 GG bieten die vier Teilziele nach § 1 Satz 2 StabG Stabilität des Preisniveaus, hoher Beschäftigungsstand, außenwirtschaftliches Gleichgewicht und Wirtschaftswachstum.[765] Zu beachten ist dabei, dass diese vier Teilziele einfaches Recht darstellen und damit die Verfassungsdeutung nicht ersetzen können.[766] Art. 109 Absatz 2 GG verpflichtet den Bund und die Länder.[767] Gemeinden werden hingegen aus Art. 109 Absatz 2 GG nicht unmittelbar verpflichtet.[768]

Das Verfassungsziel des gesamtwirtschaftlichen Gleichgewichts kann mit anderen Verfassungszielen kollidieren.[769] Die Umsetzung der Pflicht des Schutzes der Ressource Fläche nach Art. 20a GG durch Maßnahmen nachhaltiger Flächennutzung zur Reduzierung der Flächeninanspruchnahme kann mit dem Erfordernis des gesamtwirtschaftlichen Gleichgewichts nach Art. 109 Absatz 2 GG konkurrieren. Beispielsweise führen Maßnahmen der nachhaltigen Nutzung des Siedlungsgebietes zu weniger Neubau, so dass sich diese nachhaltig negativ auf den Immobilienmarkt auswirken können. Das Verfassungsziel des gesamtwirtschaftlichen Gleichgewichts ist mit anderen Verfassungszielen gleichrangig, so dass die Verfassungsziele gegeneinander abgewogen werden müssen.[770] Aufgrund Art. 109 Absatz 2 GG ist

---

762 *Hofmann*, in: Benda/Maihofer/Vogel, Handbuch des Verfassungsrechts, S. 1013.
763 *Kloepfer*, Finanzverfassungsrecht, S. 258.
764 *Kirchhof*, in: v. Mangoldt/Klein/Starck, Kommentar zum Grundgesetz, Art. 109 Abs. 2 Rn. 42.
765 *Kirchhof*, in: v. Mangoldt/Klein/Starck, Kommentar zum Grundgesetz, Art. 109 Abs. 2 Rn. 44.
766 *Kirchhof*, in: v. Mangoldt/Klein/Starck, Kommentar zum Grundgesetz, Art. 109 Abs. 2 Rn. 44; *Huster/Rux*, in: Epping/Hillgruber, Grundgesetz, Art. 20a Rn. 42.
767 *Kloepfer*, Finanzverfassungsrecht, S. 267.
768 *Kloepfer*, Finanzverfassungsrecht, S. 268; *Jarass*, in: Jarass/Pieroth, Grundgesetz, Art. 109 Rn. 5; vgl. BT-Drucks. 16/12410, S. 10.
769 *Jahndorf*, Grundlagen der Staatsfinanzierung, S. 194.
770 *Jahndorf*, Grundlagen der Staatsfinanzierung, S. 194.

Erster Teil: Grundlagen

kein maximaler Umweltschutz nach Art. 20a GG geboten.[771] Art. 20a GG setzt die Existenz der Industriegesellschaft voraus und möchte diese auch nicht beseitigen, sondern in ihrem Rahmen wirken.[772] Ein gewisses Maß an Umweltbelastungen, und damit auch an einer Belastung der Ressource Fläche, ist für die Industriegesellschaft eine Voraussetzung, ohne diese wären die Gesellschaftsstruktur und die mit ihr verbundene Lebensform nicht möglich.[773] Eine umweltverträgliche Wirtschaftswachstums- und Stabilitätsvorsorge trägt hingegen beiden Verfassungszielen Rechnung.[774]

(2) Die Baufreiheit

Die Baufreiheit resultiert aus der Eigentumsgarantie nach Art. 14 Absatz 1 Satz 1 GG. Die Eigentumsgarantie gewährleistet als Grundrecht das Eigentum. Eigentum im Sinne von Art. 14 GG umfasst zu einem bestimmten Zeitpunkt jede Rechtsposition des einfachen Rechts, die den Anforderungen des verfassungsrechtlichen Eigentumsbegriffs genügt.[775] Der verfassungsrechtliche Eigentumsbegriff geht aber über das hinaus, was das einfache Recht als Eigentum bezeichnet und erfasst auch alle vermögenswerten Rechtspositionen, die für Persönlichkeitsentfaltung und Existenzsicherung funktional die gleiche Bedeutung wie Sacheigentum haben.[776] Vom Eigentumsschutz erfasst sind der vorhandene Bestand des Eigentums und seine Nutzung.[777] Art. 14 Absatz 1 Satz 1 GG setzt das Vorhandensein des Eigentums voraus, so dass bei der einfach-rechtlichen Definition des Schutzbereiches die Institutsgarantie gewahrt bleiben muss.[778] Sie sichert den Grundbestand an Normen, die das Rechtsinstitut ausformt, das den Namen Eigentum verdient.[779] Dazu muss es Privatnützigkeit gewährleisten,

---

771 *Schulze-Fielitz*, in: Dreier, Grundgesetz, Band 2, Art. 20a Rn. 26; vgl. *Epiney*, in: v. Mangoldt/Klein/Starck, Kommentar zum Grundgesetz, Art. 20a Rn. 63; *Murswiek*, in: Sachs, Grundgesetz, Art. 20a Rn. 42.
772 *Schulze-Fielitz*, in: Dreier, Grundgesetz, Band 2, Art. 20a Rn. 26; *Murswiek*, in: Sachs, Grundgesetz, Art. 20a Rn. 42.
773 *Murswiek*, in: Sachs, Grundgesetz, Art. 20a Rn. 42; *Epiney*, in: v. Mangoldt/Klein/Starck, Kommentar zum Grundgesetz, Art. 20a Rn. 63.
774 *Wolf*, KritVj 1997, 280 (292 f.); *Scholz*, in: Maunz/ Dürig, Grundgesetz, Art. 20a Rn. 14 ff.
775 Vgl. *Kingreen/Poscher*, Grundrechte, S. 258.
776 *Kingreen/Poscher*, Grundrechte, S. 258.
777 *Kingreen/Poscher*, Grundrechte, S. 260 f.
778 Vgl. *Kingreen/Poscher*, Grundrechte, S. 273.
779 *Kingreen/Poscher*, Grundrechte, S. 273.

Drittes Kapitel: Verfassungsrechtliche Pflichten und Grenzen

die Zuordnung zu einem Rechtsträger, der zugleich Nutznießer ist und dessen grundsätzliche Verfügungsbefugnis über den Eigentumsgegenstand.[780] Durch die Institutsgarantie ist somit ein Kernbestand an Normen zur Verfügung zu stellen, die die Existenz, Funktionsfähigkeit und Privatnützigkeit des Eigentumes ermöglichen.[781] Als Essentialia der Eigentümerbefugnisse an einem Grundstück zählt die Baufreiheit zur Institutsgarantie.[782] Dabei ist die Baufreiheit das Recht des Grundeigentümers, sein Grundstück im Rahmen der Gesetze baulich zu nutzen.[783]

Eine Enteignung nach Art. 14 Absatz 3 GG ist als konkreter individueller Eigentumsentzug ein Eingriff in Art. 14 Absatz 1 Satz 1 GG.[784] Die Umsetzung der Pflicht des Schutzes der Ressource Fläche durch Maßnahmen nachhaltiger Flächennutzung zur Reduzierung der Flächeninanspruchnahme kann mit einer Enteignung des Grundeigentums verbunden sein. Nach Art. 14 Absatz 3 Satz 2 GG darf die Enteignung nur durch Gesetz oder auf Grund eines Gesetzes erfolgen, das Art und Ausmaß der Entschädigung regelt. Sie ist des Weiteren nach Art. 14 Absatz 3 Satz 1 GG nur zum Wohl der Allgemeinheit zulässig. Nach Art. 14 Absatz 3 Satz 3 GG ist die Entschädigung unter gerechter Abwägung der Interessen der Allgemeinheit und der Beteiligten zu bestimmen.

Nach Art. 14 Absatz 1 Satz 2 GG werden Inhalt und Schranken durch die Gesetze bestimmt. Eine Inhalts- und Schrankenbestimmung nach Art. 14 Absatz 1 Satz 2 GG erfolgt „durch die Gesetze".[785] Der Gesetzgeber kann nicht nur selbst Inhalt und Schranken bestimmen, sondern auch die Verwaltung dazu ermächtigen,[786] so dass eine Inhalts- und Schrankenbestimmung jede Rechtsvorschrift, auch eine Rechtsverordnung oder eine Satzung sein kann.[787] Nicht nur Duldungs- oder Unterlassungspflichten, sondern auch eine positive Handlungspflicht des Eigentümers bezüglich

---

780 *Kingreen/Poscher*, Grundrechte, S. 273.
781 *Papier*, in: Maunz/Dürig, Grundgesetz, Art. 14 Rn. 11.
782 *Tettinger/Erbguth/Mann/Schubert*, Besonderes Verwaltungsrecht, S. 354; Die Gegenmeinung zählt die Baufreiheit nicht zu der Institutsgarantie, für diese beruht die Baufreiheit auf einer öffentlich-rechtlichen Nutzungszuweisung. Dagegen spricht jedoch die historische Entwicklung des Eigentumsbegriffs, die immer die bauliche Nutzung mitumfasste. Es bestehen keine Anhaltspunkte, dass das Grundgesetz diese verfassungsrechtliche Entwicklung beenden wollte. Siehe *Papier*, in: Maunz/Dürig, Grundgesetz, Art. 14 Rn. 59 ff.
783 *Battis*, Öffentliches Baurecht und Raumordnungsrecht, S. 54.
784 *Kingreen/Poscher*, Grundrechte, S. 265.
785 *Kingreen/Poscher*, Grundrechte, S. 269.
786 *Kingreen/Poscher*, Grundrechte, S. 269.
787 *Jarass*, in: Jarass/Pieroth, Grundgesetz, Art. 14 Rn. 34.

seines Eigentums aufgrund einer Einschränkung sind als Inhalts- und Schrankenbestimmungen möglich.[788] Die Umsetzung der Pflicht des Schutzes der Ressource Fläche durch Maßnahmen nachhaltiger Flächennutzung zur Reduzierung der Flächeninanspruchnahme kann eine Inhalts- und Schrankenbestimmung der Baufreiheit nach Art. 14 Absatz 1 Satz 1 GG sein, da sie auch Vorgaben für die Nutzung eines Grundstücks durch einen Eigentümer darstellt. Diese muss den Grundsatz der Verhältnismäßigkeit wahren.[789] Auf diese Weise wird dem dialektischen Verhältnis von Privateigentum nach Art. 14 Absatz 1 Satz 1 GG und dem Sozialgebot nach Art. 14 Absatz 2 GG Rechnung getragen.[790]

Nach Art. 14 Absatz 2 GG verpflichtet Eigentum. Sein Gebrauch soll zugleich dem Wohle der Allgemeinheit dienen, wodurch ein sozialer Bezug des Eigentums hergestellt wird. Im Rahmen der Verhältnismäßigkeit darf somit nicht nur das bestehende Eigentum nicht unverhältnismäßig verkürzt werden, sondern auch die Sozialbindung des Eigentums darf nicht mehr als verhältnismäßig vernachlässigt werden.[791] Es spielt daher im Rahmen der Verhältnismäßigkeit das Maß der sozialen Verflochtenheit des Eigentums eine große Rolle, die sich aus der Eigenart des vermögenswerten Guts oder Rechts ergibt.[792] Je mehr das Eigentumsobjekt in einem sozialen Bezug und einer sozialen Funktion steht, desto gewichtiger ist der soziale Aspekt.[793] Bodeneigentum hat eine gesteigerte Sozialpflichtigkeit, da Grund und Bodens nicht vermehrbar und unentbehrlich ist.[794] Auf die Bodennutzung sind der Staat und die Gemeinschaft, sowie der Eigentümer und der Nichteigentümer angewiesen.[795] Zudem kommt eine Situationsgebundenheit der Lage des Bodeneigentums hinzu, es wird sachgerecht an die situationsbestimmte Eigenart des Eigentumsobjekts angeknüpft.[796] Darüber hinaus kann die Sozialpflichtigkeit des Eigentums als durch das Umweltschutzprinzip ausgedehnt auf eine Umweltpflichtigkeit betrachtet wer-

---

788 *Papier*, in: Maunz/Dürig, Grundgesetz, Art. 14 Rn. 477; *Austermann*, Brachflächenreaktivierung, S. 101.
789 *Jarass*, in: Jarass/Pieroth, Grundgesetz, Art. 14 Rn. 36; *Kingreen/Poscher*, Grundrechte, S. 269; vgl. *Wendt*, in: Sachs, Grundgesetz, Art. 14 Rn. 70.
790 Vgl. *Bosselmann*, Ökologische Grundrechte, S. 111.
791 *Wieland*, in: Dreier, Grundgesetz, Band 1, Art. 14 Rn. 145.
792 Vgl. *Kingreen/Poscher*, Grundrechte, S. 269 f.
793 *Bosselmann*, Ökologische Grundrechte, S. 106.
794 *Wendt*, in: Sachs, Grundgesetz, Art. 14 Rn. 112; vgl. BVerfGE 21, 73 (82 f.).
795 *Wendt*, in: Sachs, Grundgesetz, Art. 14 Rn. 112.
796 *Wendt*, in: Sachs, Grundgesetz, Art. 14 Rn. 116.

Drittes Kapitel: Verfassungsrechtliche Pflichten und Grenzen

den.[797] Der soziale Aspekt des Eigentums ist im Bereich der Umweltprobleme besonders groß.[798] Art. 20a GG ist ein hochrangiger Gemeinwohlbelang, der den Auftrag nach Art. 14 Absatz 1 Satz 2, Absatz 2 GG verstärkt.[799] Aus diesen Gründen ist bei der Umsetzung der Pflicht des Schutzes der Ressource Fläche durch Maßnahmen nachhaltiger Flächennutzung zur Reduzierung der Flächeninanspruchnahme die Befugnisse zu das Privateigentum einschränkenden Inhalts- und Schrankenbestimmungen größer als bei anderen Gemeinwohlbelangen.[800]

Werden diese Einschränkungen vorgenommen, so findet keine Entfremdung des Eigentums dem Grund nach den Interessen des Eigentümers zu dienen, die Inhalts- und Schrankenbestimmung macht nur die Bindung geltend, die sich aus der naturgegebenen Lage des Grundstücks in seiner Beziehung zur Natur ergibt.[801] Wird aber durch eine Inhalts- und Schrankenbestimmung der Bestand des Eigentums besonders intensiv beeinträchtigt, so ist diese, obwohl sie den Bestand nicht entzieht, mit einer Enteignung vergleichbar.[802] Da eine Enteignung nur durch Gesetz oder auf Grund eines Gesetzes erfolgen kann, das Art und Ausmaß der Entschädigung regelt, ist auch eine Inhalts- und Schrankenbestimmung, die mit einer Enteignung vergleichbar ist, ausgleichspflichtig.[803] Da es sich aber nicht um eine Enteignung handelt, ergibt sich die Ausgleichspflicht nicht aus Art. 14 Absatz 3 Satz 2 GG, sondern aus dem Grundsatz der Verhältnismäßigkeit und dem allgemeinen Gleichheitssatz nach Art. 3 Absatz 1 GG,[804] nach dem alle Menschen vor dem Gesetz gleich sind, und ist vom Gesetzgeber zu regeln.[805] Eine Inhalts- und Schrankenbestimmung des Grundeigentums ist ausgleichspflichtig, wenn dem Grundeigentümer keine privatnützigen Verwendungsarten des Grundstückes mehr verbleiben, die als sinnvoller, ökonomisch vertretbarer Eigentumsgebrauch verstanden werden können.[806] Dies ist immer dann der Fall, wenn die Inhalts- und

---

797 *Sommerman*, in: v. Münch/Kunig, Grundgesetz, Art. 20a Rn. 48; vgl. *Wolf*, KritVj 1997, 280 (299 f.).
798 *Bosselmann*, Ökologische Grundrechte, S. 106.
799 BVerfGE 102, 1 (18).
800 Vgl. *Bosselmann*, Ökologische Grundrechte, S. 106.
801 Vgl. BVerwGE 3, 335 (337 f.).
802 *Papier*, in: Maunz/Dürig, Grundgesetz, Art. 14 Rn. 403; *Kingreen/Poscher*, Grundrechte, S. 270.
803 Vgl. *Papier*, in: Maunz/Dürig, Grundgesetz, Art. 14 Rn. 402.
804 *Wieland*, in: Dreier, Grundgesetz, Band 1, Art. 14 Rn. 151.
805 *Jarass*, in: Jarass/Pieroth, Grundgesetz, Art. 14 Rn. 54.
806 *Papier*, in: Maunz/Dürig, Grundgesetz, Art. 14 Rn. 409.

Schrankenbestimmung festlegt, dass ein Grundstück ausschließlich dem Gemeinwohl dient und somit die Realisierung jeder privatnützigen Verwendung des Grundstücks durch den Grundeigentümer ausschließt.[807] Da es keine Eigentümerbefugnisse „kraft Natur der Sache" gibt, kann darüber hinaus nur die Aufhebung oder Einschränkung bisher zulässiger Grundstücksnutzungen ausgleichspflichtig sein.[808] Wird einem Grundstück durch eine Inhalts- und Schrankenbestimmung die Bebaubarkeit genommen, so ist sie nur dann ausgleichspflichtig, wenn das Grundstück allein bei einer baulichen Nutzung sinnvoll genutzt werden kann und somit die substantielle Nutzbarkeit tangiert ist.[809] Dies kann bei urbanen Grundstücken der Fall ein.[810] Wenn die Bebaubarkeit durch eine Inhalts- und Schrankenbestimmung aber beispielsweise nur hinsichtlich der Art und des Maßes der Bebaubarkeit eingeschränkt wird, bleibt die bauliche Nutzbarkeit eines Grundstückes erhalten,[811] so dass sie nicht ausgleichspflichtig ist. Die Umsetzung der Pflicht des Schutzes der Ressource Fläche durch Maßnahmen nachhaltiger Flächennutzung zur Reduzierung der Flächeninanspruchnahme als Inhalts- und Schrankenbestimmung der Baufreiheit nach Art. 14 Absatz 1 Satz 1 GG ist daher ausgleichspflichtig, wenn sie die substantielle Nutzbarkeit eines Grundstückes tangiert.

(3) Die Berufsfreiheit

Nach Art. 12 Absatz 1 Satz 1 GG haben alle Deutschen das Recht, Beruf, Arbeitsplatz und Ausbildungsstätte frei zu wählen. Die Berufsfreiheit nach Art. 12 Absatz 1 GG ist ein Grundrecht. Beruf ist eine erlaubte Tätigkeit von gewisser Dauer, die der Schaffung und Erhaltung der Lebensgrundlage dient.[812] Geschützt sind die Berufswahl sowie die Berufsausübung.[813] Vom Schutzbereich der Berufsfreiheit werden aber auch Regelungen ohne unmittelbaren berufsregelnden Charakter erfasst, die die Berufstätigkeit zwar nicht selbst betreffen, jedoch durch ihre tatsächlichen Auswirkungen Rah-

---

807 *Papier*, in: Maunz/Dürig, Grundgesetz, Art. 14 Rn. 404.
808 *Papier*, in: Erbguth/Oebbecke/Rengeling/Schulte, Festschrift für Werner Hoppe, S. 219 f.
809 *Papier*, in: Maunz/Dürig, Grundgesetz, Art. 14 Rn. 410.
810 *Papier*, in: Erbguth/Oebbecke/Rengeling/Schulte, Festschrift für Werner Hoppe, S. 222.
811 *Wendt*, in: Sachs, Grundgesetz, Art. 14 Rn. 124.
812 *Kingreen/Poscher*, Grundrechte, S. 233 f.
813 *Kingreen/Poscher*, Grundrechte, S. 233.

menbedingungen verändern, unter denen diese ausgeübt wird.[814] Die vorstaatliche Freiheitssphäre umfasst nach der liberalen Grundrechtstheorie auch die Nutzung natürlicher Ressourcen.[815] Dies ist neben der allgemeinen Handlungsfreiheit nach Art. 2 Absatz 1 Satz 1 GG auch im Bereich der wirtschaftlichen Betätigung nach Art. 12 Absatz 1 GG relevant und ist die Freiheit, natürliche Ressourcen in Anspruch zu nehmen durch Emissionen von Schadstoffen oder durch unmittelbare Nutzung der Ressource selbst.[816] Zur Berufsfreiheit gehört es demnach grundsätzlich auch, die freien ökologischen Güter zu nutzen[817] und damit auch die Ressource Fläche. Ohne Flächennutzung könnten bestimmte Berufe nicht ausgeübt werden, sie ist daher eine notwendige Folge einer Berufsausübung.[818] Daher wird durch die Umsetzung der Pflicht des Schutzes der Ressource Fläche durch Maßnahmen nachhaltiger Flächennutzung zur Reduzierung der Flächeninanspruchnahme die Berufsausübung tangiert, da sie sich mittelbar auf alle Berufe auswirkt, die auf die Nutzung von Fläche angewiesen sind.[819]

Nach dem erweiterten Eingriffsbegriff ist ein Eingriff jedes staatliche Handeln, das dem einzelnen ein Verhalten, das in den Schutzbereich eines Grundrechts fällt, ganz oder teilweise unmöglich macht, gleichgültig ob diese Wirkung final oder unbeabsichtigt, unmittelbar oder mittelbar, rechtlich oder tatsächlich, mit oder ohne Befehl und Zwang erfolgt.[820] Der erweiterte Eingriffsbergriff wird für die Berufsfreiheit als zu weit angesehen, der Schutz des Art. 12 Absatz 1 GG richtet sich nicht gegen jede auch nur mittelbare Beeinträchtigung des Berufs[821]. Der Schutz würde sonst konturlos werden, da nahezu jede Rechtsnorm oder dessen Anwendung unter bestimmten Voraussetzungen Rückwirkungen auf die Berufstätigkeit haben kann.[822] Einen Eingriff in die Berufsfreiheit stellen deshalb nur Regelungen dar, die sich unmittelbar auf die Berufstätigkeit beziehen oder

---

814 *Schmalholz*, Steuerung der Flächeninanspruchnahme, S. 212 f.
815 *Sacksofsky*, Umweltschutz durch nicht-steuerliche Abgaben, S. 216; a. A. *Murswiek*, DVBl. 1994, 77 (79 ff.), der von keinem Recht der Nutzung natürlicher Ressourcen als öffentliche Umweltgüter ausgeht entsprechend fremdem privatem Eigentum.
816 *Sacksofsky*, Umweltschutz durch nicht-steuerliche Abgaben, S. 217.
817 *Wolf*, KritVj 1997, 280 (299).
818 *Schmalholz*, Steuerung der Flächeninanspruchnahme, S. 212.
819 Vgl. *Senftleben*, ZUR 2008, 64 (69).
820 *Kingreen/Poscher*, Grundrechte, S. 66.
821 BVerfGE 97, 228 (253 f.).
822 BVerfGE 97, 228 (253 f.).

zumindest eine objektiv berufsregelnde Tendenz haben.[823] Regelungen mit objektiv berufsregelnder Tendenz sind Maßnahmen, die über eine bloße Reflexwirkung hinaus die Rahmenbedingungen der Berufsausübung verändern und infolge ihrer Gestaltung in einem so engen Zusammenhang mit der Ausübung des Berufes stehen, dass ihnen eine berufsregelnde Tendenz zukommt.[824] Das ist bei Regelungen der Fall, deren Adressaten Berufstätige sind oder die im Schwerpunkt zumindest Tätigkeiten betreffen, die typischerweise beruflich ausgeübt werden.[825] Die Umsetzung der Pflicht des Schutzes der Ressource Fläche durch Maßnahmen nachhaltiger Flächennutzung zur Reduzierung der Flächeninanspruchnahme verändert die Rahmenbedingungen der Berufsausübung.[826] Diese Maßnahmen dienen dem Schutz der Ressource Fläche und sind für sämtliche Bauvorhaben relevant.[827] Sie beziehen sich daher nicht lediglich auf Bauvorhaben von Gewerbetreibender und betreffen diese auch nicht im Schwerpunkt.[828] Ein enger Zusammenhang dieser Maßnahmen mit der Berufsausübung ist somit mangels Vorliegen spezifischer Fragen zur Berufsregelung zu verneinen.[829] Sie weisen daher keine objektiv berufsregelnde Tendenz auf,[830] so dass die Umsetzung der Pflicht des Schutzes der Ressource Fläche durch Maßnahmen nachhaltiger Flächennutzung zur Reduzierung der Flächeninanspruchnahme keinen Eingriff in die Berufsfreiheit nach Art. 12 Absatz 1 Satz 1 GG darstellt.

---

823 BVerfGE 97, 228 (254); *Jarass*, in: Jarass/Pieroth, Grundgesetz, Art. 12 Rn. 15; a. A. *Manssen*, in: v. Mangoldt/Klein/Starck, Kommentar zum Grundgesetz, Art. 12 Abs. 1 Rn. 75 f. Es ist auch eine Tendenz in der Rechtsprechung erkennbar, vom Vorliegen einer berufsregelnden Tendenz abzusehen. Vgl. BVerfGE 109, 64 (85). Ist der Schutzbereich der Berufsfreiheit bedeutender berührt und liegt ein Eingriff in ein anderes Grundrecht vor, so ist zudem diese Berührung des Schutzbereichs der Berufsfreiheit innerhalb der Verhältnismäßigkeit des anderen Grundrechtes zu prüfen. Vgl. BVerfG DVBl. 2008, 841 (841).
824 VGH München DVBl. 2014, 313 (315).
825 BVerfGE 97, 22 (254).
826 Vgl. *Schmalholz*, Steuerung der Flächeninanspruchnahme, S. 213.
827 Vgl. *Senftleben*, ZUR 2008, 64 (69).
828 Vgl. *Senftleben*, ZUR 2008, 64 (69).
829 Vgl. *Schmalholz*, Steuerung der Flächeninanspruchnahme, S. 213 f.
830 Vgl. *Manssen*, in: v. Mangoldt/Klein/Starck, Kommentar zum Grundgesetz, Art. 12 Abs. 1 Rn. 74; *Senftleben*, ZUR 2008, 64 (69 f.).

II. Verfassungsrechtliche Pflichten und Grenzen bezüglich der weiteren Auswirkungen der Flächeninanspruchnahme

Flächeninanspruchnahme hat neben den Auswirkungen auf die Ressource Fläche auch Auswirkungen auf die Ressource Luft.[831] Entsprechend der Ressource Fläche hat der Staat nach Art. 2 Absatz 2 Satz 1 (i. V. m. Art. 1 Absatz 1 GG) und Art. 20a GG auch die Ressource Luft zu schützen. Die Umsetzung der Pflichten des Schutzes der Ressource Luft kann unter anderem auch durch Maßnahmen nachhaltiger Flächennutzung zur Reduzierung der Flächeninanspruchnahme erfolgen. Dabei gelten die verfassungsrechtlichen Grenzen des Schutzes der Ressource Fläche für den Schutz der Ressource Luft ebenfalls entsprechend.

Darüber hinaus hat Flächeninanspruchnahme auch negative Auswirkungen auf die Qualität des Siedlungsgebietes.[832] Nach Art. 20 Absatz 1 GG ist die Bundesrepublik Deutschland ein demokratischer und sozialer Bundesstaat. Art. 20 Absatz 1 GG beinhaltet durch das Beiwort „sozial" auch das Sozialstaatsprinzip, das eine Staatszielbestimmung ist.[833] Regelungsgegenstand des Sozialstaatsprinzips sind die gesellschaftlichen Verhältnisse.[834] Aufgrund der Deutungsoffenheit lassen sich aber keine weiteren verbindlichen Inhalte aus dem Sozialstaatsprinzip ableiten.[835] Aus diesem in Verbindung mit dem Solidaritätsgedanken ergeben sich aber die Forderungen nach sozialer Sicherheit und sozialem Ausgleich.[836] Zur sozialen Sicherheit gehört auch die staatliche Daseinsvorsorge, dies ist insbesondere die Versorgung der Bevölkerung mit bestimmten lebenswichtigen Gütern und Leistungen, wie Wasser, Elektrizität, Nahrungsmittelversorgung, aber auch Bildungseinrichtungen und Sportstätten.[837] Zur Daseinsvorsorge kann auch die Möglichkeit gezählt werden, ohne individuelle Unterstützung anderer Menschen verschiedene Orte aufsuchen zu können, da dies für Selbstwert, Selbstständigkeit, Selbstverwirklichung und die Realisierung sozialer Kon-

---

831 Teil I Kapitel 1 I. 2.
832 Teil I Kapitel 1 I. 3.
833 *Sommermann*, in: v. Mangoldt/Klein/Starck, Kommentar zum Grundgesetz, Art. 20 Abs. 1 Rn. 103.
834 *Schnapp*, in: v. Münch/Kunig, Grundgesetz, Art. 20 Rn. 50.
835 Vgl. *Schnapp*, in: v. Münch/Kunig, Grundgesetz, Art. 20 Rn. 55; vgl. *Wittreck*, in: Dreier, Grundgesetz, Band 2, Art. 20 (Sozialstaat) Rn. 27.
836 *Sommermann*, in: v. Mangoldt/Klein/Starck, Kommentar zum Grundgesetz, Art. 20 Abs. 1 Rn. 104.
837 *Kloepfer*, Verfassungsrecht/ Teil 1, S. 365 f.; vgl. *Wittreck*, in: Dreier, Grundgesetz, Band 2, Art. 20 (Sozialstaat) Rn. 32.

takte sowie generell für gesellschaftliche Teilhabe zentral ist.[838] Die durch die Flächeninanspruchnahme verursachten Erreichbarkeitsprobleme insbesondere für ältere Menschen fallen daher unter die Forderung nach sozialer Sicherheit. Sozialer Ausgleich zielt auf einen Ausgleich sozialer Gegensätze.[839] Demnach fällt darunter auch die Vermeidung sozialer Segregation, da diese eine räumliche Abbildung sozialer Ungleichheit in einer Gesellschaft ist[840]. Die durch Flächeninanspruchnahme mitverursachte soziale Segregation fällt daher unter die Forderung nach sozialem Ausgleich. Die Mindestvoraussetzung des Sozialstaates ergibt sich aus Art. 1 Absatz 1 i. V. m. Art. 20 Absatz 1 GG, wonach ein menschenwürdiges Dasein der Bürger gewährleistet sein muss, was die physische Existenz sowie ein Mindestmaß an Teilhabe umfasst.[841] Darüber hinaus gilt der Vorbehalt des Möglichen.[842] Das Sozialstaatsprinzip verpflichtet den Staat und hat damit Bindungswirkung für die drei Staatsgewalten[843]. Die durch Flächeninanspruchnahme verursachten Probleme für die soziale Sicherheit und für den sozialen Ausgleich können unter anderem auch durch Maßnahmen nachhaltiger Flächennutzung zur Reduzierung der Flächeninanspruchnahme verringert werden. Grundrechte und andere Verfassungsbestimmungen können dabei verfassungsrechtliche Grenzen bilden.[844]

Bezüglich der Auswirkungen der Flächeninanspruchnahme auf den Haushalt der Gemeinden[845] ergeben sich aus der Verfassung für den Staat keine Pflichten. Nach Art. 109 Absatz 3 Satz 1 GG sind die Haushalte von Bund und Ländern grundsätzlich ohne Einnahmen aus Krediten auszugleichen. Nach diesem Grundsatz materiell ausgeglichener Haushalte müssen die Einnahmen und Ausgaben ausgeglichen sein, ohne dass dieser Ausgleich auf der Einnahmenseite über Einnahmen aus Krediten stattfin-

---

838 *Holz-Rau/Günthner/Krummheuer*, IzR 2010, 489 (492).
839 Vgl. *Wittreck*, in: Dreier, Grundgesetz, Band 2, Art. 20 (Sozialstaat) Rn. 35; *Kloepfer*, Verfassungsrecht/ Teil 1, S. 366 f.
840 *Reimann/ Schuleri-Hartje*, Difu-Berichte 2006, 2 (2).
841 *Sommermann*, in: v. Mangoldt/Klein/Starck, Kommentar zum Grundgesetz, Art. 20 Abs. 1 Rn. 120; vgl. *Hofmann*, in: Schmidt-Bleibtreu/Klein/Hofmann/ Henneke, GG, Art. 20 Rn. 27.
842 *Sommermann*, in: v. Mangoldt/Klein/Starck, Kommentar zum Grundgesetz, Art. 20 Abs. 1 Rn. 122; vgl. *Leisner*, in: Sodan, Grundgesetz, Art. 20 Rn. 24b.
843 *Sommermann*, in: v. Mangoldt/Klein/Starck, Kommentar zum Grundgesetz, Art. 20 Abs. 1 Rn. 118.
844 *Wittreck*, in: Dreier, Grundgesetz, Band 2, Art. 20 (Sozialstaat) Rn. 24.
845 Teil I Kapitel 1 I. 4.

det.[846] Dies ist eine Rechtspflicht, die den Bund und die Länder, nicht jedoch die Gemeinden verpflichtet.[847]

Der Schutz der Ressource Luft sowie die Vermeidung von Erreichbarkeitsproblemen und sozialer Segregation können, anders als der Schutz der Ressource Fläche, nicht nur überwiegend durch Maßnahmen nachhaltiger Flächennutzung zur Reduzierung der Flächeninanspruchnahme, sondern auf sehr unterschiedliche Weise erreicht werden. Daher wird sich die nachfolgende Untersuchung des Bauplanungsrechts auf Maßnahmen nachhaltiger Flächennutzung zur Reduzierung der Flächeninanspruchnahme auf die Umsetzung des Schutzes der Ressource Fläche beschränken.

---

846 *Kloepfer*, Finanzverfassungsrecht, S. 279 f.
847 *Kloepfer*, Finanzverfassungsrecht, S. 275 und 280; vgl. BT-Drucks. 16/12410, S. 10 f.

Zweiter Teil: Untersuchung des Bauplanungsrechts

Erstes Kapitel: Bauleitplanung

Erster Abschnitt: Bauleitpläne als Grundlage der Flächennutzung

Die Aufgabe der Bauleitplanung ist es nach § 1 Absatz 1 BauGB, die bauliche und sonstige Nutzung der Grundstücke in der Gemeinde nach Maßgabe des BauGB vorzubereiten und zu leiten. Dabei sind die Bauleitpläne von den Gemeinden nach § 2 Absatz 1 Satz 1 BauGB in eigener Verantwortung aufzustellen. Daraus ergibt sich hinsichtlich der Bauleitplanung für die Gemeinden eine Gestaltungsbefugnis und somit ein Gestaltungsspielraum.[848] Dieser planerische Gestaltungsspielraum wird auch Planungsermessen genannt.[849] § 2 Absatz 1 Satz 1 BauGB gewährleistet demzufolge die Planungshoheit der Gemeinden nach Art. 28 Absatz 2 Satz 1 GG.[850]

I. Einführung

Eine Gemeinde hat die Bauleitpläne nicht bei beliebigem Anlass, sondern nach dem Erforderlichkeitsgebot nach § 1 Absatz 3 Satz 1 BauGB dann aufzustellen, sobald und soweit es für die städtebauliche Entwicklung und Ordnung erforderlich ist. Aufgrund ihrer Planungshoheit ist dafür ihre eigene planerische Konzeption maßgeblich, so dass die Gemeinde eine eigene Städtebaupolitik betreiben kann.[851] Sieht die Gemeinde einen Bedarf an neuen Ebenen für Nutzungsräume, so kann sie deshalb von der Bauleitplanung Gebrauch machen, ohne dass sich die Bedarfslage schon konkret

---

848 *Brenner*, Öffentliches Baurecht, S. 42.
849 *Brenner*, Öffentliches Baurecht, S. 42.
850 Vgl. *Stüer*, Handbuch des Bau- und Fachplanungsrechts, S. 56.
851 *Söfker*, in: Ernst/Zinkahn/Bielenberg/Krautzberger, Baugesetzbuch, § 1 Rn 30; OVG Magdeburg BauR 2013, 1420 (1420).

abzeichnet.[852] Dadurch wird nach § 1 Absatz 3 Satz 1 BauGB auch die Art und Weise, wie dieser Bedarf gedeckt werden soll, nicht vorgegeben, die Gemeinde kann damit auch sogleich eine Flächeninanspruchnahme anstreben.[853] Ein Bedarf muss lediglich bei vorausschauender Betrachtung in einem absehbaren Zeitraum erwartet werden können, ansonsten mangelt es an der Vollzugsfähigkeit des Bauleitplanes.[854] Bauleitpläne enthalten für Grundstückseigentümer keine Pflichten zu ihrer Realisierung,[855] sie beinhalten lediglich Angebote für Flächennutzungen.[856] Die „Angebotsflächen" würden bei nicht in absehbarer Zeit zu erwartenden Bedarf auch in nicht absehbarer Zeit auf Nachfrager warten, die Planung wäre daher nicht auf eine Verwirklichung in angemessener Zeit angelegt.[857] Dies ist der Fall, wenn die „Angebotsflächen", durch die eine Flächeninanspruchnahme bewirkt werden soll, offensichtlich überdimensioniert sind oder den Marktverhältnissen nicht entsprechen[858] und es damit zu einer Flächeninanspruchnahme in voraussehbarer Zeit auch gar nicht kommen kann. § 1 Absatz 3 Satz 1 BauGB legt gleichzeitig eine Planungspflicht der Gemeinden fest, wenn Bauleitpläne nach der planerischen Konzeption der Gemeinde zur geordneten städtebaulichen Ordnung und Entwicklung erforderlich sind.[859]

Die Bauleitpläne sind nach § 1 Absatz 2 BauGB der Flächennutzungsplan als vorbereitender und der Bebauungsplan als verbindlicher Bauleitplan.

Im Flächennutzungsplan ist nach § 5 Absatz 1 Satz 1 BauGB für das ganze Gemeindegebiet die sich aus der beabsichtigten städtebaulichen Entwicklung ergebende Art der Bodennutzung nach den voraussehbaren Bedürfnissen der Gemeinde in den Grundzügen darzustellen. Die voraussehbaren Bedürfnisse der Gemeinde erfassen bezüglich neuer Ebenen für Nutzungsräume die Anforderungen, die sich aus § 1 Absatz 3 Satz 1 BauGB

---

852 OVG Münster BauR 2014, 2031 (2037); OVG Magdeburg BauR 2013, 1420 (1420).
853 Vgl. *Söfker*, in: Ernst/Zinkahn/Bielenberg/Krautzberger, Baugesetzbuch, § 1 Rn. 30.
854 Vgl. OVG Magdeburg BauR 2013, 1420 (1420 f.).
855 *Peine*, Öffentliches Baurecht, S. 262.
856 Vgl. *Greiving*, in: ARL, Flächenhaushaltspolitik: Feststellungen und Empfehlungen, S. 165 f.
857 OVG Magdeburg BauR 2013, 1420 (1421).
858 OVG Magdeburg BauR 2013, 1420 (1421).
859 *Brenner*, Öffentliches Baurecht, S. 94.

hinsichtlich der Prognose ergeben.[860] Für die voraussehbaren Bedürfnisse ist bei Flächennutzungsplänen ein Zeithorizont von etwa 10 bis 15 Jahren zu Grunde zu legen.[861] Diesen Zeithorizont enthielt auch der 2007 aufgehobene § 5 Absatz 1 Satz 3 BauGB,[862] nach dem der Flächennutzungsplan spätestens 15 Jahre nach seiner erstmaligen oder erneuten Aufstellung überprüft und, soweit nach § 1 Absatz 3 Satz 1 BauGB erforderlich, geändert, ergänzt oder neu aufgestellt werden sollte. Die Bodennutzung ist in den Grundzügen darzustellen, woraus sich ergibt, dass der Flächennutzungsplan grobmaschig zu halten ist und einer Konkretisierung zugänglich bleiben muss[863]. Die Gemeinde kann im Flächennutzungsplan die Darstellungsmöglichkeiten des § 5 Absatz 2 BauGB verwenden. Durch die Formulierung „insbesondere" sind diese Darstellungsmöglichkeiten nicht abschließend. Die Baunutzungsverordnung konkretisiert und ergänzt die Darstellungsmöglichkeiten in den Flächennutzungsplänen.[864]

Die Bebauungspläne sind nach § 8 Absatz 2 Satz 1 BauGB grundsätzlich aus dem Flächennutzungsplan zu entwickeln. Somit konkretisieren Bebauungspläne die Darstellungen des Flächennutzungsplanes.[865] Nach § 8 Absatz 1 Satz 1 BauGB enthält der Bebauungsplan die rechtsverbindlichen Festsetzungen für die städtebauliche Ordnung. Die Festsetzungen lenken und ordnen damit die Bebauung der Grundstücke.[866] Sie müssen daher die Grundlage für eine konkrete Bebauung bilden und somit parzellenscharf sein.[867] Der Bebauungsplan wird zudem nach § 10 Absatz 1 BauGB als Satzung erlassen. Aus diesen Gründen ist er eine Rechtsnorm, die den Inhalt und die Schranken des Grundstückseigentums in Bezug auf seine bauliche Nutzung bestimmt. Er stellt somit eine Inhalts- und Schrankenbestimmung der Baufreiheit nach Art. 14 Absatz 1 Satz 2 GG dar[868] und muss diesbezüglich verhältnismäßig sein. In § 9 Absatz 1 bis 4 BauGB sind die Festsetzungsmöglichkeiten deshalb abschließend aufgeführt, so dass sie für die Gemeinde zwingend sind[869]. Auch muss jede einzelne Festsetzung dem

---

860 Vgl. *Söfker*, in: Ernst/Zinkahn/Bielenberg/Krautzberger, Baugesetzbuch, § 5 Rn. 13.
861 *Söfker*, in: Ernst/Zinkahn/Bielenberg/Krautzberger, Baugesetzbuch, § 5 Rn. 13.
862 *Söfker*, in: Ernst/Zinkahn/Bielenberg/Krautzberger, Baugesetzbuch, § 5 Rn. 13.
863 *Brenner*, Öffentliches Baurecht, S. 56.
864 *Brenner*, Öffentliches Baurecht, S. 50.
865 *Brenner*, Öffentliches Baurecht, S. 61.
866 *Brenner*, Öffentliches Baurecht, S. 50.
867 *Brenner*, Öffentliches Baurecht, S. 50.
868 *Brenner*, Öffentliches Baurecht, S. 50.
869 *Thiel*, Strategisches Landmanagement, S. 103.

Erforderlichkeitsgebot nach § 1 Absatz 3 Satz 1 BauGB genügen und damit für die städtebauliche Entwicklung und Ordnung erforderlich sein.[870] Das Gesetz hebt dies in § 9 Absatz 1 BauGB hervor, indem Festsetzungen nur aus städtebaulichen Gründen getroffen werden können.[871] Dadurch werden Festsetzungen aus anderen, außerhalb des Anwendungsbereichs des Bauplanungsrechts liegenden Gründen vermieden.[872] An der Erforderlichkeit der Planung nach § 1 Absatz 3 Satz 1 BauGB fehlt es auch, wenn Festsetzungen nicht dem planerischen Willen der Gemeinde entsprechen, sondern vorgeschoben sind, um eine andere Nutzung zu verhindern.[873] Alle textlichen Festsetzungen müssen neben der Planzeichnung das rechtsstaatliche Gebot der Bestimmtheit nach Art. 20 Absatz 3 GG beachten und demnach so konkret sein, dass sie die jeweilige Nutzung der im Plangebiet liegenden Grundstücke erkennen lassen.[874] Zudem muss jede Festsetzung auch das Gebot der Verhältnismäßigkeit wahren.[875] Die Baunutzungsverordnung konkretisiert und ergänzt auch die Festsetzungsmöglichkeiten in den Bebauungsplänen.[876]

Aspekte der Wirkung

Die städtebaulichen Situationen, auf die sich die Darstellungs- und Festsetzungsmöglichkeiten beziehen, werden klarer umrissen, indem die Festsetzungsmöglichkeiten nach § 9 Absatz 1 BauGB die Darstellungsmöglichkeiten nach § 5 Absatz 2 BauGB konkretisieren[877]. Darüber hinaus werden die Darstellungs- und Festsetzungsmöglichkeiten durch die Baunutzungsver-

---

870 *Schrödter*, in: Schrödter, Baugesetzbuch, § 9 Rn. 10.
871 *Jäde*, in: Jäde/Dirnberger/Weiß, Baugesetzbuch, Baunutzungsverordnung, § 9 BauGB Rn. 3; vgl. OVG Münster NuR 2000, 173 (177).
872 *Söfker*, in: Ernst/Zinkahn/Bielenberg/Krautzberger, Baugesetzbuch, § 9 Rn. 4 und 15.
873 *Dirnberger*, in: Spannowsky/Uechtritz, Baugesetzbuch, § 1 Rn. 38.
874 *Jäde*, in: Jäde/Dirnberger/Weiß, Baugesetzbuch, Baunutzungsverordnung, § 9 BauGB Rn. 4; *Schrödter*, in: Schrödter, Baugesetzbuch, § 9 Rn. 14; *Reidt*, in: Bracher/Reidt/Schiller, Bauplanungsrecht, S. 90; vgl. OVG Magdeburg BauR 2011, 1618 (1618).
875 Vgl. Teil II Kapitel 1 Abschnitt 2 I.
876 *Brenner*, Öffentliches Baurecht, S. 50.
877 Vgl. *Brenner*, Öffentliches Baurecht, S. 61.

Zweiter Teil: Untersuchung des Bauplanungsrechts

ordnung konkretisiert[878]. Die Gemeinden können zudem durch die unterschiedlichen Darstellungs- und Festsetzungsmöglichkeiten flexibel auf verschiedene städtebauliche Situationen eingehen.[879] Für Zielgruppen enthalten Bauleitpläne keine verbindlichen Aussagen, da sie Grundstückseigentümern keine Pflichten zu ihrer Realisierung auferlegen[880].

II. Direkte Unterlassung der Flächeninanspruchnahme

Hinsichtlich der direkten Unterlassung der Flächeninanspruchnahme sind die Bauflächen und Baugebiete außerhalb des Siedlungsgebietes sowie die Flächen für den überörtlichen Verkehr relevant. Für die direkte Unterlassung der Flächeninanspruchnahme förderlich wäre allein die Freihaltung von Flächen von Bebauung um der Fläche selber willen.

1. Bauflächen und Baugebiete

Eine Aufgabe der Bauleitplanung ist es nach § 1 Absatz 1 BauGB, die bauliche Nutzung von Grundstücken vorzubereiten und zu leiten. Die Bauleitplanung schafft aufgrund dieser Aufgabe die Voraussetzung für die Bebauung von Fläche.[881] Erst nach der baulichen Nutzung wird in der Vorschrift die sonstige Nutzung der Grundstücke als Aufgabe der Bauleitplanung genannt. Daraus lässt sich eine tendenziell die Fläche bebauende Funktion der Bauleitplanung ableiten.[882] Dies ist Ausdruck und Voraussetzung einer Industriegesellschaft und fördert damit das Erfordernis des gesamtwirtschaftlichen Gleichgewichts nach Art. 109 Absatz 2 GG. Die bauliche Nutzung bisher außerhalb des Siedlungsgebietes liegender Fläche richtet sich gegen die direkte Unterlassung der Flächeninanspruchnahme. Daraus

---

878 Dennoch kann es auch Unsicherheiten über die städtebauliche Situation geben. Beispielsweise ist für den typischen Normanwender in der durch die BauGB-Novelle 2013 eingeführten Regelung über die Anlagen der Kinderbetreuung in § 3 BauNVO unklar, welchen Bereich das „Gebiet" in dieser Regelung umfasst und ob für die Bedürfnisse des Gebietes die tatsächlichen Verhältnisse ausschlaggebend seien. Siehe *Deutsches Institut für Urbanistik*, Planspiel 2012, S. 77 ff.
879 Vgl. *Jörissen/Coenen*, Sparsame und schonende Flächennutzung, S. 113.
880 *Peine*, Öffentliches Baurecht, S. 262.
881 Vgl. *Schink*, BauR 1998, 1163 (1166).
882 *Thiel*, Städtebaurechtliche Instrumente zur Reduzierung des Flächenverbrauchs, S. 39.

kann gefolgert werden, dass sich § 1 Absatz 1 BauGB tendenziell gegen eine direkte Unterlassung der Flächeninanspruchnahme richtet.[883] Realisiert wird dies durch die Darstellungsmöglichkeiten nach § 5 Absatz 2 Nr. 1 BauGB i. V. m. § 1 Absatz 1 und 2 BauNVO und durch die Festsetzungsmöglichkeiten nach § 9 Absatz 1 Nr. 1 Alt. 1 BauGB i. V. m. § 1 Absatz 2, Absatz 3 Satz 1 BauNVO.

Im Flächennutzungsplan nach § 5 Absatz 2 Nr. 1 BauGB können die für die Bebauung vorgesehenen Flächen nach der allgemeinen Art ihrer baulichen Nutzung als Bauflächen dargestellt werden. Mit dieser Darstellungsmöglichkeit wird die Erweiterung der Siedlungsfläche ermöglicht, so dass sie dafür eine zentrale Bedeutung hat.[884] Nach § 1 Absatz 1 BauNVO können die Bauflächen als Wohnbauflächen, gemischte Bauflächen, gewerbliche Bauflächen oder Sonderbauflächen dargestellt werden. Die für die Bebauung vorgesehenen Flächen können im Flächennutzungsplan nach § 5 Absatz 2 Nr. 1 BauGB aber auch bereits nach der besonderen Art ihrer baulichen Nutzung als Baugebiete dargestellt werden, nach § 1 Absatz 2 BauNVO beispielsweise als allgemeine Wohngebiete oder als Industriegebiete. Dies kann jedoch auch erst im Bebauungsplan durch Festsetzungen nach § 9 Absatz 1 Nr. 1 Alt. 1 BauGB i. V. m. § 1 Absatz 2, Absatz 3 Satz 1 BauNVO erfolgen.

Aspekte der Wirkung

Ein Instrument des Flächenmanagements ist die Planung, dazu gehören demzufolge auch die Bauleitpläne nach § 1 Absatz 2 BauGB[885]. Durch die Zuständigkeit für die Bauleitplanung nach § 2 Absatz 1 Satz 1 BauGB und durch den diesbezüglichen planerischen Gestaltungsspielraum sind Gemeinden die zentralen Akteure für die Nutzung von Flächen.[886] Gemeinden haben dadurch die Möglichkeit, die bauliche Nutzung zu reduzieren.[887] Sie können sich auf der Ebene des Flächennutzungsplanes gegen

---

883 Vgl. *Schink*, BauR 1998, 1163 (1166).
884 Vgl. *BBR*, Perspektive Flächenkreislaufwirtschaft, Instrumente und Akteure, S. 37 f.
885 Vgl. *BBR*, Perspektive Flächenkreislaufwirtschaft, Band 2, S. 56.
886 *Louis/Wolf*, NuR 2002, 61 (61); vgl. *Thiel*, Städtebaurechtliche Instrumente zur Reduzierung des Flächenverbrauchs, S. 206.
887 Vgl. *Köck/Hofmann*, in: Umweltbundesamt, Effektivierung des raumbezogenen Planungsrechts, S. 47; *Schimansky*, Die Problematik des Freiflächenverbrauchs, S. 85.

die Darstellung von Bauflächen oder Baugebieten außerhalb des Siedlungsgebietes entscheiden, so dass der Flächennutzungsplan somit eine zentrale Funktion für die Begrenzung des Siedlungswachstums innerhalb des Siedlungsgebietes erhält[888]. Auf der Ebene des Bebauungsplanes können sich Gemeinden gegen die Festsetzung von Baugebieten außerhalb des Siedlungsgebietes entscheiden.[889]

Ein weiteres Instrument des Flächenmanagements ist die Kooperation. Mit der Aufstellung eines gemeinsamen Flächennutzungsplanes nach § 204 Absatz 1 BauGB kooperieren benachbarte Gemeinden im Rahmen der Bauleitplanung miteinander. Nach § 204 Absatz 1 Satz 1 BauGB stellen sie den gemeinsamen Flächennutzungsplan gemeinsam auf und nach § 204 Absatz 1 Satz 3 BauGB kann er von den beteiligten Gemeinden auch nur gemeinsam aufgehoben, geändert oder ergänzt werden. Dadurch unterwerfen sich benachbarte Gemeinden auf der Ebene des Flächennutzungsplanes den gleichen Prinzipien der Flächenentwicklung, was zu einer interkommunal koordinierten Planung und Entwicklung der Flächen führt.[890] Nach § 204 Absatz 1 Satz 1 BauGB sollen benachbarte Gemeinden einen gemeinsamen Flächennutzungsplan unter anderem dann aufstellen, wenn ihre städtebauliche Entwicklung wesentlich durch gemeinsame Voraussetzungen und Bedürfnisse bestimmt wird. Dabei kann sich der erhöhte Koordinationsbedarf aus tendenziell gemeinsamen Interessen ergeben[891] wie der Bewältigung von Siedlungsdruck in einem Ballungsgebiet[892]. Mit Hilfe einer koordinierten Darstellung von Bauflächen nach § 5 Absatz 2 Nr. 1 BauGB im gemeinsamen Flächennutzungsplan, können diese besser auf aus objektiven Gründen geeignete Flächen gelenkt werden,[893] indem das Potential der vorhandenen Infrastruktureinrichtungen der Gemeinden ausgenutzt wird.[894] Dadurch wird bauliche Nutzung reduziert.[895] Nach § 204 Absatz 1 Satz 4 BauGB sind auch lediglich Vereinbarungen über Darstellungen in einzelgemeindlichen Flächennutzungsplänen möglich. In diesem Zusammenhang sind auch § 205 Absatz 1 BauGB und § 203 Absatz

---

888 *BBR*, Perspektive Flächenkreislaufwirtschaft, Band 2, S. 37 f.
889 *BBR*, Perspektive Flächenkreislaufwirtschaft, Instrumente und Akteure, S. 43.
890 Vgl. *BBR*, Perspektive Flächenkreislaufwirtschaft, Band 2, S. 32.
891 *Hornmann*, in: Spannowsky/Uechtritz, Baugesetzbuch, § 204 Rn. 10 f.
892 *Hornmann*, in: Spannowsky/Uechtritz, Baugesetzbuch, § 204 Rn. 11.
893 *Jörissen/Coenen*, Sparsame und schonende Flächennutzung, S. 135 und 160.
894 *Reitzig*, in: Bunzel/Reitzig/Sander, Interkommunale Kooperation, S. 145.
895 *Jörissen/Coenen*, Sparsame und schonende Flächennutzung, S. 135 und 160; vgl. *Sander*, in: Bunzel/Reitzig /Sander, Interkommunale Kooperation, S. 233 f. und 254.

2 Satz 1 BauGB zu erwähnen. Nach § 205 Absatz 1 BauGB können sich Gemeinden zu einem Planungsverband zusammenschließen. Nach § 203 Absatz 2 Satz 1 BauGB können durch Landesgesetz zudem Aufgaben der Gemeinden nach dem BauGB auf Verbandsgemeinden, Verwaltungsgemeinschaften oder vergleichbare gesetzliche Zusammenschlüsse von Gemeinden, denen nach Landesrecht örtliche Selbstverwaltungsaufgaben der Gemeinde obliegen, übertragen werden.

2. Flächen für den überörtlichen Verkehr

Im Flächennutzungsplan können nach § 5 Absatz 2 Nr. 3 BauGB die Flächen für den überörtlichen Verkehr dargestellt werden. Mit Verkehr sind mit Ausnahme der Wasserstraßen nicht nur der Straßenverkehr, sondern auch alle anderen Verkehrsarten gemeint, die unter § 5 Absatz 2 Nr. 7 BauGB fallen.[896] Der überörtliche Verkehr ist vor allem der Verkehr, der die Gemeinde mit Nachbargemeinden und den darüber hinausgehenden räumlichen Bereichen verbindet.[897] Dafür müssen zwischen diesen Bereichen und damit außerhalb des Siedlungsgebietes Verkehrsflächen entstehen, um die Erreichbarkeit zwischen Siedlungsgebieten herzustellen. § 5 Absatz 2 Nr. 3 BauGB richtet sich damit gegen die direkte Unterlassung der Flächeninanspruchnahme. Die überörtlichen Verkehrsflächen sind nicht nur Verkehrszüge, sondern auch Verkehrsflächen wie Bahnhöfe oder Flughäfen.[898] Ist für Verkehrsanlagen von überörtlicher Bedeutung ein Planfeststellungsverfahren nach Fachplanungsgesetzen erforderlich, so hat das Fachplanungsrecht Vorrang vor dem Bauplanungsrecht.[899] Dies ergibt sich aus § 38 Satz 1 Halbsatz 1 BauGB,[900] wonach unter anderem auf Planfeststellungsverfahren und sonstige Verfahren mit den Rechtswirkungen der Planfeststellung für Vorhaben von überörtlicher Bedeutung die §§ 29 bis 37 BauGB, die die bauplanungsrechtliche Zulässigkeit von Vorhaben regeln[901], nicht anzuwenden sind, wenn die Gemeinde beteiligt wird. Dies bedeutet aber nicht, dass diese Flächen der Bauleitplanung entzogen sind[902] und durch die Erforderlichkeit eines Planfeststellungsverfahrens für

---

896 *Mitschang*, in: Battis/Krautzberger/Löhr, Baugesetzbuch, § 5 Rn. 18.
897 *Söfker*, in: Ernst/Zinkahn/Bielenberg/Krautzberger, Baugesetzbuch, § 5 Rn. 30.
898 *Mitschang*, in: Battis/Krautzberger/Löhr, Baugesetzbuch, § 5 Rn. 18.
899 *Reidt*, in: Battis/Krautzberger/Löhr, Baugesetzbuch, § 38 Rn. 7.
900 *Reidt*, in: Battis/Krautzberger/Löhr, Baugesetzbuch, § 38 Rn. 7.
901 Teil II Kapitel 2 I.
902 *Reidt*, in: Battis/Krautzberger/Löhr, Baugesetzbuch, § 38 Rn. 29.

eine Verkehrsanlage eine Darstellung dieser Verkehrsanlagen ausgeschlossen ist[903].

3. Freihaltung von Flächen

Darstellungs- und Festsetzungsmöglichkeiten nach § 5 Absatz 2 BauGB und § 9 Absatz 1 BauGB mit dem Zweck, Flächen um der Flächen selber willen von Bebauung freizuhalten existieren nicht.[904] Aufgrund des § 1 Absatz 3 BauGB darf für die festgesetzte aktive Nutzung und für die Sicherung der festgesetzten Nutzung die Freihaltung der Flächen von Bebauung nur ein Mittel sein.[905]

III. Indirekte Unterlassung der Flächeninanspruchnahme durch Innenentwicklung

Darstellungs- und Festsetzungsmöglichkeiten zur Innenentwicklung an sich existieren nicht. Innenentwicklung kann jedoch durch Darstellungs- und Festsetzungsmöglichkeiten zu den einzelnen Maßnahmen dieser erfolgen. Die Darstellungs- und Festsetzungsmöglichkeiten sind zu allen drei Bereichen der Innenentwicklung aussagekräftig: der nachhaltigen Nutzung des Siedlungsgebietes, der nachhaltigen Siedlungsstruktur des Siedlungsgebietes und der nachhaltigen Mobilität im Siedlungsgebiet. Dabei tragen die Regelungen, die Nachverdichtung begrenzen, zum stadtökologischer Schutz des Naturhaushalts nach Art. 20a GG und zum stadtökologischer Schutz des Menschen nach Art. 2 Absatz 2 Satz 1 GG bei[906] und Re-

---

903 *Söfker*, in: Ernst/Zinkahn/Bielenberg/Krautzberger, Baugesetzbuch, § 5 Rn. 30; *Mitschang*, in: Battis/Krautzberger/Löhr, Baugesetzbuch, § 5 Rn. 18.
904 *Schulz*, Reduzierung des Flächenverbrauchs, S. 107.
905 Vgl. *Spannowsky*, in: Spannowsky/Uechtritz, Baugesetzbuch, § 9 Rn. 78 f.; vgl. I.
906 Vgl. *Hartmann/Schilder*, in: Bönker/Bischopink, Baunutzungsverordnung, § 19 Rn. 3 und § 20 Rn. 43; *Schilder*, in: Bönker/Bischopink, Baunutzungsverordnung, § 23 Rn. 2; *Aschke*, in: Ferner/Kröninger/Aschke, Baugesetzbuch, § 20 BauNVO Rn. 12; *Bundesministerium für Verkehr, Bau und Stadtentwicklung*, Berliner Gespräche, Band 1, S. 42.

gelungen, die Nutzungsmischung begrenzen, zum stadtökologischer Schutz des Menschen nach Art. 2 Absatz 2 Satz 1 GG[907].

1. Nachhaltige Nutzung des Siedlungsgebietes

Von den Darstellungs- und Festsetzungsmöglichkeiten sind die Nutzungskoordination und die Mehrfachnutzung nicht erfasst, berührt wird jedoch die Nutzungsintensivierung sowie die Folgenutzung und als Unterfall dieser die Zwischennutzung.

a. Nutzungsintensivierung

Nach § 9 Absatz 1 Nr. 6 BauGB kann im Bebauungsplan die höchstzulässige Zahl der Wohnungen in Wohngebäuden festgesetzt werden. Diese kann sich als absolute Zahl auf ein Wohngebäude beziehen,[908] nicht aber auf einzelne Geschosse, da die höchstzulässige Zahl der Wohnungen nach dem Wortlaut gebäudebezogen, aber nicht geschossbezogen ist.[909] Nach dem Gesetzgebungswillen richten sich diese Festsetzungen gegen unerwünschte Umstrukturierungen der Eigenart des Gebietes,[910] denn die Eigenart eines Gebietes kann auch durch die Anzahl der Wohnungen bestimmt werden.[911] Durch Festsetzungen von zwei Wohnungen je Wohngebäude können Beschränkungen auf Einzel- und Doppelhäuser in Wohngebieten erfolgen, um den Gebietscharakter im Sinne einer Bebauung vorwiegend mit Familienheimen zu erhalten.[912] § 9 Absatz 1 Nr. 6 BauGB beschränkt dadurch die Möglichkeit, die Anzahl der Wohnungen in einem Wohngebäude zu erhöhen, und damit eine diesbezügliche Nutzungsintensivierung.

---

907 Vgl. *Mitschang*, in: Battis/Krautzberger/Löhr, Baugesetzbuch, § 5 Rn. 23; *Köck/Hofmann*, in: Umweltbundesamt, Effektivierung des raumbezogenen Planungsrechts, S. 42 f.
908 *Bracher*, in: Bracher/Reidt/Schiller, Bauplanungsrecht, S. 108.
909 Vgl. *Bracher*, in: Bracher/Reidt/Schiller, Bauplanungsrecht, S. 108 f.
910 BT-Drucks. 10/4630, S. 72.
911 VGH Mannheim NVwZ 1994, 698 (699).
912 *Bracher*, in: Bracher/Reidt /Schiller, Bauplanungsrecht, S. 108; BVerwG NVwZ 1993, 1100 (1100).

b. Folgenutzung

Durch die Darstellungsmöglichkeit von Bauflächen und Baugebieten nach § 5 Absatz 2 Nr. 1 BauGB i. V. m. § 1 Absatz 1 und 2 BauNVO und die Festsetzungsmöglichkeit von Baugebieten nach § 9 Absatz 1 Nr. 1 Alt. 1 BauGB i. V. m. § 1 Absatz 2, Absatz 3 Satz 1 BauNVO kann für eine von einer Nutzungsaufgabe betroffenen oder mindergenutzten Fläche innerhalb des Siedlungsgebietes und den sich darauf befindenden baulichen Anlagen eine neue Nutzung festgelegt werden.[913] Diese Darstellungs- und Festsetzungsmöglichkeiten können somit die Folgenutzung fördern.

Unterstützt wird dies durch § 1 Absatz 10 BauNVO. Wären bei Festsetzung eines Baugebiets nach den §§ 2 bis 9 BauNVO in überwiegend bebauten Gebieten bestimmte vorhandene bauliche und sonstige Anlagen unzulässig, kann nach § 1 Absatz 10 Satz 1 BauNVO im Bebauungsplan festgesetzt werden, dass Erweiterungen, Änderungen, Nutzungsänderungen und Erneuerungen dieser Anlagen allgemein zulässig sind oder ausnahmsweise zugelassen werden können. Ergibt eine hypothetische Zulässigkeitsprüfung, dass durch die Überplanung eines überwiegend bebauten Gebietes sich darin befindende bauliche Anlagen unzulässig wären, so bewirkt § 1 Absatz 10 Satz 1 BauNVO damit eine erweiterte Zulässigkeit dieser baulichen Anlagen und schützt diese dadurch.[914] Der Verordnungsgeber nennt als typischen Anwendungsfall nicht gebietstypische Geschäftshäuser, Verwaltungseinrichtungen und Gewerbebetriebe bei der Festsetzung eines allgemeinen Wohngebietes.[915]

c. Zwischennutzung

Nach § 9 Absatz 2 Satz 1 BauGB kann im Bebauungsplan in besonderen Fällen festgesetzt werden, dass bestimmte der in ihm festgesetzten baulichen und sonstigen Nutzungen und Anlagen nur nach Nr. 1 für einen bestimmten Zeitraum zulässig oder nach Nr. 2 bis zum Eintritt bestimmter Umstände zulässig oder unzulässig sind. Nach § 9 Absatz 2 Satz 2 BauGB soll die Folgenutzung festgesetzt werden. Diese Möglichkeit, Nutzungen von Fläche nur befristet oder auflösend bedingt festzusetzen, wurde durch

---

913 Vgl. *Austermann*, Brachflächenreaktivierung, S. 136; Baugebiete II. 1. und III. 3. a. aa.
914 *Bönker*, in: Bönker/Bischopink, Baunutzungsverordnung, § 1 Rn. 217 f.
915 BR-Drucks. 354/89, S. 43.

das Europarechtsanpassungsgesetz Bau vom 24.6.2004, in Kraft getreten am 20.7.2004, im Bauplanungsrecht verankert.[916] Durch diese Festsetzungsmöglichkeit kann die Gemeinde die planerischen Voraussetzungen für eine erst in Zukunft einsetzende Folgenutzung einer Ebene eines Nutzungsraumes festlegen[917] sowie die Nutzung der Ebene bis zu dieser Folgenutzung. § 9 Absatz 2 BauGB fördert damit die Zwischennutzung. Das Gebot der Bestimmtheit nach Art. 20 Absatz 3 GG bei Festsetzungen einer befristeten Nutzung nach § 9 Absatz 2 Nr. 1 BauGB zu beachten ist eher unproblematisch.[918] Bei Festsetzungen einer bedingten Nutzung nach § 9 Absatz 2 Nr. 2 BauGB müssen die dafür maßgeblichen Umstände eindeutig erkennbar festgelegt werden.[919] Dies können rechtswirksame Erklärungen einer Behörde sein, wie beispielsweise die Entwidmung von Militärflächen, oder eindeutige tatsächliche Umstände.[920]

Eine Festsetzung nach § 9 Absatz 2 BauGB darf durch die Formulierung „in besonderen Fällen" nicht bereits bei einem städtebaulichen Regelfall erfolgen, es bedarf eines Grundes von hinreichendem Gewicht.[921] Sie ist daher auf besondere atypische Fälle beschränkt[922] und dadurch ein nur einzelfallbezogenes Instrument[923]. Das Abstellen allein auf die Nutzungsaufgabe durch den derzeitigen Nutzer ist unzureichend.[924] Sie muss zusätzlich voraussichtlich negative städtebauliche Auswirkungen haben.[925] Es muss die hinreichende Wahrscheinlichkeit von negativen städtebaulichen Auswirkungen durch die Nutzungsaufgabe bestehen, wie Leerstände oder das Entstehen von nicht entwicklungsfähigen Brachflächen.[926] Die Gefahr negativer städtebaulicher Auswirkung durch die Nutzungsaufgabe ist umso größer, je detaillierter die zulässigen Nutzungen im Bebauungsplan festgesetzt sind.[927] Je weniger der Bebauungsplan Freiraum lässt, desto eher ist damit zu rechnen, dass sich nach Nutzungsaufgabe keine Interessenten für eine dem Bebauungsplan entsprechende Nachnutzung finden, so dass von

---

916 BGBl. I 2004/31, S. 1367.
917 Vgl. *Austermann*, Brachflächenreaktivierung, S. 215.
918 *Mitschang/Reidt*, in: Battis/Krautzberger/Löhr, Baugesetzbuch, § 9 Rn. 168.
919 *Mitschang/Reidt*, in: Battis/Krautzberger/Löhr, Baugesetzbuch, § 9 Rn. 168.
920 *Mitschang/Reidt*, in: Battis/Krautzberger/Löhr, Baugesetzbuch, § 9 Rn. 168.
921 *Mitschang/Reidt*, in: Battis/Krautzberger/Löhr, Baugesetzbuch, § 9 Rn. 166.
922 *Austermann*, Brachflächenreaktivierung, S. 215.
923 Vgl. *BBR*, Perspektive Flächenkreislaufwirtschaft, Band 2, S. 51.
924 OVG Magdeburg BauR 2011, 1618 (1620).
925 OVG Magdeburg BauR 2011, 1618 (1620).
926 *Schieferdecker*, BauR 2005, 320 (322 f.).
927 *Schieferdecker*, BauR 2005, 320 (323).

einer hinreichenden Wahrscheinlichkeit negativer städtebaulicher Auswirkung durch die Nutzungsaufgabe ausgegangen werden kann.[928] Die Mobilisierung von bereits entstandenen Brachflächen ist eine besondere dynamische städtebauliche Entwicklung, die das Kriterium der atypischen städtebaulichen Situation erfüllt.[929]

Aspekte der Wirkung

Befristete und bedingte Festsetzungen nach § 9 Absatz 2 BauGB können flexibel auf unterschiedliche städtebauliche Situationen eingehen, denn sie berücksichtigen eine zeitliche Folge der Nutzungen und ermöglichen auch eine zeitlich gestaffelte Nutzung[930]. Damit werden sie den Nutzungszyklen bestimmter Nutzungsarten gerecht.[931] Durch § 9 Absatz 2 BauGB kann auf verkürzte Nutzungszyklen städtischer Großanlagen, sowie auf sich verändernde demographische Bevölkerungsentwicklungen angemessen und zeitlich hinreichend reagiert werden.[932] Den Veränderungen des Wohn- und Siedlungsbedarfs kann mit hinreichender zeitlicher Flexibilität begegnet werden.[933] § 9 Absatz 2 BauGB trägt auch zu einer Ressourcenschonung der Verwaltung bei. Dadurch dass durch diese Festsetzungen auch die Folgenutzung bereits festgelegt wird, bewirken die Festsetzungen bezüglich der Folgenutzung eine Verfahrensbeschleunigung und frühzeitige Planungssicherheit[934].

---

928 *Schieferdecker*, BauR 2005, 320 (323).
929 *Austermann*, Brachflächenreaktivierung, S. 215 f.
930 *Schieferdecker*, BauR 2005, 320 (321); *Mitschang/Reidt*, in: Battis/Krautzberger/Löhr, Baugesetzbuch, § 9 Rn. 166; *Jörissen/Coenen*, Sparsame und schonende Flächennutzung, S. 108.
931 *Schieferdecker*, BauR 2005, 320 (321); *Jörissen/Coenen*, Sparsame und schonende Flächennutzung, S. 108.
932 *Thiel*, Strategisches Landmanagement, S. 106.
933 *Thiel*, Städtebaurechtliche Instrumente zur Reduzierung des Flächenverbrauchs, S. 82.
934 *Mitschang/Reidt*, in: Battis/Krautzberger/Löhr, Baugesetzbuch, § 9 Rn. 166.

2. Nachhaltige Baustruktur des Siedlungsgebietes

Von den Darstellungs- und Festsetzungsmöglichkeiten werden die Ausschöpfung des Potentials der Höhe, des Untergrundes und der Fläche sowohl einzeln berührt als auch Höhe, Untergrund und Fläche insgesamt.

a. Ausschöpfung des Potentials der Höhe

Für die Ausschöpfung des Potentials der Höhe sind die Höhe baulicher Anlagen, die Zahl der Vollgeschosse sowie die Höhenlage von Bedeutung.

aa. Höhe baulicher Anlagen

Im Flächennutzungsplan kann nach § 5 Absatz 2 Nr. 1 BauGB i. V. m. § 16 Absatz 1 BauNVO das allgemeine Maß der baulichen Nutzung durch die Höhe baulicher Anlagen dargestellt werden. Auch im Bebauungsplan kann nach § 9 Absatz 1 Nr. 1 Alt. 2 BauGB i. V. m. § 16 Absatz 2 Nr. 4 BauNVO das Maß der baulichen Nutzung durch Festsetzung der Höhe baulicher Anlagen bestimmt werden. Für diese Darstellungen und Festsetzungen sind nach § 18 Absatz 1 BauNVO die erforderlichen Bezugspunkte zu bestimmen. Unterer Bezugspunkt kann beispielsweise der bestehende Gehweg sein, oberer Bezugspunkt die Oberkante baulicher Anlagen.[935] Die Höhe ist in Metern anzugeben und den diesbezüglichen Bezugspunkten muss, aufgrund des Gebotes der Bestimmtheit nach Art. 20 Absatz 3 GG, unmissverständlich entnommen werden können, wie hoch das Gebäude sein darf.[936] Damit haben diese Darstellungs- und Festsetzungsmöglichkeiten Einfluss darauf, wie viel Nutzungsraum oberhalb der Geländeoberfläche entstehen kann. Darstellungen und Festsetzungen zum Maß der baulichen Nutzung sind grundsätzlich Höchstmaße, die unterschritten werden können.[937] Die Darstellungen und Festsetzungen der Höhe baulicher Anlagen begrenzen daher die Ausschöpfung des Potentials der Höhe.

Nach § 16 Absatz 3 Nr. 2 BauNVO ist bei Festsetzungen des Maßes der baulichen Nutzung die Höhe baulicher Anlagen festzusetzen, wenn ohne ihre Festsetzung öffentliche Belange, insbesondere das Orts- und Land-

---

935 *Hartmann*, in: Bönker/Bischopink, Baunutzungsverordnung, § 18 Rn. 4 f.
936 *Hartmann*, in: Bönker/Bischopink, Baunutzungsverordnung, § 18 Rn. 2 f.
937 Vgl. *Hartmann*, in: Bönker/Bischopink, Baunutzungsverordnung, § 16 Rn. 36.

schaftsbild, beeinträchtigt werden können. Damit sind öffentliche Belange gemeint, die bei übermäßiger Höhenentwicklung berührt werden können,[938] so dass § 16 Absatz 3 Nr. 2 BauNVO eine zusätzliche Grenze für die Ausschöpfung des Potentials der Höhe darstellt.

Festsetzungen zum Maß der baulichen Nutzung sind grundsätzlich Höchstmaße, die unterschritten werden können,[939] jedoch kann nach § 16 Absatz 4 Satz 2 BauNVO die Höhe baulicher Anlagen auch als zwingend festgesetzt werden. Damit muss das festgesetzte Höchstmaß der Höhe baulicher Anlagen ausgeschöpft werden. Zusätzlich kann für diese Festsetzungen nach § 16 Absatz 4 Satz 1 BauNVO zugleich ein Mindestmaß festgesetzt werden. Damit baut § 16 Absatz 4 BauNVO die Grenze für die Ausschöpfung des Potentials der Höhe ab.

bb. Zahl der Vollgeschosse

Im Bebauungsplan kann das Maß der baulichen Nutzung durch die Zahl der Vollgeschosse nach § 9 Absatz 1 Nr. 1 Alt. 2 BauGB i. V. m. §§ 16 Absatz 2 Nr. 3, 20 Absatz 1 BauNVO festgesetzt werden.[940] Als Vollgeschosse gelten nach § 20 Absatz 1 BauNVO Geschosse, die nach landesrechtlichen Vorschriften Vollgeschosse sind oder auf ihre Zahl angerechnet werden.[941] Ausschlaggebend für die Einstufung eines Geschosses als Vollgeschoss ist landesrechtlich die Höhe eines Geschosses, das Mindestmaß beträgt in den Bauordnungen der Länder für Geschosse über der Geländeoberfläche in der Regel 2,30 m.[942] Mit jedem Vollgeschoss über der Geländeoberfläche entsteht eine neue Ebene für Nutzungsräume. Der Zusatz in § 20 Absatz 1 BauNVO, dass auch die Geschosse, die auf die Zahl der Vollgeschosse angerechnet werden, als Vollgeschosse gelten ist überholt, da aktuell keine

---

938 *Hartmann*, in: Bönker/Bischopink, Baunutzungsverordnung, § 16 Rn. 29.
939 *Hartmann*, in: Bönker/Bischopink, Baunutzungsverordnung, § 16 Rn. 36.
940 Vgl. *Hartmann/Schilder*, in: Bönker/Bischopink, Baunutzungsverordnung, § 20 Rn. 5.
941 Es wäre ein bundeseinheitlicher Vollgeschossbegriff angebracht. Siehe *Reidt*, in: Bundesministerium für Verkehr, Bau und Stadtentwicklung, Berliner Gespräche, Band 2, S. 135 f.
942 *Hartmann/Schilder*, in: Bönker/Bischopink, Baunutzungsverordnung, § 20 Rn. 11; Beispielsweise bestimmt sich die Höhe in Thüringen nach § 47 Absatz 1 Satz 1 ThürBO: „Aufenthaltsräume müssen eine lichte Raumhöhe von mindestens 2,40 m haben.".

Landesbauordnung eine solche Anrechnungsregel enthält.[943] Da auch diese Festsetzungsmöglichkeit grundsätzlich ein Höchstmaß ist, das unterschritten werden kann,[944] ist auch diese für die Ausschöpfung des Potentials der Höhe begrenzend.

§ 16 Absatz 3 Nr. 2 und Absatz 4 BauNVO[945] gilt auch für die Zahl der Vollgeschosse. Zudem können nach § 16 Absatz 6 BauNVO im Bebauungsplan nach Art und Umfang bestimmte Ausnahmen von dem festgesetzten Maß der baulichen Nutzung vorgesehen werden. Diese Vorschrift gilt für alle Maßbestimmungsfaktoren.[946] Die Gemeinde muss die Ausnahmen im Bebauungsplan nach Art und Umfang eindeutig bestimmen.[947] Dadurch kann beispielsweise ausnahmsweise abweichend von einem Regelfall eingeschossiger Bebauung ein zweites Vollgeschoss zulässig sein, wenn dieses ein ausgebautes oder ausbaufähiges Dachgeschoss ist.[948] § 16 Absatz 6 BauNVO stellt damit einen Abbau der Grenze der Nachverdichtung durch die Maßbestimmungsfaktoren dar. Dabei müssen aber die Obergrenzen nach § 17 Absatz 1 BauNVO beachtet werden.[949]

Darüber hinaus sind nach § 21a Absatz 1 BauGB Garagengeschosse in sonst anders genutzten Gebäuden auf die Zahl der zulässigen Vollgeschosse nicht anzurechnen, wenn der Bebauungsplan dies festsetzt oder als Ausnahme vorsieht. Garagengeschosse sind Geschosse, die nur aus Stellplätzen oder Garagen und den zugehörigen Nebeneinrichtungen bestehen.[950] Auch § 21a Absatz 1 BauGB baut damit die Grenze für die Ausschöpfung des Potentials der Höhe ab.

---

943 *Hartmann/Schilder*, in: Bönker/Bischopink, Baunutzungsverordnung, § 20 Rn. 7.
944 Vgl. *Hartmann*, in: Bönker/Bischopink, Baunutzungsverordnung, § 16 Rn. 36.
945 Vgl. III. 2. a. aa.
946 *Hartmann*, in: Bönker/Bischopink, Baunutzungsverordnung, § 16 Rn. 48.
947 *Hartmann*, in: Bönker/Bischopink, Baunutzungsverordnung, § 16 Rn. 46.
948 *Hartmann*, in: Bönker/Bischopink, Baunutzungsverordnung, § 16 Rn. 49.
949 *Hartmann*, in: Bönker/Bischopink, Baunutzungsverordnung, § 16 Rn. 48; § 17 BauNVO III. 2. b. bb. (1). § 17 Absatz 1 BauNVO bestimmt keine Obergrenzen für Vollgeschosse. § 17 Absatz 1 BauNVO bestimmt jedoch Obergrenzen für die Geschossflächenzahl, Geschossfläche III. 2. d. aa. (1). Diese wirkt sich auf die Zahl der Vollgeschosse aus.
950 *Stock* in: Ernst/Zinkahn/Bielenberg/Krautzberger, Baugesetzbuch, § 21a BauNVO Rn. 13a; Ausnahmen nach § 31 Absatz 1 BauGB Teil I Kapitel 1 Abschnitt 3 I. 2.

Aspekte der Wirkung

Durch § 16 Absatz 6 BauNVO kann flexibel auf unterschiedliche städtebauliche Situationen eingegangen werden sowie auf die Interessen von Zielgruppen, es handelt sich regelungstechnisch um Ausnahmen nach § 31 Absatz 1 BauGB[951].

cc. Höhenlage

Einfluss auf die Ausschöpfung des Potentials der Höhe hat auch § 9 Absatz 3 Satz 1 BauGB.[952] Danach besteht die Möglichkeit, Festsetzungen nach § 9 Absatz 1 BauGB um die Höhenlage zu ergänzen.[953] Die Höhenlage ist nicht identisch mit der Geländeoberfläche und kann daher je nach den städtebaulichen Erfordernissen oberhalb oder unterhalb der Geländeoberfläche liegen.[954]

Aspekte der Wirkung

Durch § 9 Absatz 3 Satz 1 BauGB kann flexibel auf unterschiedliche städtebauliche Situationen eingegangen werden, da durch diese Regelung Festsetzungen entsprechend der städtebaulichen Erfordernissen ergänzt werden können[955].

b. Ausschöpfung des Potentials der Fläche[956]

Für die Ausschöpfung des Potentials der Fläche sind Darstellungen und Festsetzungen der Freiflächen innerhalb des Siedlungsgebietes sowie Festsetzungen bezüglich der Bebaubarkeit der Grundstücke und der Größe der Grundstücke von Bedeutung.

---

951 *Hartmann*, in: Bönker/Bischopink, Baunutzungsverordnung, § 16 Rn. 46.
952 Vgl. *Bracher*, in: Bracher/Reidt/Schiller, Bauplanungsrecht, S. 145.
953 *Bracher*, in: Bracher/Reidt/Schiller, Bauplanungsrecht, S. 144.
954 *Mitschang/Reidt*, in: Battis/Krautzberger/Löhr, Baugesetzbuch, § 9 Rn. 214.
955 *Mitschang/Reidt*, in: Battis/Krautzberger/Löhr, Baugesetzbuch, § 9 Rn. 214.
956 Die Ausschöpfung des Potentials des Untergrundes hat aus Sicht der Nachhaltigkeit Vorrang vor der Ausschöpfung des Potentials der Fläche, wird hier jedoch aus Gründen der Verständlichkeit erst nach dieser Maßnahme untersucht.

aa. Freiflächen innerhalb des Siedlungsgebietes

Darstellungs- und Festsetzungsmöglichkeiten, die auf eine naturgemäße Flächennutzung zielen, führen innerhalb des Siedlungsgebietes zu Freiflächen und begrenzen damit die Ausschöpfung des Potentials der Fläche. Zu beachten ist, dass vor der Inanspruchnahme aktiv naturgemäß genutzter Flächen innerhalb des Siedlungsgebietes die Inanspruchnahme von bisher mindergenutzten oder von einer Nutzungsaufgabe betroffenen Flächen als Form oder Bestandteil der Folgenutzung Vorrang hat.[957]

Nach § 5 Absatz 2 Nr. 5 BauGB können im Flächennutzungsplan die Grünflächen, wie Parkanlagen, Dauerkleingärten, Sport-, Spiel-, Zelt- und Badeplätze, Friedhöfe dargestellt und nach § 9 Absatz 1 Nr. 15 BauGB im Bebauungsplan die öffentlichen und privaten Grünflächen, wie Parkanlagen, Dauerkleingärten, Sport-, Spiel-, Zelt- und Badeplätze, Friedhöfe festgesetzt werden.

Des Weiteren können nach § 5 Absatz 2 Nr. 10 BauGB im Flächennutzungsplan Flächen für Maßnahmen zum Schutz, zur Pflege und zur Entwicklung von Boden, Natur und Landschaft dargestellt und nach § 9 Absatz 1 Nr. 20 BauGB im Bebauungsplan Flächen oder Maßnahmen zum Schutz, zur Pflege und zur Entwicklung von Boden, Natur und Landschaft festgesetzt werden. Die Erforderlichkeit nach § 1 Absatz 3 Satz 1 BauGB von Festsetzungen über Maßnahmen zum Schutz, zur Pflege und zur Entwicklung von Boden, Natur und Landschaft ist nur bei bodenrechtlich relevanten Maßnahmen wie beispielsweise dem Schutz von Dauergrünland gegeben.[958] Nicht der Fall ist dies beispielsweise bei Vorschriften aus ökologischer Sicht für eine bestimmte Art der Bewirtschaftung.[959] Regelmäßig werden Festsetzungen von Flächen und Maßnahmen miteinander verbunden.[960] Werden nur Flächen festgesetzt, so sind auf diesen Nutzungen, die dem durch die Festsetzung bezeichneten Ziel widersprechen, unzulässig.[961]

Zu diesen Darstellungs- und Festsetzungsmöglichkeiten kommt die Darstellungsmöglichkeit nach § 5 Absatz 2 Nr. 2 c) BauGB hinzu. Danach kann im Flächennutzungsplan die Ausstattung des Gemeindegebiets mit

---

957 Teil I Kapitel 1 III. 1. b. bb.
958 *Spannowsky*, in: Spannowsky/Uechtritz, Baugesetzbuch, § 9 Rn. 83; OVG Münster NuR 2000, 173 (177).
959 *Spannowsky*, in: Spannowsky/Uechtritz, Baugesetzbuch, § 9 Rn. 83.1; OVG Münster NuR 2000, 173 (177 f.).
960 *Bracher*, in: Bracher/Reidt/Schiller, Bauplanungsrecht, S. 125.
961 *Bracher*, in: Bracher/Reidt/Schiller, Bauplanungsrecht, S. 125 f.

Anlagen, Einrichtungen und sonstigen Maßnahmen, die der Anpassung an den Klimawandel dienen, dargestellt werden. Die Anlagen, Einrichtungen und sonstigen Maßnahmen, die der Anpassung an den Klimawandel dienen, sind sehr vielfältig.[962] Insbesondere die Schaffung von Freiflächen innerhalb des Siedlungsgebietes kann der Anpassung an den Klimawandel dienen.[963]

Die aufgeführten Darstellungs- und Festsetzungsmöglichkeiten werden von den Festsetzungen nach § 9 Absatz 1 Nr. 10 und 25 BauGB unterstützt,[964] so dass sie in diesem Zusammenhang ebenfalls die Ausschöpfung des Potentials der Fläche begrenzen.

bb. Bebaubarkeit der Grundstücksfläche

Grundfläche, überbaubare Grundstücksfläche, Bauweise sowie Abstandflächen beeinflussen die Bebaubarkeit einer Grundstücksfläche und sind somit für die Ausschöpfung des Potentials der Fläche relevant.

(1) Grundfläche

Im Bebauungsplan ist bei Festsetzungen des Maßes der baulichen Nutzung nach § 9 Absatz 1 Nr. 1 Alt. 2 BauGB i. V. m. § 16 Absatz 2 Nr. 2, Absatz 3 Nr. 1 BauNVO stets auch die Grundflächenzahl oder die Größe der Grundflächen der baulichen Anlagen festzusetzen.

Die Grundfläche kann zunächst durch Festsetzung einer Grundflächenzahl bestimmt werden. Die Grundflächenzahl gibt nach § 19 Absatz 1 BauNVO an, wieviel Quadratmeter Grundfläche je Quadratmeter Grundstücksfläche im Sinne des § 19 Absatzes 3 BauNVO zulässig sind. Maßgebende Fläche des Baugrundstücks ist für diese Ermittlung der Grundfläche nach § 19 Absatzes 3 Satz 1 BauNVO die Fläche des Baugrundstücks, die im Bauland und hinter der im Bebauungsplan festgesetzten Straßenbegrenzungslinie liegt. Ist eine Straßenbegrenzungslinie nicht festgesetzt, so ist nach § 19 Absatzes 3 Satz 2 BauNVO die Fläche des Baugrundstücks maßgebend, die hinter der tatsächlichen Straßengrenze liegt oder die im Bebauungsplan als maßgebend für die Ermittlung der zulässigen Grundflä-

---

962 *Mitschang*, in: Battis/Krautzberger/Löhr, Baugesetzbuch, § 5 Rn. 17d.
963 Vgl. *Mitschang*, in: Battis/Krautzberger/Löhr, Baugesetzbuch, § 5 Rn. 17d.
964 § 9 Absatz 1 Nr. 10 und 25 BauGB V. 1. a.

che festgesetzt ist. Durch § 19 Absatz 1 BauGB kann der Anteil des Baugrundstücks errechnet werden, der von baulichen Anlagen überdeckt werden darf. Dieser Anteil ist nach § 19 Absatz 2 BauNVO die zulässige Grundfläche. Die Grundfläche ist folglich das Produkt aus der festgesetzten Grundflächenzahl und der maßgebenden Grundstücksfläche. Die Grundfläche kann aber auch durch Festsetzung der Größe der Grundflächen der baulichen Anlagen bestimmt werden. Dabei wird sie durch ein Größenmaß unmittelbar festgesetzt.[965] Damit ist die Definition der Grundfläche nach § 19 Absatz 2 BauNVO als Produkt der Grundflächenzahl und der maßgebenden Grundstücksfläche aufgrund der Systematik unvollständig.[966] Festsetzungen zum Maß der baulichen Nutzung sind grundsätzlich Höchstmaße, die unterschritten werden können.[967] Für die Ausschöpfung des Potentials der Fläche stellt die Festsetzungsmöglichkeit der Grundflächenzahl oder der Größe der Grundflächen deshalb eine Grenze dar.

Zusätzlich begrenzt § 19 Absatz 4 Satz 1 Nr. 1 und 2 BauNVO die Ausschöpfung des Potentials der Fläche, indem danach in die Grundfläche neben den Hauptanlagen auch Garagen und Stellplätze mit ihren Zufahrten und Nebenanlagen nach § 14 BauNVO mitzurechnen sind. Zudem findet eine Begrenzung der Ausschöpfung des Potentials des Untergrundes[968] statt, indem nach § 19 Absatz 4 Satz 1 Nr. 3 BauNVO in die Grundfläche neben den Hauptanlagen auch die baulichen Anlagen unterhalb der Geländeoberfläche, durch die das Baugrundstück lediglich unterbaut wird, mitzurechnen sind. Abgebaut wird diese Grenze des § 19 Absatz 4 Satz 1 BauNVO durch § 19 Absatz 4 Satz 2 bis 4 BauNVO[969] und § 21a Absatz 3 BauNVO[970].

Ebenfalls zusätzlich begrenzend ist § 17 Absatz 1 BauNVO. Danach werden Obergrenzen für die Grundflächenzahl festgelegt, die nicht überschritten werden dürfen. Daneben legt § 17 Absatz 1 BauNVO auch Obergrenzen für die Geschossflächenzahl und für die Baumassenzahl fest.[971] Die Obergrenzen sind differenziert nach den unterschiedlichen Baugebietstypen der BauNVO.[972] Die geringsten Obergrenzen weisen Kleinsiedlungsgebiete und Wochenendhausgebiete auf, die höchsten Obergrenzen Kerngebiete und Urbane Gebiete. Die Obergrenzen für Urbane Gebiete wurden

---

965 *Hartmann/Schilder*, in: Bönker/Bischopink, Baunutzungsverordnung, § 19 Rn. 8.
966 *Hartmann/Schilder*, in: Bönker/Bischopink, Baunutzungsverordnung, § 19 Rn. 8.
967 *Hartmann*, in: Bönker/Bischopink, Baunutzungsverordnung, § 16 Rn. 36.
968 Die Maßnahme der Ausschöpfung des Potentials des Untergrundes III. 2. c.

zusammen mit diesem Baugebietstyp durch die BauGB-Novelle 2017 eingeführt.[973] Der Baugebietstyp Urbanes Gebiet in Verbindung mit seinen Obergrenzen nach § 17 Absatz 1 BauNVO wurde vom Gesetzgeber ausdrücklich zugunsten einer Nachverdichtung als einem Beitrag zur Reduzierung der Flächeninanspruchnahme in die Baugebietstypen der BauNVO integriert.[974] Die Obergrenzen können nach § 17 Absatz 2 Satz 1 BauNVO aus städtebaulichen Gründen überschritten werden, wenn die Überschreitung durch Umstände ausgeglichen ist oder durch Maßnahmen ausgeglichen wird, durch die sichergestellt ist, dass die allgemeinen Anforderungen an gesunde Wohn- und Arbeitsverhältnisse[975] nicht beeinträchtigt und nachteilige Auswirkungen auf die Umwelt vermieden werden. Die aktuelle Fassung dieser Regelungen zur Überschreitung der Obergrenzen des Maßes der baulichen Nutzung wurde durch die BauGB-Novelle 2013 eingeführt[976] und erfordert keine besonderen städtebaulichen Gründe mehr. Durch den Wegfall der Voraussetzung der besonderen städtebaulichen Gründe für eine Überschreitung der Obergrenzen wird eine Überschreitung nicht mehr zu einem Ausnahmefall, einer atypischen städtebaulichen

---

969 § 19 Absatz 4 Satz 2 bis 4 BauNVO: Die zulässige Grundfläche darf durch die Grundflächen der in Satz 1 bezeichneten Anlagen bis zu 50 vom Hundert überschritten werden, höchstens jedoch bis zu einer Grundflächenzahl von 0,8; weitere Überschreitungen in geringfügigem Ausmaß können zugelassen werden. Im Bebauungsplan können von Satz 2 abweichende Bestimmungen getroffen werden. Soweit der Bebauungsplan nichts anderes festsetzt, kann im Einzelfall von der Einhaltung der sich aus Satz 2 ergebenden Grenzen bei Überschreitungen mit geringfügigen Auswirkungen auf die natürlichen Funktionen des Bodens oder wenn die Einhaltung der Grenzen zu einer wesentlichen Erschwerung der zwecktsprechenden Grundstücksnutzung führen würde abgesehen werden.
970 § 21a Absatz 3 BauNVO: Soweit § 19 Abs. 4 nicht entgegensteht, ist eine Überschreitung der zulässigen Grundfläche durch überdachte Stellplätze und Garagen bis zu 0,1 der Fläche des Baugrundstücks zulässig; eine weitergehende Überschreitung kann in Kerngebieten, Gewerbegebieten und Industriegebieten und in anderen Baugebieten, soweit solche Anlagen nach § 9 Abs. 1 Nr. 4 des Baugesetzbuchs im Bebauungsplan festgesetzt sind, ausnahmsweise zugelassen werden.
971 Geschossflächenzahl III. 2. d. aa. (1); Baumassenzahl III. 2. d. aa. (2).
972 Baugebietstypen III. 3. a. aa.
973 BGBl. I 2017/25, S. 1063.
974 BT-Drucks. 18/10942, S. 32.
975 Anforderungen an gesunde Wohn- und Arbeitsverhältnisse Teil II Kapitel 3 III. 1. b. aa. (1).
976 BGBl. I 2013/29, S. 1552.

Situation, sondern üblich.⁹⁷⁷ § 17 Absatz 2 Satz 1 BauGB baut damit die Grenze des § 17 Absatz 1 BauGB für die Ausschöpfung des Potentials der Fläche wieder ab.⁹⁷⁸ Auch nach der Gesetzesbegründung soll die neue Fassung eine größere bauliche Dichte erleichtern und will einen Beitrag zum Vorrang der Innenentwicklung leisten.⁹⁷⁹

Nach § 21a Absatz 2 BauNVO sind der Grundstücksfläche im Sinne des § 19 Absatz 3 BauNVO Flächenanteile an außerhalb des Baugrundstücks festgesetzten Gemeinschaftsanlagen im Sinne des § 9 Absatz 1 Nr. 22 BauGB hinzuzurechnen, wenn der Bebauungsplan dies festsetzt oder als Ausnahme vorsieht. In § 9 Absatz 1 Nr. 22 BauGB sind als Gemeinschaftsanlagen nicht abschließend Kinderspielplätze, Freizeiteinrichtungen, Stellplätze und Garagen aufgezählt.⁹⁸⁰ Durch das hinzutreten der Flächenanteile an außerhalb des Baugrundstücks festgesetzten Gemeinschaftsanlagen vergrößert sich die für die Grundfläche maßgebende Grundstücksfläche, so dass sich dadurch die zulässige Grundfläche vergrößert.⁹⁸¹ Damit stellt § 21a Absatz 2 BauNVO einen Abbau der Grenze der Festsetzungsmöglichkeit der Grundflächenzahl oder der Größe der Grundflächen dar.

Aspekte der Wirkung

Durch § 17 Absatz 2 Satz 1 BauNVO kann flexibel auf unterschiedliche städtebauliche Situationen eingegangen werden, da sich die Gemeinden dadurch nicht strikt an die durch § 17 Absatz 1 BauNVO festgelegten Obergrenzen halten müssen.⁹⁸²

(2) Überbaubare Grundstücksfläche

Nach § 9 Absatz 1 Nr. 2 BauGB können im Bebauungsplan die überbaubaren Grundstücksflächen und die nicht überbaubaren Grundstücksflächen festgesetzt werden. Dies kann nach § 23 Absatz 1 Satz 1 BauNVO durch Baulinien, Baugrenzen oder Bebauungstiefen erfolgen. Nach § 23 Absatz 3

---

977 Vgl. *Deutsches Institut für Urbanistik*, Planspiel 2012, S. 86.
978 Vgl. *Greiving*, in: ARL, Flächenhaushaltspolitik: Feststellungen und Empfehlungen, S. 155.
979 BT-Drucks. 17/11468, S. 11; *Stüer*, DVBl. 2012, 1017 (1027).
980 *Hartmann*, in: Bönker/Bischopink, Baunutzungsverordnung, § 21a Rn. 19.
981 *Hartmann*, in: Bönker/Bischopink, Baunutzungsverordnung, § 21a Rn. 24.
982 BT-Drucks. 17/11468, S. 19.

Satz 1 BauNVO dürfen Gebäude und Gebäudeteile Baugrenzen nicht überschreiten, ein Zurückbleiben hinter der Baugrenze ist zulässig[983]. Auf einer Baulinie muss nach § 23 Absatz 2 Satz 1 auf dieser Linie gebaut werden, ein Überschreiten oder Zurückweichen ist nicht zulässig[984]. Eine Bebauungstiefe wirkt nach § 23 Absatz 4 Satz 1 BauNVO wie eine hintere Baugrenze, die bauliche Anlage muss diese nicht ausnutzen, ein Überschreiten ist aber unzulässig.[985] Die nicht von den Festsetzungen nach § 23 BauNVO erfassten Grundstücksteile sind die nicht überbaubaren Grundstücksflächen.[986] Die Festsetzungsmöglichkeit der überbaubaren Grundstücksflächen dient damit, anders als die zulässige Grundfläche, die nur den rechnerischen Anteil der bebaubaren Grundstücksfläche bezeichnet, der Lokalisierung baulicher Anlagen auf dem Grundstück.[987] Zulässige Grundfläche und überbaubare Grundstücksfläche können übereinstimmen, sie müssen es aber nicht.[988] Ist eine der beiden Flächengrößen kleiner, kann die größere nicht voll ausgenutzt werden.[989] Die baulich zulässige Ausnutzung eines Grundstückes ergibt sich damit aus der Kombination der zulässigen Grundfläche mit der überbaubaren Grundstücksfläche.[990] Enthält ein Bebauungsplan keine Festsetzungen zur überbaubaren Grundstücksfläche, so ist das gesamte Grundstück überbaubar.[991] Enthält der Bebauungsplan aber Festsetzungen zur überbaubaren Grundstücksfläche mit Ausnahme eines Grundstückes, so folgt daraus, dass dieses Grundstück nicht überbaubar ist.[992] Damit begrenzt die Festsetzungsmöglichkeit der überbauaren und die nicht überbaubaren Grundstücksflächen die Ausschöpfung des Potentials der Fläche.

---

983 *Schilder*, in: Bönker/Bischopink, Baunutzungsverordnung, § 23 Rn. 14.
984 *Schilder*, in: Bönker/Bischopink, Baunutzungsverordnung, § 23 Rn. 17.
985 *Schilder*, in: Bönker/Bischopink, Baunutzungsverordnung, § 23 Rn. 20.
986 *Mitschang/Reidt*, in: Battis/Krautzberger/Löhr, Baugesetzbuch, § 9 Rn. 28.
987 *Fickert/Fieseler*, Baunutzungsverordnung, § 23 Rn. 1.1; *Schilder*, in: Bönker/Bischopink, Baunutzungsverordnung, § 23 Rn. 9.
988 *Fickert/Fieseler*, Baunutzungsverordnung, § 23 Rn. 1.1.
989 *Fickert/Fieseler*, Baunutzungsverordnung, § 23 Rn. 1.1.
990 *Schilder*, in: Bönker/Bischopink, Baunutzungsverordnung, § 23 Rn. 10.
991 *Schilder*, in: Bönker/Bischopink, Baunutzungsverordnung, § 23 Rn. 3.
992 *Schilder*, in: Bönker/Bischopink, Baunutzungsverordnung, § 23 Rn. 3.

(3) Bauweise

Nach § 9 Absatz 1 Nr. 2 BauGB kann im Bebauungsplan die Bauweise festgesetzt werden. Die Festsetzungsmöglichkeit der Bauweise wird in § 22 Absatz 1 BauNVO durch die Möglichkeiten einer offenen oder geschlossenen Bauweise konkretisiert. Nach § 22 Absatz 2 Satz 1 BauNVO werden in der offenen Bauweise die Gebäude mit seitlichem Grenzabstand als Einzelhäuser, Doppelhäuser oder Hausgruppen errichtet. Nach § 22 Absatz 2 Satz 3 BauNVO können im Bebauungsplan in diesem Rahmen Flächen festgesetzt werden, auf denen nur Einzelhäuser, nur Doppelhäuser, nur Hausgruppen oder nur zwei dieser Hausformen zulässig sind. Nach § 22 Absatz 3 BauNVO werden in der geschlossenen Bauweise die Gebäude hingegen grundsätzlich ohne seitlichen Grenzabstand errichtet. Der seitliche Grenzabstand ist die Abstandsfläche eines Gebäudes zur Grundstücksgrenze.[993] Die Bauweise legt somit die Anordnung der Gebäude auf einem Grundstück im Verhältnis zu den Nachbargrundstücken fest.[994] Bei der offenen Bauweise besteht ein seitlicher Abstand zwischen Gebäuden zur Grundstücksgrenze. Einzelhäuser sind allseits freistehende Gebäude,[995] so dass dabei eine Aneinanderreihung von Gebäuden unterschiedlicher Grundstücke verhindert wird. Ein Doppelhaus sind zwei selbstständig benutzbare Gebäude auf benachbarten Grundstücken, die durch aneinanderbauen an der gemeinsamen Grundstücksgrenze einen Gesamtkörper bilden und als bauliche Einheit erscheinen.[996] Bei Doppelhäusern bleibt damit eine Aneinanderreihung von jeweils zwei Gebäuden möglich. Eine Hausgruppe besteht aus mindestens drei auf benachbarten Grundstücken stehenden Gebäuden, die nach den gleichen Grundsätzen wie Doppelhäuser aneinandergebaut sind.[997] Bei Hausgruppen ist demnach eine Aneinanderreihung von mehreren Gebäuden möglich. Bei der geschlossenen Bauweise besteht kein seitlicher Abstand zwischen den Gebäuden zur Grundstücksgrenze, so dass eine Aneinanderreihung von Gebäuden unterschiedlicher Grundstücke bewirkt wird. Die Festsetzungsmöglichkeit einer offenen Bauweise nach § 9 Absatz 1 Nr. 2 BauGB i. V. m. § 22 Absatz 1 und 2 BauNVO beschränkt somit die Ausschöpfung des Potentials der Fläche, wobei im Rahmen der offenen Bauweise Einzelhäuser diese am intensivsten beschränken

---

993 *Spannowsky*, in: Spannowsky/Uechtritz, Baugesetzbuch, § 9 Rn. 6.
994 *Bracher*, in: Bracher/Reidt/Schiller, Bauplanungsrecht, S. 99.
995 *Aschke*, in: Ferner/Kröninger/Aschke, Baugesetzbuch, § 22 BauNVO Rn. 6.
996 *Aschke*, in: Ferner/Kröninger/Aschke, Baugesetzbuch, § 22 BauNVO Rn. 7.
997 *Aschke*, in: Ferner/Kröninger/Aschke, Baugesetzbuch, § 22 BauNVO Rn. 9.

und Häusergruppen am geringsten. Die Festsetzungsmöglichkeit einer geschlossenen Bauweise nach § 9 Absatz 1 Nr. 2 BauGB i. V. m. § 22 Absatz 1 und 3 BauNVO ist hingegen für die Ausschöpfung des Potentials der Fläche förderlich.

(4) Abstandsflächen

Nach § 9 Absatz 1 Nr. 2a BauGB können im Bebauungsplan vom Bauordnungsrecht abweichende Maße der Tiefe der Abstandsflächen festgesetzt werden. Abstandsflächen sind von baulichen Anlagen vor den Außenwänden der Gebäude freizuhaltende Flächen.[998] Die durch § 9 Absatz 1 Nr. 2a BauGB festgesetzte Tiefe der Abstandsflächen verdrängt die landesrechtlichen Bestimmungen und kann sowohl verkürzt, als auch vergrößert werden.[999] Diese Festsetzungsmöglichkeit hat somit Einfluss auf die Ausschöpfung des Potentials der Fläche. Nach Landesrecht dienen Tiefen von Abstandsflächen der bauordnungsrechtlichen Gefahrenabwehr wie beispielsweise dem Brandschutz.[1000] Die Erforderlichkeit einer Festsetzung nach § 1 Absatz 3 Satz 1 BauGB über die Verkürzung der Tiefe der Abstandsflächen kann sich beispielsweise daraus ergeben, dass durch die Ausnutzung der Fläche Wohnraum für Familien mit Kindern geschaffen wird.[1001]

(5) Aspekte der Wirkung hinsichtlich der Bebaubarkeit der Grundstücksfläche

Ein Instrument des Flächenmanagements ist die Information. Nach § 200 Absatz 3 Satz 1 BauGB kann die Gemeinde sofort oder in absehbarer Zeit bebaubare Flächen als Baulandkataster in Karten oder Listen auf der Grundlage eines Lageplans erfassen, der Flur- und Flurstücksnummern, Straßennamen und Angaben zur Grundstücksgröße enthält. Durch das Baulandkataster werden sofort oder in absehbarer Zeit bebaubare Flächen systematisch erfasst,[1002] es beinhaltet daher Flächeninformationen und

---

998 *Schrödter*, in: Schrödter, Baugesetzbuch, § 9 Rn. 42.
999 *Schrödter*, in: Schrödter, Baugesetzbuch, § 9 Rn. 43f.
1000 *Schrödter*, in: Schrödter, Baugesetzbuch, § 9 Rn. 42.
1001 *Schrödter*, in: Schrödter, Baugesetzbuch, § 9 Rn. 47.
1002 *Jörissen/Coenen*, Sparsame und schonende Flächennutzung, S. 170.

stellt damit ein Instrument des Flächenmanagements zugunsten der Ausschöpfung des Potentials der Fläche dar.

Ein weiteres Instrument des Flächenmanagements sind Anordnungen, so dass städtebauliche Gebote als Anordnungen ein Instrument des Flächenmanagements darstellen.[1003] Zudem beinhalten sie deutliche verbindliche Aussagen für Zielgruppen, denn sie stellen den Gemeinden Instrumente gegenüber den Grundstückseigentümern zur Realisierung der Festsetzungen eines Bebauungsplanes bereit[1004]. Die Anordnung eines städtebaulichen Gebotes setzt nach § 175 Absatz 2 BauGB voraus, dass die alsbaldige Durchführung der Maßnahmen aus städtebaulichen Gründen erforderlich ist. Die Voraussetzungen des § 175 Absatz 2 BauGB sind erfüllt, wenn eine alsbaldige Durchführung über die Gründe hinaus, die für die Aufstellung des Bebauungsplanes maßgeblich waren, erforderlich ist.[1005] Das allgemeine Durchführungsinteresse ist damit nicht ausreichend[1006] und die Durchführung der dazu notwendigen städtebaulichen Maßnahme darf nicht auf eine andere, weniger belastende Weise erreicht werden können[1007]. Städtebauliche Gebote sind dadurch einzelfallbezogen und können nur spezielle Probleme lösen.[1008]

Das Baugebot nach § 176 Absatz 1 BauGB umfasst das Bebauungsgebot und das Anpassungsgebot. Das Bebauungsgebot nach § 176 Absatz 1 Nr. 1 BauGB ist für die Bebauung einer Grundstücksfläche zugunsten der Ausschöpfung des Potentials der Fläche fördernd.[1009] Durch dieses kann die Gemeinde im Geltungsbereich eines Bebauungsplans den Eigentümer durch Bescheid verpflichten, innerhalb einer zu bestimmenden angemessenen Frist sein Grundstück entsprechend den Festsetzungen des Bebauungsplans zu bebauen. Das Bebauungsgebot gilt für Neubauten in der Reichweite eines Bebauungsplanes.[1010] Bezüglich einer Brachfläche können die Beseitigung alter Bausubstanz und eine neue Bebauung erforder-

---

1003 Vgl. *BBR*, Perspektive Flächenkreislaufwirtschaft, Band 2, S. 93.
1004 Vgl. Teil II Kapitel 1 Abschnitt 3 I. 4.; *Peine*, Öffentliches Baurecht, S. 262.
1005 *Bönker*, in: Hoppe/Bönker/Grotefels, Öffentliches Baurecht, S. 420; *Peine*, Öffentliches Baurecht, S. 263.
1006 *Stock*, in: Ernst/Zinkahn/Bielenberg/Krautzberger, Baugesetzbuch, § 175 Rn. 41.
1007 *Oehmen*, in: Spannowsky/Uechtritz, Baugesetzbuch, § 175 Rn. 5.
1008 Vgl. *BBR*, Perspektive Flächenkreislaufwirtschaft, Instrumente und Akteure, S. 49.
1009 Vgl. *Thiel*, Strategisches Landmanagement, S. 139.
1010 *Stock*, in: Ernst/Zinkahn/Bielenberg/Krautzberger, Baugesetzbuch, § 176 Rn. 60.

lich sein. Für diesen Fall ist die Rückbauverpflichtung nach § 176 Absatz 5 BauGB förderlich. Ist die Durchführung eines Baugebots nur möglich, wenn zuvor eine bauliche Anlage oder Teile davon beseitigt werden, ist danach der Eigentümer mit dem Baugebot auch zur Beseitigung verpflichtet. Einer besonderen Anordnung der Gemeinde bedarf es dabei nicht.[1011] Städtebaulicher Grund für ein Baugebot kann nach § 175 Absatz 2 BauGB ein dringender oder erheblicher Bedarf an Wohn- und Arbeitsstätten sein, dies wird auch durch § 175 Absatz 2 Halbsatz 2 BauGB klargestellt, oder die Ausnutzung der vorhandenen städtebaulichen Infrastruktur zur Vermeidung von Flächeninanspruchnahme für Neubaugebiete.[1012] Die Kosten für die Realisierung des Baugebotes hat der Eigentümer zu tragen. Ist die Durchführung des Vorhabens aus wirtschaftlichen Gründen einem Eigentümer nicht zuzumuten, hat die Gemeinde nach § 176 Absatz 3 BauGB vom Baugebot abzusehen. Zur Realisierung des Baugebotes trägt § 176 Absatz 7 und 8 BauGB bei. Nach § 176 Absatz 7 BauGB kann mit dem Baugebot die Verpflichtung verbunden werden, innerhalb einer zu bestimmenden angemessenen Frist den für eine bauliche Nutzung des Grundstücks erforderlichen Antrag auf Erteilung einer bauaufsichtlichen Genehmigung zu stellen. Kommt der Eigentümer dieser Verpflichtung auch nach Vollstreckungsmaßnahmen auf Grund landesrechtlicher Vorschriften nicht nach, kann nach § 176 Absatz 8 BauGB das Enteignungsverfahren eingeleitet werden.

cc. Größe der Grundstücke

Nach § 9 Absatz 1 Nr. 3 BauGB können im Bebauungsplan für die Größe, Breite und Tiefe der Baugrundstücke Mindestmaße und aus Gründen des sparsamen und schonenden Umgangs mit Grund und Boden für Wohnbaugrundstücke auch Höchstmaße festgesetzt werden. Durch die Festsetzungsmöglichkeit von Mindestmaßen für die Größe, Breite und Tiefe der Baugrundstücke werden diese vergrößert. Werden diese Baugrundstücke bebaut, so hat die Vergrößerung zur Folge, dass sich die Abstände zwischen den baulichen Anlagen vergrößern. Die Festsetzungsmöglichkeit von Mindestmaßen begrenzt deshalb die Ausschöpfung des Potentials der

---

1011 *Köhler/Fieseler*, in: Schrödter, Baugesetzbuch, § 176 Rn. 20.
1012 *Stock*, in: Ernst/Zinkahn/Bielenberg/Krautzberger, Baugesetzbuch, § 175 Rn. 41 ff.

Fläche.[1013] Dadurch kann beispielsweise eine dichte Bebauung in einem landschaftlich reizvollen Gebiet verhindert werden.[1014] Durch die Festsetzungsmöglichkeit von Höchstmaßen für die Größe, Breite und Tiefe der Wohnbaugrundstücke werden diese hingegen verkleinert. Werden diese Wohnbaugrundstücke bebaut, so hat die Verkleinerung zur Folge, dass sich die Abstände zwischen den baulichen Anlagen verkleinern. Die Festsetzungsmöglichkeit von Höchstmaßen fördert deshalb die Ausschöpfung des Potentials der Fläche.[1015] Nach dem Wortlaut des § 9 Absatz 1 Nr. 3 BauGB sind Festsetzungen von Höchstmaßen nicht auf bestimmte Baugebiete begrenzt, maßgeblich ist allein die Nutzung des Grundstücks.[1016] Vor Festsetzungen von Höchstmaßen ist deshalb zu prüfen, ob bei dem betreffenden Bauvorhaben die Wohnnutzung überwiegt.[1017] Das ist beispielsweise in der Regel dann der Fall, wenn in einem Gebäude auf der unteren Etage Läden vorgesehen sind und auf den oberen Etagen Wohnungen.[1018]

Aspekte der Wirkung

Eine klare Formulierung des Zwecks der Höchstmaße in der Norm ist die Formulierung „aus Gründen des sparsamen und schonenden Umgangs mit Grund und Boden" in § 9 Absatz 1 Nr. 3 BauGB zugunsten der Ausschöpfung des Potentials der Fläche. Sie drückt eindeutig aus, dass die Festsetzungsmöglichkeit von Höchstmaßen dem sparsamen und schonenden Umgang mit Grund und Boden dient und somit auch auf eine Reduzierung der Flächeninanspruchnahme zielt.[1019]

c. Ausschöpfung des Potentials des Untergrundes

Einfluss auf die Ausschöpfung des Potentials des Untergrundes hat § 9 Absatz 3 Satz 1 BauGB, der Ergänzung von Festsetzungen um die Höhenlage,[1020] da die Höhenlage je nach den städtebaulichen Erfordernissen ober-

---

1013 Vgl. *Spannowsky*, in: Spannowsky/Uechtritz, Baugesetzbuch, § 9 Rn. 12.1.
1014 *Schrödter*, in: Schrödter, Baugesetzbuch, § 9 Rn. 48.
1015 *Fuchs/Schleifnecker*, Handbuch ökologische Siedlungsentwicklung, S. 60.
1016 *Spannowsky*, in: Spannowsky/Uechtritz, Baugesetzbuch, § 9 Rn. 13.
1017 *Spannowsky*, in: Spannowsky/Uechtritz, Baugesetzbuch, § 9 Rn. 13.
1018 *Spannowsky*, in: Spannowsky/Uechtritz, Baugesetzbuch, § 9 Rn. 13.
1019 Vgl. Bodenschutzklausel Teil II Kapitel 1 Abschnitt 2 IV. 1. d. und V. 2.
1020 *Mitschang*, in: Battis/Krautzberger/Löhr, Baugesetzbuch, § 9 Rn. 211.

halb oder unterhalb der Geländeoberfläche liegen kann.[1021] Eine Begrenzung der Ausschöpfung des Potentials des Untergrundes findet im Rahmen der Grundfläche durch § 19 Absatz 4 Satz 1 Nr. 3 BauNVO statt, die durch § 19 Absatz 4 Satz 2 bis 4 BauNVO und § 21a Absatz 3 BauNVO abgebaut wird.[1022] Darüber hinaus sind die überbaubare Grundstücksfläche und das Maß der baulichen Nutzung für die Ausschöpfung des Potentials des Untergrundes relevant.

aa. Überbaubare Grundstücksfläche

Voraussetzung aller Festsetzungen für Bebauung unterhalb der Geländeoberfläche ist die Festsetzung einer überbaubaren Grundstücksfläche nach § 9 Absatz 1 Nr. 2 BauGB i. V. m. § 23 Absatz 1 Satz 1 BauNVO.[1023] Festsetzungen der überbaubaren Grundstücksfläche gelten auch für den Untergrund.[1024] Darüber hinaus ist nach § 23 Absatz 1 Satz 2 BauNVO die Regelung des § 16 Absatz 5 BauNVO für Festsetzungen der überbaubaren Grundstücksfläche entsprechend anzuwenden. Bezüglich der Festsetzungen des Maßes der baulichen Nutzung bestimmt § 16 Absatz 5 BauNVO, dass im Bebauungsplan das Maß der baulichen Nutzung für Teile des Baugebiets, für einzelne Grundstücke oder Grundstücksteile und für Teile baulicher Anlagen unterschiedlich festgesetzt werden kann; die Festsetzungen können oberhalb und unterhalb der Geländeoberfläche getroffen werden. Durch die entsprechende Anwendung des § 16 Absatz 5 BauNVO auf Festsetzungen der überbaubaren Grundstücksfläche können diese auch unterhalb der Geländeoberfläche festgesetzt werden.[1025] Insbesondere kann dadurch einem Kellergeschoss gegenüber der darüber stehenden Hauptanlage ein größeres Baufenster zugewiesen werden.[1026] § 9 Absatz 1 Nr. 2

1021 *Mitschang/Reidt*, in: Battis/Krautzberger/Löhr, Baugesetzbuch, § 9 Rn. 214; vgl. III. 2. a. cc.
1022 Vgl. III. 2. b. bb. (1).
1023 *Hartmann*, in: Bönker/Bischopink, Baunutzungsverordnung, § 16 Rn. 44; überbaubare Grundstücksfläche III. 2. b. bb. (2).
1024 *Schilder*, in: Bönker/Bischopink, Baunutzungsverordnung, § 23 Rn. 8; *Fickert/Fieseler*, Baunutzungsverordnung, § 23 Rn. 3.1.
1025 *Boeddinghaus/Grigoleit*, BauNVO, § 23 Rn. 9; *Fickert/Fieseler*, Baunutzungsverordnung, § 23 Rn. 12.1.
1026 *Schilder*, in: Bönker/Bischopink, Baunutzungsverordnung, § 23 Rn. 8; vgl. *Blechschmidt*, in: Ernst/Zinkahn/Bielenberg/Krautzberger, Baugesetzbuch, § 23 BauNVO Rn. 27.

BauGB i. V. m. § 23 Absatz 1 Satz 1 BauNVO und § 23 Absatz 1 Satz 2 BauNVO i. V. m. § 16 Absatz 5 BauNVO fördern damit die Ausschöpfung des Potentials des Untergrundes.

bb. Maß der baulichen Nutzung

§ 16 Absatz 5 BauNVO gilt für Festsetzungen des Maßes der baulichen Nutzung. Diese sind grundsätzlich Höchstmaße, die unterschritten werden können,[1027] was auch für den Untergrund gilt. Festsetzungen des Maßes der baulichen Nutzung unterhalb der Geländeoberfläche nach § 16 Absatz 5 BauNVO begrenzen damit die Ausschöpfung des Potentials des Untergrundes. Der Anwendungsbereich erstreckt sich jedoch nicht auf alle Maßbestimmungsfaktoren.[1028] Festsetzungen des Maßes der baulichen Nutzung unterhalb der Geländeoberfläche durch die Höhe baulicher Anlagen kommen nicht in Betracht, denn einer analogen Anwendung des § 18 Absatz 1 BauNVO für einen unteren Bezugspunkt unterhalb der Geländeoberfläche bedarf es nicht.[1029] Eine diesbezügliche Begrenzung kann auch durch Festsetzungen der Höhenlage nach § 9 Absatz 3 Satz 1 BauGB erfolgen.[1030] Auch Festsetzungen des Maßes der baulichen Nutzung unterhalb der Geländeoberfläche durch Vollgeschosse können nicht erfolgen.[1031] Ein Geschoss zählt landesrechtlich auch noch dann als Vollgeschoss, wenn es zwar zum Teil unter der Geländeoberfläche liegt, es jedoch teilweise über die Geländeoberfläche hinausragt, dies ist in den Bauordnungen der Länder in der Regel im Mittel 1,40 m.[1032] Alle unter dem untersten Vollgeschoss liegenden Geschosse sind Untergeschosse.[1033] Damit werden diese

---

[1027] *Hartmann*, in: Bönker/Bischopink, Baunutzungsverordnung, § 16 Rn. 36.
[1028] *Hartmann*, in: Bönker/Bischopink, Baunutzungsverordnung, § 16 Rn. 44.
[1029] *Hartmann*, in: Bönker/Bischopink, Baunutzungsverordnung, § 16 Rn. 44.
[1030] *Hartmann*, in: Bönker/Bischopink, Baunutzungsverordnung, § 16 Rn. 44; a. A. *Fickert/Fieseler*, Baunutzungsverordnung, § 16 Rn. 61, der den Begriff der „Höhe" weit auslegt und sich für eine Festsetzung der Höhenentwicklung einer baulichen Anlage vom Fundament bis zum oberen Abschluss nach § 9 Absatz 1 Nr. 1 Alt. 2 BauGB i. V. m. §§ 16 Absatz 2 Nr. 4, 18 BauNVO ausspricht.
[1031] *Hartmann*, in: Bönker/Bischopink, Baunutzungsverordnung, § 16 Rn. 44.
[1032] *Hartmann/Schilder*, in: Bönker/Bischopink, Baunutzungsverordnung, § 20 Rn. 12; Beispielsweise bestimmt sich in Thüringen die Eigenschaft eines oberirdischen Geschosses nach § 2 Absatz 6 Satz 1 ThürBO: „Oberirdische Geschosse sind Geschosse, deren Deckenoberkanten im Mittel mehr als 1,40 m über die Geländeoberfläche hinausragen; im Übrigen sind sie Kellergeschosse.".
[1033] *Fickert/Fieseler*, Baunutzungsverordnung, § 20 Rn. 15.

Geschosse und demzufolge der Untergrund von der Festsetzungsmöglichkeit der Vorgeschosse nicht erfasst.[1034] Um Unterbauungen zu begrenzen kommen aber Festsetzungen des Maßes der baulichen Nutzung unterhalb der Geländeoberfläche durch eine diesbezüglich besondere Grundfläche nach § 9 Absatz 1 Nr. 1 Alt. 2 BauGB i. V. m. § 16 Absatz 2 Nr. 1, 19 BauNVO in Betracht.[1035] Dem steht nicht entgegen, dass nach § 19 Absatz 4 Satz 1 Nr. 3 BauGB bei Festsetzungen der Grundfläche bezogen auf die Geländeoberfläche die baulichen Anlagen unterhalb der Geländeoberfläche, durch die das Baugrundstück unterbaut wird, mitzurechnen sind und auch dadurch die Ausschöpfung des Potentials des Untergrundes bereits begrenzt wird.[1036]

d. Ausschöpfung des Potentials der Fläche, der Höhe und des Untergrundes

Für die Nachverdichtung insgesamt sind Darstellungen und Festsetzungen hinsichtlich der Bebaubarkeit der Grundstücke sowie Festsetzungen der Zahl der Wohnungen in Wohngebäuden von Bedeutung.

aa. Bebaubarkeit der Grundstücke

Die Geschossfläche sowie die Baumasse beeinflussen die Bebaubarkeit eines Grundstücks und sind damit für die Ausschöpfung des Potentials von Höhe, Untergrund und Fläche relevant.

(1) Geschossfläche

Im Flächennutzungsplan kann das allgemeine Maß der baulichen Nutzung nach § 5 Absatz 2 Nr. 1 BauGB i. V. m. § 16 Absatz 1 BauNVO durch die Geschossflächenzahl dargestellt und im Bebauungsplan das Maß der bauli-

---

1034 Vgl. *Hartmann*, in: Bönker/Bischopink, Baunutzungsverordnung, § 16 Rn. 44.
1035 *Fickert/Fieseler*, Baunutzungsverordnung, § 16 Rn. 61; vgl. *Söfker*, in: Ernst/Zinkahn/Bielenberg/Krautzberger, Baugesetzbuch, § 16 BauNVO Rn. 45.
1036 *König*, in: König/Roeser/Stock, Baunutzungsverordnung, § 16 Rn. 37; vgl. *Söfker*, in: Ernst/Zinkahn/Bielenberg/Krautzberger, Baugesetzbuch, § 16 BauNVO Rn. 45; vgl. III. 2. b. bb. (1).

chen Nutzung nach § 9 Absatz 1 Nr. 1 Alt. 2 BauGB i. V. m. § 16 Absatz 2 Nr. 2 BauNVO durch Festsetzung der Geschossflächenzahl oder der Größe der Geschossfläche bestimmt werden. Wird die Geschossflächenzahl dargestellt oder festgesetzt, so gibt diese nach § 20 Absatz 2 BauNVO an, wieviel Quadratmeter Geschoßfläche je Quadratmeter Grundstücksfläche im Sinne des § 19 Absatz 3 BauNVO[1037] zulässig sind. Die Geschossflächenzahl multipliziert mit der gesamten von der Festsetzung erfassten Fläche ergibt deshalb die maximal zulässige Geschossfläche.[1038] Wird im Bebauungsplan die Größe der Geschossfläche festgesetzt, so ist dies damit eine Quadratmeterzahl, die die maximal zulässige Geschossfläche auf der gesamten von der Festsetzung erfassten Fläche wiedergibt.[1039] Die Geschossfläche auf einem Grundstück ist nur auf Gebäude bezogen, denn sie errechnet sich nach § 20 Absatz 3 Satz 1 BauGB nach den Außenmaßen der Gebäude in allen Vollgeschossen. Die Gesamtgeschossfläche auf einem Grundstück ist damit die Summe der jeweils nach den Außenmaßen bestimmten Grundflächen aller Vollgeschosse[1040] und demnach eine Kombination der Grundflächen und Vollgeschosse. Da Darstellungen und Festsetzungen zum Maß der baulichen Nutzung grundsätzlich Höchstmaße sind, die unterschritten werden können,[1041] begrenzen Darstellungen und Festsetzungen der Geschossflächenzahl sowie Festsetzungen der Größe der Geschossfläche durch diese Kombination von Grundflächen und Vollgeschossen damit die Ausschöpfung des Potentials der Fläche und der Höhe.

Folgende Regelungen wirken zusätzlich beschränkend. Nach § 20 Absatz 3 Satz 2 BauNVO kann festgesetzt werden, dass bei der Ermittlung der Geschossfläche die Ebenen von Aufenthaltsräumen in anderen Geschossen einschließlich der zu ihnen gehörenden Treppenräume und einschließlich ihrer Umfassungswände ganz oder teilweise mitzurechnen oder ausnahmsweise nicht mitzurechnen sind. Dadurch besteht die Möglichkeit, Dachgeschosse und Kellergeschosse, trotz dass sie keine Vollgeschosse sind, in die Gesamtgeschossfläche auf einem Grundstück mitzurechnen.[1042] Dies begrenzt zusätzlich sowohl die Ausschöpfung des Potentials der Höhe, als

---

1037 Vgl. III. 2. b. bb. (1).
1038 Vgl. *Hartmann/Schilder*, in: Bönker/Bischopink, Baunutzungsverordnung, § 20 Rn. 26.
1039 *Hartmann/Schilder*, in: Bönker/Bischopink, Baunutzungsverordnung, § 20 Rn. 28.
1040 *Hartmann/Schilder*, in: Bönker/Bischopink, Baunutzungsverordnung, § 20 Rn. 35.
1041 Vgl. *Hartmann*, in: Bönker/Bischopink, Baunutzungsverordnung, § 16 Rn. 36.
1042 Vgl. *Aschke*, in: Ferner/Kröninger/Aschke, Baugesetzbuch, § 20 BauNVO Rn. 6.

auch des Untergrundes, so dass dadurch insbesondere der Ausbau von Dachgeschossen und Kellergeschossen zu Wohnraum erschwert wird[1043]. § 17 Absatz 1 BauNVO[1044] bestimmt zudem auch für die Geschossflächenzahl Obergrenzen, die nicht überschritten werden dürfen.

Folgende Regelungen bauen die Grenze wieder ab. Nach § 16 Absatz 4 Satz 1 BauNVO können bei Festsetzungen des Höchstmaßes für die Geschoßflächenzahl oder die Größe der Geschoßfläche zugleich ein Mindestmaß festgesetzt werden. Nach § 20 Absatz 4 BauNVO bleiben bei der Ermittlung der Geschoßfläche Nebenanlagen im Sinne des § 14 BauNVO, Balkone, Loggien, Terrassen sowie bauliche Anlagen, soweit sie nach Landesrecht in den Abstandsflächen zulässig sind oder zugelassen werden können, unberücksichtigt. Nach § 21a Absatz 4 BauNVO bleiben die Flächen oder Baumassen von Garagengeschossen bei der Ermittlung der Geschoßfläche unberücksichtigt, die nach § 21a Absatz 1 BauNVO nicht angerechnet werden, Stellplätzen und Garagen, deren Grundflächen die zulässige Grundfläche unter den Voraussetzungen des § 21a Absatzes 3 BauNVO überschreiten und Stellplätzen und Garagen in Vollgeschossen, wenn der Bebauungsplan dies festsetzt oder als Ausnahme vorsieht. Bezüglich der Überschreitung der Grundfläche erweitert § 21a Absatz 4 BauNVO die Erleichterung des § 21a Absatz 3 BauNVO in die dritte Dimension.[1045] Mit Stellplätzen und Garagen in Vollgeschossen sind Vollgeschosse gemeint, die teilweise anders genutzt werden und damit nur teilweise der Unterbringung des ruhenden Verkehrs dienen.[1046] Nach § 21a Absatz 5 BauNVO ist die zulässige Geschoßfläche oder die zulässige Baumasse um die Flächen notwendiger Garagen, die unter der Geländeoberfläche hergestellt werden, zudem insoweit zu erhöhen, als der Bebauungsplan dies festsetzt oder als Ausnahme vorsieht. Dies führt zu einer rechnerischen Erhöhung der zulässigen Geschossfläche, bei Garagen, die als Tiefgaragen hergestellt werden.[1047] Damit soll eine Verlagerung von Stellplätzen unter die Erdoberflä-

---

[1043] Vgl. *Aschke*, in: Ferner/Kröninger/Aschke, Baugesetzbuch, § 20 BauNVO Rn. 6.
[1044] Vgl. III. 2. b. bb. (1).
[1045] *Stock*, in: Ernst/Zinkahn/Bielenberg/Krautzberger, Baugesetzbuch, § 21a BauNVO Rn. 43; § 21a Absatz 3 BauNVO III. 2. b. bb. (1).
[1046] *Stock*, in: Ernst/Zinkahn/Bielenberg/Krautzberger, Baugesetzbuch, § 21a BauNVO Rn. 46.
[1047] *Hartmann*, in: Bönker/Bischopink, Baunutzungsverordnung, § 21a Rn. 53.

che bewirkt werden.[1048] Dies wird auch als Tiefgaragenbonus bezeichnet.[1049]

(2) Baumasse

Im Flächennutzungsplan kann das allgemeine Maß der baulichen Nutzung nach § 5 Absatz 2 Nr. 1 BauGB i. V. m. § 16 Absatz 1 BauNVO auch durch die Baumassenzahl dargestellt und im Bebauungsplan das Maß der baulichen Nutzung nach § 9 Absatz 1 Nr. 1 Alt. 2 BauGB i. V. m. § 16 Absatz 2 Nr. 2 BauNVO durch Festsetzung der Baumassenzahl oder die Baumasse bestimmt werden. Wird die Baumassenzahl dargestellt oder festgesetzt, so gibt diese nach § 21 Absatz 1 BauNVO an, wieviel Kubikmeter Baumasse je Quadratmeter Grundstücksfläche im Sinne des § 19 Absatz 3 BauNVO[1050] zulässig sind. Die Baumassenzahl multipliziert mit der gesamten von der Festsetzung erfassten Fläche ergibt deshalb die maximal zulässige Baumasse.[1051] Wird im Bebauungsplan die Baumasse festgesetzt, so ist dies damit eine Kubikmeterzahl, die die maximal zulässige Baumasse auf der gesamten von der Festsetzung erfassten Fläche wiedergibt.[1052] Die Baumasse auf einem Grundstück errechnet sich nach § 21 Absatz 2 Satz 1 BauNVO nach den Außenmaßen der Gebäude vom Fußboden des untersten Vollgeschosses bis zur Decke des obersten Vollgeschosses. Handelt es sich bei einer baulichen Anlage nicht um ein Gebäude, so ist nach § 21 Absatz 2 Satz 3 BauNVO die tatsächliche Baumasse zu ermitteln. Anders als die Geschossfläche, ist die Baumasse damit nicht nur auf Gebäude bezogen. Die Gesamtbaumasse auf einem Grundstück ist das Produkt aus der Grundfläche und der Höhe der einzelnen baulichen Anlagen[1053] und damit eine Kombination der Grundfläche und Höhe der baulichen Anlagen. Da Darstellungen und Festsetzungen zum Maß der baulichen Nutzung grundsätzlich

---

1048 *Hartmann*, in: Bönker/Bischopink, Baunutzungsverordnung, § 21a Rn. 54.
1049 *Stock*, in: Ernst/Zinkahn/Bielenberg/Krautzberger, Baugesetzbuch, § 21a Rn. 52.
1050 Vgl. III. 2. b. bb. (1).
1051 Vgl. *Hartmann/Schilder*, in: Bönker/Bischopink, Baunutzungsverordnung, § 21 Rn. 6.
1052 *Hartmann/Schilder*, in: Bönker/Bischopink, Baunutzungsverordnung, § 21 Rn. 5 ff.
1053 *Hartmann/Schilder*, in: Bönker/Bischopink, Baunutzungsverordnung, § 21 Rn. 14 ff.

Höchstmaße sind, die unterschritten werden können,[1054] sind Darstellungen und Festsetzungen der Baumassenzahl sowie Festsetzungen der Baumasse durch diese Kombination von Grundflächen und Höhe der baulichen Anlagen damit für die Ausschöpfung des Potentials der Fläche und der Höhe begrenzend.

Folgende Regelungen wirken zusätzlich beschränkend. Nach § 21 Absatz 2 Satz 2 BauNVO sind die Baumassen von Aufenthaltsräumen in anderen Geschossen, wie der Dachgeschosse und Kellergeschosse, einschließlich der zu ihnen gehörenden Treppenräume und einschließlich ihrer Umfassungswände und Decken mitzurechnen, was zusätzlich die Ausschöpfung des Potentials der Höhe und des Untergrundes beschränkt. Zu erwähnen ist § 21 Absatz 4 BauNVO. Danach darf im Bebauungsplan, in dem die Höhe baulicher Anlagen oder die Baumassenzahl nicht festgesetzt sind, nach § 21 Absatz 4 BauNVO bei Gebäuden, die Geschosse von mehr als 3,50 m Höhe haben, eine Baumassenzahl, die das Dreieinhalbfache der zulässigen Geschoßflächenzahl beträgt, nicht überschritten werden. Dies soll eine unangemessene Höhenentwicklung verhindern[1055] und schränkt daher die Ausschöpfung des Potentials der Höhe ein. § 17 Absatz 1 BauNVO[1056] bestimmt auch für die Baumassenzahl Obergrenzen, die nicht überschritten werden dürfen.

Folgende Regelungen bauen die Grenze wieder ab. Die in § 20 Absatz 4 BauNVO bezüglich der Geschossflächenzahl aufgeführten baulichen Anlagen und Gebäudeteile bleiben nach § 21 Absatz 3 BauNVO auch bei der Berechnung der Baumasse unberücksichtigt. Nach § 21a Absatz 1 BauNVO ist die Baumasse von Garagengeschossen in sonst anders genutzten Gebäuden auf die zulässige Baumasse nicht anzurechnen, wenn der Bebauungsplan dies festsetzt oder als Ausnahme vorsieht. Darüber hinaus gilt § 21a Absatz 4 und Absatz 5 BauNVO neben der Geschossfläche auch für die Baumasse.[1057] Bezüglich der Garagengeschosse wird die Nichtanrechnung der Baumasse aber bereits durch § 21a Absatz 1 BauNVO geregelt, so dass § 21a Absatz 4 BauNVO nur für die Geschossfläche praktische Bedeutung hat.[1058]

1054 Vgl. *Hartmann*, in: Bönker/Bischopink, Baunutzungsverordnung, § 16 Rn. 36.
1055 *Aschke*, in: Ferner/Kröninger/Aschke, Baugesetzbuch, § 21 BauNVO Rn. 7.
1056 Vgl. III. 2. b. bb. (1).
1057 Vgl. III. 2. d. aa. (1).
1058 *Stock*, in: Ernst/Zinkahn/Bielenberg/Krautzberger, Baugesetzbuch, § 21a BauNVO Rn. 42.

(3) Aspekte der Wirkung hinsichtlich der Bebaubarkeit der Grundstücke

Das Anpassungsgebot nach § 176 Absatz 1 Nr. 2 BauGB ist als Instrument des Flächenmanagements und als deutliche verbindliche Aussage für Zielgruppen für die Bebauung eines Grundstückes zugunsten der Ausschöpfung des Potentials der Fläche, der Höhe und des Untergrundes förderlich. Danach kann die Gemeinde im Geltungsbereich eines Bebauungsplans den Eigentümer durch Bescheid verpflichten, innerhalb einer zu bestimmenden angemessenen Frist ein vorhandenes Gebäude oder eine vorhandene sonstige bauliche Anlage den Festsetzungen des Bebauungsplans anzupassen. Das Anpassungsgebot greift dann, wenn ein Grundstück zwar bebaut ist, aber nicht den Festsetzungen eines Bebauungsplanes entspricht.[1059] Beispielsweise kann dadurch eine bauliche Anlage entsprechend der Festsetzungen aufgestockt oder erweitert werden.[1060] Städtebaulicher Grund nach § 175 Absatz 2 BauGB kann dabei ein dringender oder erheblicher Bedarf an Wohn- und Arbeitsstätten sein.[1061]

bb. Zahl der Wohnungen in Wohngebäuden

Die Festsetzung der höchstzulässigen Zahl der Wohnungen in Wohngebäuden nach § 9 Absatz 1 Nr. 6 BauGB kann sich nicht nur als absolute Zahl auf ein Wohngebäude beziehen.[1062] Der Wortlaut „in Wohngebäuden" ist auch offen für eine Verhältniszahl, wie beispielsweise höchstens eine Wohnung je 100 m² Grundstücksfläche.[1063] Nur bei einer Formulierung „je Wohngebäude" wäre eine Verhältniszahl ausgeschlossen.[1064] Die Verhältniszahl darf sich dabei aber nicht auf das gesamte Grundstück beziehen, da nach dem Wortlaut die höchstzulässige Zahl der Wohnungen gebäudebe-

---

1059 *Stock,* in: Ernst/Zinkahn/Bielenberg/Krautzberger, Baugesetzbuch, § 176 Rn. 28.
1060 *Stock,* in: Ernst/Zinkahn/Bielenberg/Krautzberger, Baugesetzbuch, § 176 Rn. 28.
1061 *Stock,* in: Ernst/Zinkahn/Bielenberg/Krautzberger, Baugesetzbuch, § 175 Rn. 41 und 41a.
1062 *Bracher, in:* Bracher/Reidt /Schiller, Bauplanungsrecht, S. 108; vgl. III. 1. a.
1063 BVerwGE 107, 256 (259); *Bracher,* in: Bracher/Reidt/Schiller, Bauplanungsrecht, S. 108.
1064 BVerwGE 107, 256 (259).

zogen, jedoch nicht grundstücksbezogen festgesetzt werden darf.[1065] Aus der Verhältniszahl kann sich aber ergeben, wie viele Wohnungen auf dem Grundstück zulässig sind, dabei ist es irrelevant, wie viele Gebäude dafür errichtet werden.[1066] Durch diese Festsetzungsmöglichkeit kann daher die Anzahl der Wohnungen als Ebenen mit Nutzungsräumen auf, oberhalb und unterhalb einer Grundstücksfläche und damit auch die Ausschöpfung des Potentials der Fläche, der Höhe und des Untergrundes beschränkt werden.

3. Nachhaltige Mobilität im Siedlungsgebiet

Für eine nachhaltige Mobilität im Siedlungsgebiet können die Darstellungs- und Festsetzungsmöglichkeiten zur nachhaltigen Nutzung und nachhaltigen Baustruktur des Siedlungsgebietes herangezogen werden. Darüber hinaus existieren weitere Darstellungs- und Festsetzungsmöglichkeiten, die sich auf eine nachhaltige Mobilität im Siedlungsgebiet beziehen.

a. Nutzungsmischung und Nachverdichtung anderer Nutzungsarten

Eine Nachverdichtung anderer Nutzungsarten kann durch die Darstellungs- und Festsetzungsmöglichkeiten zur nachhaltigen Baustruktur erfolgen. Für die Nutzungsmischung sind Darstellungs- und Festsetzungsmöglichkeiten von Bedeutung, die auf eine Begrenzung von Nutzungskonflikten oder auf das Wohnklima eingehen.

aa. Begrenzung von Nutzungskonflikten

Nach § 5 Absatz 2 Nr. 6 BauGB können im Flächennutzungsplan die Flächen für Nutzungsbeschränkungen oder für Vorkehrungen zum Schutz gegen schädliche Umwelteinwirkungen im Sinne des Bundes-Immissionsschutzgesetzes dargestellt werden. Dabei können entweder Flächen für Nutzungsbeschränkungen im Interesse von emittierenden Nutzungen oder Flächen für Vorkehrungen zum Schutz von empfindlichen Nutzun-

---

[1065] BVerwGE 107, 256 (260 f.); *Bracher*, in: Bracher/Reidt/Schiller, Bauplanungsrecht, S. 108 f.
[1066] BVerwGE 107, 256 (261).

gen wie der Wohnnutzung gegen schädliche Umwelteinwirkungen dargestellt werden.[1067] Nach § 9 Absatz 1 Nr. 24 BauGB können sodann im Bebauungsplan die von der Bebauung freizuhaltenden Schutzflächen und ihre Nutzung, die Flächen für besondere Anlagen und Vorkehrungen zum Schutz vor schädlichen Umwelteinwirkungen und sonstigen Gefahren im Sinne des Bundes-Immissionsschutzgesetzes sowie die zum Schutz vor solchen Einwirkungen oder zur Vermeidung oder Minderung solcher Einwirkungen zu treffenden baulichen und sonstigen technischen Vorkehrungen festgesetzt werden. Durch § 5 Absatz 2 Nr. 6 BauGB und § 9 Absatz 1 Nr. 24 BauGB sollen Nutzungskonflikte begrenzt werden. Dies ist unter anderem durch eine räumliche Trennung der Nutzungen zu erreichen, so dass sich diese Darstellungs- und Festsetzungsmöglichkeiten gegen eine Nutzungsmischung richten. Eine räumliche Trennung bewirken Schutzflächen als „Pufferzonen".[1068] Der räumlichen Trennung können aber technische und sonstige Schutzvorkehrungen anstelle der Schutzflächen entgegenwirken.[1069]

Eine Begrenzung von Nutzungskonflikten verbunden mit räumlicher Trennung der Nutzungen bewirken auch die Baugebiete nach § 5 Absatz 2 Nr. 1 BauGB i. V. m. § 1 Absatz 2 BauNVO und § 9 Absatz 1 Nr. 1 Alt. 1 BauGB i. V. m. § 1 Absatz 2 und 3 Satz 1 BauNVO, diese richten sich daher ebenfalls gegen eine Nutzungsmischung.[1070] Die Baugebietstypen der BauNVO sind in § 1 Absatz 2 BauNVO aufgeführt, wie beispielsweise Dorfgebiet oder Kerngebiet, und werden sodann in den §§ 2 ff. BauNVO konkretisiert. Durch die Gemeinden ist dabei eine planerische Feinsteuerung über § 1 Absatz 4 bis 10 BauNVO möglich.[1071] In den §§ 2 ff. BauNVO wird im jeweiligen Absatz 1 der vorrangige Nutzungszweck des Gebietes festgelegt. Da somit das Gemeindegebiet in unterschiedliche vorrangige Nutzungszwecke aufgeteilt wird, schränkt dies das gleichrangige Nebeneinander unterschiedlicher Nutzungszwecke ein. Des Weiteren wird im jeweiligen Absatz 2 die generelle Zulässigkeit und in Absatz 3 die ausnahmsweise Zulässigkeit bestimmter Nutzungen in diesem Baugebietstyp festgelegt. Auf diese Weise werden alle nicht in Absatz 2 und Absatz 3 aufgeführten Nutzungen im Baugebietstyp ausgeschlossen. Durch §§ 2 ff. BauNVO und

---

1067 *Mitschang*, in: Battis/Krautzberger/Löhr, Baugesetzbuch, § 5 Rn. 23.
1068 *Mitschang/Reidt*, in: Battis/Krautzberger/Löhr, Baugesetzbuch, § 9 Rn. 140.
1069 *Mitschang/Reidt*, in: Battis/Krautzberger/Löhr, Baugesetzbuch, § 9 Rn. 141.
1070 *Köck/Hofmann*, in: Umweltbundesamt, Effektivierung des raumbezogenen Planungsrechts, S. 43.
1071 *Brenner*, Öffentliches Baurecht, S. 65.

den jeweiligen Absätzen wird Nutzungsmischung damit eingeschränkt.[1072] Zusätzlich enthält § 15 Absatz 1 BauNVO zwei weitere Unzulässigkeitstatbestände.[1073] Nach § 15 Absatz 1 Satz 1 BauNVO sind die in den §§ 2 ff. BauNVO aufgeführten baulichen und sonstigen Anlagen im Einzelfall unzulässig, wenn sie nach Anzahl, Lage, Umfang oder Zweckbestimmung der Eigenart des Baugebiets widersprechen. Nach § 15 Absatz 1 Satz 2 BauNVO sind sie ebenfalls unzulässig, wenn von ihnen Belästigungen oder Störungen ausgehen können, die nach der Eigenart des Baugebiets im Baugebiet selbst oder in dessen Umgebung unzumutbar sind, oder wenn sie solchen Belästigungen oder Störungen ausgesetzt werden.

Für die Nutzungsmischung bedeutend ist aber auch die konkrete Ausgestaltung der jeweiligen Absätze 2 und 3 der §§ 2 ff. BauNVO. Je mehr Nutzungen in einem Baugebietstyp zulässig sind, umso förderlicher ist dies für die Nutzungsmischung, so dass die jeweiligen Absätze 2 und 3 in der Lage sind, die Begrenzungen für die Nutzungsmischung abzubauen.[1074] Die Baugebietstypen lassen unterschiedlich viel Nutzungsmischung zu. So ist in reinen Wohngebieten nach § 3 BauNVO, die dem Wohnen dienen, die Nutzungsmischung zugunsten der Wohnruhe stark reduziert. Die BauGB-Novelle 2013 führte für reine Wohngebiete mehr Nutzungsmischung ein, indem nicht mehr nur Wohngebäude nach § 3 Absatz 2 BauNVO generell zulässig sind, sondern auch Anlagen zur Kinderbetreuung, die den Bedürfnissen der Bewohner des Gebiets dienen.[1075] Weit mehr Nutzungsmischung lassen hingegen Mischgebiete nach § BauNVO und Kerngebiete nach § 7 BauNVO zu. Mischgebiete dienen nach § 6 Absatz 1 BauNVO dem Wohnen und der Unterbringung von Gewerbebetrieben, die das Wohnen nicht wesentlich stören. Allgemein zulässig sind im Mischgebiet nach § 6 Absatz 2 BauNVO unter anderem Wohngebäude, Geschäfts- und Bürogebäude und Gewerbebetriebe. Kerngebiete dienen nach § 7 Absatz 1 BauNVO vorwiegend der Unterbringung von Handelsbetrieben sowie der zentralen Einrichtungen der Wirtschaft, der Verwaltung und der Kultur. In diesen sind nach § 7 Absatz 2 BauNVO beispielsweise Geschäfts-, Büro- und Verwaltungsgebäude, nicht wesentlich störende Gewerbebetriebe und Anlagen für kirchliche, kulturelle, soziale, gesundheitliche und sportliche

---

1072 Vgl. *Köck/Hofmann*, in: Umweltbundesamt, Effektivierung des raumbezogenen Planungsrechts, S. 43.
1073 Vgl. *Pützenbacher*, in: Bönker/Bischopink, Baunutzungsverordnung, § 15 Rn. 83.
1074 Vgl. *Greiving*, in: ARL, Flächenhaushaltspolitik: Feststellungen und Empfehlungen, S. 155.
1075 BGBl. I 2013/29, S. 1551.

Zwecke allgemein zulässig. Die BauGB-Novelle 2017 hat zudem den neuen Baugebietstyp Urbanes Gebiet nach § 6a BauNVO eingeführt.[1076] Das Urbane Gebiet dient nach § 6a Absatz 1 BauNVO dem Wohnen sowie der Unterbringung von Gewerbebetrieben und sozialen, kulturellen und anderen Einrichtungen, die die Wohnnutzung nicht wesentlich stören. Die Nutzungsmischung muss nicht gleichgewichtig sein. Allgemein zulässig sind in einem Urbanen Gebiet nach § 6a Absatz 2 BauNVO unter anderem Wohngebäude, Geschäfts- und Bürogebäude und Gewerbebetriebe. Die Möglichkeiten der Nutzungsmischung von Mischgebiet und Urbanem Gebiet ähneln sich stark. Eine stärkere Nutzungsmischung im Urbanen Gebiet als im Mischgebiet ergibt sich erst in Verbindung mit der TA-Lärm, die im Urbanen Gebiet um 3 dB (a) höhere Werte als im Mischgebiet vorsieht. Der Gesetzgeber führte das Urbane Gebiet ausdrücklich zugunsten einer Nutzungsmischung als einem Beitrag zur Reduzierung der Flächeninanspruchnahme ein.[1077]

bb. Wohnklima

Nach § 5 Absatz 2 Nr. 2 a) BauGB können im Flächennutzungsplan die Ausstattung des Gemeindegebiets mit Anlagen und Einrichtungen zur Versorgung mit Gütern und Dienstleistungen des öffentlichen und privaten Bereichs, insbesondere mit der Allgemeinheit dienenden baulichen Anlagen und Einrichtungen des Gemeinbedarfs, wie mit Schulen und Kirchen sowie mit sonstigen kirchlichen, sozialen, gesundheitlichen und kulturellen Zwecken dienenden Gebäuden und Einrichtungen, sowie mit Flächen für Sport- und Spielanlagen dargestellt werden. Diese Darstellungsmöglichkeit umfasst allgemeine Versorgungseinrichtungen und damit alle Anlagen einer modernen Infrastruktur wie Einkaufszentren und Freizeitanlagen.[1078] Gesondert erwähnt sind Flächen für Sport- und Spielanlagen. Unterfall der allgemeinen Versorgungseinrichtungen sind die baulichen Anlagen und Einrichtungen des Gemeinbedarfs.[1079] Der Begriff des Gemeinbedarfs wird in § 5 Absatz 2 Nr. 2 a) BauGB beispielhaft erläutert.[1080] Daraus

---

1076 BGBl. I 2017/25, S. 1062.
1077 BT-Drucks. 18/10942, S. 32.
1078 *Mitschang*, in: Battis/Krautzberger/Löhr, Baugesetzbuch, § 5 Rn. 15 und 15a; *Schrödter*, in: Schrödter, Baugesetzbuch, § 5 Rn. 34.
1079 *Mitschang*, in: Battis/Krautzberger/Löhr, Baugesetzbuch, § 5 Rn. 15a.
1080 *Bracher*, in: Bracher/Reidt/Schiller, Bauplanungsrecht, S. 105.

Zweiter Teil: Untersuchung des Bauplanungsrechts

lässt sich ableiten, dass bauliche Anlagen und Einrichtungen des Gemeinbedarfs der Allgemeinheit dienen, durch sie eine öffentliche Aufgabe wahrgenommen wird und die Nutzung privatwirtschaftlichem Bestreben entzogen ist.[1081] Nach § 9 Absatz 1 Nr. 5 BauGB können im Bebauungsplan sodann die Flächen für den Gemeinbedarf sowie für Sport- und Spielanlagen auch festgesetzt werden. Zwar können Gemeinden auch ein Baugebiet nach §§ 5 Absatz 2 Nr. 1, 9 Absatz 1 Nr. 1 Alt. 1 BauGB i. V. m. §§ 1 Absatz 2 und 3 Satz 1, 2 ff. BauNVO darstellen oder festsetzen, in dem die erwünschten allgemeinen Versorgungseinrichtungen zulässig sind, doch stellt dies nicht sicher, dass in diesem Baugebiet auch tatsächlich eine Fläche für die erwünschten allgemeinen Versorgungseinrichtungen zur Verfügung gestellt wird.[1082] Damit können §§ 5 Absatz 2 Nr. 2 a), 9 Absatz 1 Nr. 5 BauGB dazu beitragen, dass allgemeine Versorgungseinrichtungen neben andere Nutzungen hinzutreten, beispielsweise wohngebietsnahe Sport- und Spielanlagen[1083]. Diese Darstellungs- und Festsetzungsmöglichkeiten tragen auf diese Weise zu einer Nutzungsmischung bei.

Zudem wird § 9 Absatz 1 Nr. 5 BauGB durch § 9 Absatz 3 Satz 2 BauGB unterstützt. Danach können Festsetzungen nach § 9 Absatz 1 BauGB für übereinanderliegende Geschosse und Ebenen und sonstige Teile baulicher Anlagen gesondert getroffen werden; dies gilt auch, soweit Geschosse, Ebenen und sonstige Teile baulicher Anlagen unterhalb der Geländeoberfläche vorgesehen sind. § 9 Absatz 3 Satz 2 BauGB ermöglicht es nicht, auf unterschiedlichen Nutzungsebenen unterschiedliche Baugebiete nach der BauNVO festzusetzen.[1084] Die vertikale Gliederung hinsichtlich eines Baugebietes ist in den §§ 1 Absatz 7 und 9, 4a Absatz 4, 7 Absatz 4, 12 Absatz 4 und 5 BauNVO abschließend geregelt.[1085] Nach § 9 Absatz 3 Satz 2 BauGB können jedoch andere Festsetzungen über die Art der baulichen Nutzung nach § 9 Absatz 1 Nr. 4 ff. BauGB erfolgen.[1086] So kann eine Überlagerung von Verkehrsflächen im Untergrund mit einer Gemeinbedarfsfläche, einer Grünfläche sowie mit einem Baugebiet erfolgen.[1087]

1081 *Söfker*, in: Ernst/Zinkahn/Bielenberg/Krautzberger, Baugesetzbuch, § 5 Rn. 26.
1082 *Bracher*, in: Bracher/Reidt/Schiller, Bauplanungsrecht, S. 106 f.
1083 *Mitschang*, in: Battis/Krautzberger/Löhr, Baugesetzbuch, § 5 Rn. 16.
1084 *Bracher*, in: Bracher/Reidt/Schiller, Bauplanungsrecht, S. 146.
1085 *Bracher*, in: Bracher/Reidt/Schiller, Bauplanungsrecht, S. 146; *Mitschang/Reidt*, in: Battis/Krautzberger/Löhr, Baugesetzbuch, § 9 Rn. 215.
1086 *Bracher*, in: Bracher/Reidt/Schiller, Bauplanungsrecht, S. 146.
1087 *Bracher*, in: Bracher/Reidt/Schiller, Bauplanungsrecht, S. 145; *Spannowsky*, in: Spannowsky/Uechtritz, Baugesetzbuch, § 9 Rn. 142.1; *Söfker*, in: Ernst/

Aspekte der Wirkung

Durch § 9 Absatz 3 Satz 2 BauGB kann flexibel auf unterschiedliche städtebauliche Situationen eingegangen werden, da durch diese Regelung je nach den städtebaulichen Erfordernissen unterschiedliche Kombinationen von Nutzungen möglich sind.

Auf die Interessen von Zielgruppen wird durch die Entschädigungsvorschriften nach §§ 39 ff. BauGB eingegangen. Durch die Festsetzungsmöglichkeit der Flächen für den Gemeinbedarf sowie für Sport- und Spielanlagen nach § 9 Absatz 1 Nr. 5 BauGB können dem Grundeigentümer keine privatnützigen Verwendungsarten des Grundstückes mehr verbleiben, so dass diese dann ausgleichspflichtige Inhalts- und Schrankenbestimmungen nach Art. 14 Absatz 1 Satz 2 GG sind.[1088] Der Ausgleich erfolgt durch die Entschädigungsregelung nach § 40 BauGB. Nach § 40 Absatz 1 Nr. 1 BauGB ist der Eigentümer nach Maßgabe der darauffolgenden Absätze bei diesen Festsetzungen zu entschädigen, soweit ihm Vermögensnachteile entstehen. Da Festsetzungen lediglich bindend die künftige Zweckbestimmung der Flächen festlegen, nicht aber auch eine enteignende Vorwirkung haben,[1089] müssen spezifische Vermögensnachteile des Eigentümers vorliegen.[1090] Diese werden in § 40 Absatz 2 Satz 1, Absatz 3 Satz 1 BauGB konkretisiert.[1091]

b. Nachhaltige Nutzung der Verkehrsebenen

Eine nachhaltige Nutzung der Verkehrsebenen kann durch die Darstellungs- und Festsetzungsmöglichkeiten zur Folgenutzung und zur Zwischennutzung als deren Unterfall erfolgen. Darüber hinaus haben § 5 Absatz 2 Nr. 3 BauGB und § 9 Absatz 1 Nr. 11 BauGB auf die nachhaltige Nutzung der Verkehrsebenen Einfluss. Nach § 5 Absatz 2 Nr. 3 BauGB können im Flächennutzungsplan neben den Flächen für den überörtlichen Verkehr die Flächen für die örtlichen Hauptverkehrszüge dargestellt werden. Zum überörtlichen Verkehr zählt auch Verkehr durch das Gemeindegebiet

---

Zinkahn/Bielenberg/Krautzberger, Baugesetzbuch, § 9 Rn. 250; *Mitschang/Reidt*, in: Battis/Krautzberger/Löhr, Baugesetzbuch, § 9 Rn. 215.
1088 Vgl. *Battis*, in: Battis/Krautzberger/Löhr, Baugesetzbuch, § 40 Rn. 5.
1089 BVerwG NVwZ-RR 1998, 483 (483).
1090 Vgl. *Paetow*, in: Berliner Kommentar zum Baugesetzbuch, § 40 Rn. 11.
1091 *Paetow*, in: Berliner Kommentar zum Baugesetzbuch, § 40 Rn. 11.

Zweiter Teil: Untersuchung des Bauplanungsrechts

mit überörtlicher Bedeutung.[1092] Zu den örtlichen Hauptverkehrszügen zählen die Verbindungsstraßen zwischen Ortsteilen, Anschlüsse der Baugebiete an Hauptverkehrsstraßen, wichtige Fuß- und Radwege oder das U-Bahn und S-Bahnnetz.[1093] Zu den örtlichen Hauptverkehrszügen gehören ebenfalls wichtige Flächen für den ruhenden Verkehr wie Parkplätze.[1094] Nach § 9 Absatz 1 Nr. 11 BauGB können im Bebauungsplan die Verkehrsflächen sowie Verkehrsflächen besonderer Zweckbestimmung, wie Fußgängerbereiche, Flächen für das Parken von Fahrzeugen, Flächen für das Abstellen von Fahrrädern sowie den Anschluss anderer Flächen an die Verkehrsflächen festgesetzt werden. Zu den Verkehrsflächen zählen dabei grundsätzlich Straßen, Wege und Plätze.[1095] Verkehrsflächen besonderer Zweckbestimmung sind in § 9 Absatz 1 Nr. 11 BauGB beispielhaft aufgezählt.[1096] Dazu zählen über diese Aufzählung hinaus auch verkehrsberuhigte Straßen, die neben der Fortbewegung auch der Kommunikation, dem Aufenthalt und dem Spiel dienen.[1097] Durch die Festsetzungsmöglichkeit nach § 9 Absatz 1 Nr. 11 BauGB kann die Gemeinde eine gemeindliche Verkehrspolitik betreiben.[1098]

Aspekte der Wirkung

Durch §§ 5 Absatz 2 Nr. 3, 9 Absatz 1 Nr. 11 BauGB kann die Gemeinde flexibel auf unterschiedliche städtebauliche Situationen eingehen, da ihr diese Regelungen zahlreiche Möglichkeiten der Gestaltung der Verkehrsflächen bieten.

c. Ausschöpfung des Potentials der Höhe und des Untergrundes für Verkehrsebenen

Eine Ausschöpfung des Potentials der Höhe und des Untergrundes für Verkehrsebenen kann durch die entsprechenden Darstellungs- und Festsetzungsmöglichkeiten zur Ausschöpfung des Potentials der Höhe und des

---

1092 *Söfker*, in: Ernst/Zinkahn/Bielenberg/Krautzberger, Baugesetzbuch, § 5 Rn. 30.
1093 *Söfker*, in: Ernst/Zinkahn/Bielenberg/Krautzberger, Baugesetzbuch, § 5 Rn. 30.
1094 *Söfker*, in: Ernst/Zinkahn/Bielenberg/Krautzberger, Baugesetzbuch, § 5 Rn. 30.
1095 *Spannowsky*, in: Spannowsky/Uechtritz, Baugesetzbuch, § 9 Rn. 43.
1096 *Mitschang/Reidt*, in: Battis/Krautzberger/Löhr, Baugesetzbuch, § 9 Rn. 65.
1097 *Mitschang/Reidt*, in: Battis/Krautzberger/Löhr, Baugesetzbuch, § 9 Rn. 65.
1098 *Mitschang/Reidt*, in: Battis/Krautzberger/Löhr, Baugesetzbuch, § 9 Rn. 57.

Untergrundes erfolgen. Darüber hinaus kann nach § 12 Absatz 6 BauNVO im Bebauungsplan festgesetzt werden, dass in Baugebieten oder bestimmten Teilen von Baugebieten Stellplätze und Garagen unzulässig oder nur in beschränktem Umfang zulässig sind, soweit landesrechtliche Vorschriften nicht entgegenstehen. Städtebaulicher Grund dafür kann ein verkehrsberuhigtes Neubaugebiet mit kleinen Wohngrundstücken sein.[1099] Um den landesrechtlich geregelten Stellplatzpflichten nicht entgegenzustehen und dem Eigentümer nicht als einzige Handlungsoption die landesrechtlich mögliche finanzielle Ablösung der Stellplatzpflicht zu belassen,[1100] sollten im Bebauungsplan gleichzeitig Festsetzungen erfolgen, wo und wie der Stellplatzbedarf in zumutbarer Fußwegentfernung gedeckt werden kann.[1101] Dies kann beispielsweise durch Festsetzungen nach § 9 Absatz 1 Nr. 22 BauGB realisiert werden, wonach im Bebauungsplan die Flächen für Gemeinschaftsanlagen für bestimmte räumliche Bereiche wie Kinderspielplätze, Freizeiteinrichtungen, Stellplätze und Garagen festgesetzt werden können.[1102] Darüber können Festsetzungen von Sammelgaragen erfolgen.[1103] Anstatt Ebenen für den ruhenden Verkehr ausschließlich auf der Fläche bereitzustellen, können diese durch § 12 Absatz 6 BauNVO i. V. m. § 9 Absatz 1 Nr. 22 BauGB somit in einem Gebäude wie einer Sammelgarage gebündelt werden. Damit fördert § 12 Absatz 6 BauNVO i. V. m. § 9 Absatz 1 Nr. 22 BauGB die Ausschöpfung des Potentials der Höhe und des Untergrundes für Verkehrsebenen.

1099 *Stock*, in: Ernst/Zinkahn/Bielenberg/Krautzberger, Baugesetzbuch, § 12 BauNVO Rn. 110.
1100 Beispielsweise bestimmt sich in Thüringen die Stellplatzpflicht nach § 49 Absatz 1 Satz 1 ThürBO: „Bei der Errichtung von Anlagen, bei denen ein Zu- und Abgangsverkehr zu erwarten ist, müssen geeignete Stellplätze oder Garagen hergestellt werden, wenn und soweit insbesondere unter Berücksichtigung der örtlichen Verkehrsverhältnisse und des öffentlichen Personenverkehrs zu erwarten ist, dass der Zu- und Abgangsverkehr mittels Kraftfahrzeug erfolgt (notwendige Stellplätze und Garagen)." Die finanzielle Ablösung bestimmt sich in Thüringen sodann nach § 49 Absatz 3 Satz 1 ThürBO: „Die Stellplätze können mit Einverständnis der Gemeinde durch Zahlung eines Geldbetrags abgelöst werden."
1101 *Stock*, in: Ernst/Zinkahn/Bielenberg/Krautzberger, Baugesetzbuch, § 12 BauNVO Rn. 111.
1102 *Stock*, in: Ernst/Zinkahn/Bielenberg/Krautzberger, Baugesetzbuch, § 12 BauNVO Rn. 111.
1103 *Stock*, in: Ernst/Zinkahn/Bielenberg/Krautzberger, Baugesetzbuch, § 12 BauNVO Rn. 111.

IV. Reduzierung der Flächeninanspruchnahme

Maßnahmen der Innenentwicklung bewirken im Zusammenhang mit der Entstehung von nicht naturgemäßen Nutzungsräumen auf Flächen außerhalb des Siedlungsgebietes eine Reduzierung der Flächeninanspruchnahme. Die Darstellungs- und Festsetzungsmöglichkeiten zu den Maßnahmen der Innenentwicklung, mit Ausnahme der Folgenutzung, können daher nicht nur auf bestehendes, sondern auch auf entstehendes Siedlungsgebiet angewandt werden.

V. Freiraumentwicklung

Zwar ist eine Negativplanung durch Darstellungen und Festsetzungen nicht möglich, so dass eine direkte Unterlassung der Flächeninanspruchnahme entfällt,[1104] doch kann über die aktive Nutzung von Fläche durch Darstellungen und Festsetzungen eine Freiraumentwicklung erfolgen. Für die Freiraumentwicklung sind die Darstellungsmöglichkeiten und Festsetzungsmöglichkeiten naturgemäßer Flächennutzung von Bedeutung sowie die Darstellungs- und Festsetzungsmöglichkeiten der Erholung dienender Sondergebiete.

1. Naturgemäße Flächennutzung

Zu einer naturgemäßen Flächennutzung gehören Grünflächen, der Schutz, die Pflege und die Entwicklung von Boden, Natur und Landschaft sowie Landwirtschaft und Wald.

a. Grünflächen sowie Schutz, Pflege und Entwicklung von Boden, Natur und Landschaft

Darstellungs- und Festsetzungsmöglichkeiten, die auf eine naturgemäße Flächennutzung zielen, führen innerhalb des Siedlungsgebietes zu Freiflächen und begrenzen damit die Ausschöpfung des Potentials der Fläche, außerhalb oder am Rand des Siedlungsgebietes stärken sie jedoch die Frei-

---

1104 Vgl. II. 3.

raumentwicklung. Dies trifft auf §§ 5 Absatz 2 Nr. 5, 9 Absatz 1 Nr. 15 BauGB und §§ 5 Absatz 2 Nr. 10, 9 Absatz 1 Nr. 20 BauGB zu.[1105] Hinsichtlich des § 5 Absatz 2 Nr. 5 BauGB, wonach, im Flächennutzungsplan die Grünflächen, wie unter anderem Parkanlagen, dargestellt werden können, ist zu beachten, dass eine Parkanlage ein Landschaftspark oder ein Wildpark sein kann[1106]. Die Erwähnung der Parkanlagen in § 5 Absatz 2 Nr. 5 BauGB schließt nicht aus, dass auch weiträumige, nicht als Park oder parkähnlich gestaltete Grünflächen dargestellt werden können.[1107] In § 5 Absatz 2 Nr. 5 BauGB sind aber nur diejenigen Grünflächen gemeint, die unmittelbare städtebauliche Bedeutung haben, indem sie in bebaute Gebiete eingegliedert oder ihnen zugeordnet sind.[1108] Grünflächen außerhalb des Siedlungsgebietes müssen deshalb einem bebauten Gebiet zugeordnet sein, indem sich ihre unmittelbare städtebauliche Bedeutung aus ihrer Funktion der Naherholung für die Bewohner dieses bebauten Gebietes ergibt.[1109]

Die angeführten Darstellungs- und Festsetzungsmöglichkeiten können zusätzlich durch die Festsetzungsmöglichkeiten nach § 9 Absatz 1 Nr. 10 BauGB und § 9 Absatz 1 Nr. 25 BauGB unterstützt werden. Nach § 9 Absatz 1 Nr. 10 BauGB können im Bebauungsplan die Flächen, die von der Bebauung freizuhalten sind, und ihre Nutzung festgesetzt werden. Durch die Festsetzungen nach § 9 Absatz 1 Nr. 15 und 20 BauGB bleiben auf diesen Flächen bauliche Nutzungen zulässig, die unmittelbar der festgesetzten Funktion der Fläche dienen.[1110] In Kombination mit der Festsetzungsmöglichkeit nach § 9 Absatz 1 Nr. 10 BauGB können auch diese baulichen Nutzungen ausgeschlossen werden.[1111] Die Erforderlichkeit dieser Festsetzung nach § 1 Absatz 3 Satz 1 BauGB kann beispielsweise der Schutz der freien Kulturlandschaft vor einer Zersiedelung durch landwirtschaftlich genutzte Fläche sein.[1112] Darüber hinaus können nach § 9 Absatz 1 Nr. 25 BauGB im Bebauungsplan für einzelne Flächen oder für ein Bebauungsplangebiet oder Teile davon sowie für Teile baulicher Anlagen, mit Ausnahme der für landwirtschaftliche Nutzungen oder Wald festgesetzten Flächen, das An-

---

1105 Vgl. III. 2. b. aa.
1106 *Söfker*, in: Ernst/Zinkahn/Bielenberg/Krautzberger, Baugesetzbuch, § 5 Rn. 39.
1107 *Söfker*, in: Ernst/Zinkahn/Bielenberg/Krautzberger, Baugesetzbuch, § 5 Rn. 39.
1108 *Mitschang*, in: Battis/Krautzberger/Löhr, Baugesetzbuch, § 5 Rn. 20.
1109 Vgl. *Mitschang*, in: Battis/Krautzberger/Löhr, Baugesetzbuch, § 5 Rn. 20.
1110 *Schrödter*, in: Schrödter, Baugesetzbuch, § 9 Rn. 66.
1111 *Schrödter*, in: Schrödter, Baugesetzbuch, § 9 Rn. 66; *Söfker*, in: Ernst/Zinkahn/ Bielenberg/Krautzberger, Baugesetzbuch, § 9 Rn. 97b.
1112 *Schrödter*, in: Schrödter, Baugesetzbuch, § 9 Rn. 66.

pflanzen von Bäumen, Sträuchern und sonstigen Bepflanzungen, Bindungen für Bepflanzungen und für die Erhaltung von Bäumen, Sträuchern und sonstigen Bepflanzungen sowie von Gewässern festgesetzt werden. Diese Festsetzung kann selbstständig erfolgen, außerhalb des Siedlungsgebietes, beispielsweise zum Schutz eines besonderen Überganges von der Bebauung zur umgebenden Landschaft,[1113] aber auch in Kombination mit den oben genannten Festsetzungen.[1114]

Aspekte der Wirkung

Auf die Interessen von Zielgruppen wird durch die Entschädigungsvorschriften nach §§ 39 ff. BauGB eingegangen.[1115] Durch die Festsetzungsmöglichkeiten der Grünflächen nach § 9 Absatz 1 Nr. 15 BauGB, der Flächen zum Schutz, zur Pflege und zur Entwicklung von Boden, Natur und Landschaft nach § 9 Absatz 1 Nr. 20 BauGB und von der Bebauung freizuhaltenden Flächen nach § 9 Absatz 1 Nr. 10 BauGB können dem Grundeigentümer keine privatnützigen Verwendungsarten des Grundstückes mehr verbleiben, so dass ausgleichspflichtig sind.[1116] Nach § 40 Absatz 1 Nr. 8, 12 und 14 BauGB ist der Eigentümer nach Maßgabe der darauffolgenden Absätze bei diesen Festsetzungen zu entschädigen, soweit ihm Vermögensnachteile entstehen.

b. Landwirtschaft und Wald

Nach § 5 Absatz 2 Nr. 9 BauGB können im Flächennutzungsplan Flächen für die Landwirtschaft und Wald dargestellt und nach § 9 Absatz 1 Nr. 18 BauGB sodann auch im Bebauungsplan festgesetzt werden. Diese Darstellungs- und Festsetzungsmöglichkeiten stellen eine naturgemäße Flächennutzung dar und stärken damit die Freiraumentwicklung. Sie können durch Festsetzungen nach § 9 Absatz 1 Nr. 10 BauGB unterstützt werden.[1117]

1113 *Mitschang/Reidt*, in: Battis/Krautzberger/Löhr, Baugesetzbuch, § 9 Rn. 151 und 154.
1114 *Bracher*, in: Bracher/Reidt/Schiller, Bauplanungsrecht, S. 135.
1115 Vgl. III. 3. a. bb.
1116 Vgl. *Battis*, in: Battis/Krautzberger/Löhr, Baugesetzbuch, § 40 Rn. 5; vgl. III. 3. a. bb.
1117 Vgl. V. 1. a.

Aspekte der Wirkung

Die städtebauliche Situation wird hinsichtlich der Landwirtschaft durch § 201 BauGB klarer umrissen. Nach § 201 BauGB ist Landwirtschaft im Sinne des BauGB insbesondere der Ackerbau, die Wiesen- und Weidewirtschaft einschließlich Tierhaltung, soweit das Futter überwiegend auf den zum landwirtschaftlichen Betrieb gehörenden, landwirtschaftlich genutzten Flächen erzeugt werden kann, die gartenbauliche Erzeugung, der Erwerbsobstbau, der Weinbau, die berufsmäßige Imkerei und die berufsmäßige Binnenfischerei.

c. Aspekte der Wirkung hinsichtlich naturgemäßer Flächennutzung

Als Instrument des Flächenmanagements kann der gemeinsame Flächennutzungsplan nach § 204 Absatz 1 BauGB auch bei den Darstellungsmöglichkeiten der naturgemäßen Flächennutzung eingesetzt werden.[1118] Der erhöhte Koordinationsbedarf kann sich unter anderem aus tendenziell gemeinsamen Interessen ergeben, wie der Verhinderung des Zusammenwachsens der Ortslagen oder der Ausbau gemeinsamer Erholungsgebiete.[1119] Gemeinden bestimmen daher durch die Art ihres planerischen Konzeptes für das Gemeindegebiet oftmals maßgeblich selbst, ob eine derartige städtebauliche Entwicklung vorliegt.[1120] Ist die Konzeption umfassend, so dass auch das Gemeindegebiet anderer Gemeinden betroffen ist, lässt sich daraus der gemeindeübergreifende städtebauliche Entwicklungsbedarf herleiten.[1121] Bei den Interessen der Verhinderung des Zusammenwachsens der Ortslagen oder des Ausbaus gemeinsamer Erholungsgebiete können insbesondere die Darstellungen nach § 5 Absatz 2 Nr. 10 BauGB koordiniert werden, so dass große Freiflächen zwischen den Siedlungsbereichen besser vernetzt werden und damit erhalten bleiben[1122].

1118 Gemeinsamer Flächennutzungsplan II. 1.
1119 *Hornmann*, in: Spannowsky/Uechtritz, Baugesetzbuch, § 204 Rn. 10 f.
1120 *Jarass/Kment*, Baugesetzbuch, § 204 Rn. 9.
1121 *Jarass/Kment*, Baugesetzbuch, § 204 Rn. 9.
1122 Vgl. *Jörissen/Coenen*, Sparsame und schonende Flächennutzung, S. 135.

2. Der Erholung dienende Sondergebiete

§ 10 BauNVO regelt Sondergebiete, die der Erholung dienen. Nach § 10 Absatz 1 BauNVO kommen als solche Sondergebiete, insbesondere Wochenendhausgebiete, Ferienhausgebiete und Campingplatzgebiete in Betracht. Der Erholungsraum für diese Gebiete ist die Landschaft.[1123] Nach § 10 Absatz 3 Satz 3 BauNVO ist die zulässige Grundfläche der Wochenendhäuser im Bebauungsplan, begrenzt nach der besonderen Eigenart des Gebiets, unter Berücksichtigung der landschaftlichen Gegebenheiten festzusetzen.[1124] Gleiches gilt nach § 10 Absatz 4 Satz 2 BauNVO für die Grundfläche der Ferienhäuser. Damit wird das schonende Einfügen der Wochenend- und Ferienhäuser in die Landschaft angesprochen, aus der sich eine Grundfläche ableiten lässt, die deutlich hinter der Grundfläche üblicher Wohngebäude im Einfamilienhausbereich liegt.[1125] In einem Campingplatzgebiet nach § 10 Absatz 5 BauGB sind Campingplätze und Zeltplätze zulässig. Ein Campingplatzgebiet dient damit durch Erschließungsanlagen und Versorgungseinrichtungen dem zeitweiligen Erholungsaufenthalt in mobilen Unterkünften, die ohne größeren Aufwand fortbewegt werden können.[1126] Ein Campingplatzgebiet ist daher von Standplätzen und nicht von baulichen Anlagen geprägt.[1127] Bei der Ausweisung eines Sondergebietes nach § 10 BauNVO am Siedlungsrand verhindern die Vorschriften über die Grundflächen von Wochenend- und Ferienhäusern nach § 10 Absatz 3 Satz 3 BauNVO und § 10 Absatz 4 Satz 2 BauNVO und die Vorschrift über das Campingplatzgebiet nach § 10 Absatz 5 BauGB zwar nicht die Flächeninanspruchnahme, sie halten diese jedoch zugunsten einer naturgemäßen Flächennutzung zur Erholung gering. Bei einer Ausweisung eines Sondergebietes nach § 10 BauNVO am Siedlungsrand stärken diese Vorschriften damit die Freiraumentwicklung.

VI. Renaturierung

Die Darstellungs- und Festsetzungsmöglichkeiten, die zur Freiraumentwicklung eingesetzt werden können, sind auch für die Renaturierung för-

---

1123 Vgl. *Bischopink*, in: Bönker/Bischopink, Baunutzungsverordnung, § 10 Rn. 48.
1124 Grundfläche III. 2. b. bb. (1).
1125 *Bischopink*, in: Bönker/Bischopink, Baunutzungsverordnung, § 10 Rn. 48.
1126 *Bischopink*, in: Bönker/Bischopink, Baunutzungsverordnung, § 10 Rn. 53 ff.
1127 Vgl. *Bischopink*, in: Bönker/Bischopink, Baunutzungsverordnung, § 10 Rn. 53.

derlich, da sie auf eine naturgemäße Flächennutzung zielen.[1128] Dies trifft auf §§ 5 Absatz 2 Nr. 5, 9 Absatz 1 Nr. 15 BauGB, §§ 5 Absatz 2 Nr. 10, 9 Absatz 1 Nr. 20 BauGB und §§ 5 Absatz 1 Nr. 9, 9 Absatz 1 Nr. 18 BauGB zu. Diese Darstellungs- und Festsetzungsmöglichkeiten können auch bezüglich einer Renaturierung durch Festsetzungen nach § 9 Absatz 1 Nr. 10 BauGB und mit Ausnahme der Flächen für Landwirtschaft und Wald durch Festsetzungen nach § 9 Absatz 1 Nr. 25 BauGB zusätzlich unterstützt werden.[1129]

Aspekte der Wirkung

Städtebauliche Gebote stellen ein Instrument des Flächenmanagements und gleichzeitig deutliche verbindliche Aussagen für Zielgruppen dar.[1130] Für die Renaturierung sind folgende städtebauliche Gebote förderlich. Mit dem Pflanzgebot nach § 178 BauGB kann die Gemeinde den Eigentümer durch Bescheid verpflichten, sein Grundstück innerhalb einer zu bestimmenden angemessenen Frist entsprechend den nach § 9 Absatz 1 Nr. 25 BauGB getroffenen Festsetzungen des Bebauungsplans zu bepflanzen. Ein städtebaulicher Grund nach § 175 Absatz 2 BauGB dafür kann die Verbesserung des Kleinklimas sein.[1131] Ist die Festsetzung der privaten nicht baulichen Nutzung zu ihrer Verwirklichung nicht auf bestimmte Bepflanzungen angewiesen, jedoch so konkret, dass ein vollziehbares Gebot darauf gestützt werden könnte, so kann ein Baugebot zur Durchsetzung nicht baulicher Festsetzungen nach § 176 Absatz 6 BauGB angeordnet werden, nach dem die Vorschriften des Baugebotes nach § 176 Absatz 1, 3 bis 5 BauGB entsprechend anzuwenden sind.[1132] Ein städtebaulicher Grund nach § 175 Absatz 2 BauGB kann dafür vorliegen, wenn für die private nicht bauliche Nutzung ein nachweisbarer Bedarf besteht, der auf anderen Grundstücken nicht sachgerecht gedeckt werden kann.[1133] Sodann kommt bei privatnützigen nicht baulichen Festsetzungen auch das Rückbaugebot nach § 179

1128 Vgl. *Stock*, in: Ernst/Zinkahn/Bielenberg/Krautzberger, Baugesetzbuch, § 179 Rn. 39; vgl. V. 1. a.
1129 Vgl. *Stock*, in: Ernst/Zinkahn/Bielenberg/Krautzberger, Baugesetzbuch, § 179 Rn. 39; vgl. V. 1. a.
1130 Vgl. III. 2. b. bb. (5).
1131 *Köhler/Fieseler*, in: Schrödter, Baugesetzbuch, § 178 Rn. 3.
1132 *Stock*, in: Ernst/Zinkahn/Bielenberg/Krautzberger, Baugesetzbuch, § 176 Rn. 38 f.; Baugebot III. 2. b. bb. (5).
1133 *Köhler/Fieseler*, in: Schrödter, Baugesetzbuch, § 176 Rn. 22.

Absatz 1 Satz 1 Nr. 1 BauGB in Betracht.[1134] Nach diesem kann die Gemeinde den Eigentümer verpflichten zu dulden, dass eine bauliche Anlage ganz oder teilweise beseitigt wird, wenn sie den Festsetzungen eines Bebauungsplans nicht entspricht und ihnen nicht angepasst werden kann. Das Rückbaugebot ist damit ein Duldungsgebot. Sonstige Maßnahmen der Wiedernutzbarmachung von dauerhaft nicht mehr genutzten Flächen, durch die der durch Bebauung oder Versiegelung beeinträchtigte Boden in seiner Leistungsfähigkeit erhalten oder wiederhergestellt werden soll, werden vom Entsiegelungsgebot nach § 179 Absatz 1 Satz 2 BauGB erfasst.[1135] Dabei gilt § 179 Absatz 1 Satz 1 Nr. 1 BauGB entsprechend. Das Entsiegelungsgebot ist auf die Entsiegelung bebauter oder anders versiegelter Fläche,[1136] auf die Leistungsfähigkeit des Bodens für den Naturhaushalt[1137] und auf Flächen mit einer dauerhaften und endgültigen Nutzungsaufgabe bezogen, wenn nach der Verkehrsanschauung nicht mehr mit einer Wiederbelebung der früheren wirtschaftlichen Nutzung der Fläche zu rechnen ist[1138].

1134 *Köhler/Fieseler*, in: Schrödter, Baugesetzbuch, § 179 Rn. 5.
1135 BT-Drucks. 13/6392, S. 72.
1136 BT-Drucks. 13/6392, S. 72.
1137 *Köhler/Fieseler*, in: Schrödter, Baugesetzbuch, § 179 Rn. 9; *Stock*, in: Ernst/Zinkahn/Bielenberg/Krautzberger, Baugesetzbuch, § 179 Rn. 35.
1138 *Stock*, in: Ernst/Zinkahn/Bielenberg/Krautzberger, Baugesetzbuch, § 179 Rn. 44.

Zweiter Abschnitt: Die Abwägung in der Bauleitplanung

Bei der Aufstellung der Bauleitpläne sind die öffentlichen und privaten Belange nach § 1 Absatz 7 BauGB gegeneinander und untereinander gerecht abzuwägen. Die Gemeinde muss dabei zwischen Belangen einen vertretbaren Ausgleich herstellen.[1139] § 1 Absatz 7 BauGB normiert für die Bauleitplanung der Gemeinden damit die Interessenabwägung als Entscheidungsweise und folglich als Rechtsfindungsmethode.[1140] Das Abwägungsgebot gewährleistet die Einhaltung des Gebotes der Verhältnismäßigkeit.[1141]

I. Einführung

Unter das Abwägungsgebot fallen alle im Einzelfall abwägungserheblichen Belange. Das Problem der Flächeninanspruchnahme setzt sich aus mehreren Belangen zusammen, da die Auswirkungen unterschiedliche Bereiche erfassen, die im Einzelfall abwägungserhebliche Belange sein können. Aber auch die Gründe für eine Flächeninanspruchnahme können im Einzelfall abwägungserhebliche Belange darstellen. Daher kann § 1 Absatz 7 BauGB die Darstellungs- und Festsetzungsmöglichkeiten zugunsten der Maßnahmen nachhaltiger Flächennutzung gegen Flächeninanspruchnahme fördern aber auch erschweren.[1142] Gleiches gilt für die Darstellungs- und Festsetzungsmöglichkeiten, die sich gegen diese Maßnahmen richten.

Nach § 1 Absatz 1 BauGB ist es die Aufgabe der Bauleitplanung, die bauliche und sonstige Nutzung der Grundstücke in der Gemeinde vorzubereiten und zu leiten und nach § 1 Absatz 3 Satz 1 BauGB sind Baulcitpläne aufzustellen, sobald und soweit es für die städtebauliche Entwicklung und Ordnung erforderlich ist. Die Planungsziele nach § 1 Absatz 5 BauGB beziehen sich auf diese vorhergehenden Absätze, indem sie die Aufgabe der Bauleitplanung konkretisieren[1143] und für die Planungspflicht eine Ausle-

---

1139 Vgl. *Köck/Hofmann*, in: Umweltbundesamt, Effektivierung des raumbezogenen Planungsrechts, S. 28.
1140 Vgl. *Hoppe*, in: Hoppe/Bönker/Grotefels, Öffentliches Baurecht, S. 175.
1141 Abwägung ist ein verfassungsrechtlich verankertes Gebot. Siehe *Finkelnburg/Ortloff/Kment*, Bauplanungsrecht, S. 42; BVerwGE 48, 56 (63); BVerwGE 64, 33 (35).
1142 Vgl. *Greiving*, in: ARL, Flächenhaushaltspolitik: Feststellungen und Empfehlungen, S. 151 f.
1143 *Gaentzsch*, in: Berliner Kommentar zum Baugesetzbuch, § 1 Rn. 48.

gungshilfe sind[1144]. Sie umschreiben dadurch die allgemeinen Ziele und Grundsätze der Bauleitplanung.[1145] Sie sind für die Gemeinde nicht strikt bindend, sondern haben die Funktion von Orientierungslinien für die Abwägung.[1146] Sie haben in der Abwägung keinen Vorrang gegenüber anderen Belangen.[1147] Inwieweit ein Planungsziel von der Gemeinde zu berücksichtigen ist, bestimmt sich damit durch die Abwägung im Einzelfall.[1148] Die Planungsleitlinien nach § 1 Absatz 6 BauGB konkretisieren sodann die Planungsziele des vorherigen Absatzes.[1149] Durch die Formulierung „insbesondere" sind die Planungsleitlinien ein beispielhafter Katalog von Belangen.[1150] Dabei wird durch das Gesetz keine Gewichtung vorgenommen, es besteht kein Vorrang einzelner Planungsleitlinien.[1151] Inwieweit sie von der Gemeinde zu berücksichtigen sind, bestimmt sich damit ebenfalls durch die Abwägung im Einzelfall.[1152]

Aspekte der Wirkung

Durch die Abwägung von Belangen können Gemeinden flexibel auf die Erfordernisse unterschiedlicher städtebaulicher Situationen reagieren und diesen damit in verantwortlicher Weise gerecht werden[1153]. Zudem werden durch die Abwägung die Auswirkungen der Flächeninanspruchnahme gegenüber der Verwaltung verdeutlicht, denn in den Interessenkonflikt um eine Flächeninanspruchnahme müssen auch die abwägungserheblichen Auswirkungen der Flächeninanspruchnahme einfließen. § 1 Absatz 7 BauGB sieht aber keine Bündelung von Belangen vor, so dass in der Praxis oft die Gesamtheit der Vorzüge einer gewählten Lösung mit jeweils nur

---

1144 *Jarass/Kment*, Baugesetzbuch, § 1 Rn. 14.
1145 Vgl. *Dirnberger*, in: Spannowsky/Uechtritz, Baugesetzbuch, § 1 Rn. 72.
1146 *Gaentzsch*, in: Berliner Kommentar zum Baugesetzbuch, § 1 Rn. 49.
1147 *Dirnberger*, in: Spannowsky/Uechtritz, Baugesetzbuch, § 1 Rn. 73; *Gaentzsch*, in: Berliner Kommentar zum Baugesetzbuch, § 1 Rn. 49.
1148 Vgl. *Gaentzsch*, in: Berliner Kommentar zum Baugesetzbuch, § 1 Rn. 49.
1149 *Stollmann*, Öffentliches Baurecht, S. 88.
1150 Vgl. *Battis*, in: Battis/Krautzberger/Löhr, Baugesetzbuch, § 1 Rn. 48; *Dirnberger*, in: Spannowsky/Uechtritz, Baugesetzbuch, § 1 Rn. 78.
1151 *Battis*, in: Battis/Krautzberger/Löhr, Baugesetzbuch, § 1 Rn. 49; *Dirnberger*, in: Spannowsky/Uechtritz, Baugesetzbuch, § 1 Rn. 80; BVerwG NVwZ-RR 2003, 171 (171).
1152 BVerwG NVwZ-RR 2003, 171 (171).
1153 *Deutsches Institut für Urbanistik*, Planspiel 2012, S. 15.

einem Teil der Nachteile verglichen wird[1154]. Dies hat zur Folge, dass auch die Auswirkungen von Flächeninanspruchnahme nicht summativ erfasst werden. § 1 Absatz 7 BauGB ist zudem auf die ökologische Verträglichkeit von bauplanerischen Einzelmaßnahmen der Gemeinden gerichtet.[1155] Es werden nur Einzelfallentscheidungen betrachtet, die noch boden- und naturverträglich sind.[1156] Die Gesamtfolgen mehrerer Flächeninanspruchnahmen werden somit nicht summativ ermittelt. Daher ist die schleichende Wirkung kumulierender zahlreicher Einzelmaßnahmen von Flächeninanspruchnahme ausgeblendet.[1157] So ist nicht überprüfbar, wenn Bebauungspläne stets am unteren Rand negativer Auswirkungen von Flächeninanspruchnahme sind, aber ihr Zusammenwirken die natürliche Bodenfunktion langfristig beeinträchtigen, Lebensräume zerschneiden oder negative Auswirkungen auf den Naturhaushalt haben.[1158]

§ 3 BauGB verdeutlicht gegenüber den Zielgruppen die Auswirkungen der Flächeninanspruchnahme und fördert zugleich das Eingehen auf die Interessen dieser. Nach § 3 Absatz 1 Satz 1 Halbsatz 1 BauGB ist die Öffentlichkeit möglichst frühzeitig über die allgemeinen Ziele und Zwecke der Planung, sich wesentlich unterscheidende Lösungen, die für die Neugestaltung oder Entwicklung eines Gebiets in Betracht kommen, und die voraussichtlichen Auswirkungen der Planung öffentlich zu unterrichten. Zur Öffentlichkeit zählt jedermann und damit ohne Beschränkungen jede natürliche und juristische Person.[1159] Zur Öffentlichkeit gehören demnach auch alle Zielgruppen. Die voraussichtlichen Auswirkungen der Planung sind die Auswirkungen auf die Umwelt, die persönlichen Lebensverhältnisse oder wirtschaftliche Belange.[1160] Unter die voraussichtlichen Auswirkungen der Planung fallen damit auch die Auswirkungen der Flächeninanspruchnahme. Nach § 3 Absatz 1 Satz 1 Halbsatz 2 BauGB ist der Öffentlichkeit Gelegenheit zur Äußerung und Erörterung zu geben. Gemeinden können dadurch auf die Zielgruppen eingehen, bevor die Einzelheiten der

---

1154 *Köck/Hofmann*, in: Umweltbundesamt, Effektivierung des raumbezogenen Planungsrechts, S. 34.
1155 Vgl. *Schmalholz*, Steuerung der Flächeninanspruchnahme, S. 133 und 138.
1156 *Schmalholz*, Steuerung der Flächeninanspruchnahme, S. 109 f.
1157 *Schmalholz*, Steuerung der Flächeninanspruchnahme, S. 133 und 138.
1158 *Köck/Hofmann*, in: Umweltbundesamt, Effektivierung des raumbezogenen Planungsrechts, S. 40; *Schmalholz*, Steuerung der Flächeninanspruchnahme, S. 109 f.
1159 *Schink*, in: Spannowsky/Uechtritz, Baugesetzbuch, § 3 Rn. 18 f.
1160 *Krautzberger*, in: Ernst/Zinkahn/Bielenberg/Krautzberger, Baugesetzbuch, § 3 Rn. 14b.

Planung feststehen.[1161] Sodann sind nach § 3 Absatz 2 Satz 1 BauGB die Entwürfe der Bauleitpläne mit der Begründung und den nach Einschätzung der Gemeinde wesentlichen, bereits vorliegenden umweltbezogenen Stellungnahmen für die Dauer eines Monats, mindestens jedoch für die Dauer von 30 Tagen, oder bei Vorliegen eines wichtigen Grundes für die Dauer einer angemessenen längeren Frist öffentlich auszulegen. Die umweltbezogenen Stellungnahmen sind die wesentlichen umweltbezogenen Informationen, soweit sie der Gemeinde zu Verfügung stehen.[1162] Dazu können auch die Umweltauswirkungen von Flächeninanspruchnahme gehören. Nach § 3 Absatz 2 Satz 2 BauGB sind Ort und Dauer der Auslegung sowie Angaben dazu, welche Arten umweltbezogener Informationen verfügbar sind, mindestens eine Woche vorher ortsüblich bekannt zu machen; dabei ist unter anderem darauf hinzuweisen, dass Stellungnahmen während der Auslegungsfrist abgegeben werden können. Zudem sind durch die BauGB-Novelle 2017 nach § 4a Absatz 4 Satz 1 BauGB der Inhalt der ortsüblichen Bekanntmachung nach § 3 Absatz 2 Satz 2 BauGB und die nach § 3 Absatz 2 Satz 1 BauGB auszulegenden Unterlagen zusätzlich in das Internet einzustellen und über ein zentrales Internetportal des Landes zugänglich zu machen.[1163] Stellungnahmen sind nach § 3 Absatz 2 Satz 4 BauGB, sofern sie fristgerecht abgegeben wurde, zu prüfen. Durch Stellungsnahmen ergänzt die Öffentlichkeit damit das Abwägungsmaterial.[1164] Die Funktionen des § 3 BauGB werden in § 4a Absatz 1 BauGB ausdrücklich betont,[1165] indem danach unter anderem § 3 BauGB insbesondere der vollständigen Ermittlung und zutreffenden Bewertung der von der Planung berührten Belange und der Information der Öffentlichkeit dient. Dass § 3 BauGB auch der Information der Öffentlichkeit dient, wurde durch die BauGB-Novelle 2013 in § 4a Absatz 1 BauGB hinzugefügt.[1166]

Aus der Formulierung in § 1 Absatz 7 BauGB ist es für Gemeinden nicht einfach, klare Verhaltensanweisungen zu folgern. Die Rechtsprechung hat jedoch mit der Grundsatzentscheidung vom 12. Dezember 1969[1167] aus § 1 Absatz 7 BauGB klarere Verhaltensanweisungen für die Gemeinden abge-

---

1161 Vgl. *Schink*, in: Spannowsky/Uechtritz, Baugesetzbuch, § 3 Rn. 16a.
1162 Vgl. *Schink*, in: Spannowsky/Uechtritz, Baugesetzbuch, § 3 Rn. 25.
1163 BGBl. I 2017/25, S. 1057.
1164 *Schink*, in: Spannowsky/Uechtritz, Baugesetzbuch, § 3 Rn. 3.
1165 Vgl. BT-Drucks. 17/11468, S. 12.
1166 BGBl. I 2013/29, S. 1548.
1167 BVerwGE 34, 301.

leitet[1168]. Demnach verlangt § 1 Absatz 7 BauGB, dass eine Abwägung stattfindet, Belange in die Abwägung eingestellt werden, die nach der Lage eingestellt werden müssen, die Bedeutung dieser Belange erkannt wird und der Ausgleich zwischen den Belangen entsprechend ihres objektiven Gewichts erfolgt.[1169] Diese Formel wurde im Laufe der Zeit von Lehre und Rechtsprechung weiter ausdifferenziert.[1170] Mit dem Europarechtsanpassungsgesetz Bau 2004 wurde sodann die Verfahrensgrundnorm nach § 2 Absatz 3 BauGB eingeführt, die einen Teil dieses von der Rechtsprechung entwickelten materiell-rechtlichen Abwägungsvorganges aufgriff und in verfahrensbezogene Pflichten umwandelte.[1171] Nach § 2 Absatz 3 BauGB sind bei der Aufstellung der Bauleitpläne die Belange, die für die Abwägung von Bedeutung sind, zu ermitteln und zu bewerten. Dies stellt das Abwägungsmaterial dar. Es hat eine umfassende Ermittlung der Belange zu erfolgen, der konkrete Umfang und die Tiefe der Ermittlung des Abwägungsmaterials hängt aber vom Einzelfall ab.[1172] Zu erfassen sind dabei alle sowohl gegenwärtigen als auch zukünftigen abwägungserheblichen Belange, wobei die zukünftigen Belange gegebenenfalls durch Prognosen zu ermitteln sind.[1173] Durch die Bewertung der Belange hat die Gemeinde sodann die konkrete Betroffenheit sowie die konkrete Gewichtigkeit der Belange festzustellen.[1174] Nach § 1 Absatz 7 BauGB erfolgt daraufhin der Ausgleich der Belange in einer dem Verhältnismäßigkeitsprinzip entsprechenden Weise.[1175] Hinsichtlich der Prognosen und der Bewertung der Belange bestehen keine weiteren klaren Verhaltensanweisungen, so dass diese rein sprachlich durch Formulierungen wie „wahrscheinlich, beachtlich, gering" erfolgen.[1176] Auch ist für den Ausgleich kein fester Bezugspunkt zwischen den Belangen vorgegeben.[1177] Aus diesen Gründen wird eine Präferenzau-

---

1168 Vgl. *Hoppe*, in: Hoppe/Bönker/Grotefels, Öffentliches Baurecht, S. 167; siehe BVerwGE 34, 301 (308 f.).
1169 BVerwGE 34, 301 (308 f.); *Hoppe*, in: Hoppe/Bönker/Grotefels, Öffentliches Baurecht, S. 167.
1170 *Hoppe*, in: Hoppe/Bönker/Grotefels, Öffentliches Baurecht, S. 167.
1171 BT-Drucks. 15/2250, S. 42 und 63; *Hoppe*, in: Hoppe/Bönker/Grotefels, Öffentliches Baurecht, S. 168 f.
1172 Vgl. *Austermann*, Brachflächenreaktivierung, S. 163.
1173 *Dirnberger*, in: Spannowsky/Uechtritz, Baugesetzbuch, § 1 Rn. 138.
1174 *Dirnberger*, in: Spannowsky/Uechtritz, Baugesetzbuch, § 1 Rn. 163; *Uechtritz*, in: Spannowsky/Uechtritz, Baugesetzbuch, § 2 Rn. 64.
1175 Vgl. *Dirnberger*, in: Spannowsky/Uechtritz, Baugesetzbuch, § 1 Rn. 138.
1176 Vgl. *Köck/Hofmann*, in: Umweltbundesamt, Effektivierung des raumbezogenen Planungsrechts, S. 34 f.
1177 Vgl. *Schmalholz*, Steuerung der Flächeninanspruchnahme, S. 106 ff.

tonomie der Gemeinden für eine Flächeninanspruchnahme durch Abwägung nicht beseitigt.[1178]

II. Maßnahmen nachhaltiger Flächennutzung zur Reduzierung der Flächeninanspruchnahme

Planungsziele und -leitlinien, die den Umweltschutz betreffen, sowie Planungsleitlinien hinsichtlich der Bevölkerung und Wirtschaft sind für Darstellungs- und Festsetzungsmöglichkeiten mehrerer Maßnahmen nachhaltiger Flächennutzung zur Reduzierung der Flächeninanspruchnahme von Bedeutung.

1. Umweltschutz

Die Planungsziele nach § 1 Absatz 5 Satz 1 und 2 BauGB sowie die Planungsleitlinien nach § 1 Absatz 6 Nr. 7 BauGB sind für Darstellungs- und Festsetzungsmöglichkeiten mehrerer Maßnahmen nachhaltiger Flächennutzung zur Reduzierung der Flächeninanspruchnahme relevant.

a. Planungsziele

Nach § 1 Absatz 5 Satz 1 BauGB sollen die Bauleitpläne eine nachhaltige städtebauliche Entwicklung gewährleisten, die die sozialen, wirtschaftlichen und umweltschützenden Anforderungen auch in Verantwortung gegenüber künftigen Generationen miteinander in Einklang bringt. § 1 Absatz 5 Satz 1 BauGB richtet die Bauleitplanung auf eine nachhaltige städtebauliche Entwicklung aus.[1179] Dieser Grundsatz der Nachhaltigkeit wurde durch die Novellierung des Bauplanungsrechts durch das Gesetz zur Änderung des Baugesetzbuches und der Neuregelung des Rechts der Raumordnung vom 18.8.1997, in Kraft getreten am 1.1.1998, im Bauplanungsrecht verankert.[1180] Nach § 1 Absatz 5 Satz 1 BauGB soll langfristig eine nachhaltige städtebauliche Entwicklung durch eine sozial, wirtschaftlich und um-

---

1178 Vgl. *Schmalholz*, Steuerung der Flächeninanspruchnahme, S. 106 ff.
1179 Vgl. *Gaentzsch*, in: Berliner Kommentar zum Baugesetzbuch, § 1 Rn. 51.
1180 BGBl. I 1997/59, S. 2085.

weltschützend ausgewogene Flächennutzung erfolgen,[1181] durch eine Verbesserung der sozialen Lebensbedingungen, der Gewährleistung und dem Ausbau funktionierender ökonomischer Rahmenbedingungen und der langfristigen Sicherung der natürlichen Lebensgrundlage.[1182] Dementsprechend ist für eine nachhaltige städtebauliche Entwicklung eine gerechte Bedienung verschiedener Allgemeinwohlbelange, den sozialen, wirtschaftlichen und umweltschützenden Anforderungen, zu gewährleisten.[1183] Nachhaltige städtebauliche Entwicklung wird nach § 1 Absatz 5 Satz 1 BauGB damit auch mit den Belangen des Umweltschutzes verbunden,[1184] so dass darüber abwägungserhebliche Umweltbelange in die Abwägung einbezogen werden müssen.[1185] Dies kann bei abwägungserheblichen Belangen negativer Umweltauswirkungen durch Flächeninanspruchnahme die Darstellungs- und Festsetzungsmöglichkeiten zugunsten der Maßnahmen nachhaltiger Flächennutzung gegen Flächeninanspruchnahme fördern. Bei abwägungserheblichen Belangen der Stadtökologie kann dies aber auch die Darstellungs- und Festsetzungsmöglichkeiten zur Nachverdichtung und zur Nutzungsmischung beeinträchtigen.

Nach § 1 Absatz 5 Satz 2 BauGB sollen die Bauleitpläne unter anderem dazu beitragen, eine menschenwürdige Umwelt zu sichern und die natürlichen Lebensgrundlagen zu schützen und zu entwickeln. § 1 Absatz 5 Satz 2 BauGB konkretisiert einen Teilaspekt der „nachhaltigen städtebaulichen Entwicklung" nach § 1 Absatz 5 Satz 1 BauGB.[1186] Durch diese Vorschrift bedeutet nachhaltige städtebauliche Entwicklung auch eine Sicherung einer menschenwürdigen Umwelt und des Schutzes der natürlichen Lebensgrundlagen und wird somit zu einer eigenen Aufgabenstellung der Bauleitplanung[1187]. § 1 Absatz 5 Satz 1 BauGB legt fest, dass abwägungserhebliche Umweltbelange in die Abwägung einzubeziehen sind und § 1 Absatz 5 Satz 2 BauGB legt fest, dass Umweltbelange darüber hinaus zu den städtebaulichen Zielen hinzutreten können.[1188] Bauleitplanung kann dadurch aber nicht als Umweltplanung genutzt werden, da nachhaltige städ-

---

1181 *Jarass/Kment*, Baugesetzbuch, § 1 Rn. 23.
1182 *Austermann*, Brachflächenreaktivierung, S. 151.
1183 Vgl. *Austermann*, Brachflächenreaktivierung, S. 152.
1184 *Austermann*, Brachflächenreaktivierung, S. 152.
1185 *Köck/Hofmann*, in: Umweltbundesamt, Effektivierung des raumbezogenen Planungsrechts, S. 29.
1186 *Dirnberger*, in: Spannowsky/Uechtritz, Baugesetzbuch, § 1 Rn. 75.
1187 *Dirnberger*, in: Spannowsky/Uechtritz, Baugesetzbuch, § 1 Rn. 75; *Brenner*, Öffentliches Baurecht, S. 100.
1188 *Brenner*, Öffentliches Baurecht, S. 100.

tebauliche Entwicklung eine städtebauliche Zielsetzung voraussetzt.[1189] Eine städtebauliche Zielsetzung kann sich jedoch mit dem Umweltschutz überschneiden.[1190] Bauleitpläne sollen nach § 1 Absatz 5 Satz 2 BauGB zudem dazu beitragen, den Klimaschutz und die Klimaanpassung insbesondere auch in der Stadtentwicklung zu fördern. Wie auch § 1 Absatz 5 Satz 1 BauGB fördert § 1 Absatz 5 Satz 2 BauGB Darstellungs- und Festsetzungsmöglichkeiten für eine Reduzierung der Flächeninanspruchnahme und steht diesen bei Aspekten der Stadtökologie entgegen.

b. Planungsleitlinien

In § 1 Absatz 6 Nr. 7 BauGB werden die von den Planungszielen erfassten Umweltbelange konkretisiert. § 1a BauGB enthält zu § 1 Absatz 6 Nr. 7 BauGB ergänzende Vorschriften.[1191] Systematisch handelt es sich deshalb ebenfalls um Planungsleitlinien.[1192]

Die Aufzählung in § 1 Absatz 6 Nr. 7 BauGB ist durch die Formulierung „insbesondere" nicht abschließend. Darüber hinaus bedeutet diese Aufzählung der verschiedenen Umweltbelange in § 1 Absatz 6 Nr. 7 a) bis i) BauGB nicht, dass die jeweils aufgeführten Teilbelange getrennt zu betrachten sind, sie bilden vielmehr einen einheitlichen Naturhaushalt.[1193] Die in § 1 Absatz 6 Nr. 7 BauGB genannten naturschutzbezogenen Umweltbelange entsprechen weitestgehend den Schutzgütern des Bundesnaturschutzgesetzes.[1194] § 1 Absatz 6 Nr. 7 BauGB verdeutlicht, dass sie im Wesentlichen abwägungserheblicher Natur sind.[1195] Teilweise können sich aus dem BNatSchG aber auch zwingende Grenzen ergeben wie beispielsweise artenschutzrechtliche Verbote nach § 44 Absatz 1 BNatSchG.[1196]

Nach § 1 Absatz 6 Nr. 7 a) BauGB sind die Auswirkungen auf Tiere, Pflanzen, Boden, Wasser, Luft, Klima und das Wirkungsgefüge zwischen ihnen sowie die Landschaft und die biologische Vielfalt zu berücksichtigen. Durch die BauGB-Novelle 2017 wurde zudem auch die Fläche in § 1

1189 Vgl. *Dirnberger*, in: Spannowsky/Uechtritz, Baugesetzbuch, § 1 Rn. 74 f.
1190 *Dirnberger*, in: Spannowsky/Uechtritz, Baugesetzbuch, § 1 Rn. 75.
1191 *Battis*, in: Battis/Krautzberger/Löhr, Baugesetzbuch, § 1a Rn. 1.
1192 Vgl. *Dirnberger*, in: Spannowsky/Uechtritz, Baugesetzbuch, § 1a Rn. 2.
1193 *Louis/Wolf*, NuR 2002, 61 (66).
1194 *Söfker*, in: Ernst/Zinkahn/Bielenberg/Krautzberger, Baugesetzbuch, § 1 Rn. 144.
1195 *Schiller*, in: Bracher/Reidt/Schiller, Bauplanungsrecht, S. 37.
1196 *Schiller*, in: Bracher/Reidt/Schiller, Bauplanungsrecht, S. 37 ff.

Absatz 6 Nr. 7 a) BauGB integriert.[1197] Dadurch wird Fläche als ein Umweltbelang eingestuft. Fläche schließt die Ressource Boden mit ein, ist jedoch weiter als diese, da sie auch die über und unter dem Boden liegenden Sachverhalte Grundwasser, Pflanzen und Tiere und anthropologische Nutzungen umfasst.[1198] Flächenbezogene Umweltauswirkungen waren daher auch schon vor der Integration der Fläche in den § 1 Absatz 6 Nr. 7 a) BauGB von dieser Regelung erfasst, beispielsweise Auswirkungen auf Tiere, wenn ihr Lebensraum durch Flächeninanspruchnahme reduziert wurde oder Auswirkungen auf den Boden und das Grundwasser, wenn Versiegelung oder Bodenverdichtung stattfand. Alle mit Fläche verbundenen qualitativen Auswirkungen auf Umweltbelange des § 1 Absatz 6 Nr. 7 a) BauGB werden durch die Integration der Fläche in diese Vorschrift als „Auswirkungen auf Fläche" zusammengefasst: quantitativ ausgedrückt und indiziert durch Flächeninanspruchnahme sowie der Verringerung von Freiflächen im Siedlungsgebiet. Durch die Integration von Fläche in § 1 Absatz 6 Nr. 7 a) BauGB werden Flächeninanspruchnahme und die Verringerung von Freiflächen im Siedlungsgebiet ein für die Annahme flächenrelevanter Umweltauswirkungen ausreichendes Indiz. Darin ist eine Aufwertung flächenrelevanter Umweltauswirkungen zu sehen,[1199] dies gilt insbesondere in verfahrensrechtlicher Hinsicht.[1200] Anzumerken ist, dass die Integration der Fläche in § 1 Absatz 6 Nr. 7 a) BauGB über ihre Bedeutung in der Regelung des § 1a Absatz 2 BauGB hinausgeht.[1201] Durch § 1a Absatz 2 BauGB wird Fläche zwar ebenfalls erfasst, diese Regelung kann jedoch nur eine Stärkung der Förderung der Innenentwicklung[1202], der Reduzierung der Flächeninanspruchnahme im engeren Sinn[1203] und der Stadtökologie innerhalb des Siedlungsgebietes[1204] bewirken. § 1 Absatz 6 Nr. 7 a) BauGB geht hingegen weiter, indem er alle Maßnahmen nachhaltiger Flächennutzung zur Reduzierung der Flächeninanspruchnahme erfasst und damit auch die Freiraumentwicklung und die Renaturierung.

[1197] BGBl. I 2017/25, S. 1057.
[1198] Vgl. *Ewen*, Flächenverbrauch, S. 13 f.; Teil I Kapitel 1 I. 1.
[1199] Für eine Aufwertung auch *Paluch/Werk*, NuR 2014, 400 (401); *Sangenstedt*, ZUR 2014, 526 (530).
[1200] II. 1. c.
[1201] A. a. *Schink*, UPR 2014, 408 (416).
[1202] IV. 1. d.; Beziehungsweise eine Schwächung der Grenzen der Innenentwicklung.
[1203] V. 2.
[1204] IV. 3.

Nach § 1 Absatz 6 Nr. 7 c) BauGB sind umweltbezogene Auswirkungen auf den Menschen und seine Gesundheit sowie die Bevölkerung insgesamt zu berücksichtigen. Umweltbezogene Auswirkungen auf den Menschen und seine Gesundheit resultieren aus Veränderungen von Umweltfaktoren.[1205] Umweltbezogene Auswirkungen können Immissionen, klimatische Veränderungen und Beeinträchtigungen von Erholungsmöglichkeiten sein.[1206] Somit können die in § 1 Absatz 6 Nr. 7 c) BauGB aufgeführten Auswirkungen, wie bereits die Auswirkungen nach § 1 Absatz 6 Nr. 7 a) BauGB, aus einer Flächeninanspruchnahme folgen, aber auch innerhalb des Siedlungsgebietes aus einer Nutzungsmischung und Nachverdichtung. Dem übergreifenden Verhältnis zwischen Naturhaushalt und Mensch trägt § 1 Absatz 6 Nr. 7 i) BauGB Rechnung, nach dem unter anderem die Wechselwirkungen zwischen den Belangen nach § 1 Absatz 6 Nr. 7 a) und c) BauGB zu berücksichtigen sind.[1207]

c. Aspekte der Wirkung hinsichtlich der Planungsziele und -leitlinien

Die Aspekte der Wirkung hinsichtlich der Planungsziele und -leitlinien zugunsten einer Reduzierung der Flächeninanspruchnahme sollen hier anhand der Planungsziele und -leitlinien für den Umweltschutz verdeutlicht werden.

Die Planungsziele nach § 1 Absatz 5 Satz 1 und 2 BauGB beziehen ich nicht auf konkrete städtebauliche Situationen. Sie sind sehr abstrakt und betreffen die Gesamtentwicklung der Gemeinde.[1208] Damit sind Planungsziele ein zu grober Maßstab, um ein taugliches Kriterium für Einzelfallentscheidungen zu sein.[1209] Als Argument eines Leitbildes können sich Planungsziele damit nicht gegenüber den Argumenten von Grundstückseigentümern durchsetzen.[1210] Sie haben demzufolge an Gemeinden eher

---

1205 *Battis*, in: Battis/Krautzberger/Löhr, Baugesetzbuch, § 1 Rn. 65e.
1206 *Söfker*, in: Ernst/Zinkahn/Bielenberg/Krautzberger, Baugesetzbuch, § 1 Rn. 146.
1207 *Battis*, in: Battis/Krautzberger/Löhr, Baugesetzbuch, § 1 Rn. 70; Die Wechselwirkungen zwischen den Belangen nach § 1 Absatz 6 Nr. 7 i) BauGB wurde durch die BauGB-Novelle 2017 um den Buchstaben b) erweitert, der sich auf die Erhaltungsziele und der Schutzweck der Natura 2000-Gebiete im Sinne des Bundesnaturschutzgesetzes bezieht (VI. 1.), BGBl. I 2017/25, S. 1057.
1208 *Schmalholz*, Steuerung der Flächeninanspruchnahme, S. 134.
1209 *Schmalholz*, Steuerung der Flächeninanspruchnahme, S. 134.
1210 Vgl. *Wettemann-Wülk*, Nachhaltige Siedlungsentwicklung, S. 142.

einen appellierenden Charakter.[1211] Durch die Planungsleitlinien findet sodann aber eine Konkretisierung der städtebaulichen Situationen statt.[1212] Da die Gemeinden durch die Zuständigkeit für die Bauleitplanung und durch ihr diesbezügliches Planungsermessen die zentralen Akteure für die Nutzung von Flächen sind, können sie ihr Planungsermessen nicht nur für ein Flächenmanagement nutzen,[1213] sondern dadurch auch die zentralen Akteure einer Flächeninanspruchnahme sein.[1214] Planungsziele und Planungsleitlinien stellen keine verbindlichen Aussagen dar, da sie abwägungsunterworfen sind.[1215] Dadurch kann Flächeninanspruchnahme bei entsprechender Begründung in der Abwägung stets durchgesetzt werden.[1216] Planungsziele und Planungsleitlinien sind dafür keine unüberwindbaren Grenzen.[1217] Aus diesem Grund werden insbesondere Vollzugsdefizite bezüglich der Bodenschutzklausel nach § 1a Absatz 2 Satz 1 BauGB bemängelt und dieser Regelung lediglich ein Appellcharakter zugeschrieben.[1218] Zu berücksichtigen ist aber, dass Bauleitplanung die Planungshoheit der Gemeinden nach Art. 28 Absatz 2 Satz 1 GG gewährleistet,[1219] so dass gesetzliche Vorgaben für die Bauleitplanung eine Beeinträchtigung der Planungshoheit darstellen und diesbezüglich verhältnismäßig sein müssen.[1220]

Einigen Belangen werden wertende Aspekte des Gesetzgebers zugeschrieben.[1221] Als Abwägungsdirektiven unterliegen diese Belange einer gesteigerten Begründungslast, wenn sie gegenüber anderen Belangen zu-

---

1211 Vgl. *Stüer*, DVBl. 2012, 1017 (1018).
1212 Vgl. *Stollmann*, Öffentliches Baurecht, S. 88.
1213 Vgl. *Louis/Wolf*, NuR 2002, 61 (61).
1214 *Thiel*, Städtebaurechtliche Instrumente zur Reduzierung des Flächenverbrauchs, S. 206.
1215 *Gaentzsch*, in: Berliner Kommentar zum Baugesetzbuch, § 1 Rn. 49 und 55; BVerwG NVwZ-RR 2003, 171 (171); vgl. *Tettinger/Erbguth/Mann/Schubert*, Besonderes Verwaltungsrecht, S. 438; Von der Gemeinde jedoch strikt zu beachten sind Planungsleitsätze, sie sind durch Abwägung nicht zu überwinden. Ein Planungsleitsatz sind die Ziele der Raumordnung nach § 1 Absatz 4 BauGB. Siehe *Schrödter/Wahlhäuser*, in: Schrödter, Baugesetzbuch, § 1 Rn. 189.
1216 *Schimansky*, Die Problematik des Freiflächenverbrauchs, S. 222.
1217 Vgl. *Köck/Hofmann*, in: Umweltbundesamt, Effektivierung des raumbezogenen Planungsrechts, S. 26.
1218 Vgl. *Krautzberger/Stüer*, DVBl. 2013, 805 (808); *BBR*, Perspektive Flächenkreislaufwirtschaft, Band 2, S. 47; Bodenschutzklausel IV. 1. d. und V. 2.
1219 *Stüer*, Handbuch des Bau- und Fachplanungsrechts, S. 56.
1220 Vgl. BVerfGE 103, 332 (338 f.).
1221 Vgl. *Söfker*, in: Ernst/Zinkahn/Bielenberg/Krautzberger, Baugesetzbuch, § 1 Rn. 201; Umwidmungssperrklausel nach § 1a Absatz 2 Satz 2 BauGB IV. 1. d.

Zweiter Teil: Untersuchung des Bauplanungsrechts

rückgestellt werden sollen.[1222] Eine Berücksichtigung der Abwägungsdirektive zieht demzufolge eine Ressourcenschonung der Verwaltung nach sich, so dass Abwägungsdirektiven dadurch in der Abwägung eine gesteigerte Durchsetzungskraft erhalten.[1223]

Für die Belange des Umweltschutzes nach § 1 Absatz 6 Nr. 7 BauGB und § 1a BauGB gibt § 2 Absatz 4 Satz 1 BauGB klare Verhaltensanweisungen. Danach wird für sie eine Umweltprüfung durchgeführt, in der die voraussichtlichen erheblichen Umweltauswirkungen ermittelt und in einem Umweltbericht beschrieben und bewertet werden. Die Umweltprüfung nach § 2 Absatz 4 BauGB konkretisiert die vorhergehende Verfahrensgrundnorm nach § 2 Absatz 3 BauGB[1224] für Umweltbelange. Durch § 2 Absatz 4 BauGB wird daher das umweltrelevante Abwägungsmaterial zusammengestellt.[1225] Auf diese Weise nehmen Umweltbelange im Vergleich zu anderen Belangen eine hervorgehobene Stellung ein.[1226] Den Inhalt des Umweltberichtes legt die Anlage 1 zum BauGB fest. Durch die BauGB-Novelle 2017 wurde die Anlage 1 zum BauGB erheblich erweitert.[1227] Nach Nr. 2 b) bb) der Anlage 1 enthält der Umweltbericht eine Beschreibung und Bewertung der erheblichen Umweltauswirkungen, die in der Umweltprüfung nach § 2 Absatz 4 Satz 1 BauGB ermittelt wurden; hierzu gehören eine Prognose über die Entwicklung des Umweltzustands bei Durchführung der Planung; hierzu sind, soweit möglich, insbesondere die möglichen erheblichen Auswirkungen während der Bau- und Betriebsphase der geplanten Vorhaben auf die Belange nach § 1 Absatz 6 Nr. 7 a) bis i) BauGB zu beschreiben, unter anderem infolge der Nutzung natürlicher Ressourcen, insbesondere Fläche, Boden, Wasser, Tiere, Pflanzen und biologische Vielfalt, wobei soweit möglich die nachhaltige Verfügbarkeit dieser Ressourcen zu berücksichtigen ist. Der diesbezügliche Prüfungsumfang bestimmt sich nach § 2 Absatz 4 Satz 3 BauGB, wonach sich die Umweltprüfung auf das bezieht, was nach gegenwärtigem Wissensstand und allgemein anerkannten Prüfmethoden sowie nach Inhalt und Detaillierungsgrad des Bauleitplans angemessenerweise verlangt werden kann. Daher werden nur solche Auswirkungen geprüft, die durch die Festsetzungen des Planes hinrei-

---

1222 *Schrödter/Wahlhäuser*, in: Schrödter, Baugesetzbuch, § 1 Rn. 386.
1223 Vgl. *Grüner*, UPR 2011, 50 (56).
1224 *Austermann*, Brachflächenreaktivierung, S. 168 f.
1225 *Austermann*, Brachflächenreaktivierung, S. 168 f.
1226 *Köck/Hofmann*, in: Umweltbundesamt, Effektivierung des raumbezogenen Planungsrechts, S. 23.
1227 BGBl. I 2017/25, S. 1061 f.

chend absehbar sind.[1228] Da quantitative Auswirkungen auf die Fläche absehbarer sind als die damit verbundenen und indizierten qualitativen flächenbezogenen Auswirkungen, beispielsweise auf die biologische Vielfalt, hat die Integration der Fläche in § 1 Absatz 6 Nr. 7 a) BauGB eine verfahrensrechtliche Aufwertung flächenbezogener Umweltbelange zur Folge.

Zudem werden durch § 2 Absatz 4 Satz 1 BauGB die summativen umweltbezogenen Auswirkungen von Flächeninanspruchnahme gegenüber der Verwaltung verdeutlicht. Dies gilt zunächst hinsichtlich der einzelnen umweltbezogenen Auswirkungen der Flächeninanspruchnahme. Da die Umweltprüfung ein integratives Verfahren mit Rücksicht auf Summation der durch einen Bauleitplan erzeugten Umweltbelastungen ist, sind die Umweltauswirkungen nicht nur isoliert in Bezug auf die einzelnen Schutzgüter zu ermitteln.[1229] Dies folgt aus dem Verweis in § 2 Absatz 4 Satz 1 BauGB auf die Belange des Umweltschutzes nach § 1 Absatz 6 Nr. 7 BauGB und § 1a BauGB in Verbindung mit Nr. 2 b) bb) der Anlage 1 zum BauGB.[1230] Dem Umstand, dass in der Praxis oft die Gesamtheit der Vorzüge einer gewählten Lösung mit jeweils nur einem Teil der Nachteile verglichen wird, wirkt damit § 2 Absatz 4 Satz 1 BauGB hinsichtlich der Umweltbelange entgegen.[1231] Auch die summativen umweltbezogenen Auswirkungen mehrerer Flächeninanspruchnahmen werden durch die Umweltprüfung bedacht. So bezieht sich Nr. 2 b) ff) der Anlage 1 zum BauGB auf die Kumulierung mit den Auswirkungen von Vorhaben benachbarter Plangebiete unter Berücksichtigung etwaiger bestehender Umweltprobleme in Bezug auf möglicherweise betroffene Gebiete mit spezieller Umweltrelevanz oder auf die Nutzung von natürlichen Ressourcen.

In diesem Zusammenhang ist anzumerken, dass es keine vergleichbaren Regelungen für die weiteren Auswirkungen der Flächeninanspruchnahme gibt. Es besteht insbesondere keine Norm, die klare Verhaltensanweisungen für die Aufstellung der Kosten der Flächeninanspruchnahme gibt. Dadurch ist die Hemmschwelle der Berechnung der Kosten der Flächeninanspruchnahme für Gemeinden recht hoch.[1232] Es gibt elektronische Rechen-

---

1228 BT-Drucks. 18/10942, S. 53.
1229 *Uechtritz*, in: Spannowsky/Uechtritz, Baugesetzbuch, § 2 Rn. 73; *Köck/Hofmann*, in: Umweltbundesamt, Effektivierung des raumbezogenen Planungsrechts, S. 30.
1230 Vgl. *Uechtritz*, in: Spannowsky/Uechtritz, Baugesetzbuch, § 2 Rn. 73.
1231 Vgl. *Köck/Hofmann*, in: Umweltbundesamt, Effektivierung des raumbezogenen Planungsrechts, S. 30.
1232 *BBR*, Perspektive Flächenkreislaufwirtschaft, Band 3, S. 41.

Zweiter Teil: Untersuchung des Bauplanungsrechts

tools, die von Gemeinden freiwillig genutzt werden können,[1233] in der Praxis treffen Gemeinden bauplanungsrechtliche Entscheidungen aber oft auf der Basis unvollständiger Informationen über die langfristigen Folgekosten von Flächenausweisungen.[1234] Die mit der Neuerschließung von Flächen verbundenen Kosten werden dadurch von den Gemeinden unterschätzt, insbesondere langfristige Kosten wie Anbindungen an Neuerschließungsgebiete, Verkehrsinfrastruktur, Unterhaltskosten der Infrastruktur und Bau und Betrieb sozialer Einrichtungen.[1235]

2. Bevölkerung

Bereits in § 1 Absatz 5 Satz 1 BauGB werden die Wohnbedürfnisse der Bevölkerung genannt.[1236] Nach § 1 Absatz 6 Nr. 2 BauGB sind sodann unter anderem die Wohnbedürfnisse der Bevölkerung und die Bevölkerungsentwicklung zu berücksichtigen. Dies ist für mehrere Maßnahmen nachhaltiger Flächennutzung zur Reduzierung der Flächeninanspruchnahme relevant.

Bezüglich der Wohnbedürfnisse der Bevölkerung steht der Bedarf an Wohnraum im Vordergrund.[1237] Dieser ist unter anderem von der Bevölkerungsentwicklung abhängig.[1238] Damit sind die Wohnbedürfnisse der Bevölkerung und die Bevölkerungsentwicklung in § 1 Absatz 6 Nr. 2 BauGB im Zusammenhang zu sehen.[1239] Aus der Bevölkerungsentwicklung kann ein Bedarf an neuem Wohnraum resultieren, als auch ein Rückbau von Wohnungen.[1240] Zu beachten ist auch, in welcher Weise sich die Gemeinde zu entwickeln gedenkt.[1241] Eine Erweiterung vorhandener Gewerbe- und Industriegebiete wird durch die neu geschaffenen Arbeitsplätze einen

---

1233 BT-Drucks. 17/13272, S. 13.
1234 BT-Drucks. 17/10846, S. 5; *Jörissen/Coenen*, Sparsame und schonende Flächennutzung, S. 169.
1235 *Jörissen/Coenen*, Sparsame und schonende Flächennutzung, S. 169; vgl. BT-Drucks. 17/10846, S. 5.
1236 Die Wohnbedürfnisse der Bevölkerung wurden durch die BauGB-Novelle 2017 in § 1 Absatz 5 Satz 1 BauGB integriert, BGBl. I 2017/25, S. 1057.
1237 *Söfker*, in: Ernst/Zinkahn/Bielenberg/Krautzberger, Baugesetzbuch, § 1 Rn. 121.
1238 *Söfker*, in: Ernst/Zinkahn/Bielenberg/Krautzberger, Baugesetzbuch, § 1 Rn. 121.
1239 *Battis*, in: Battis/Krautzberger/Löhr, Baugesetzbuch, § 1 Rn. 56.
1240 *Dirnberger*, in: Spannowsky/Uechtritz, Baugesetzbuch, § 1 Rn. 86.
1241 *Dirnberger*, in: Spannowsky/Uechtritz, Baugesetzbuch, § 1 Rn. 86.

Zuzug auslösen, so dass für diese Personen auch ausreichend Wohnraum zur Verfügung zu stellen ist.[1242] Der Bedarf an neuem Wohnraum kann durch eine Stärkung der Innenentwicklung gedeckt werden, aber auch durch die erstmalige Ausweisung von Bauland[1243], was die Darstellungs- und Festsetzungsmöglichkeiten gegen die direkte Unterlassung der Flächeninanspruchnahme begünstigt. Der Rückbau fördert hingegen die Darstellungs- und Festsetzungsmöglichkeiten zugunsten der Renaturierung. Der Bedarf an Wohnraum ist des Weiteren von den Änderungen der Wohnansprüche abhängig.[1244] Bei einer ständigen Zunahme der Wohnfläche je Einwohner[1245] richtet sich dies gegen die Nutzungsintensivierung und fördert damit die Festsetzungen gegen diese.

3. Wirtschaft

Nach § 1 Absatz 6 Nr. 8 a) BauGB sind die Belange der Wirtschaft zu berücksichtigen. Auch dies ist für mehrere Maßnahmen nachhaltiger Flächennutzung zur Reduzierung der Flächeninanspruchnahme relevant.

Unter § 1 Absatz 6 Nr. 8 a) BauGB fällt die Bereitstellung eines den wirtschaftlichen Bedürfnissen entsprechenden Flächenangebotes, was auch die Bedürfnisse und Anforderungen an bestimmte Standorte umfasst.[1246] Belange der Wirtschaft sind des Weiteren Interessen der Betriebsausweitung[1247] und der Verkehrsanbindung[1248]. Flächenangebot und Betriebsausweitungen können innerhalb des Siedlungsgebietes durch Maßnahmen der Innenentwicklung erfolgen. Bedürfnisse und Anforderungen an bestimmte Standorte und die Verkehrsanbindung können sich aber auch auf Fläche außerhalb des Siedlungsgebietes richten, so dass in diesem Fall die Belange der Wirtschaft die Darstellungs- und Festsetzungsmöglichkeiten

---

1242 *Dirnberger*, in: Spannowsky/Uechtritz, Baugesetzbuch, § 1 Rn. 86.
1243 *Söfker*, in: Ernst/Zinkahn/Bielenberg/Krautzberger, Baugesetzbuch, § 1 Rn. 121.
1244 *Söfker*, in: Ernst/Zinkahn/Bielenberg/Krautzberger, Baugesetzbuch, § 1 Rn. 121.
1245 *Söfker*, in: Ernst/Zinkahn/Bielenberg/Krautzberger, Baugesetzbuch, § 1 Rn. 121.
1246 *Söfker*, in: Ernst/Zinkahn/Bielenberg/Krautzberger, Baugesetzbuch, § 1 Rn. 157.
1247 *Söfker*, in: Ernst/Zinkahn/Bielenberg/Krautzberger, Baugesetzbuch, § 1 Rn. 160.
1248 *Gaentzsch*, in: Berliner Kommentar zum Baugesetzbuch, § 1 Rn. 68.

gegen die direkte Unterlassung der Flächeninanspruchnahme fördern. Interessen einer Betriebsausweitung auf diesen Standorten richten sich bei einem Standort außerhalb des Siedlungsgebietes gegen die Darstellungs- und Festsetzungsmöglichkeiten der direkten Reduzierung der Flächeninanspruchnahme.

III. Direkte Unterlassung der Flächeninanspruchnahme

Es existieren lediglich Darstellungs- und Festsetzungsmöglichkeiten gegen eine direkte Unterlassung der Flächeninanspruchnahme.[1249] Diese werden zusätzlich von Planungsleitlinien zur Wirtschaft und zur Bevölkerungsentwicklung unterstützt.[1250]

Darüber hinaus ist neben der Bevölkerungsentwicklung nach § 1 Absatz 6 Nr. 2 BauGB in der Abwägung auch die Eigentumsbildung weiter Kreise der Bevölkerung zu berücksichtigen. In diesem Zusammenhang steht das Wohnraumförderungsgesetz,[1251] das auch nach § 1 Absatz 2 Satz 2 Nr. 2 WoFG die Förderung der Bildung selbst genutzten Wohneigentums insbesondere Familien und andere Haushalte mit Kindern sowie behinderte Menschen, die unter Berücksichtigung ihres Einkommens und der Eigenheimzulage die Belastungen des Baus oder Erwerbs von Wohnraum ohne soziale Wohnraumförderung nicht tragen können, unterstützt. Als Rahmenbedingung dafür sollen nach § 4 Absatz 1 WoFG auch Gemeinden in ausreichendem Umfang geeignete Grundstücke als Bauland überlassen. Dafür muss Bauland in den Bauleitplänen ausgewiesen werden.[1252] Dies kann innerhalb und außerhalb des Siedlungsgebietes erfolgen. Die Ausweisung von keinem oder von zu wenig Bauland für die Errichtung von Eigenheimen, auch aus ökologischen Gründen wie beispielsweise zur Vermeidung von Flächeninanspruchnahme, steht damit mit § 1 Absatz 6 Nr. 2 BauGB im Konflikt.[1253] § 1 Absatz 6 Nr. 2 BauGB unterstützt deshalb ebenfalls die Darstellungs- und Festsetzungsmöglichkeiten gegen eine direkte Unterlassung der Flächeninanspruchnahme.

1249 Teil II Abschnitt 1 II.
1250 II. 2. und 3.
1251 *Schrödter/Wahlhäuser*, in: Schrödter, Baugesetzbuch, § 1 Rn. 362.
1252 *Söfker*, in: Ernst/Zinkahn/Bielenberg/Krautzberger, Baugesetzbuch, § 1 Rn. 124.
1253 Vgl. *Schrödter/Wahlhäuser*, in: Schrödter, Baugesetzbuch, § 1 Rn. 362.

Nach § 1 Absatz 6 Nr. 4 BauGB sind unter anderem die Fortentwicklung vorhandener Ortsteile zu berücksichtigen. Eine Fortentwicklung vorhandener Ortsteile umfasst vor allem deren Erweiterung.[1254] Darunter fällt deshalb auch eine Ausweisung von Bauland im städtebaulichen Zusammenhang mit den vorhandenen Ortsteilen.[1255] Erfolgt dies am Siedlungsrand, so resultiert daraus eine Flächeninanspruchnahme. Diesbezüglich unterstützt § 1 Absatz 6 Nr. 4 BauGB damit ebenfalls Darstellungs- und Festsetzungsmöglichkeiten gegen eine direkte Unterlassung der Flächeninanspruchnahme.

Die Darstellungs- und Festsetzungsmöglichkeiten gegen eine direkte Unterlassung der Flächeninanspruchnahme werden durch die Planungsziele und Planungsleitlinien zur Umwelt hingegen erschwert[1256] sowie durch einzelne Regelungen im Zusammenhang mit der Innenentwicklung[1257] und der Freiraumentwicklung[1258]. Zudem ist ein Planungsziel nach § 1 Absatz 5 Satz 2 BauGB, die städtebauliche Gestalt und das Orts- und Landschaftsbild baukulturell zu erhalten und zu entwickeln. Nach der Planungsleitlinie nach § 1 Absatz 6 Nr. 5 BauGB sind sodann unter anderem die Belange der Baukultur und die Gestaltung des Orts- und Landschaftsbildes zu berücksichtigen. Baukultur bedeutet, dass Planung einen über technische und ökonomische Belange hinausreichenden Qualitätswillen sowie über die Bereitschaft zu verstärkter interdisziplinärer Zusammenarbeit und Beteiligung Betroffener verfügt.[1259] Daraus resultiert auch mehr Qualität im Erscheinungsbild der gebauten Umwelt.[1260] Unter Ortsbild ist die bauliche Ansicht eines Ortes oder Ortsteils bei einer Betrachtung innerhalb des Siedlungsgebietes, aber auch außerhalb des Siedlungsgebietes einschließlich der Fernwirkung des Ortsumrisses zu verstehen.[1261] Daraus kann ein Verzicht auf eine Bebauung außerhalb des Siedlungsgebietes resultieren, um das Ortsbild von außerhalb zu erhalten.[1262]

1254 *Söfker*, in: Ernst/Zinkahn/Bielenberg/Krautzberger, Baugesetzbuch, § 1 Rn. 130.
1255 *Söfker*, in: Ernst/Zinkahn/Bielenberg/Krautzberger, Baugesetzbuch, § 1 Rn. 130.
1256 II. 1. a. und b.
1257 IV. 1.
1258 VI.
1259 *Finkelnburg/Ortloff/Kment*, Bauplanungsrecht, S. 56.
1260 *Finkelnburg/Ortloff/Kment*, Bauplanungsrecht, S. 56.
1261 *Söfker*, in: Ernst/Zinkahn/Bielenberg/Krautzberger, Baugesetzbuch, § 1 Rn. 137.
1262 Vgl. VG Koblenz NVwZ 1986, 244 (244).

IV. Indirekte Unterlassung der Flächeninanspruchnahme durch Innenentwicklung

Regelungen im Zusammenhang mit der Abwägung sind sowohl zur Innenentwicklung insgesamt als auch zur nachhaltigen Nutzung und Baustruktur des Siedlungsgebietes und zur nachhaltigen Mobilität im Siedlungsgebiet im Einzelnen aussagekräftig.

1. Innenentwicklung

Darstellungs- und Festsetzungsmöglichkeiten existieren lediglich zu den einzelnen Maßnahmen der Innenentwicklung. Normen im Zusammenhang mit der Abwägung erfassen hingegen auch die Innenentwicklung insgesamt. Sie wirken sich daher auf alle Darstellungs- und Festsetzungsmöglichkeiten zu den einzelnen Maßnahmen der Innenentwicklung aus. Sie legen jedoch keine Rangfolge der Maßnahmen der Innenentwicklung fest.

Die Planungsziele und Planungsleitlinien zur Umwelt begünstigen die Darstellungs- und Festsetzungsmöglichkeiten zu den einzelnen Maßnahmen der Innenentwicklung.[1263] Darüber hinaus sind insbesondere Normen für die Darstellungs- und Festsetzungsmöglichkeiten zu den einzelnen Maßnahmen der Innenentwicklung von Bedeutung, die Standortalternativen innerhalb des Siedlungsgebietes erfassen. Daraus resultiert eine gleichzeitige Begrenzung der Darstellungs- und Festsetzungsmöglichkeiten gegen eine direkte Unterlassung der Flächeninanspruchnahme.

a. Offenheit der Planung

§ 1 Absatz 7 BauGB ist eine Generalklausel aus der durch Rechtsprechung und Lehre Planungsgrundsätze entwickelt wurden.[1264] Dies sind in der Abwägung zu berücksichtigende Gesichtspunkte.[1265] Aus dem Planungsgrundsatz der Offenheit der Planung resultiert, dass die Prüfung ernsthaft

---

1263 II. 1. a. und b.
1264 *Brenner*, Öffentliches Baurecht, S. 114.
1265 *Brenner*, Öffentliches Baurecht, S. 115.

in Betracht kommender Standortalternativen erforderlich ist.[1266] Es sind die planzielkonformen nach Lage der konkreten Verhältnisse aufdrängenden oder nahe liegenden Alternativen in der Abwägung zu berücksichtigen.[1267] Auf Standortalternativen beziehen sich sodann auch die Umweltprüfung, indem in Nr. 2 d) der Anlage zur Umweltprüfung der Umweltbericht auch aus in Betracht kommenden anderweitigen Planungsmöglichkeiten besteht, sowie die Beteiligung der Öffentlichkeit nach § 3 Absatz 1 Satz 1 BauGB, indem die Öffentlichkeit möglichst frühzeitig unter anderem auch über die sich wesentlich unterscheidende Lösungen, öffentlich zu unterrichten ist.[1268] Soll ein neues Baugebiet auf bisher außerhalb des Siedlungsgebietes liegender Fläche ausgewiesen werden, so kann sich eine Standortalternative durch Innenentwicklung ergeben. Der Planungsgrundsatz der Offenheit kann somit durch Standortalternativen innerhalb des Siedlungsgebietes Darstellungs- und Festsetzungsmöglichkeiten zu den einzelnen Maßnahmen der Innenentwicklung begünstigen.

b. Vorrang der Innenentwicklung

Nach dem Planungsziel des § 1 Absatz 5 Satz 3 BauGB soll die städtebauliche Entwicklung vorrangig durch Maßnahmen der Innenentwicklung erfolgen. § 1 Absatz 5 Satz 3 BauGB wurde durch die BauGB-Novelle 2013 eingeführt.[1269] Die Planungsziele nach § 1 Absatz 5 Satz 1 und 2 BauGB sind aufgrund des ihnen anschließenden § 1 Absatz 5 Satz 3 BauGB primär durch Innenentwicklung zu realisieren[1270], was auch durch die Formulierung „hierzu" zu Beginn der Vorschrift betont wird. § 1 Absatz 5 Satz 3 BauGB legt damit das städtebauliche Leitbild der Innenentwicklung fest[1271] und fördert damit die Darstellungs- und Festsetzungsmöglichkeiten zu den einzelnen Maßnahmen dieser. Es ist auch das ausdrückliche Ziel des Gesetzgebers, mit dem Vorrang der Innenentwicklung nach § 1 Absatz

---

1266 Vgl. *Brenner*, Öffentliches Baurecht, S. 116; *Rieger*, in: Schrödter, Baugesetzbuch, § 1 Rn. 600.
1267 Vgl. *Söfker*, in: Ernst/Zinkahn/Bielenberg/Krautzberger, Baugesetzbuch, § 1 Rn. 202; *Rieger*, in: Schrödter, Baugesetzbuch, § 1 Rn. 601.
1268 *Rieger*, in: Schrödter, Baugesetzbuch, § 1 Rn. 600.
1269 BGBl. I 2013/29, S. 1548.
1270 *Brenner*, Öffentliches Baurecht, S. 99.
1271 *Mitschang*, ZfBR 2013, 324 (326); *Schrödter/Wahlhäuser*, in: Schrödter, Baugesetzbuch, § 1 Rn. 208; Begriff der Innenentwicklung im BauGB Teil II Kapitel 1 Abschnitt 3 II.

§ 5 Satz 3 BauGB eine Reduzierung der Flächenneuinanspruchnahme zu unterstützen.[1272]

Aspekte der Wirkung

Die Formulierung „vorrangig durch Maßnahmen der Innenentwicklung" in § 1 Absatz 5 Satz 3 BauGB ist eine klare Formulierung des Zwecks der Norm. Dadurch wird die Innenentwicklung ausdrücklich erwähnt. § 1 Absatz 5 Satz 3 BauGB umschreibt daher eindeutig, dass er der Innenentwicklung dient.

c. Vorhandene Ortsteile

Nach § 1 Absatz 6 Nr. 4 BauGB sind unter anderem die Erhaltung, Erneuerung, Anpassung und der Umbau vorhandener Ortsteile zu berücksichtigen. Dies richtet sich auf die Überplanung bereits bestehender Strukturen.[1273] § 1 Absatz 6 Nr. 4 BauGB zielt bezüglich der vorhandenen Ortsteile damit hauptsächlich auf eine innerörtliche Entwicklung und fördert damit die Darstellungs- und Festsetzungsmöglichkeiten zu den einzelnen Maßnahmen der Innenentwicklung.[1274] Die Erhaltung vorhandener Ortsteile ist ein selbstständiger städtebaulicher Faktor.[1275] Die Erneuerung vorhandener Ortsteile bedeutet eine Anhebung allgemeiner städtebaulicher Standards und eine Verbesserung der städtebaulichen Funktionen.[1276] Die Bauleitplanung kann dafür mit Sanierungsmaßnahmen kombiniert werden.[1277] Die Anpassung vorhandener Ortsteile bedeuten eine Änderung bestehender städtebaulicher Strukturen und der Umbau als Unterfall dazu

---

1272 BT-Drucks. 17/11468, S. 12.
1273 *Ferner*, in: Ferner/Kröninger/Aschke, Baugesetzbuch, § 1 Rn. 41; *Battis*, in: Battis/Krautzberger/Löhr, Baugesetzbuch, § 1 Rn. 60; *Söfker*, in: Ernst/Zinkahn/Bielenberg/Krautzberger, Baugesetzbuch, § 1 Rn. 130.
1274 Vgl. *Battis*, in: Battis/Krautzberger/Löhr, Baugesetzbuch, § 1 Rn. 60; *Dirnberger*, in: Spannowsky/Uechtritz, Baugesetzbuch, § 1 Rn. 95.
1275 *Söfker*, in: Ernst/Zinkahn/Bielenberg/Krautzberger, Baugesetzbuch, § 1 Rn. 130.
1276 *Söfker*, in: Ernst/Zinkahn/Bielenberg/Krautzberger, Baugesetzbuch, § 1 Rn. 130.
1277 Vgl. *Söfker*, in: Ernst/Zinkahn/Bielenberg/Krautzberger, Baugesetzbuch, § 1 Rn. 130; Sanierungsmaßnahmen Teil II Kapitel 3.

die Anpassung von Ortsteilen mit erheblichen städtebaulichen Funktionsverlusten.[1278] Dafür kann die Bauleitplanung mit Stadtumbaumaßnahmen kombiniert werden.[1279]

d. Bodenschutzklausel und Umwidmungssperrklausel

Nach der Bodenschutzklausel nach § 1a Absatz 2 Satz 1 BauGB soll mit Grund und Boden unter anderem sparsam umgegangen werden, dabei sind zur Verringerung der zusätzlichen Inanspruchnahme von Flächen für bauliche Nutzungen die Möglichkeiten der Entwicklung der Gemeinde insbesondere durch Wiedernutzbarmachung von Flächen, Nachverdichtung und andere Maßnahmen zur Innenentwicklung zu nutzen. Die Bodenschutzklausel wurde durch das Gesetz zur Änderung des Baugesetzbuches und der Neuregelung des Rechts der Raumordnung vom 18.8.1997, in Kraft getreten am 1.1.1998, in das Bauplanungsrecht eingeführt.[1280] § 1a Absatz 2 Satz 1 BauGB ist eine Planungsleitlinie,[1281] so dass § 1a Absatz 2 Satz 3 BauGB, der besagt, dass § 1a Absatz 2 Satz 1 BauGB in der Abwägung zu berücksichtigen ist, der Klarstellung dient.[1282] Ein sparsamer Umgang mit Grund und Boden nach § 1a Absatz 2 Satz 1 BauGB bedeutet eine Begrenzung der Inanspruchnahme von Grund und Boden für Siedlungsfläche auf das Notwendige.[1283] Die Verknüpfung des sparsamen Umganges mit Grund und Boden mit den Maßnahmen der Innenentwicklung bedeutet, dass eine Flächeninanspruchnahme laut der Bodenschutzklausel erst dann notwendig wird, wenn der Bedarf an neuen Ebenen für Nutzungsräume nicht durch Maßnahmen der Innenentwicklung befriedigen werden kann[1284], da dafür keine innerörtlichen Entwicklungsmöglichkeiten vorhanden sind.[1285] § 1a Absatz 2 Satz 1 BauGB fördert damit die Darstel-

---

1278 *Söfker*, in: Ernst/Zinkahn/Bielenberg/Krautzberger, Baugesetzbuch, § 1 Rn. 130.
1279 Vgl. *Söfker*, in: Ernst/Zinkahn/Bielenberg/Krautzberger, Baugesetzbuch, § 1 Rn. 130; Stadtumbaumaßnahmen Teil II Kapitel 3.
1280 BGBl. I 1997/59, S. 2085.
1281 Vgl. *Dirnberger*, in: Spannowsky/Uechtritz, Baugesetzbuch, § 1a Rn. 2.
1282 *Wagner*, in: Ernst/Zinkahn/Bielenberg/Krautzberger, Baugesetzbuch, § 1a Rn. 41.
1283 Vgl. *Schink*, DVBl. 2000, 221 (226 f.).
1284 *Schink*, DVBl. 2000, 221 (228); vgl. *BBR*, Perspektive Flächenkreislaufwirtschaft, Instrumente und Akteure, S. 38.
1285 *Wagner*, in: Ernst/Zinkahn/Bielenberg/Krautzberger, Baugesetzbuch, § 1a Rn. 46.

lungs- und Festsetzungsmöglichkeiten zu den einzelnen Maßnahmen der Innenentwicklung. Da die Bodenschutzklausel eine Planungsleitlinie ist, hängt vom Einzelfall ab, ob und in welchem Umfang das Vorhandensein innerörtlicher Entwicklungsmöglichkeiten ermittelt werden muss.[1286] Bereits aus dem Planungsgrundsatz der Offenheit der Planung resultiert eine Prüfung von Standortalternativen,[1287] durch § 1a Absatz 2 Satz 1 BauGB wird eine Prüfung dieser innerhalb des Siedlungsgebietes nochmals ausdrücklich betont. Aufgegriffen wird die Prüfung von Standortalternativen sodann auch durch die Umwidmungssperrklausel nach § 1a Absatz 2 Satz 2 BauGB, wonach landwirtschaftlich, als Wald oder für Wohnzwecke genutzte Flächen nur im notwendigen Umfang umgenutzt werden sollen, i. V. m. dem Ermittlungsgebot nach § 1a Absatz 2 Satz 4 BauGB.[1288]

Aspekte der Wirkung

Eine klare Formulierung des Zwecks der Norm ist die Formulierung „zur Verringerung der zusätzlichen Inanspruchnahme von Flächen für bauliche Nutzungen die Möglichkeiten der Entwicklung der Gemeinde insbesondere durch Wiedernutzbarmachung von Flächen, Nachverdichtung und andere Maßnahmen zur Innenentwicklung zu nutzen" in § 1a Absatz 2 Satz 1 BauGB. Sie drückt nicht nur eindeutig aus, dass sie einer Reduzierung der Flächeninanspruchnahme dient, sondern auch der zu einer Reduzierung der Flächeninanspruchnahme führenden Innenentwicklung. Jedoch wird die städtebauliche Situation in § 1a Absatz 2 Satz 1 BauGB nicht konkret umrissen. Es bleibt in der Vorschrift offen, wann innerörtliche Entwicklungsmöglichkeiten in einer Gemeinde vorhanden sind. Nach der Rechtsprechung sind innerörtliche Entwicklungsmöglichkeiten nicht vorhanden, wenn zwar eine Fläche im Bestand vorliegt, die Gemeinde für diese aber konkretisierte anderweitige Planungsabsichten hat oder der Investor aus eigentumsrechtlichen Gründen über diese Fläche nicht verfügen kann.[1289] Innerörtliche Entwicklungsmöglichkeiten sind nach der Rechtsprechung auch dann nicht vorhanden, wenn die Planung aufgrund der Qualitätsanforderung der Wohnruhe bezüglich einer Wohnbaufläche oder aufgrund der Größendimension bezüglich eines Einzelhandelsbetriebes

---

1286 BVerwG ZfBR 2008, 689 (689); *Faßbender*, ZUR 2010, 81 (83 f.).
1287 IV. 1. a.
1288 Vgl. *Schrödter*, in: Schrödter, Baugesetzbuch, § 1a Rn. 32.
1289 *Waechter*, DVBl. 2009, 997 (998).

nicht in vergleichbarer Weise im Bestand ausgeführt werden kann.[1290] Auch mangelnde Ortsnähe der Alternativfläche zur Planfläche wird als Argument gegen das Vorhandensein innerörtlicher Entwicklungspotentiale herangezogen.[1291] Es bleibt daher unklar, welche Abstriche einer Planung zugunsten der Innenentwicklung gemacht werden können.[1292]

Eine Erhöhung des Ressourcenaufwandes der Verwaltung bei Flächeninanspruchnahme bewirkt § 1a Absatz 2 Satz 4 BauGB. Die Umwidmungssperrklausel nach § 1a Absatz 2 Satz 2 BauGB wird zu den Abwägungdirektiven gezählt.[1293] Für diese wird der verfahrensrechtliche Aspekt durch § 1a Absatz 2 Satz 4 BauGB betont und erweitert.[1294] Nach § 1a Absatz 2 Satz 4 BauGB soll die Notwendigkeit der Umwandlung landwirtschaftlich oder als Wald genutzter Flächen begründet werden; dabei sollen Ermittlungen zu den Möglichkeiten der Innenentwicklung zugrunde gelegt werden, zu denen insbesondere Brachflächen, Gebäudeleerstand, Baulücken und andere Nachverdichtungsmöglichkeiten zählen können. Diese Regelung wurde durch die BauGB-Novelle 2013 eingeführt.[1295] Die Begründungspflicht in § 1a Absatz 2 Satz 4 BauGB ist lediglich klarstellend, da sie sich bereits aus der allgemeinen Begründungspflicht nach den §§ 5 Absatz 5, 9 Absatz 8 BauGB ergibt.[1296] Hinzu kommt durch § 1a Absatz 2 Satz 4 BauGB aber ein Ermittlungsgebot zur Erhöhung des Ressourcenaufwandes der Verwaltung bei Nichtberücksichtigung der Umwidmungssperrklausel nach § 1a Absatz 2 Satz 2 BauGB.[1297] Es sollen bei der Umwandlung landwirtschaftlich oder als Wald genutzter Flächen Ermittlungen zu den Möglichkeiten der Innenentwicklung erfolgen, dabei sind beispielhaft Brachflächen, Gebäudeleerstand, Baulücken und andere Nachverdichtungsmöglichkeiten aufgeführt.[1298]

1290 *Waechter*, DVBl. 2009, 997 (998).
1291 Vgl. *Waechter*, DVBl. 2009, 997 (998).
1292 Vgl. *Waechter*, DVBl. 2009, 997 (1001).
1293 *Schrödter/Wahlhäuser*, in: Schrödter, Baugesetzbuch, § 1 Rn. 386.
1294 Vgl. *Schrödter*, in: Schrödter, Baugesetzbuch, § 1a Rn. 32.
1295 BGBl. I 2013/29, S. 1548.
1296 *Schrödter*, in: Schrödter, Baugesetzbuch, § 1a Rn. 32; Teil II Kapitel 1 Abschnitt 3 III. 2.
1297 Vgl. *Schrödter*, in: Schrödter, Baugesetzbuch, § 1a Rn. 32.
1298 *Schrödter*, in: Schrödter, Baugesetzbuch, § 1a Rn. 32.

e. Planerische Eingriffsregelung

Nach § 1a Absatz 3 Satz 1 BauGB sind in der Abwägung die Vermeidung und der Ausgleich voraussichtlich erheblicher Beeinträchtigungen des Landschaftsbildes sowie der Leistungs- und Funktionsfähigkeit des Naturhaushalts in seinen in § 1 Absatz 6 Nr. 7 a) BauGB bezeichneten Bestandteilen (Eingriffsregelung nach dem Bundesnaturschutzgesetz) zu berücksichtigen. § 1a Absatz 3 Satz 1 BauGB bezieht sich damit auf die naturschutzrechtliche Eingriffsregelung.[1299] Nach dieser sind gemäß § 14 Absatz 1 BNatSchG Eingriffe in Natur und Landschaft Veränderungen der Gestalt oder Nutzung von Grundflächen oder Veränderungen des mit der belebten Bodenschicht in Verbindung stehenden Grundwasserspiegels, die die Leistungs- und Funktionsfähigkeit des Naturhaushalts oder das Landschaftsbild erheblich beeinträchtigen können. Ein Eingriff setzt sich aus der Eingriffshandlung und der Eingriffswirkung zusammen.[1300] Zur Eingriffshandlung gehören demnach vor allem Maßnahmen auf einer Grundfläche und daher Maßnahmen mit Flächenbezug[1301]. Das Errichten oder Vergrößern von Bauwerken ist durch die damit verbundene Veränderung der Grundfläche als eine Maßnahme auf der Grundfläche zu qualifizieren.[1302] Darunter fällt auch die Flächeninanspruchnahme. Als Eingriffswirkung muss durch die Eingriffshandlung die Möglichkeit einer erheblichen Beeinträchtigung bestehen.[1303] Dabei ist eine Beeinträchtigung eine Verschlechterung des ökologischen Status quo.[1304] Zudem muss die Beeinträchtigung von einer gewissen Schwere sein können, was vom den Umständen des Einzelfalles abhängt.[1305] Wann die Erheblichkeitsschwelle erreicht sein kann, wird unterschiedlich bewertet und reicht von nicht unwesentlichen Beeinträchtigungen bis hin zu ernsthaften, schwerwiegenden oder dauerhaften Funktionsstörungen des betroffenen Ökosystems.[1306]

1299 *Dirnberger*, in: Spannowsky/Uechtritz, Baugesetzbuch, § 1a Rn. 11.
1300 *Guckelberger*, in: Frenz/Müggenborg, BNatSchG, § 14 Rn. 13 ff.
1301 *Louis/Wolf*, NuR 2002, 61 (67).
1302 *Louis/Wolf*, NuR 2002, 61 (67); vgl. *Guckelberger*, in: Frenz/Müggenborg, BNatSchG, § 14 Rn. 18.
1303 *Guckelberger*, in: Frenz/Müggenborg, BNatSchG, § 14 Rn. 25.
1304 *Guckelberger*, in: Frenz/Müggenborg, BNatSchG, § 14 Rn. 26.
1305 *Guckelberger*, in: Frenz/Müggenborg, BNatSchG, § 14 Rn. 28 ff.
1306 *Guckelberger*, in: Frenz/Müggenborg, BNatSchG, § 14 Rn. 28.

Eingriffe sollen nach § 1a Absatz 3 Satz 1 BauGB vermieden werden, nachrangig greift das Ausgleichsgebot.[1307] Die planerische Eingriffsregelung ist eine Planungsleitlinie. Das Vermeidungsgebot und das Ausgleichsgebot sind in der Abwägung zu berücksichtigen, so dass bei einem Eingriff die Gemeinde zunächst zu prüfen hat, in welchem Umfang der Eingriff für die Verwirklichung der gemeindlichen Planungsabsicht erforderlich ist.[1308] Daraus folgt auch eine Berücksichtigung von Alternativen zum geplanten Eingriff.[1309] Eine Alternative eines geplanten Eingriffs als Flächeninanspruchnahme kann auch eine Standortalternative innerhalb des Siedlungsgebietes sein.[1310] Neben dem Planungsgrundsatz der Offenheit der Planung sowie der Bodenschutzklausel und Umwidmungssperrklausel erfasst damit auch das Vermeidungsgebot Standortalternativen innerhalb des Siedlungsgebietes zur geplanten Flächeninanspruchnahme. § 1a Absatz 3 Satz 1 BauGB fördert dadurch ebenfalls Darstellungs- und Festsetzungsmöglichkeiten zu den einzelnen Maßnahmen der Innenentwicklung[1311].

Aspekte der Wirkung

In § 1a Absatz 3 Satz 1 BauGB i. V. m. § 14 Absatz 1 BNatSchG wird die städtebauliche Situation bezüglich der Eingriffswirkung nicht klar umrissen. Wann durch die Eingriffshandlung die Möglichkeit einer erheblichen Beeinträchtigung besteht, wird unterschiedlich bewertet,[1312] so dass nicht alle Eingriffe von den Gemeinden auch als diese bezeichnet werden.[1313]

2. Nachhaltige Nutzung des Siedlungsgebietes

Zur Nutzungskoordination und zur Mehrfachnutzung bestehen keine Darstellungs- und Festsetzungsmöglichkeiten. Bezüglich der Nutzungsintensivierung bestehen lediglich Festsetzungsmöglichkeiten, die diese begrenzen. Bei entsprechenden Wohnbedürfnissen werden diese Festset-

---

1307 *Greiving*, in: ARL, Flächenhaushaltspolitik: Feststellungen und Empfehlungen, S. 162.
1308 Vgl. *Battis*, in: Battis/Krautzberger/Löhr, Baugesetzbuch, § 1a Rn. 19.
1309 *Schink*, UPR 2001, 161 (163 f.); *Waechter*, DVBl. 2009, 997 (999).
1310 *Schink*, UPR 2001, 161 (163 f.); *Waechter*, DVBl. 2009, 997 (999).
1311 *Schink*, UPR 2001, 161 (163).
1312 *Guckelberger*, in: Frenz/Müggenborg, BNatSchG, § 14 Rn. 28.
1313 *BBR*, Perspektive Flächenkreislaufwirtschaft, Band 2, S. 47.

zungsmöglichkeiten durch die Planungsleitlinie zur Bevölkerung verstärkt.[1314] Die Planungsziele und Planungsleitlinien zur Umwelt begrenzen sie hingegen,[1315] ebenso, wie die Normen im Zusammenhang mit der Abwägung bezüglich der Innenentwicklung.[1316]

Zugunsten der Folgenutzung und zur Zwischennutzung als Unterfall der Folgenutzung bestehen dagegen Darstellungs- und Festsetzungsmöglichkeiten. Diese werden durch die Planungsziele und Planungsleitlinien zur Umwelt[1317] und durch die Normen im Zusammenhang mit der Abwägung bezüglich der Innenentwicklung[1318] unterstützt. Darüber hinaus sind § 1 Absatz 6 Nr. 5 BauGB und § 1 Absatz 6 Nr. 10 BauGB relevant

Nach § 1 Absatz 6 Nr. 5 BauGB sind Belange des Denkmalschutzes und der Denkmalpflege und die erhaltenswerten Ortsteile, Straßen und Plätze von geschichtlicher, künstlerischer oder städtebaulicher Bedeutung zu berücksichtigen. Den Denkmalbegriff geben die Denkmalschutzgesetze der Länder vor, worunter auch Baudenkmäler fallen.[1319] Der Erhalt von Baudenkmälern aus historischen Gründen erfolgt landesrechtlich, da er nicht unter den Begriff des Bodenrechts nach Art. 74 Absatz 1 Nr. 18 GG fällt.[1320] Die Belange des Denkmalschutzes und der Denkmalpflege nach § 1 Absatz 6 Nr. 5 BauGB beziehen sich deshalb auf die städtebauliche Relevanz der in den Landesdenkmalgesetzen erfassten Belange, ihrer Beziehung zur aktuellen Stadtstruktur und ihrer stadträumlichen Funktion für das Zusammenleben der Menschen.[1321] Dies ist der sogenannte „städtebauliche Denkmalschutz", der sich neben einer gewissen Gestaltung der Umgebung eines Denkmals auch auf dessen Erhalt bezieht.[1322] Im Laufe der

---

1314 II. 2.
1315 II. 1. a. und b.
1316 IV. 1.
1317 II. 1. a. und b.
1318 IV. 1.
1319 *Stellhorn*, Umnutzung und Modernisierung von Baudenkmälern, S. 6; Beispielsweise sind in Thüringen nach § 2 Absatz 1 Satz 1 ThürDSchG Kulturdenkmale im Sinne des ThürDSchG Sachen, Sachgesamtheiten oder Sachteile, an deren Erhaltung aus geschichtlichen, künstlerischen, wissenschaftlichen, technischen, volkskundlichen oder städtebaulichen Gründen sowie aus Gründen der historischen Dorfbildpflege ein öffentliches Interesse besteht. Nach § 2 Absatz 1 Satz 2 ThürDSchG sind Kulturdenkmale auch Denkmalensembles und Bodendenkmale.
1320 *Schrödter/Wahlhäuser*, in: Schrödter, Baugesetzbuch, § 1 Rn. 375.
1321 *Krautzberger*, in: Martin/Krautzberger/Davydov/Spennemann, Handbuch Denkmalschutz und Denkmalpflege, S. 407 f.
1322 *Krautzberger*, in: Martin/Krautzberger/Davydov/Spennemann, Handbuch Denkmalschutz und Denkmalpflege, S. 407.

Zeit können Substanzschäden des Denkmals auftreten.[1323] Um erhalten zu werden, muss das Denkmal deshalb genutzt werden, da nur eine dauernde Nutzung die notwendigen Wartungs- und Reparaturmaßnahmen sicherstellt.[1324] § 1 Absatz 6 Nr. 5 BauGB fördert damit die Folgenutzung. In § 1 Absatz 6 Nr. 5 BauGB sind über die von den Landesdenkmalgesetzen erfassten Belange zudem auch erhaltenswerte Ortsteile, Straßen und Plätze von geschichtlicher, künstlerischer oder städtebaulicher Bedeutung einbezogen.[1325]

Nach § 1 Absatz 6 Nr. 10 BauGB sind Belange der zivilen Anschlussnutzung von Militärliegenschaften zu berücksichtigen. Militärliegenschaften umfassen von der Bundeswehr und ausländischen Streitkräften in Anspruch genommene Liegenschaften.[1326] Für die Dauer der militärischen Nutzung unterliegen diese Flächen nach § 37 BauGB dem Fachplanungsrecht des Bundes.[1327] In die Planungshoheit der Gemeinden gehen diese Flächen sodann jedenfalls ab der förmlichen Freigabe durch die zuständige Behörde über.[1328] Die zivile Anschlussnutzung ist eine nicht militärische Folgenutzung dieser Flächen,[1329] so dass § 1 Absatz 6 Nr. 10 BauGB ebenfalls die Folgenutzung fördert.

Aspekte der Wirkung

Die Formulierung „der zivilen Anschlussnutzung von Militärliegenschaften" in § 1 Absatz 6 Nr. 10 BauGB ist eine klare Formulierung des Zwecks der Norm. Diese drückt klar aus, dass die Norm auch einer Folgenutzung dient.

1323 *Stellhorn*, Umnutzung und Modernisierung von Baudenkmälern, S. 3.
1324 *Stellhorn*, Umnutzung und Modernisierung von Baudenkmälern, S. 3.
1325 *Krautzberger*, in: Martin/Krautzberger/Davydov/Spennemann, Handbuch Denkmalschutz und Denkmalpflege, S. 407.
1326 *Söfker*, in: Ernst/Zinkahn/Bielenberg/Krautzberger, Baugesetzbuch, § 1 Rn. 172.
1327 *Schrödter/Wahlhäuser*, in: Schrödter, Baugesetzbuch, § 1 Rn. 477.
1328 Vgl. *Schrödter/Wahlhäuser*, in: Schrödter, Baugesetzbuch, § 1 Rn. 477.
1329 *Söfker*, in: Ernst/Zinkahn/Bielenberg/Krautzberger Baugesetzbuch, § 1 Rn. 172.

3. Nachhaltige Baustruktur des Siedlungsgebietes

Zur nachhaltigen Baustruktur des Siedlungsgebietes existieren zahlreiche Darstellungs- und Festsetzungsmöglichkeiten. Darstellungs- und Festsetzungsmöglichkeiten zugunsten einer nachhaltiger Baustruktur des Siedlungsgebietes werden durch die Planungsziele und Planungsleitlinien zur Umwelt[1330] und die Normen im Zusammenhang mit der Abwägung bezüglich der Innenentwicklung[1331] unterstützt. Darüber hinaus ist die Möglichkeit der räumlichen Trennung von Eingriff und Ausgleich nach § 1a Absatz 3 Satz 3 BauGB und § 200a Satz 2 BauGB[1332] für die Darstellungs- und Festsetzungsmöglichkeiten zugunsten der Ausschöpfung des Potentials der Fläche relevant. Durch diese Möglichkeit muss am Eingriffsort keine Fläche für den Ausgleich bereitgehalten und damit von Ebenen nicht naturgemäßer Nutzungsräume freigehalten werden.[1333] Dies begünstigt die Ausschöpfung des Potentials der Fläche am Eingriffsort[1334] und damit die entsprechenden Darstellungs- und Festsetzungsmöglichkeiten.

Planungsziele und Planungsleitlinien zur Umwelt richten sich aufgrund der Stadtökologie aber gleichzeitig auch gegen Darstellungs- und Festsetzungsmöglichkeiten der nachhaltigen Baustruktur des Siedlungsgebietes. Zudem richtet sich § 1a Absatz 2 Satz 1 BauGB gegen Darstellungs- und Festsetzungsmöglichkeiten zur Ausschöpfung des Potentials der Fläche. Nach der Bodenschutzklausel nach § 1a Absatz 2 Satz 1 BauGB soll mit Grund und Boden nicht nur sparsam, sondern auch schonend umgegangen werden, dabei ist zur Verringerung der zusätzlichen Inanspruchnahme von Flächen für bauliche Nutzungen die Bodenversiegelungen auf das notwendige Maß zu begrenzen. Der schonende Umgang mit Grund und Boden verlangt eine bodenschonende Ausführungsplanung von Bauvorhaben.[1335] Dies kann insbesondere durch eine Begrenzung der Bodenversiegelung erfolgen, was § 1a Absatz 2 Satz 1 BauGB auch ausdrücklich hervorhebt.[1336] Da § 1a Absatz 2 Satz 1 BauGB einen schonenden Umgang mit

---

1330 II. 1. a. und b.
1331 IV. 1.
1332 Vgl. VI. 3.
1333 *Schrödter*, in: Schrödter, Baugesetzbuch, § 1a Rn. 83.
1334 Vgl. *Jörissen/Coenen*, Sparsame und schonende Flächennutzung, S. 157 und 159.
1335 Vgl. *Jörissen/Coenen*, Sparsame und schonende Flächennutzung, S. 96.
1336 *Wagner*, in: Ernst/Zinkahn/Bielenberg/Krautzberger, Baugesetzbuch, § 1a Rn. 48.

Grund und Boden auch innerhalb des Siedlungsbereiches verlangt,[1337] wird dadurch aber auch die Ausschöpfung des Potentials der Fläche begrenzt.[1338]

4. Nachhaltige Mobilität im Siedlungsgebiet

Für Darstellungs- und Festsetzungsmöglichkeiten zugunsten einer nachhaltigen Mobilität im Siedlungsgebiet sind neben den Planungszielen und Planungsleitlinien zur Umwelt und den Normen der Innenentwicklung weitere Normen im Zusammenhang mit der Abwägung von Bedeutung.

a. Nutzungsmischung und Nachverdichtung anderer Nutzungsarten

Für Darstellungs- und Festsetzungsmöglichkeiten der Nachverdichtung anderer Nutzungsarten ist über die aufgeführten Normen der nachhaltigen Baustruktur im Siedlungsgebiet[1339] hinaus die Planungsleitlinie zur Vermeidung und Verringerung von Verkehr relevant.
Die Darstellungs- und Festsetzungsmöglichkeiten der Nutzungsmischung werden durch die Planungsziele und Planungsleitlinien zur Umwelt, die sich bei stadtökologischen Aspekten aber auch gegen Nutzungsmischung richten können[1340], und durch die Normen im Zusammenhang mit der Abwägung bezüglich der Innenentwicklung[1341] gefördert. Des Weiteren sind für die Darstellungs- und Festsetzungsmöglichkeiten der Nutzungsmischung ebenfalls die Planungsleitlinie zur Vermeidung und Verringerung von Verkehr sowie Normen im Zusammenhang mit der Abwägung zur Begrenzung von Nutzungskonflikten, zum Wohnklima und zu Versorgungsbereichen relevant.

1337 Vgl. *Wagner*, in: Ernst/Zinkahn/Bielenberg/Krautzberger, Baugesetzbuch, § 1a Rn. 45.
1338 Vgl. *Schink*, UPR 2001, 161 (166 f.).
1339 IV. 3.
1340 II. 1. a. und b.
1341 IV. 1.

aa. Vermeidung und Verringerung von Verkehr

Nach § 1 Absatz 6 Nr. 9 BauGB sind die Belange des Personen- und Güterverkehrs und der Mobilität der Bevölkerung, einschließlich des öffentlichen Personennahverkehrs und des nicht motorisierten Verkehrs, unter besonderer Berücksichtigung einer auf Vermeidung und Verringerung von Verkehr ausgerichteten städtebaulichen Entwicklung zu berücksichtigen. Die Vermeidung und Verringerung von Verkehr ist in § 1 Absatz 6 Nr. 9 BauGB ein eigenständiger Belang,[1342] der durch Darstellungs- und Festsetzungsmöglichkeiten der Nutzungsmischung und der Nachverdichtung anderer Nutzungen realisiert werden kann.[1343]

bb. Begrenzung von Nutzungskonflikten

§ 1 Absatz 6 Nr. 7 c) BauGB, die Berücksichtigung umweltbezogener Auswirkungen auf den Menschen und seine Gesundheit sowie auf die Bevölkerung insgesamt, begrenzt die Darstellungs-und Festsetzungsmöglichkeiten zur Nutzungsmischung[1344] und fördert diejenigen zur Begrenzung von Nutzungskonflikten. § 1 Absatz 6 Nr. 7 c) BauGB wird auch durch den durch § 50 BImSchG bestätigten[1345] Planungsgrundsatz der räumlichen Trennung unverträglicher Nutzungen Rechnung getragen.[1346] Nach § 50 Satz 1 BImSchG sind bei raumbedeutsamen Planungen und Maßnahmen die für eine bestimmte Nutzung vorgesehenen Flächen einander so zuzuordnen, dass unter anderem schädliche Umwelteinwirkungen auf die ausschließlich oder überwiegend dem Wohnen dienenden Gebiete sowie auf sonstige schutzbedürftige Gebiete, insbesondere öffentlich genutzte Gebiete, wichtige Verkehrswege, Freizeitgebiete und unter dem Gesichtspunkt des Naturschutzes besonders wertvolle oder besonders empfindliche Gebiete und öffentlich genutzte Gebäude, so weit wie möglich vermieden werden. Damit verlangt der Planungsgrundsatz eine räumliche Trennung miteinander nicht vereinbarer Nutzungen und damit insbesondere eine

---

1342 *Söfker*, in: Ernst/Zinkahn/Bielenberg/Krautzberger Baugesetzbuch, § 1 Rn. 169.
1343 Vgl. *Söfker*, in: Ernst/Zinkahn/Bielenberg/Krautzberger, Baugesetzbuch, § 1 Rn. 168a; Teil I Kapitel 1 III. c. aa.
1344 II. 1. b.
1345 *Brenner*, Öffentliches Baurecht, S. 117.
1346 Vgl. *Schrödter/Wahlhäuser*, in: Schrödter, Baugesetzbuch, § 1 Rn. 229 ff.; Der Trennungsgrundsatz wird zu den Abwägungsdirektiven gezählt. Siehe *Schrödter/Wahlhäuser*, in: Schrödter, Baugesetzbuch, § 1 Rn. 386.

Trennung von Industrie- und Gewerbeflächen von Wohngebietsflächen.[1347] Miteinander nicht verträgliche Nutzungen sind im Gemeindegebiet so räumlich zu verteilen, dass Nutzungskonflikte wegen Belastungen der Wohngebiete durch Immissionen, die durch industrielle oder gewerbliche Nutzungen verursacht werden, möglichst verhindert werden.[1348] Wenn die Planung aber auf Gemengelagen, also auf gewachsene Strukturen der Nutzungsmischung störender und störanfälliger Nutzungen, trifft, so kann sich in diesen Fällen eine verminderte Schutzwürdigkeit der Wohnnutzung ergeben.[1349]

cc. Zentrale Versorgungsbereiche

Ein Unterfall des Abwägungsgebotes nach § 1 Absatz 7 BauGB ist die interkommunale Abstimmungspflicht nach § 2 Absatz 2 BauGB.[1350] Durch diese sind nachbargemeindliche Belange in der Abwägung zu berücksichtigen, wenn sie mehr als geringfügig betroffen sind[1351]. Nach § 2 Absatz 2 Satz 1 BauGB sind die Bauleitpläne benachbarter Gemeinden aufeinander abzustimmen. Dabei können sich Gemeinden nach § 2 Absatz 2 Satz 2 BauGB auch auf die ihnen durch Ziele der Raumordnung zugewiesenen Funktionen sowie auf Auswirkungen auf ihre zentralen Versorgungsbereiche berufen. § 2 Absatz 2 Satz 2 BauGB hebt nachbargemeindliche Belange hervor, weitere nachbargemeindliche Belange sind jedoch dadurch nicht ausgeschlossen.[1352] Die zwei Fälle in dieser Regelung verdeutlichen, dass die Abstimmungspflicht das Gebot interkommunaler Rücksichtnahme beinhaltet, wenn die Planung unmittelbare Effekte auf die städtebauliche Ordnung und Entwicklung der Nachbargemeinde, wie unter anderem auf die zentralen Versorgungsbereiche, hat.[1353] Zentrale Versorgungsbereiche sind räumlich abgrenzbare Bereiche der Einzelhandelsnutzung in einer integrierten, also nicht nur mit dem Pkw erreichbaren, Lage, mit zentraler Versorgungsfunktion der Bevölkerung in einem bestimmten Einzugsbereich.[1354] Einzelne Einzelhandelsbetriebe auf isolierten Standorten bilden

---

1347 Vgl. *Schink*, UPR 2001, 161 (169).
1348 *Schink*, UPR 2001, 161 (169).
1349 *Schink*, UPR 2001, 161 (169).
1350 *Tettinger/Erbguth/Mann/Schubert*, Besonderes Verwaltungsrecht, S. 455.
1351 *Jarass/Kment*, Baugesetzbuch, § 2 Rn. 28.
1352 *Uechtritz*, in: Spannowsky/Uechtritz, Baugesetzbuch, § 2 Rn. 34.
1353 *Jörissen/Coenen*, Sparsame und schonende Flächennutzung, S. 133.
1354 *Jaeger*, in: Spannowsky/Uechtritz, Baugesetzbuch, § 5 Rn. 46d.

daher keine zentralen Versorgungsbereiche.[1355] Auf Auswirkungen auf ihre zentralen Versorgungsbereiche kann sich eine Gemeinde bei spürbarem Kaufkraftabfluss ab etwa 10 % berufen.[1356] Zentrale Versorgungsbereiche stellen eine wohnortsnahe Versorgung sicher.[1357] Dies bedeutet ein Nebeneinander von Wohnen und Versorgung. Der Kaufkraftabfluss kann sich insbesondere aufgrund eines großflächigen Einzelhandelsbetriebs der Nachbargemeinde ergeben,[1358] so dass § 2 Absatz 2 BauGB die Nutzungsmischung fördert, indem sich die Regelung gegen Darstellungen und Festsetzung der Nachbargemeinde zur Realisierung von Einzelhandelsbetrieben richtet. Großflächige Einzelhandelsbetriebe sind zentrenunabhängig und damit zentrenschädlich, da sie mit der Nahversorgung konkurrieren.[1359] Durch diese Konkurrenz mit der Nahversorgung bewirken sie einen Nachfragerückgang an Versorgung in der Innenstadt[1360] und wirken sich damit negativ auf die Nutzungsmischung von Wohnen und Versorgung aus[1361].

Auf eine verbrauchernahe Versorgung beziehen sich auch § 1 Absatz 6 Nr. 4 BauGB und § 1 Absatz 6 Nr. 8 a) BauGB. Nach § 1 Absatz 6 Nr. 4 BauGB sind bei der Aufstellung der Bauleitpläne die Erhaltung und Entwicklung zentraler Versorgungsbereiche zu berücksichtigen. Nach § 1 Absatz 6 Nr. 8 a) BauGB sind die Belange der Wirtschaft und auch ihrer mittelständischen Struktur im Interesse einer verbrauchernahen Versorgung der Bevölkerung zu berücksichtigen. In § 1 Absatz 6 Nr. 8 a) BauGB wird vorausgesetzt, dass der mittelständischen Wirtschaftsstruktur bei der verbrauchernahen Versorgung eine hervorgehobene Funktion zukommt.[1362] Diese ist durch die Ansiedlung von Betrieben des Einzelhandels in städtebaulich integrierten und damit auch ohne den Pkw gut erreichbaren Standorten zu erreichen.[1363] § 1 Absatz 6 Nr. 4 BauGB und § 1 Absatz 6 Nr. 8 a) BauGB richten sich ebenfalls auch gegen großflächige Einzelhan-

---

1355 *Jaeger*, in: Spannowsky/Uechtritz, Baugesetzbuch, § 5 Rn. 46d.
1356 *Jörissen/Coenen*, Sparsame und schonende Flächennutzung, S. 105.
1357 Vgl. *Battis*, in: Battis/Krautzberger/Löhr, Baugesetzbuch, § 1 Rn. 61a; *Ferner*, in: Ferner/Kröninger/Aschke, Baugesetzbuch, § 1 Rn. 41.
1358 *Jörissen/Coenen*, Sparsame und schonende Flächennutzung, S. 105 f.
1359 *Battis/Krautzberger/Löhr*, NVwZ 2007, 121 (122).
1360 Vgl. *Jörissen/Coenen*, Sparsame und schonende Flächennutzung, S. 105 f.
1361 Vgl. *Battis/Krautzberger/Löhr*, NVwZ 2007, 121 (122).
1362 *Battis*, in: Battis/Krautzberger/Löhr, Baugesetzbuch, § 1 Rn. 72.
1363 *Söfker*, in: Ernst/Zinkahn/Bielenberg/Krautzberger, Baugesetzbuch, § 1 Rn. 161.

delsbetriebe.¹³⁶⁴ Damit wirken sie den Darstellungen und Festsetzungen bezüglich von Einzelhandelsbetrieben zugunsten einer Nutzungsmischung entgegen.

Aspekte der Wirkung

Ein Instrument des Flächenmanagements ist die Kooperation, so dass § 2 Absatz 2 BauGB als Mindestmaß interkommunaler Kooperation¹³⁶⁵ als ein Instrument des Flächenmanagements gesehen werden kann. Klare Verhaltensanweisungen für die interkommunale Abstimmungspflicht enthält § 4 BauGB, der das Abstimmungsverfahren regelt.¹³⁶⁶ Nach § 4 Absatz 1 BauGB sind die Behörden und sonstigen Träger öffentlicher Belange, deren Aufgabenbereich durch die Planung berührt werden kann, wie die Öffentlichkeit nach § 3 Absatz 1 Satz 1 BauGB zu unterrichten und zur Äußerung aufzufordern. Behörden im Sinne des § 4 Absatz 1 BauGB sind auch die benachbarten Gemeinden.¹³⁶⁷

dd. Wohnklima

Nach § 1 Absatz 6 Nr. 3 BauGB sind die sozialen und kulturellen Bedürfnisse der Bevölkerung, insbesondere die Bedürfnisse der Familien, der jungen, alten und behinderten Menschen, unterschiedliche Auswirkungen auf Frauen und Männer sowie die Belange des Bildungswesens und von Sport, Freizeit und Erholung, zu berücksichtigen. Die aufgeführten Belange überschneiden sich.¹³⁶⁸ Zu den von § 1 Absatz 6 Nr. 3 BauGB erfassten Infrastruktureinrichtungen gehören Kindertagesstätten, Sanatorien, Schulen oder Grünflächen.¹³⁶⁹ Aus den Bedürfnissen von Familien, von jungen

---

1364 Bezüglich § 1 Absatz 6 Nr. 4 BauGB siehe *Ferner*, in: Ferner/Kröninger/Aschke, Baugesetzbuch, § 1 Rn. 41; bezüglich § 1 Absatz 6 Nr. 8 a) BauGB siehe *Söfker*, in: Ernst/Zinkahn/Bielenberg/Krautzberger, Baugesetzbuch, § 1 Rn. 161.
1365 *Jörissen/Coenen*, Sparsame und schonende Flächennutzung, S. 133.
1366 *Battis*, in: Battis/Krautzberger/Löhr, Baugesetzbuch, § 2 Rn. 22; *Schrödter/Wahlhäuser*, in: Schrödter, Baugesetzbuch, § 2 Rn. 52.
1367 *Schrödter/Wahlhäuser*, in: Schrödter, Baugesetzbuch, § 2 Rn. 52; *Battis*, in: Battis/Krautzberger/Löhr, Baugesetzbuch, § 2 Rn. 22.
1368 *Dirnberger*, in: Spannowsky/Uechtritz, Baugesetzbuch, § 1 Rn. 93.
1369 *Battis*, in: Battis/Krautzberger/Löhr, Baugesetzbuch, § 1 Rn. 57 ff.; *Dirnberger*, in: Spannowsky/Uechtritz, Baugesetzbuch, § 1 Rn. 93.

und alten Menschen sowie von Menschen mit Behinderung resultieren spezifische Anforderungen an die Baugebietsstruktur wie etwa kurze und überschaubare Wege von der Wohnung zu diesen Infrastruktureinrichtungen.[1370] Damit trägt § 1 Absatz 6 Nr. 3 BauGB zu einem guten Wohnklima bei, indem er die Darstellungs- und Festsetzungsmöglichkeiten zur Verbesserung des Wohnklimas durch Nutzungsmischung fördert.

b. Nachhaltige Nutzung der Verkehrsebenen

Gefördert werden Darstellungs- und Festsetzungsmöglichkeiten zugunsten einer nachhaltigen Nutzung der Verkehrsebenen durch die Planungsziele und Planungsleitlinien zur Umwelt[1371] und durch die Normen im Zusammenhang mit der Abwägung bezüglich der Innenentwicklung[1372]. Einfluss hat auch § 1 Absatz 6 Nr. 9 BauGB. Neben dem Belang der Vermeidung und Verringerung von Verkehr fördert § 1 Absatz 6 Nr. 9 BauGB auch Verkehrsbelange, so dass diese Regelung auch als ambivalent bezeichnet werden kann[1373]. Die Verkehrsbelange in § 1 Absatz 6 Nr. 9 BauGB sind die Belange des Personen- und Güterverkehrs und der Mobilität der Bevölkerung, einschließlich des öffentlichen Personennahverkehrs und des nicht motorisierten Verkehrs. Unter die Verkehrsbelange nach § 1 Absatz 6 Nr. 9 BauGB fallen daher auch ausdrücklich der öffentliche Personennahverkehr und der nicht motorisierte Verkehr, der den Rad- und Fußgängerverkehr erfasst.[1374] Der öffentliche Personennahverkehr sowie der Rad- und Fußgängerverkehr bewirken eine nachhaltige Nutzung der Verkehrsebenen.[1375] Die Verkehrsbelange des § 1 Absatz 6 Nr. 9 BauGB sind damit für eine nachhaltige Nutzung der Verkehrsebenen von Bedeutung.

1370 *Söfker*, in: Ernst/Zinkahn/Bielenberg/Krautzberger, Baugesetzbuch, § 1 Rn. 127.
1371 II. 1. a. und b.
1372 IV. 1.
1373 Vgl. *Brenner*, Öffentliches Baurecht, S. 104.
1374 *Söfker*, in: Ernst/Zinkahn/Bielenberg/Krautzberger, Baugesetzbuch, § 1 Rn. 168.
1375 Teil I Kapitel 1 III. 2. c. bb.

c. Ausschöpfung des Potentials der Höhe und des Untergrundes für Verkehrsebenen

Die Darstellungs- und Festsetzungsmöglichkeiten zugunsten der Ausschöpfung des Potentials der Höhe und des Untergrundes für Verkehrsebenen werden von den Planungszielen und Planungsleitlinien zur Umwelt, die sich bei stadtökologischen Aspekten aber auch gegen die Nachverdichtung richten können[1376], und durch die Normen bezüglich der Innenentwicklung[1377] gefördert. Es bestehen keine weiteren dafür aussagekräftigen Normen im Zusammenhang mit der Abwägung.

V. Reduzierung der Flächeninanspruchnahme

Für eine Reduzierung der Flächeninanspruchnahme können die Darstellungs- und Festsetzungsmöglichkeiten zu den Maßnahmen der Innenentwicklung mit Ausnahme der Folgenutzung herangezogen werden. Unterstützt werden diese von den Planungszielen und Planungsleitlinien zur Umwelt, die sich bei stadtökologischen Aspekten aber auch gegen Nachverdichtung und Nutzungsmischung richten.[1378] Die Darstellungs- und Festsetzungsmöglichkeiten zur Reduzierung der Flächeninanspruchnahme werden zudem durch die Planungsleitlinie zur Wirtschaft beschränkt.[1379] Darüber hinaus sind weitere Regelungen von Bedeutung.

1. Offenheit der Planung

Aus dem Planungsgrundsatz der Offenheit der Planung resultiert, dass nicht nur die Prüfung von Standortalternativen, sondern auch die Prüfung ernsthaft in Betracht kommender Ausführungsalternativen erforderlich ist.[1380] Soll ein neues Baugebiet auf bisher außerhalb des Siedlungsgebietes liegender Fläche ausgewiesen werden, so kann eine Ausführungsalternative eine dichtere Bebauung sein. Auf diese Weise werden durch den Planungs-

---

1376 II. 1. a. und b.
1377 IV. 1.
1378 II. 1. a. und b.
1379 II. 3.
1380 Vgl. *Brenner*, Öffentliches Baurecht, S. 116; *Rieger*, in: Schrödter, Baugesetzbuch, § 1 Rn. 600; Die Ausführungen zu den Standortalternativen in IV. 1. a. gelten für die Ausführungsalternativen entsprechend.

grundsatz der Offenheit der Planung auch die Darstellungs- und Festsetzungsmöglichkeiten zur direkten Reduzierung der Flächeninanspruchnahme gefördert.

2. Bodenschutzklausel

Der schonende Umgang mit Grund und Boden nach der Bodenschutzklausel nach § 1a Absatz 2 Satz 1 BauGB[1381] begrenzt Darstellungs- und Festsetzungsmöglichkeiten zur Ausschöpfung des Potentials der Fläche. Für eine Flächeninanspruchnahme bedeutet der schonende Umgang mit Grund und Boden hingegen, dass sie so gering wie möglich gehalten werden soll.[1382] § 1a Absatz 2 Satz 1 BauGB fördert dadurch Darstellungs- und Festsetzungsmöglichkeiten zur direkten Reduzierung der Flächeninanspruchnahme.

Aspekte der Wirkung

Die Formulierung „zur Verringerung der zusätzlichen Inanspruchnahme von Flächen für bauliche Nutzungen" in § 1a Absatz 2 Satz 1 BauGB ist eine klare Formulierung des Zwecks der Norm. Sie drückt eindeutig die Richtung der Norm gegen eine Bebauung aus, so dass daraus auch auf eine Reduzierung der Flächeninanspruchnahme geschlossen werden kann.

3. Planerische Eingriffsregelung

Aus dem Vermeidungsgebot nach § 1a Absatz 3 Satz 1 BauGB folgt eine Berücksichtigung von Alternativen zum geplanten Eingriff.[1383] Eine Alternative eines geplanten Eingriffs als Flächeninanspruchnahme kann eine Reduzierung dieser sein. Durch das Vermeidungsgebot nach § 1a Absatz 3 Satz 1 BauGB werden damit auch die Darstellungs- und Festsetzungsmöglichkeiten zur direkten Reduzierung der Flächeninanspruchnahme gefördert.

1381 Bodenschutzklausel IV. 1. d.
1382 Vgl. *Schink*, DVBl. 2000, 221 (226 f.).
1383 *Schink*, UPR 2001, 161 (163 f.); *Waechter*, DVBl. 2009, 997 (999); IV. 1. e.

VI. Freiraumentwicklung

Hinsichtlich der Freiraumentwicklung bestehen Normen im Zusammenhang mit der Abwägung, die Darstellungs- und Festsetzungsmöglichkeiten zur Freiraumentwicklung fördern. Diese Normen können gleichzeitig Darstellungs- und Festsetzungsmöglichkeiten gegen eine direkte Unterlassung der Flächeninanspruchnahme zugunsten der Freiraumentwicklung begrenzen.

1. Naturschutz

Nach § 1 Absatz 6 Nr. 7 b) BauGB sind die Erhaltungsziele und der Schutzzweck der Natura 2000-Gebiete im Sinne des Bundesnaturschutzgesetzes zu berücksichtigen. Damit ist der europäische Biotopverbund „Natura 2000" gemeint, dessen Basis die Fauna-Flora-Habitat Richtlinie (FFH-RL) und die Vogelschutzrichtlinie (V-RL) sind.[1384] Die entsprechenden Maßgaben sind national durch die §§ 31 ff. BNatSchG umgesetzt.[1385] § 1 Absatz 6 Nr. 7 b) BauGB zielt auf eine naturgemäße Flächennutzung außerhalb des Siedlungsgebietes. Gleiches gilt für § 1 Absatz 6 Nr. 7 g) BauGB. Nach § 1 Absatz 6 Nr. 7 g) BauGB sind die Darstellungen von Landschaftsplänen zu berücksichtigen. Auf diese Weise wird der Landschaftsplan mit der Bauleitplanung verknüpft.[1386] Nach § 9 Absatz 1 BNatSchG hat die Landschaftsplanung die Aufgabe, die Ziele des Naturschutzes und der Landschaftspflege für den jeweiligen Planungsraum zu konkretisieren. Nach § 11 Absatz 1 Satz 1 BNatSchG werden die für die örtliche Ebene konkretisierten Ziele, Erfordernisse und Maßnahmen des Naturschutzes und der Landschaftspflege auf der Grundlage der Landschaftsrahmenpläne für die Gebiete der Gemeinden in Landschaftsplänen dargestellt.

Kann ein Natura 2000-Gebiet in seinen für die Erhaltungsziele oder den Schutzzweck maßgeblichen Bestandteilen erheblich beeinträchtigt werden, so stellt § 1a Absatz 4 BauGB klar, dass in diesem Fall über § 1 Absatz 6 Nr. 7 b) BauGB hinaus die Vorschriften des Bundesnaturschutzgesetzes nach §§ 32 ff. BNatSchG über die Zulässigkeit und Durchführung von derartigen Eingriffen einschließlich der Einholung der Stellungnahme der

---

[1384] *Dirnberger*, in: Spannowsky/Uechtritz, Baugesetzbuch, § 1 Rn. 104.4.
[1385] *Dirnberger*, in: Spannowsky/Uechtritz, Baugesetzbuch, § 1 Rn. 104.4.
[1386] *Dirnberger*, in: Spannowsky/Uechtritz, Baugesetzbuch, § 1 Rn. 104.10.

Europäischen Kommission anzuwenden sind.[1387] Die Vorgaben des § 1a Absatz 4 BauGB i. V. m. §§ 32 ff. BNatSchG sind für die Gemeinde verbindliche Aussagen, sie können daher in der Abwägung nicht überwunden werden[1388]. Nach § 34 Absatz 2 BNatSchG ist ein Projekt unzulässig, wenn die Prüfung der Verträglichkeit ergibt, dass das Projekt zu erheblichen Beeinträchtigungen des Gebiets in seinen für die Erhaltungsziele oder den Schutzzweck maßgeblichen Bestandteilen führen kann. Ist eine erhebliche Beeinträchtigung durch den Bauleitplan nicht offensichtlich ausgeschlossen, so hat die Gemeinde demnach eine Verträglichkeitsprüfung durchzuführen.[1389] § 1a Absatz 4 BauGB legt nicht fest, dass sich der Geltungsbereich des Bauleitplanes auf ein Natura 2000-Gebiet erstrecken muss. Erhebliche Beeinträchtigungen nach § 1a Absatz 4 BauGB liegen daher nicht zwingend erst dann vor, wenn sich der Geltungsbereich eines Bauleitplans auf ein Natura 2000-Gebiet erstreckt.[1390] Zu einer Beeinträchtigung kann es bereits dann kommen, wenn ein außerhalb eines Schutzgebietes aufgestellter Bauleitplan Auswirkungen auf das in der Umgebung befindliche Natura 2000-Gebiet hat.[1391]

Aspekte der Wirkung

Die Vorgaben des § 1a Absatz 4 BauGB i. V. m. §§ 32 ff. BNatSchG sind für die Gemeinde verbindliche Aussagen, sie können in der Abwägung nicht überwunden werden[1392].

2. Land- und Forstwirtschaft

§ 1 Absatz 6 Nr. 8 BauGB nennt Belange der Wirtschaft. Nach § 1 Absatz 6 Nr. 8 b) BauGB sind die Belange der Land- und Forstwirtschaft zu berück-

---

1387 *Dirnberger*, in: Spannowsky/Uechtritz, Baugesetzbuch, § 1a Rn. 36.
1388 *Dirnberger*, in: Spannowsky/Uechtritz, Baugesetzbuch, § 1a Rn. 40; *Gellermann*, in: Schrödter, Baugesetzbuch, § 1a Rn. 129.
1389 *Gellermann*, in: Schrödter, Baugesetzbuch, § 1a Rn. 139.
1390 *Otto*, in: Bundesministerium für Verkehr, Bau und Stadtentwicklung, Berliner Gespräche, Band 2, S. 148.
1391 *Otto*, in: Bundesministerium für Verkehr, Bau und Stadtentwicklung, Berliner Gespräche, Band 2, S. 148.
1392 *Dirnberger*, in: Spannowsky/Uechtritz, Baugesetzbuch, § 1a Rn. 40; *Gellermann*, in: Schrödter, Baugesetzbuch, § 1a Rn. 129.

sichtigen. § 1 Absatz 6 Nr. 8 b) BauGB zielt auf eine diesbezügliche aktive Nutzung von Flächen,[1393] so dass außerhalb des Siedlungsgebietes dadurch die Darstellungs- und Festsetzungsmöglichkeiten für die Landwirtschaft und Wald gefördert werden und gleichzeitig zugunsten dieser Nutzung Darstellungs- und Festsetzungsmöglichkeiten gegen eine direkte Unterlassung der Flächeninanspruchnahme begrenzt werden. Unterstützt wird dies auch durch die Umwidmungssperrklausel nach § 1a Absatz 2 Satz 2 BauGB.[1394] Sie ist ebenfalls eine Planungsleitlinie. Nach § 1a Absatz 2 Satz 2 BauGB sollen landwirtschaftlich oder als Wald genutzte Flächen nur im notwendigen Umfang umgenutzt werden.

3. Planerische Eingriffsregelung

Ist ein Eingriff nach § 1a Absatz 3 Satz 1 BauGB erforderlich,[1395] hat die Gemeinde weiterhin zu prüfen, ob Ausgleichsmaßnahmen notwendig sind.[1396] Ist dies der Fall, so muss der Ausgleichsbedarfs als Differenz der Wertigkeit von Natur und Landschaft vor und nach dem Eingriff ermittelt werden.[1397] Erfolgt die Kompensation über den Flächenmaßstab, was in der Regel der Fall ist, so wird zunächst die Eingriffsfläche quantifiziert und eine andere entsprechend große Fläche ökologisch aufgewertet.[1398] Die bloße Erhaltung und Sicherung eines im Sinne des Natur- und Landschaftsschutzes bereits wertvollen Bereiches ist keine ökologische Aufwertung einer Fläche und daher noch keine Ausgleichsmaßnahme.[1399] Ausgleichsmaßnahmen führen damit zu einer naturgemäßen Flächennutzung des Naturschutzes und stärken am Rand und außerhalb des Siedlungsgebietes die Freiraumentwicklung.

Gefördert wird dies zusätzlich durch die räumliche und zeitliche Entkoppelung von Eingriff und Ausgleich. Der Ausgleich erfolgt nach § 1a Absatz 3 Satz 2 BauGB durch geeignete Darstellungen und Festsetzungen als Flächen oder Maßnahmen zum Ausgleich, so dass die Darstellungs- und Festsetzungsmöglichkeiten zur Freiraumentwicklung gefördert wer-

---

1393 Vgl. *Söfker*, in: Ernst/Zinkahn/Bielenberg/Krautzberger, Baugesetzbuch, § 1 Rn. 162.
1394 Umwidmungssperrklausel IV. 1. d.
1395 Eingriff IV. 1. e. und Vermeidungsgebot V. 3.
1396 *Battis*, in: Battis/Krautzberger/Löhr, Baugesetzbuch, § 1a Rn. 20.
1397 *Dirnberger*, in: Spannowsky/Uechtritz, Baugesetzbuch, § 1a Rn. 19.
1398 *Dirnberger*, in: Spannowsky/Uechtritz, Baugesetzbuch, § 1a Rn. 19.
1399 *Dirnberger*, in: Spannowsky/Uechtritz, Baugesetzbuch, § 1a Rn. 19.

den. Diese können nach § 1a Absatz 3 Satz 3 BauGB auch an anderer Stelle als am Ort des Eingriffs erfolgen, soweit dies mit einer nachhaltigen städtebaulichen Entwicklung und den Zielen der Raumordnung sowie des Naturschutzes und der Landschaftspflege vereinbar ist. Auch § 200a Satz 2 BauGB beinhaltet, dass unter diesen Voraussetzungen ein unmittelbarer räumlicher Zusammenhang zwischen Eingriff und Ausgleich nicht erforderlich ist. Dies ermöglicht die Entwicklung von Freiraumverbundsystemen.[1400] Daher können nach § 5 Absatz 2a BauGB Flächen zum Ausgleich im Geltungsbereich des Flächennutzungsplans den Flächen, auf denen Eingriffe in Natur und Landschaft zu erwarten sind, ganz oder teilweise zugeordnet werden. Nach § 9 Absatz 1a Satz 1 BauGB können sodann Flächen oder Maßnahmen zum Ausgleich auf den Grundstücken, auf denen Eingriffe in Natur und Landschaft zu erwarten sind, oder an anderer Stelle sowohl im sonstigen Geltungsbereich des Bebauungsplans als auch in einem anderen Bebauungsplan festgesetzt werden. Die Flächen oder Maßnahmen zum Ausgleich an anderer Stelle können nach § 9 Absatz 1a Satz 2 BauGB den Grundstücken, auf denen Eingriffe zu erwarten sind, ganz oder teilweise zugeordnet werden.

Die Maßnahmen zum Ausgleich können nach § 135a Absatz 2 Satz 2 BauGB bereits vor den Baumaßnahmen und der Zuordnung durchgeführt werden. § 135a Absatz 2 Satz 2 BauGB entkoppelt Eingriff und Ausgleich damit auch in zeitlicher Hinsicht. Dies ermöglicht Konzepte, durch die Ausgleichsmaßnahmen zeitlich vor dem Eingriff „angespart" werden, diese werden auch „Ökokonten" genannt.[1401]

Aspekte der Wirkung

Als Instrument des Flächenmanagements kann der gemeinsame Flächennutzungsplan nach § 204 Absatz 1 BauGB[1402] auch für Ausgleichsmaßnahmen eingesetzt werden[1403]. Der erhöhte Koordinationsbedarf kann sich unter anderem aus tendenziell gemeinsamen Interessen ergeben, dies können grenzüberschreitende Ausgleichsflächen sein.[1404] Durch ein gemeinde-

---

1400 *Jörissen/Coenen*, Sparsame und schonende Flächennutzung, S. 97.
1401 *Schrödter*, in: Schrödter, Baugesetzbuch, § 1a Rn. 61; *Jörissen/Coenen*, Sparsame und schonende Flächennutzung, S. 97.
1402 Gemeinsamer Flächennutzungsplan Teil II Kapitel 1 Abschnitt 1 II. 1.
1403 *Hornmann*, in: Spannowsky/Uechtritz, Baugesetzbuch, § 204 Rn. 11.
1404 *Hornmann*, in: Spannowsky/Uechtritz, Baugesetzbuch, § 204 Rn. 10 f.

übergreifendes Ausgleichskonzept können Freiraumverbundsysteme mit Hilfe interkommunaler Kompensationsflächenpools entwickelt werden.[1405] Interkommunale Kompensationsflächenpools gewährleisten eine Bündelung von Ausgleichsflächen an geeigneten Standorten, ohne sich an kommunalen Gebietsgrenzen orientieren zu müssen.[1406] So ist eine gezielte Arrondierung bestehender Schutzgebiete möglich, eine Wiederherstellung komplexer Ökosysteme und vorsorgender Freiraumschutz.[1407]

Nach § 4c Satz 1 BauGB überwachen die Gemeinden die erheblichen Umweltauswirkungen, die auf Grund der Durchführung der Bauleitpläne eintreten, um insbesondere unvorhergesehene nachteilige Auswirkungen frühzeitig zu ermitteln und in der Lage zu sein, geeignete Maßnahmen zur Abhilfe zu ergreifen; Gegenstand der Überwachung ist auch die Durchführung von Darstellungen oder Festsetzungen nach § 1a Absatz 3 Satz 2 BauGB und von Maßnahmen nach § 1a Absatz 3 Satz 4 BauGB. § 4c Satz 1 Halbsatz 2 BauGB wurde durch die BauGB-Novelle 2017 eingefügt.[1408] Die Durchführung von Ausgleichsmaßnahmen ist Gegenstand der Überwachung, da sie in Ansehung von Umweltauswirkungen vorgesehen werden.[1409] Ihre Nichtdurchführung kann daher eine unvorhergesehene nachteilige Auswirkung darstellen.[1410] § 4c Satz 1 Halbsatz 2 BauGB trägt somit zur Selbstkontrolle, beziehungsweise, zur Kontrolle des Projektträgers bei.

VII. Renaturierung

Die Darstellungs- und Festsetzungsmöglichkeiten zugunsten der Renaturierung werden durch die Planungsziele und Planungsleitsätze zur Umwelt gefördert sowie durch die Planungsleitlinie zur Bevölkerung im Fall des Bevölkerungsrückganges. Außerdem kann aufgrund des Ausgleichsgebotes der planerischen Eingriffsregelung nach § 1a Absatz 3 Satz 1 BauGB der Ausgleich auch durch die Beseitigung von Ebenen mit nicht naturgemäßen Nutzungsräumen auf einer Fläche erfolgen.[1411] Das Ausgleichsgebot

---

1405 Vgl. *Jörissen/Coenen*, Sparsame und schonende Flächennutzung, S. 136 und 156 f.
1406 *Jörissen/Coenen*, Sparsame und schonende Flächennutzung, S. 156.
1407 *Jörissen/Coenen*, Sparsame und schonende Flächennutzung, S. 156.
1408 BGBl. I 2017/25, S. 1057 f.
1409 BT-Drucks. 18/10942, S. 43.
1410 BT-Drucks. 18/10942, S. 43.
1411 Vgl. *BBR*, Perspektive Flächenkreislaufwirtschaft, Band 2, S. 54 f.; Ausgleichsgebot VI. 3.

nach § 1a Absatz 3 Satz 1 BauGB fördert damit ebenfalls die Darstellungs- und Festsetzungsmöglichkeiten zugunsten der Renaturierung. Zu dieser durch entsprechende Darstellungs- und Festsetzungsmöglichkeiten trägt darüber hinaus auch § 1a Absatz 3 Satz 5 BauGB bei. Diese Regelung wurde durch die BauGB-Novelle 2013 eingeführt.[1412] § 1a Absatz 3 Satz 5 BauGB legt fest, dass § 15 Absatz 3 BNatSchG entsprechend gilt. Nach § 15 Absatz 3 Satz 1 BNatSchG ist bei der Inanspruchnahme von land- oder forstwirtschaftlich genutzten Flächen für Ausgleichs- und Ersatzmaßnahmen auf agrarstrukturelle Belange Rücksicht zu nehmen, insbesondere sind für die landwirtschaftliche Nutzung besonders geeignete Böden nur im notwendigen Umfang in Anspruch zu nehmen. Nach § 15 Absatz 3 Satz 2 BNatSchG ist vorrangig zu prüfen, ob der Ausgleich oder Ersatz auch durch Maßnahmen zur Entsiegelung, durch Maßnahmen zur Wiedervernetzung von Lebensräumen oder durch Bewirtschaftungs- oder Pflegemaßnahmen, die der dauerhaften Aufwertung des Naturhaushalts oder des Landschaftsbildes dienen, erbracht werden kann, um möglichst zu vermeiden, dass Flächen aus der Nutzung genommen werden. Damit ist vor einer Inanspruchnahme land- oder forstwirtschaftlich genutzter Flächen für eine Ausgleichsmaßnahme vorrangig unter anderem zu prüfen, ob ein Ausgleich durch Maßnahmen zur Entsiegelung erfolgen kann.

Aspekte der Wirkung

Der durch die BauGB-Novelle 2013 eingeführte § 1a Absatz 3 Satz 5 BauGB unterstützt bisherige Verwaltungsaktivitäten, da § 15 Absatz 3 BNatSchG vom typischen Normanwender bereits gehäuft in der Bauleitplanung beachtet wurde[1413].

1412 BGBl. I 2013/29, S. 1548.
1413 Vgl. *Deutsches Institut für Urbanistik*, Planspiel 2012, S. 27 f.

Dritter Abschnitt: Aspekte der Wirkung in der Bauleitplanung

Die folgenden Regelungen der Bauleitplanung enthalten Aspekte der Wirkung, die alle oder eine Vielzahl der für die Maßnahmen nachhaltiger Flächennutzung zur Reduzierung der Flächeninanspruchnahme relevanten Normen erfassen.

I. Bauleitplanung und Zielgruppen

Das Verhältnis der Bauleitplanung zu den Zielgruppen wird durch das kooperative Städtebaurecht, die Möglichkeiten von Ausnahmen und Befreiungen, den Sozialplan sowie durch die Instrumente zur Sicherung und Verwirklichung der Bauleitpläne geprägt.

1. Das kooperative Städtebaurecht

Da Bauleitpläne keine verbindlichen Aussagen für Zielgruppen enthalten, wird ein aufgestellter Bebauungsplan nicht notwendig auch realisiert[1414]. Ob und wann ein Grundstückseigentümer von den durch die Planung geschaffenen Verfügungsrechten tatsächlich Gebrauch macht, ist ihm überlassen.[1415] Planung und Planverwirklichung sind deshalb zu unterscheiden.[1416] Festsetzungen der Gemeinde müssen nicht unter der Berücksichtigung der tatsächlichen Nachfrager erfolgen,[1417] so dass die Gefahr besteht, dass die Flächenausweisungen in den Bauleitplänen als Angebote keine Abnehmer finden.[1418] Durch die Bauleitpläne lässt sich die Nachfrage auch nur sehr schwer beeinflussen,[1419] eine Verknappung des Angebotes an nachgefragten Flächentypen führt nicht zwangsläufig zu einer stärkeren

---

1414 Vgl. *Greiving*, in: ARL, Flächenhaushaltspolitik: Feststellungen und Empfehlungen, S. 157.
1415 *Greiving*, in: ARL, Flächenhaushaltspolitik: Feststellungen und Empfehlungen, S. 165.
1416 *Greiving*, in: ARL, Flächenhaushaltspolitik: Feststellungen und Empfehlungen, S. 165.
1417 *Greiving*, in: ARL, Flächenhaushaltspolitik: Feststellungen und Empfehlungen, S. 165 f.
1418 *Jörissen/Coenen*, Sparsame und schonende Flächennutzung, S. 113.
1419 Vgl. *BBR*, Perspektive Flächenkreislaufwirtschaft, Instrumente und Akteure, S. 41; *Schmalholz*, Steuerung der Flächeninanspruchnahme, S. 103.

Nachfrage nach Innenbereichsflächen, sondern regelmäßig zur Verlagerung der Nachfrage in andere Gebietskörperschaften.[1420] Die Planungsziele der Gemeinde können aber mit den Nutzungsinteressen der Zielgruppen des Immobilienmarktes in Übereinstimmung gebracht werden, indem Gemeinden mit der Zielgruppe des Immobilienmarktes kooperieren und damit auf die Interessen dieser Zielgruppe eingehen.[1421] Eine Kooperation von Gemeinden mit Privaten im Bereich des Bauplanungsrechts kommt daher einer Umsetzung der Maßnahmen nachhaltiger Flächennutzung zur Reduzierung der Flächeninanspruchnahme entgegen. Diese Kooperation ist durch die Regelungen der §§ 11, 12 BauGB möglich, die das kooperative Städtebaurecht darstellen.

Nach § 11 Absatz 1 BauGB kann die Gemeinde städtebauliche Verträge schließen. § 11 Absatz 1 Satz 2 BauGB regelt nicht abschließend Gegenstände eines städtebaulichen Vertrages. Für die Ausschöpfung des Potentials der Fläche kann eine Bodensanierung notwendig sein, die in § 11 Absatz 1 Satz 2 Nr. 1 BauGB als einem möglichen Inhalt des städtebaulichen Vertrages ausdrücklich genannt wird.[1422] Durch § 11 Absatz 1 Satz 2 Nr. 2 BauGB kann auch eine befristete oder bedingte Grundstücksnutzung vereinbart werden,[1423] so dass auch vertragliche Vereinbarungen über eine Zwischennutzung denkbar sind.[1424]

Nach § 12 Absatz 1 Satz 1 BauGB kann die Gemeinde durch einen vorhabenbezogenen Bebauungsplan die Zulässigkeit von Vorhaben bestimmen, wenn der Vorhabenträger auf der Grundlage eines mit der Gemeinde abgestimmten Plans zur Durchführung der Vorhaben und der Erschließungsmaßnahmen, dem Vorhaben- und Erschließungsplan, bereit und in der Lage ist und sich in einem Durchführungsvertrag zur Durchführung innerhalb einer bestimmten Frist und zur Tragung der Planungs- und Erschließungskosten ganz oder teilweise vor dem Beschluss des Bebauungsplans als Satzung verpflichtet.

1420 *BBR*, Perspektive Flächenkreislaufwirtschaft, Instrumente und Akteure, S. 41.
1421 Vgl. *Austermann*, Brachflächenreaktivierung, S. 192; *Jarass/Kment*, Baugesetzbuch, § 11 Rn. 2; *Greiving*, in: ARL, Flächenhaushaltspolitik: Feststellungen und Empfehlungen, S. 167.
1422 Vgl. *Tomerius*, NuR 2005, 14 (17 f.); *Spannowsky*, DÖV 2000, 569 (574).
1423 *Austermann*, Brachflächenreaktivierung, S. 196.
1424 Vgl. *BBR*, Perspektive Flächenkreislaufwirtschaft, Instrumente und Akteure, S. 49.

Das kooperative Städtebaurecht stellt eine Abkehr von der Angebotsplanung hin zu einer Projektplanung dar.[1425] Bauleitplanung erfolgt dadurch in Form von Projektzulassungsentscheidungen.[1426] Im Gegensatz zur Fokussierung des Bauplanungsrechts auf die organische städtebauliche Entwicklung in den 1960er und 1970er Jahren, hat im Lauf der Zeit ein Paradigmenwechsel von der öffentlichen Angebotsplanung hin zu einer kooperativen und nachfrageorientierten Planung stattgefunden.[1427] Daher wurden 1998 der vorhabenbezogene Bebauungsplan und die städtebaulichen Verträge in das Bauplanungsrecht integriert.[1428] Das kooperative Städtebaurecht kann flexibel auf unterschiedliche städtebauliche Situationen eingesetzt werden, es gewährleistet in der Bauleitplanung mehr Flexibilität und bessere Anpassungsfähigkeit an sich verändernde Bedingungen.[1429] Mit Hilfe des kooperativen Städtebaurechts kann Planung darüber hinaus schneller, effizienter und für Gemeinden kostengünstiger verwirklicht werden,[1430] es führt damit auch zu einer Ressourcenschonung der Verwaltung. Ein Instrument des Flächenmanagements ist die Kooperation, so dass das kooperative Städtebaurecht nach §§ 11, 12 BauGB darüber hinaus zu den Instrumenten des Flächenmanagements gezählt werden kann.

Das kooperative Städtebaurecht ist jedoch nur auf Einzelfallprojekte bezogen und hat deshalb keinen flächendeckenden Anspruch.[1431] Bei städtebaulichen Verträgen ist das sachliche und räumliche Einsatzfeld begrenzt, so dass nur bereichsspezifische Probleme gelöst werden können.[1432] Auch bei dem vorhabenbezogenen Bebauungsplan handelt es sich nicht um großräumige Stadtplanung.[1433] Aus diesem Grund dürfen sich Gemeinden

---

1425 Vgl. *Greiving*, in: ARL, Flächenhaushaltspolitik: Feststellungen und Empfehlungen, S. 167; *Jarass/Kment*, Baugesetzbuch, § 11 Rn. 2; *Austermann*, Brachflächenreaktivierung, S. 191.
1426 Vgl. Greiving, in: ARL, Flächenhaushaltspolitik: Feststellungen und Empfehlungen, S. 167.
1427 *Spannowsky*, in: Bundesministerium für Verkehr, Bau und Stadtentwicklung, Berliner Gespräche, Band 2, S. 168 f.
1428 *Spannowsky*, in: Bundesministerium für Verkehr, Bau und Stadtentwicklung, Berliner Gespräche, Band 2, S. 169.
1429 Vgl. *Tomerius*, NuR 2005, 14 (19).
1430 *Greiving*, in: ARL, Flächenhaushaltspolitik: Feststellungen und Empfehlungen, S. 154 f. und 158.
1431 *Greiving*, in: ARL, Flächenhaushaltspolitik: Feststellungen und Empfehlungen, S. 167.
1432 Vgl. *Spannowsky*, DÖV 2000, 569 (572).
1433 *Greiving*, in: ARL, Flächenhaushaltspolitik: Feststellungen und Empfehlungen, S. 155.

bei einer Strategie gegen Flächeninanspruchnahme nicht ausschließlich auf das kooperative Städtebaurecht konzentrieren.[1434] Die Kooperation mit Privaten sollte vielmehr mit anderen Instrumenten des Flächenmanagements kombiniert und als Element einer gesamträumlichen Strategie angewandt werden.[1435] Vor der Kooperation mit Privaten ist daher eine gesamträumige kommunale Nachhaltigkeitsstrategie wirkungsvoll, dessen Ergebnisse in die vertraglichen Aushandlungsprozesse eingehen können.[1436] Das kooperative Städtebaurecht basiert zudem auf Freiwilligkeit zur Kooperation. Es setzt daher einen entsprechenden kommunalpolitischen Willen der Gemeinden[1437] sowie eine grundsätzliche Mitwirkungsbereitschaft von Vorhabenträgern und Grundstückseigentümern[1438] voraus. Dadurch kann beispielsweise die Gefahr einer Spaltung einer Brachfläche bestehen, da nur attraktiv gelegene Teile des Brachflächenareals für Investoren interessant sind.[1439]

2. Ausnahmen und Befreiungen

Neben dem kooperativen Städtebaurechts kann ein flexibles Eingehen auf unterschiedliche städtebauliche Situationen und ein Eingehen auf die Interessen der Zielgruppen durch Ausnahmen und Befreiungen nach § 31 BauGB bei der Zulässigkeit von Vorhaben[1440] erfolgen. Nach § 31 Absatz 1 BauGB können von den Festsetzungen des Bebauungsplans solche Ausnahmen zugelassen werden, die in dem Bebauungsplan nach Art und Umfang ausdrücklich vorgesehen sind. Nach § 31 Absatz 2 BauGB kann von den Festsetzungen des Bebauungsplans befreit werden, wenn die Grundzüge der Planung nicht berührt werden und Gründe des Wohls der Allgemeinheit, einschließlich des Bedarfs zur Unterbringung von Flüchtlingen oder Asylbegehrenden, die Befreiung erfordern oder die Abweichung städtebaulich vertretbar ist oder die Durchführung des Bebauungsplans zu einer offenbar nicht beabsichtigten Härte führen würde und wenn die Abwei-

---

1434 Vgl. *Greiving*, in: ARL, Flächenhaushaltspolitik: Feststellungen und Empfehlungen, S. 167 f.
1435 Vgl. *Spannowsky*, DÖV 2000, 569 (574 f.).
1436 *Spannowsky*, DÖV 2000, 569 (574 f.).
1437 BBR, Perspektive Flächenkreislaufwirtschaft, Instrumente und Akteure, S. 47.
1438 Vgl. BBR, Perspektive Flächenkreislaufwirtschaft, Instrumente und Akteure, S. 46 f.
1439 *Austermann*, Brachflächenreaktivierung, S. 208.
1440 Zulässigkeit von Vorhaben Teil II Kapitel 2 I.

chung auch unter Würdigung nachbarlicher Interessen mit den öffentlichen Belangen vereinbar ist.

Die Möglichkeit von Ausnahmen und Befreiungen wurde durch das Gesetz über Maßnahmen im Bauplanungsrecht zur Erleichterung der Unterbringung von Flüchtlingen 2014 und durch das Asylverfahrensbeschleunigungsgesetz 2015 zeitlich eingeschränkt erweitert. Durch das Gesetz über Maßnahmen im Bauplanungsrecht zur Erleichterung der Unterbringung von Flüchtlingen 2014 bezieht sich § 31 Absatz 2 BauGB nun auch ausdrücklich auf den Bedarf zur Unterbringung von Flüchtlingen oder Asylbegehrenden.[1441] In § 246 BauGB wurden durch das Gesetz über Maßnahmen im Bauplanungsrecht zur Erleichterung der Unterbringung von Flüchtlingen 2014 Sonderregelungen für Flüchtlingsunterkünfte eingeführt[1442] und durch das Asylverfahrensbeschleunigungsgesetz 2015 sodann erweitert[1443]. § 246 Absatz 10 bis 12 BauGB bezieht sich auf § 31 BauGB. § 246 Absatz 10[1444] und 11[1445] BauGB fördern im Rahmen der Ausnahmen und Befreiungen die Nutzungsmischung und § 246 Absatz 12 Satz 1 Nr. 2 BauGB[1446] im Rahmen der Befreiungen die Folgenutzung.

1441 BGBl. I 2014/53, S. 1748.
1442 BGBl. I 2014/53, S. 1748.
1443 BGBl. I 2015/40, S. 1731.
1444 Nach § 246 Absatz 10 Satz 1 BauGB kann bis zum 31. Dezember 2019 in Gewerbegebieten nach § 8 BauNVO, auch in Verbindung mit einem faktischen Baugebiet nach § 34 Absatz 2 BauGB (faktisches Baugebiet Teil II Kapitel 2 III. 1.), für Aufnahmeeinrichtungen, Gemeinschaftsunterkünfte oder sonstige Unterkünfte für Flüchtlinge oder Asylbegehrende von den Festsetzungen des Bebauungsplans befreit werden, wenn an dem Standort Anlagen für soziale Zwecke als Ausnahme zugelassen werden können oder allgemein zulässig sind und die Abweichung auch unter Würdigung nachbarlicher Interessen mit öffentlichen Belangen vereinbar ist.
1445 Nach § 246 Absatz 11 Satz 1 BauGB gilt § 31 Absatz 1 BauGB mit der Maßgabe, dass dort bis zum 31. Dezember 2019 Aufnahmeeinrichtungen, Gemeinschaftsunterkünfte oder sonstige Unterkünfte für Flüchtlinge oder Asylbegehrende in der Regel zugelassen werden sollen, soweit in den Baugebieten nach den §§ 2 bis 7 BauNVO, auch in Verbindung mit einem faktischen Baugebiet nach § 34 Absatz 2 BauGB (faktisches Baugebiet Teil II Kapitel 2 III. 1.), Anlagen für soziale Zwecke als Ausnahme zugelassen werden können.
1446 Nach § 246 Absatz 12 Satz 1 Nr. 2 BauGB kann bis zum 31. Dezember 2019 für die auf längstens drei Jahre zu befristende Nutzungsänderung zulässigerweise errichteter baulicher Anlagen in Gewerbe- und Industriegebieten sowie in Sondergebieten nach den §§ 8 bis 11 BauNVO auch in Verbindung mit einem faktischen Baugebiet nach § 34 Absatz 2 BauGB (faktisches Baugebiet Teil II Kapitel 2 III. 1.), in Aufnahmeeinrichtungen, Gemeinschaftsunterkünfte oder sonstige Unterkünfte für Flüchtlinge oder Asylbegehrende von den Festsetzun-

3. Sozialplan

Ein Eingehen auf die Interessen von Zielgruppen fördert der Sozialplan nach § 180 BauGB. Wirken sich Bebauungspläne voraussichtlich nachteilig auf die persönlichen Lebensumstände der in dem Gebiet wohnenden oder arbeitenden Menschen aus, soll nach § 180 Absatz 1 Satz 1 BauGB die Gemeinde Vorstellungen entwickeln und mit den Betroffenen erörtern, wie nachteilige Auswirkungen möglichst vermieden oder gemildert werden können. In dieser Vorschrift sind nachteilige Auswirkungen im Einzelfall gemeint.[1447] Dies können Berufs- Erwerbs,- und Familienverhältnisse, Lebensalter, Wohnbedürfnisse, soziale Verflechtungen sowie örtliche Bindungen und Abhängigkeiten der Betroffenen sein.[1448] Über § 180 BauGB hinaus kann nach dem eigenständigen Rechtsinstitut des Härteausgleichs nach § 181 BauGB eine Geldzahlung zur Vermeidung oder dem Ausgleich individueller wirtschaftlicher Nachteile insbesondere im sozialen Bereich gewährt werden.[1449]

4. Instrumente zur Sicherung und Verwirklichung der Bauleitpläne

Instrumente zur Sicherung und Verwirklichung der Bauleitpläne enthalten für die Zielgruppen deutliche verbindliche Aussagen. Plansichernde Instrumente sollen verhindern, dass durch tatsächliche Änderungen die Verwirklichung von Festsetzungen eines Bebauungsplanes gestört oder vereitelt wird[1450] und planverwirklichende Instrumente sollen sicherstellen, dass die Festsetzungen eines Bebauungsplanes auch realisiert werden[1451].

Plansichernde Instrumente sind die Veränderungssperre nach § 14 BauGB und das Zurückstellen von Baugesuchen nach § 15 BauGB.[1452] Die Gemeinde kann nach § 14 Absatz 1 Nr. 1 BauGB zur Sicherung der Planung für den künftigen Planbereich eine Veränderungssperre mit dem Inhalt beschließen, dass Vorhaben im Sinne des § 29 BauGB nicht durchgeführt oder bauliche Anlagen nicht beseitigt werden dürfen, wenn ein Be-

---

gen des Bebauungsplans befreit werden, wenn die Befreiung auch unter Würdigung nachbarlicher Interessen mit den öffentlichen Belangen vereinbar ist.
1447 *Köhler/Fieseler*, in: Schrödter, Baugesetzbuch, § 180 Rn. 4.
1448 *Köhler/Fieseler*, in: Schrödter, Baugesetzbuch, § 180 Rn. 4.
1449 *Köhler/Fieseler*, in: Schrödter, Baugesetzbuch, § 181 Rn. 1ff.
1450 *Battis*, Öffentliches Baurecht und Raumordnungsrecht, S. 97.
1451 Vgl. *Battis*, Öffentliches Baurecht und Raumordnungsrecht, S. 97.
1452 *Battis*, Öffentliches Baurecht und Raumordnungsrecht, S. 97.

schluss über die Aufstellung eines Bebauungsplans gefasst ist. Wenn eine Veränderungssperre nicht beschlossen wird, obwohl die Voraussetzungen gegeben sind, oder eine beschlossene Veränderungssperre noch nicht in Kraft getreten ist, so greift § 15 BauGB. Nach § 15 Absatz 1 Satz 1 BauGB hat die Baugenehmigungsbehörde in diesem Fall auf Antrag der Gemeinde die Entscheidung über die Zulässigkeit von Vorhaben im Einzelfall für einen Zeitraum bis zu zwölf Monaten auszusetzen, wenn zu befürchten ist, dass die Durchführung der Planung durch das Vorhaben unmöglich gemacht oder wesentlich erschwert werden würde. Weitere plansichernde Instrument sind § 19 Absatz 2 BauGB, wonach durch die Teilung eines Grundstücks im Geltungsbereich eines Bebauungsplans keine Verhältnisse entstehen dürfen, die den Festsetzungen des Bebauungsplans widersprechen und die gemeindlichen Vorkaufsrechte der Gemeinde nach §§ 24 f. BauGB, die es der Gemeinde ermöglichen, Grundstücke zu erwerben, um die den Festsetzungen entsprechende Nutzung vorzubereiten und zu verwirklichen.[1453]

Ein planverwirklichendes Instrument sind die Vorschriften über die Zulässigkeit von Vorhaben nach §§ 29 ff. BauGB als städtebauliche Genehmigungsvorbehalte.[1454] Des Weiteren gehören dazu auch die Umlegung nach §§ 45 ff. BauGB, da eine den Festsetzungen des Bebauungsplans entsprechende Nutzung häufig ohne der Neuordnung von Grund und Boden nicht möglich ist, und die städtebauliche Administrativenteignung nach §§ 85 ff. BauGB.[1455] Auch die städtebaulichen Gebote nach §§ 175 ff. BauGB stellen ein planverwirklichendes Instrument dar. Durch städtebauliche Gebote kann eine Gemeinde die Verwirklichung ihrer Planung bewirken, wenn der Grundstückseigentümer kein Interesse an der Verwirklichung des geschaffenen Baurechts hat.[1456] Bereits der bloße Hinweis auf die Existenz des entsprechenden städtebaulichen Gebotes kann zu einer einvernehmlichen Regelung führen.[1457]

1453 *Battis*, Öffentliches Baurecht und Raumordnungsrecht, S. 100.
1454 *Battis*, Öffentliches Baurecht und Raumordnungsrecht, S. 97; Zulässigkeit von Vorhaben Teil II Kapitel 2 I.
1455 *Battis*, Öffentliches Baurecht und Raumordnungsrecht, S. 102 und 108.
1456 *Greiving*, in: ARL, Flächenhaushaltspolitik: Feststellungen und Empfehlungen, S. 157.
1457 Vgl. *BBR*, Perspektive Flächenkreislaufwirtschaft, Instrumente und Akteure, S. 48.

II. Der Bebauungsplan der Innenentwicklung

Der Bebauungsplan der Innenentwicklung ist nach § 13a BauGB ein Bebauungsplan für die Wiedernutzbarmachung von Flächen, die Nachverdichtung oder andere Maßnahmen der Innenentwicklung. § 13a BauGB führte das Gesetz zur Erleichterung von Planungsvorhaben für die Innenentwicklung der Städte vom 21.12.2006 ein.[1458] Der Begriff der Innenentwicklung wird im BauGB nicht definiert.[1459] In Regelungen im BauGB wird Innenentwicklung jedoch durch Beispiele näher konkretisiert.[1460] Nach § 13a Absatz 1 Satz 1 BauGB und § 1a Absatz 2 Satz 1 BauGB gehören zu den Maßnahmen der Innenentwicklung die Wiedernutzbarmachung von Flächen und die Nachverdichtung. Nach § 1a Absatz 2 Satz 4 BauGB sind Möglichkeiten der Innenentwicklung Brachflächen, Gebäudeleerstand, Baulücken und andere Nachverdichtungsmöglichkeiten. Diese Beispiele verdeutlichen, dass im BauGB mit Innenentwicklung die Entwicklung von bereits bebauten Bereichen gemeint ist, eine städtebauliche Entwicklung nach innen.[1461] Diese städtebauliche Entwicklung nach innen wird von der Definition der Innenentwicklung als Maßnahmen zur Verhinderung der Entstehung des Bedarfs an neuen Ebenen für Nutzungsräume oder zur Deckung des Bedarfs an neuen Ebenen für Nutzungsräume ohne Flächeninanspruchnahme erfasst.[1462] Günstig ist die Kombination des Bebauungsplanes der Innenentwicklung mit dem vorhabenbezogenen Bebauungsplan nach § 12 BauGB.[1463]

Das Aufstellungsverfahren der Bauleitpläne wird in §§ 2a bis 4b, 6, 10 BauGB detailliert festgelegt, so dass es den Gemeinden klare Verhaltensanweisungen vorgibt. § 13 BauGB regelt das vereinfachte Verfahren und führt damit zu einer Ressourcenschonung bei der Aufstellung. § 13a BauGB bestimmt, dass ein Bebauungsplan der Innenentwicklung im beschleunigten Verfahren aufgestellt werden kann. Insbesondere gelten dabei nach § 13a Absatz 2 Nr. 1 BauGB die Vorschriften des vereinfachten Verfahrens nach § 13 Absatz 2 und 3 BauGB entsprechend. So wird nach § 13 Absatz 3 Satz 1 BauGB beispielsweise von der Umweltprüfung abgesehen.[1464] § 13a BauGB bewirkt somit eine Ressourcenschonung hinsichtlich der Stärkung

---

1458 BGBl. I 2006/64, S. 3317 f.
1459 *Reidt*, in: Bracher/Reidt/Schiller, Bauplanungsrecht, S. 278.
1460 Vgl. *Reidt*, in: Bracher/Reidt/Schiller, Bauplanungsrecht, S. 278.
1461 *Reidt*, in: Bracher/Reidt/Schiller, Bauplanungsrecht, S. 278.
1462 Teil I Kapitel 1 III. 1.
1463 *Austermann*, Brachflächenreaktivierung, S. 218; I. 1.
1464 Umweltprüfung Teil II Kapitel 1 Abschnitt 2 II. 1. c.

der Innenentwicklung, einer diesbezüglichen deutlichen Entlastung der Gemeinden durch eine erhebliche Verkürzung der Verfahrensdauer[1465]. Innenentwicklung ist in der Regel wesentlich aufwendiger als die Überplanung von Flächen außerhalb des Siedlungsgebietes, da im engen Raum der Innenstadt diverse Nutzungen mit Konfliktpotential aufeinandertreffen, ein Instrument mit diesem Anwendungsvorteil ist daher auch aus diesem Grund erforderlich.[1466] Durch die Formulierung „Bebauungsplan der Innenentwicklung", wird diese Ressourcenschonung ausdrücklich mit einer Stärkung der Innenentwicklung in Verbindung gebracht.

Anzumerken ist, dass bei den Verfahrensentlastungen eine umweltbezogene Ambivalenz besteht,[1467] da diese den Verzicht auf die Umweltprüfung und eine erleichterte Anwendung der naturschutzrechtlichen Eingriffsregelung beinhalten. Bei der Nachverdichtungen zulasten von Grünflächen im Innenbereich ist dies problematisch.[1468] Die grundsätzliche Berücksichtigung von Umweltbelangen bleibt jedoch erhalten.[1469]

III. Die Kontrolle von Bauleitplänen

Die folgenden Regelungen beziehen sich auf die Kontrolle von Bauleitplänen und sind damit hinsichtlich der Steuerung der Anwendung der Normen im Zusammenhang mit einer Reduzierung der Flächeninanspruchnahme relevant.

1. Genehmigungsbedürftigkeit

Eine Kontrolle von Bauleitplänen erfolgt durch landesrechtlich festgelegte Rechtsaufsichtsbehörden.[1470] Dabei bewirken § 6 Absatz 1 BauGB und § 10

1465 *Bunzel*, LKV 2007, 444 (450); *Stüer*, Handbuch des Bau- und Fachplanungsrechts, S. 373.
1466 BT-Drucks. 17/13272, S. 13.
1467 *Austermann*, Brachflächenreaktivierung, S. 236 f.
1468 Vgl. *Austermann*, Brachflächenreaktivierung, S. 238.
1469 *Austermann*, Brachflächenreaktivierung, S. 237; BT-Drucks. 17/13272, S. 13.
1470 Beispielsweise sind in Thüringen die Rechtsaufsichtbehörden nach § 118 Absatz 1 Satz 1, Absatz 2 ThürKO festgelegt. Nach § 118 Absatz 1 Satz 1 ThürKO ist das Landratsamt als untere staatliche Verwaltungsbehörde Rechtsaufsichtsbehörde für die kreisangehörigen Gemeinden, Verwaltungsgemeinschaften und Zweckverbände. Nach § 118 Absatz 2 ThürKO ist das Landesverwaltungs-

Absatz 2 BauGB die präventive Kontrolle der Bauleitpläne[1471] und damit auch die Kontrolle der Einhaltung der Normen zugunsten einer Reduzierung der Flächeninanspruchnahme.

Nach § 6 Absatz 1 BauGB bedarf der Flächennutzungsplan der Genehmigung der höheren Verwaltungsbehörde. Bebauungspläne hingegen bedürfen nach § 10 Absatz 2 BauGB nur in wenigen Ausnahmefällen der Genehmigung der höheren Verwaltungsbehörde,[1472] beispielsweise wenn ein Flächennutzungsplan nach § 8 Absatz 2 BauGB nicht erforderlich ist. Die Kontrolle der Bebauungspläne wurde durch den Abbau der staatlichen Genehmigungen eingeschränkt.[1473] Durch die Ermächtigung der Länder zur Einführung eines Anzeigeverfahrens nach § 246 Absatz 1a BauGB wird der eingeschränkten Kontrolle nicht Rechnung getragen, da dies weniger wirksam ist als eine Genehmigungspflicht und die Länder von dieser Ermächtigung auch nicht Gebrauch machen müssen.[1474] Darüber hinaus wurde mit der Novelle 2007 auch die Revisionspflicht der Gemeinden für Flächennutzungspläne zu den Bebauungsplänen der Innenentwicklung wegen des damit verbundenen erheblichen Verwaltungsaufwandes wieder abgeschafft.[1475]

Die Genehmigung eines Flächennutzungsplanes darf nach § 6 Absatz 2 BauGB nur versagt werden, wenn er nicht ordnungsgemäß zustande gekommen ist oder dem BauGB, auf Grund des BauGB erlassenen oder sonstigen Rechtsvorschriften widerspricht. Gleiches gilt nach § 10 Absatz 2 Satz 2 i. V. m. § 6 Absatz 2 BauGB für den Bebauungsplan. Durch die Formulierung „darf nur" führt § 6 Absatz 2 BauGB abschließend die Versagungsgründe der Genehmigung auf.[1476] Dazu gehören sowohl Verfahrensfehler, als auch materiell-rechtliche Fehler.[1477]

---

amt Rechtsaufsichtsbehörde für die kreisfreien Städte und die Landkreise und obere Rechtsaufsichtsbehörde für die kreisangehörigen Gemeinden, Verwaltungsgemeinschaften und Zweckverbände.
1471 Vgl. *Reidt*, in: Battis/Krautzberger/Löhr, Baugesetzbuch, § 6 Rn. 2 und 6.
1472 *Schmalholz*, Steuerung der Flächeninanspruchnahme, S. 115.
1473 *Köck/Hofmann*, in: Umweltbundesamt, Effektivierung des raumbezogenen Planungsrechts, S. 39; *Jörissen/Coenen*, Sparsame und schonende Flächennutzung, S. 115.
1474 Vgl. *Köck/Hofmann*, in: Umweltbundesamt, Effektivierung des raumbezogenen Planungsrechts, S. 39.
1475 *Spannowsky*, in: Bundesministerium für Verkehr, Bau und Stadtentwicklung, Berliner Gespräche, Band 2, S. 169 f.
1476 Vgl. *Jaeger*, in: Spannowsky/Uechtritz, Baugesetzbuch, § 6 Rn. 6.
1477 *Jaeger*, in: Spannowsky/Uechtritz, Baugesetzbuch, § 6 Rn. 7 ff.

2. Begründung und zusammenfassende Erklärung

Eine Offenlegung der Entscheidungsgründe, die bei Flächeninanspruchnahme bedeutend ist, erfolgt durch die §§ 5 Absatz 5, 9 Absatz 8 BauGB i. V. m. § 2a BauGB. Nach § 5 Absatz 5 BauGB ist dem Flächennutzungsplan eine Begründung mit den Angaben nach § 2a BauGB beizufügen. Gleiches gilt nach § 9 Absatz 8 BauGB für den Bebauungsplan. § 2a Satz 2 BauGB besagt, dass in der Begründung die Ziele, Zwecke und wesentlichen Auswirkungen des Bauleitplans und in dem Umweltbericht nach der Anlage 1 zum BauGB die auf Grund der Umweltprüfung nach § 2 Absatz 4 BauGB ermittelten und bewerteten Belange des Umweltschutzes darzulegen sind. Die Begründung ist dem Bauleitplan beizufügen, sie ist somit kein Bestandteil des Bauleitplanes.[1478] Die Begründungspflicht nach §§ 5 Absatz 5, 9 Absatz 8 BauGB hat wesentliche Bedeutung als Dokument der Abwägung und gewährleistet dadurch eine effektive Rechtskontrolle dieser.[1479] Aber auch die zusammenfassende Erklärung nach §§ 6a Absatz 1, 10a Absatz 1 BauGB trägt dazu bei.[1480] Nach § 6a Absatz 1 BauGB ist dem wirksamen Flächennutzungsplan und nach § 10a Absatz 1 BauGB dem in Kraft getretenen Bebauungsplan eine zusammenfassende Erklärung über die Art und Weise beizufügen, wie die Umweltbelange und die Ergebnisse der Öffentlichkeits- und Behördenbeteiligung in dem Flächennutzungsplan berücksichtigt wurden, und aus welchen Gründen der Plan nach Abwägung mit den geprüften, in Betracht kommenden anderweitigen Planungsmöglichkeiten gewählt wurde.

3. Heilungs- und Unbeachtlichkeitsvorschriften

Eine Einschränkung der Kontrolle der Bauleitpläne und insbesondere der Einhaltung der Normen der Abwägung in der Bauleitplanung hinsichtlich einer Reduzierung der Flächeninanspruchnahme erfolgt durch § 214 Absatz 1 Satz 1 Nr. 1, Absatz 3 Satz 2 Halbsatz 2 BauGB. Dies betrifft nicht die Rechtsaufsicht, sondern nur die gerichtliche Kontrolle, was sich aus § 216 BauGB ergibt.[1481]

1478 *Stüer*, Handbuch des Bau- und Fachplanungsrechts, S. 139.
1479 Vgl. *Stüer*, Handbuch des Bau- und Fachplanungsrechts, S. 139.
1480 Vgl. *Schrödter*, in: Schrödter, Baugesetzbuch, § 6 Rn. 29.
1481 Vgl. *Hoppe*, in: Hoppe/Bönker/Grotefels, Öffentliches Baurecht, S. 223.

Die Komplexität eines Verfahrens kann durch Heilungs- und Unbeachtlichkeitsvorschriften kompensiert werden.[1482] Für die Bauleitplanung ist dies durch die §§ 214 ff. BauGB erfolgt. § 214 BauGB erhöht eine Planerhaltung durch die Einschränkung der Kontrolle von Bauleitplänen.[1483] Ohne §§ 214 ff. BauGB würden eine Vielzahl von zeit- und kostenaufwendigen Bauleitplanverfahren scheitern.[1484] Heilungs- und Unbeachtlichkeitsvorschriften begrenzen aber auch die Kontrolle der Normen.[1485]

Nach § 214 Absatz 1 Satz 1 Nr. 1 BauGB ist eine Verletzung von Verfahrens- und Formvorschriften des BauGB für die Rechtswirksamkeit des Flächennutzungsplans und der Satzungen nach dem BauGB nur beachtlich, wenn entgegen der Verfahrensgrundnorm nach § 2 Absatz 3 BauGB die von der Planung berührten Belange, die der Gemeinde bekannt waren oder hätten bekannt sein müssen, in wesentlichen Punkten nicht zutreffend ermittelt oder bewertet worden sind und wenn der Mangel offensichtlich und auf das Ergebnis des Verfahrens von Einfluss gewesen ist. Nach § 214 Absatz 3 Satz 2 BauGB können Mängel, die Gegenstand der Regelung in § 214 Absatz 1 Satz 1 Nr. 1 BauGB sind, nicht als Mängel der Abwägung geltend gemacht werden; im Übrigen sind Mängel im Abwägungsvorgang nur erheblich, wenn sie offensichtlich und auf das Abwägungsergebnis von Einfluss gewesen sind.

§ 214 Absatz 1 Satz 1 Nr. 1 BauGB erfasst Verstöße gegen die Verfahrensgrundnorm § 2 Absatz 3 BauGB. § 214 Absatz 3 Satz 2 Halbsatz 2 BauGB verdeutlicht sodann, dass vom Abwägungsvorgang nicht nur diese formellen Fehler des § 2 Absatz 3 BauGB erfasst sind, sondern auch ein Verstoß gegen § 1 Absatz 7 BauGB, neben einem Mangel im Abwägungsergebnis, bereits einen Mangel im Abwägungsvorgang darstellen kann.[1486] § 214 Absatz 3 Satz 2 Halbsatz 2 BauGB bezieht sich demnach auf Verstöße gegen § 1 Absatz 7 BauGB im Abwägungsvorgang. § 214 Absatz 1 Satz 1 Nr. 1 BauGB als auch § 214 Absatz 3 Satz 2 Halbsatz 2 BauGB setzen die Offensichtlichkeit des Verstoßes voraus. Liegt im Abwägungsvorgang ein Verstoß gegen § 2 Absatz 3 BauGB oder § 1 Absatz 7 BauGB in Verbindung mit einer Flächeninanspruchnahme vor, so muss dieser damit offensichtlich sein. Offensichtlichkeit liegt vor, wenn der Mangel leicht erkennbar, also

---

1482 Vgl. *Hill*, in: König u. a., Grundmuster der Verwaltungskultur, S. 182 f.
1483 *Uechtritz*, in: Spannowsky/Uechtritz, Baugesetzbuch, § 214 Rn. 1 f.
1484 *Uechtritz*, in: Spannowsky/Uechtritz, Baugesetzbuch, § 214 Rn. 1 f.
1485 Vgl. *Hill*, in: König u. a., Grundmuster der Verwaltungskultur, S. 183.
1486 Vgl. *Weber/Köppert*, Baurecht Bayern, S. 62; Dies ist streitig, für die Praxis aber ohne Relevanz, siehe *Uechtritz*, in: Spannowsky/Uechtritz, Baugesetzbuch, § 214 Rn. 22.

offen sichtbar ist.[1487] Die Auswirkungen der Flächeninanspruchnahme sind jedoch schleichend und treten erst Jahre oder Jahrzehnte nach dem unmittelbaren Eingriff auf.[1488] Dies führt zu erheblichen Prognoseunsicherheiten, die das Kriterium der Offensichtlichkeit nach § 214 Absatz 1 Satz 1 Nr. 1, Absatz 3 Satz 2 Halbsatz 2 BauGB nicht erfüllen.[1489]

1487 *Brenner*, Öffentliches Baurecht, S. 127.
1488 *Schmalholz*, Steuerung der Flächeninanspruchnahme, S. 117.
1489 Vgl. *Schmalholz*, Steuerung der Flächeninanspruchnahme, S. 117.

Zweites Kapitel: Planungsersatzvorschriften

Soweit gemeindliche Planungsvorstellungen in Form eines Bebauungsplanes fehlen, greifen planersetzende gesetzliche Regelungen.[1490]

I. Einführung

Nach § 29 Absatz 1 BauGB gelten für Vorhaben, die die Errichtung, Änderung oder Nutzungsänderung von baulichen Anlagen zum Inhalt haben, die §§ 30 bis 37 BauGB. Eine bauliche Anlage ist nach dieser Vorschrift eine auf Dauer mit dem Erdboden verbundene künstliche Anlage, die aus Baustoffen und Bauteilen hergestellt ist und planungsrechtliche Relevanz aufweist.[1491] Die Errichtung einer baulichen Anlage bedeutet ihre Herstellung, das Schaffen der Anlage einschließlich ihrer Verbindung mit dem Boden.[1492] Die Änderung einer baulichen Anlage ist ihre Umgestaltung in städtebaulich relevanter Weise.[1493] Eine Nutzungsänderung liegt vor, wenn die Variationsbreite der Nutzung überschritten wird und dies bodenrechtlich relevant sein kann.[1494] Besteht für ein Vorhaben nach Landesrecht eine Baugenehmigungspflicht, so prüft die landesrechtlich festgelegte Bauaufsichtsbehörde im Baugenehmigungsverfahren die Übereinstimmung des Vorhabens mit den Bestimmungen über die Zulässigkeit der baulichen Anlagen nach den §§ 29 bis 38 BauGB.[1495]

1490 Vgl. *Spannowsky*, in: Spannowsky/Uechtritz, Baugesetzbuch, § 34 Überblick.
1491 *Brenner*, Öffentliches Baurecht, S. 156.
1492 *Krautzberger* in: Ernst/Zinkahn/Bielenberg/Krautzberger, Baugesetzbuch, § 29 Rn. 43.
1493 *Krautzberger* in: Ernst/Zinkahn/Bielenberg/Krautzberger, Baugesetzbuch, § 29 Rn. 46.
1494 *Brenner*, Öffentliches Baurecht, S. 157.
1495 Beispielsweise ist in Thüringen die Baugenehmigungspflicht nach den §§ 59 ff. ThürBO geregelt. Nach § 57 Absatz 1 Nr. 1 ThürBO sind Bauaufsichtsbehörden die Landkreise und die kreisfreien Städte im übertragenen Wirkungskreis als untere Bauaufsichtsbehörden. Nach § 57 Absatz 2 ThürBO ist für den Vollzug der ThürBO die untere Bauaufsichtsbehörde zuständig, soweit nichts anderes bestimmt ist. Im Baugenehmigungsverfahren hat die Bauaufsichtsbehörde die Übereinstimmung des Vorhabens mit den Bestimmungen über die Zu-

Nach § 30 Absatz 1 BauGB ist im Geltungsbereich eines Bebauungsplans, der allein oder gemeinsam mit sonstigen baurechtlichen Vorschriften mindestens Festsetzungen über die Art und das Maß der baulichen Nutzung, die überbaubaren Grundstücksflächen und die örtlichen Verkehrsflächen enthält, ein Vorhaben zulässig, wenn es diesen Festsetzungen nicht widerspricht und die Erschließung gesichert ist. Es handelt sich dabei um einen qualifizierten Bebauungsplan.[1496] Im Geltungsbereich eines Bebauungsplans, der die Voraussetzungen des § 30 Absatz 1 BauGB nicht erfüllt, einfacher Bebauungsplan genannt, richtet sich die Zulässigkeit von Vorhaben nach § 30 Absatz 3 BauGB im Übrigen nach dem Innenbereich nach § 34 BauGB oder nach dem Außenbereich nach § 35 BauGB. Die Zulässigkeit von Vorhaben außerhalb des Geltungsbereiches eines Bebauungsplanes richtet sich ebenfalls nach § 34 BauGB oder § 35 BauGB. § 34 BauGB und § 35 BauGB können daher als Planungsersatzvorschriften bezeichnet werden. Sie sind Inhalts- und Schrankenbestimmungen der Baufreiheit nach Art. 14 Absatz 1 Satz 2 GG[1497] und diesbezüglich verhältnismäßig. Insbesondere durch § 35 BauGB kommt die Situationsgebundenheit der Grundstücke zum Ausdruck.[1498]

II. Direkte Unterlassung Flächeninanspruchnahme

Für die direkte Unterlassung der Flächeninanspruchnahme ist der Außenbereich nach § 35 BauGB von großer Bedeutung.

1. Abgrenzung Innenbereich und Außenbereich

§ 34 Absatz 1 Satz 1 BauGB bestimmt die Zulässigkeit von Vorhaben, die sich innerhalb der im Zusammenhang bebauten Ortsteile befinden. Demgegenüber bestimmt § 35 BauGB die Zulässigkeit von Vorhaben ohne sich dabei auf Merkmale der Fläche zu beziehen. Daraus folgt, dass § 35 BauGB negativ definiert ist und dann zur Anwendung kommt, wenn die Voraussetzungen des § 34 BauGB nicht vorliegen. Alles was nicht zum Innenbe-

---

lässigkeit der baulichen Anlagen nach den §§ 29 bis 38 BauGB nach § 63 Nr. 1 ThürBO zu prüfen.
1496 *Brenner*, Öffentliches Baurecht, S. 160.
1497 *Finkelnburg/Ortloff/Kment*, Bauplanungsrecht, S. 29.
1498 *Finkelnburg/Ortloff/Kment*, Bauplanungsrecht, S. 29.

reich nach § 34 Absatz 1 Satz 1 BauGB zählt, ist somit Außenbereich nach § 35 BauGB.[1499]

a. Im Zusammenhang bebaute Ortsteile

Die Abgrenzung von Innenbereich und Außenbereich bestimmt sich durch die Formulierung „im Zusammenhang bebauten Ortsteile" nach § 34 Absatz 1 Satz 1 BauGB. Diese Formulierung wurde von der Rechtsprechung wie folgt konkretisiert. Ein Ortsteil ist jeder Bebauungszusammenhang im Gebiet einer Gemeinde, der nach Anzahl der vorhandenen Bauten ein gewisses Gewicht besitzt und, im Gegenteil zu einer unerwünschten Splittersiedlung, Ausdruck einer organischen Siedlungsstruktur ist.[1500] Der Bebauungszusammenhang ist eine tatsächlich aufeinanderfolgende Bebauung, die den Eindruck der Geschlossenheit und Zusammengehörigkeit vermittelt.[1501] Demnach können vom Außenbereich Flächen erfasst sein, die am Rand oder außerhalb des Siedlungsgebietes liegen, was überwiegend der Fall ist, sowie größere Flächen innerhalb des Siedlungsgebietes, den Außenbereichsinseln[1502].

Für die Abgrenzung von Innenbereich zum am Rand und außerhalb des Siedlungsgebietes liegenden Außenbereich sind weitere Konkretisierungen der Formulierung „im Zusammenhang bebauten Ortsteile" durch die Rechtsprechung relevant. Die Grenze des Innenbereichs zum Außenbereich kann zunächst nicht schematisch als eine den Durchschnitt der in eine Grünfläche hineinragender Gebäude bildende Mittellinie oder als eine dem am weitesten in den Außenbereich ragendes Gebäude vorgelagerten Linie gezogen werden.[1503] Maßstabbildend für den Bebauungszusammenhang können zudem in der Regel nur bauliche Anlagen sein, die in der Lage sind, ein Gebiet als einen Ortsteil mit einem bestimmten Charakter mitzuprägen.[1504] Das sind grundsätzlich nur bauliche Anlagen, die dem ständigen Aufenthalt von Menschen dienen.[1505] Der Innenbereich endet somit grundsätzlich mit der letzten zusammenhängenden Bebauung dieser

---

1499 *Brenner*, Öffentliches Baurecht, S. 162.
1500 *Rieger*, in: Schrödter, Baugesetzbuch, § 34 Rn. 22.
1501 *Rieger*, in: Schrödter, Baugesetzbuch, § 34 Rn. 10.
1502 *Weber/Köppert*, Baurecht Bayern, S. 106.
1503 Vgl. *Söfker*, in: Ernst/Zinkahn/Bielenberg/Krautzberger, Baugesetzbuch, § 34 Rn. 25.
1504 *Rieger*, in: Schrödter, Baugesetzbuch, § 34 Rn. 10.
1505 *Rieger*, in: Schrödter, Baugesetzbuch, § 34 Rn. 11.

Art.[1506] Die Grundstücksflächen hinter dieser letzten zusammenhängenden Bebauung mit dort errichteten Nebenanlagen wie Gartenhäuser oder Schuppen können daher nicht mehr zum Bebauungszusammenhang gezählt werden.[1507] Bereiche hinter den baulichen Anlagen zum ständigen Aufenthalt von Menschen zählen jedoch dann noch zum Innenbereich, wenn sie typische Innenbereichsnutzung darstellen und somit bauakzessorisch sind.[1508] Bereiche nach den baulichen Anlagen zum ständigen Aufenthalt von Menschen können auch dann noch zum Innenbereich zählen, wenn aufgrund topografischer Verhältnisse eine klare Grenze gezogen werden kann, wie zum Beispiel ein Gewässer.[1509] Dies kann dazu führen, dass eine unbebaute, hinter der letzten zusammenhängenden Wohnbebauung liegende Fläche durch ein diese Fläche begrenzendes Geländehindernis noch zum Innenbereich gezählt werden kann.[1510]

Im Außenbereich nach § 35 BauGB sind die Zulässigkeitsvoraussetzungen von Vorhaben wesentlich enger als im Innenbereich nach § 34 BauGB.[1511] Daraus ergibt sich die Funktion des Außenbereichs, Flächen von Bebauung freizuhalten.[1512] § 35 BauGB fördert damit am Rand und außerhalb des Siedlungsgebietes die direkte Unterlassung der Flächeninanspruchnahme.[1513] Da der Außenbereich durch Bauleitpläne in Flächen mit anderen Funktionen umgewidmet werden kann, tritt nur dann diese Schutzwirkung ein, wenn der Außenbereich von der Gemeinde nicht überplant wird.[1514]

Aspekte der Wirkung

Durch die Formulierung „im Zusammenhang bebauten Ortsteile" nach § 34 Absatz 1 Satz 1 BauGB wird die diesbezügliche städtebauliche Situati-

---

1506 OVG Koblenz NVwZ-RR 2005, 603 (604).
1507 Vgl. OVG Koblenz NVwZ-RR 2005, 603 (604).
1508 OVG Saarlouis BRS 39 1982, 127 (127); OVG Saarlouis BauR 1989, 56 (57).
1509 BVerwG NVwZ 1991, 879 (880).
1510 BVerwG NVwZ 1991, 879 (880).
1511 II. 2.
1512 Vgl. *Brenner*, Öffentliches Baurecht, S. 185.
1513 Vgl. *Brenner*, Öffentliches Baurecht, S. 185.
1514 *Schimansky*, Die Problematik des Freiflächenverbrauchs, S. 135 und 140.

on nur sehr unkonkret umrissen. Der Gesetzgeber hatte die Konkretisierung der Rechtsprechung überlassen.[1515]

In § 35 BauGB besteht keine klare Formulierung des Zwecks der Norm, dass § 35 BauGB die Funktion zukommt, Flächen von Bebauung freizuhalten[1516].

b. Innenbereichssatzungen

Gemäß § 34 Absatz 4 BauGB haben Gemeinden die Möglichkeit, Innenbereichssatzungen zu erlassen. Nach § 34 Absatz 4 Satz 1 Nr. 2 BauGB kann die Gemeinde durch Satzung bebaute Bereiche im Außenbereich als im Zusammenhang bebaute Ortsteile festlegen, wenn die Flächen im Flächennutzungsplan als Baufläche dargestellt sind. Dadurch kann sie nach dem Gesetz zum Außenbereich gehörende Grundstücke konstitutiv zum Innenbereich erklären.[1517] Diese Satzungen werden Entwicklungssatzungen genannt.[1518] Durch die Entwicklungssatzung wird somit die zusätzliche Möglichkeit geschaffen, Flächen die Zugehörigkeit zum Außenbereich zu nehmen. Dadurch begrenzt die Entwicklungssatzung für Flächen am Rand oder außerhalb des Siedlungsgebietes die direkte Unterlassung der Flächeninanspruchnahme. Nach § 34 Absatz 4 Satz 1 Nr. 3 BauGB kann die Gemeinde des Weiteren durch Satzung einzelne Außenbereichsflächen in die im Zusammenhang bebauten Ortsteile einbeziehen, wenn die einbezogenen Flächen durch die bauliche Nutzung des angrenzenden Bereichs entsprechend geprägt sind. Auch dadurch kann sie nach dem Gesetz zum Außenbereich gehörende Grundstücke konstitutiv zum Innenbereich erklären.[1519] Diese Satzungen werden Ergänzungssatzungen genannt.[1520] Anders als bei Entwicklungssatzungen müssen bei Ergänzungssatzungen die Flächen im Flächennutzungsplan nicht als Bauflächen dargestellt sein, dafür müssen sie aber an Flächen im Innenbereich angrenzen[1521]. Von diesen angrenzenden Innenbereichsflächen müssen die Außenbereichsflächen geprägt sein, den Innenbereichsflächen müssen im Hinblick auf die Art und

---

1515 *Krautzberger*, in: Bundesministerium für Verkehr, Bau und Stadtentwicklung, Berliner Gespräche, Band 2, S. 51 f.
1516 Vgl. *Brenner*, Öffentliches Baurecht, S. 185.
1517 *Stüer*, Handbuch des Bau- und Fachplanungsrechts, S. 1035 f.
1518 *Stüer*, Handbuch des Bau- und Fachplanungsrechts, S. 1035.
1519 *Stüer*, Handbuch des Bau- und Fachplanungsrechts, S. 1036.
1520 *Stüer*, Handbuch des Bau- und Fachplanungsrechts, S. 1036.
1521 *Stüer*, Handbuch des Bau- und Fachplanungsrechts, S. 1036.

das Maß der baulichen Nutzung, der Bauweise und der überbaubaren Grundstücksfläche die Zulässigkeitsmerkmale für die Bebaubarkeit der Außenbereichsflächen entnommen werden können.[1522] Für Flächen am Rand des Siedlungsgebietes begrenzt auch die Ergänzungssatzung die direkte Unterlassung der Flächeninanspruchnahme. Durch die Formulierung „einzelne Außenbereichsflächen" und durch das Kriterium der Prägung haben die Gemeinden jedoch durch eine Ergänzungssatzung nicht die Möglichkeit, große Außenbereichsflächen mit einzubeziehen.[1523]

Die Entwicklungs- und Ergänzungssatzungen müssen die Voraussetzungen des § 34 Absatz 5 BauGB erfüllen. Nach § 34 Absatz 5 Satz 1 Nr. 1 BauGB müssen sie mit einer geordneten städtebaulichen Entwicklung vereinbar sein. Dies ist nicht der Fall, wenn im Flächennutzungsplan für die betreffenden Flächen eine mit der Einbeziehung in den Innenbereich nicht zu vereinbarende Nutzung dargestellt ist.[1524] Die geordnete städtebauliche Entwicklung nach § 34 Absatz 5 Satz 1 Nr. 1 BauGB erfasst außerdem das Abwägungsgebot nach § 1 Absatz 7 BauGB hinsichtlich der von der Satzung berührten öffentlichen und privaten Belange,[1525] welche auch Belange für und gegen die Flächeninanspruchnahme sein können. Nach § 34 Absatz 5 Satz 4 Halbsatz 1 BauGB sind auf Ergänzungssatzungen darüber hinaus ergänzend § 1a Absatz 2 und 3 BauGB und § 9 Absatz 1a BauGB entsprechend anzuwenden, so dass die Bodenschutzklausel und die planerische Eingriffsregelung bei Ergänzungssatzungen in die nach § 34 Absatz 5 Satz 1 Nr. 1 BauGB erforderliche Abwägung zu integrieren sind.[1526] Von der Entwicklungs- und Ergänzungssatzung dürfen nach § 34 Absatz 5 Satz 1 Nr. 3 BauGB keine Anhaltspunkte für eine Beeinträchtigung der in § 1 Absatz 6 Nr. 7 b) BauGB genannten Schutzgüter, den Erhaltungszielen und dem Schutzzweck der Natura 2000-Gebiete im Sinne des Bundesnaturschutzgesetzes, bestehen.[1527] § 34 Absatz 5 Satz 1 Nr. 1

1522 *Mitschang/Reidt*, in: Battis/Krautzberger/Löhr, Baugesetzbuch, § 34 Rn. 88 f.
1523 Vgl. *Schimansky*, Die Problematik des Freiflächenverbrauchs, S. 135.
1524 *Mischang/Reidt*, in: Battis/Krautzberger/Löhr, Baugesetzbuch, § 34 Rn. 91.
1525 *Söfker*, in: Ernst/Zinkahn/Bielenberg/Krautzberger, Baugesetzbuch, § 34 Rn. 120.
1526 *Söfker*, in: Ernst/Zinkahn/Bielenberg/Krautzberger, Baugesetzbuch, § 34 Rn. 120b; Bodenschutzklausel Teil II Kapitel 1 Abschnitt 2 IV. 1. d. und V. 2.; planerische Eingriffsregelung Teil II Kapitel 1 Abschnitt 2 IV. 1. e. / V. 3. und IV. 3.
1527 Erhaltungszielen und Schutzzweck der Natura 2000-Gebiete Teil II Kapitel 1 Abschnitt 2 VI. 1.

Zweiter Teil: Untersuchung des Bauplanungsrechts

und 3, Satz 4 Halbsatz 1 BauGB stellen damit einen Abbau der Grenze für die direkte Unterlassung der Flächeninanspruchnahme dar.

Aspekte der Wirkung

Die Aufstellung von Bauleitplänen ist ein aufwändiges Verfahren. Gemeinden können durch eine Entwicklungs- oder Ergänzungssatzung den Außenbereich hingegen konstitutiv zum Innenbereich umwandeln und dadurch Bauland schaffen,[1528] ohne dass sie dafür einen Bebauungsplan aufstellen müssen.[1529] Entwicklungs- und Ergänzungssatzungen bewirken daher eine Ressourcenschonung der Verwaltung bei Flächeninanspruchnahme anstatt einer Erhöhung des Ressourcenaufwandes.[1530]

Eine Offenlegung der Entscheidungsgründe hinsichtlich der Ergänzungssatzungen bewirkt § 34 Absatz 5 Satz 4 Halbsatz 2 BauGB, indem er für Ergänzungssatzungen eine Begründung mit den Angaben entsprechend § 2a Satz 2 Nr. 1 BauGB verlangt.

c. Aspekte der Wirkung bei der Abgrenzung von Innenbereich und Außenbereich

Das beschleunigte Verfahren nach § 13a BauGB gilt nicht nur für Bebauungspläne der Innenentwicklung.[1531] Nach § 13b Satz 1 BauGB gilt bis zum 31. Dezember 2019 § 13a BauGB entsprechend für Bebauungspläne mit einer Grundfläche im Sinne des § 13a Absatz 1 Satz 2 BauGB von weniger als 10.000 Quadratmetern, durch die die Zulässigkeit von Wohnnutzungen auf Flächen begründet wird, die sich an im Zusammenhang bebaute Ortsteile anschließen. Diese Regelung wurde durch die BauGB-Novelle 2017 integriert.[1532] Als im Zusammenhang bebaute Ortsteile kommt der Innenbereich nach § 34 BauGB sowie bebaute Flächen in Betracht, die

---

1528 *Mitschang/Reidt*, in: Battis/Krautzberger/Löhr, Baugesetzbuch, § 34 Rn. 79; *Köck/Hofmann*, in: Umweltbundesamt, Effektivierung des raumbezogenen Planungsrechts, S. 46.
1529 *Mitschang/Reidt*, in: Battis/Krautzberger/Löhr, Baugesetzbuch, § 34 Rn. 79.
1530 Vgl. *Mitschang/Reidt*, in: Battis/Krautzberger/Löhr, Baugesetzbuch, § 34 Rn. 79; *Köck/Hofmann*, in: Umweltbundesamt, Effektivierung des raumbezogenen Planungsrechts, S. 46.
1531 Beschleunigtes Verfahren Teil II Kapitel 1 Abschnitt 3 II.
1532 BGBl. I 2017/25, S. 1059.

von einem Bebauungsplan erfasst sind.[1533] Diese Regelung soll den Wohnungsbau erleichtern.[1534] Mit § 13b Satz 1 BauGB wird es möglich, für Außenbereichsflächen von weniger als 10.000 Quadratmetern, die sich an im Zusammenhang bebaute Ortsteile anschließen, einen Bebauungsplan im beschleunigten Verfahren aufzustellen. Dadurch können Außenbereichsflächen am Rand des Siedlungsbereiches in das beschleunigte Verfahren einbezogen werden. § 13b Satz 1 BauGB bewirkt auf diese Weise eine Ressourcenschonung der Verwaltung bei Flächeninanspruchnahme[1535] anstatt einer Erhöhung des Ressourcenaufwandes.

2. Vorhaben im Außenbereich

Insgesamt fördert § 35 BauGB die direkte Unterlassung der Flächeninanspruchnahme. Innerhalb der Vorschrift können diesbezüglich jedoch noch weitere Differenzierungen erfolgen.

a. Privilegierte Vorhaben

§ 35 Absatz 1 und 2 BauGB legt die Zulässigkeit von baulichen Anlagen im Außenbereich fest. Ein Vorhaben fällt unter § 35 Absatz 1 BauGB, wenn es in dieser Vorschrift aufgeführt ist. Die Aufzählung in § 35 Absatz 1 BauGB ist abschließend. Alle weiteren Vorhaben fallen unter § 35 Absatz 2 BauGB. Die Zulässigkeitsvoraussetzungen nach § 35 Absatz 1 BauGB sind im Vergleich zu jenen nach § 35 Absatz 2 BauGB weniger streng, so dass die in § 35 Absatz 1 BauGB aufgeführten Vorhaben privilegiert sind. Für die Förderung der direkten Unterlassung der Flächeninanspruchnahme durch § 35 BauGB ist somit die Privilegierung nach § 35 Absatz 1 BauGB einschränkend. Die Privilegierungen erfolgten durch den Gesetzgeber, um für land- und forstwirtschaftlichen Nutzungen sowie für Nutzungen, die auf den Außenbereich angewiesen sind, Baumöglichkeiten zu gewähren.[1536] Jede weitere Einfügung einer Privilegierung in § 35 Absatz 1 BauGB schränkt die Förderung der direkten Unterlassung der Flächeninanspruchnahme durch § 35 BauGB weiter ein. Demgegenüber fördert jede Entprivi-

---

1533 BT-Drucks. 18/10942, S. 47.
1534 BT-Drucks. 18/10942, S. 2.
1535 BT-Drucks. 18/10942, S. 59 f.
1536 *Söfker*, in: Ernst/Zinkahn/Bielenberg/Krautzberger, Baugesetzbuch, § 35 Rn. 3.

legierung von Vorhaben aus § 35 Absatz 1 BauGB die direkte Unterlassung der Flächeninanspruchnahme, so wie dies durch die BauGB-Novelle 2013 mit Hilfe des Ausschlusstatbestandes im Rahmen des § 35 Absatz 1 Nr. 4 BauGB erfolgt ist[1537]. Durch die ungeordnete Ansiedlung von Intensivtierhaltungsanlagen im Außenbereich nach § 35 Absatz 1 Nr. 4 BauGB, die wegen der Größe der Anlagen zu einer erheblichen Belastung des Außenbereichs führte, wurde die Privilegierung auf Tierhaltungsbetriebe begrenzt, die keiner Pflicht zur Durchführung einer Umweltverträglichkeitsprüfung unterliegen.[1538] Durch eine Entprivilegierung von Vorhaben aus § 35 Absatz 1 BauGB werden diese zu nichtprivilegierten Vorhaben nach § 35 Absatz 2 BauGB. Gemeinden müssen sich mit diesen planerisch befassen, falls ein Planungserfordernis nach § 1 Absatz 3 BauGB besteht.[1539] In diesem Fall wird durch die Entprivilegierung die Flächeninanspruchnahme zwar nicht verhindert, Gemeinden können diese Vorhaben jedoch dann zielgenau auf bestimmte Flächen steuern und darüber zumindest eine direkte Reduzierung der Flächeninanspruchnahme bewirken.[1540]

Vorhaben nach § 35 Absatz 1 BauGB dürfen öffentlichen Belangen nicht entgegenstehen und Vorhaben nach § 35 Absatz 2 BauGB dürfen sie nicht beeinträchtigen. Dies ist eine Zulässigkeitsvoraussetzung. Eine Beeinträchtigung öffentlicher Belange liegt vor, wenn ein Vorhaben diese berührt und im Sinne einer Belastung oder Einwirkung beeinträchtigt.[1541] Ist dies der Fall, so ist ein Vorhaben nach § 35 Absatz 2 BauGB unzulässig. Ein privilegiertes Vorhaben nach § 35 Absatz 1 BauGB ist hingegen erst dann unzulässig, wenn zusätzlich zur Beeinträchtigung eines öffentlichen Belanges dieser im Verhältnis zur gesetzlichen Privilegierung des Vorhabens im konkreten Einzelfall gewichtiger ist.[1542] In § 35 Absatz 3 Satz 1 BauGB sind die öffentlichen Belange aufgeführt, durch die Formulierung „insbesondere" ist diese Aufzählung nicht abschließend. § 35 Absatz 3 Satz 1 BauGB ist damit für die direkte Unterlassung der Flächeninanspruchnahme förder-

---

1537 BGBl. I 2013/29, S. 1549.
1538 Vgl. *Bundesministerium für Verkehr, Bau und Stadtentwicklung*, Berliner Gespräche, Band 1, S. 67 f.; BT-Drucks. 17/11468, S. 14.
1539 Vgl. *Deutsches Institut für Urbanistik*, Planspiel 2012, S. 68 f.
1540 Vgl. *Köck/Hofmann*, in: Umweltbundesamt, Effektivierung des raumbezogenen Planungsrechts, S. 47; *Bundesministerium für Verkehr, Bau und Stadtentwicklung*, Berliner Gespräche, Band 1, S. 13 f.
1541 *Söfker*, in: Ernst/Zinkahn/Bielenberg/Krautzberger Baugesetzbuch, § 35 Rn. 76.
1542 *Söfker*, in: Ernst/Zinkahn/Bielenberg/Krautzberger, Baugesetzbuch, § 35 Rn. 60; vgl. BVerwGE 28, 148 (151).

lich.[1543] Ausdrücklich auf direkte Unterlassung der Flächeninanspruchnahme bezieht sich § 35 Absatz 3 Satz 1 Nr. 7 BauGB, indem danach eine Beeinträchtigung öffentlicher Belange vorliegt, wenn das Vorhaben die Entstehung, Verfestigung oder Erweiterung einer Splittersiedlung befürchten lässt.

Aspekte der Wirkung

Die Formulierung „die Entstehung, Verfestigung oder Erweiterung einer Splittersiedlung befürchten lässt" ist eine klare Formulierung des Zwecks der Norm. Dadurch wird klar ausgedrückt, dass die Norm eine Bebauung im Außenbereich verhindern möchte.

b. Teilprivilegierte Vorhaben

In § 35 Absatz 4 Satz 1 BauGB sind Vorhaben abschließend aufgezählt, für die einige der in § 35 Absatz 3 Satz 1 BauGB aufgeführten öffentlichen Belange nicht gelten. Diese Vorschrift schränkt damit die Förderung der direkten Unterlassung der Flächeninanspruchnahme durch § 35 BauGB ein. Die in § 35 Absatz 4 Satz 1 BauGB aufgeführten Vorhaben werden als teilprivilegiert bezeichnet.[1544] Die Einführung des § 35 Absatz 4 Satz 1 BauGB erfolgte durch den Gesetzgeber, um hinsichtlich bereits vorhandener baulicher Anlagen im Außenbereich über den Bestandsschutz hinaus eine bauliche Weiterentwicklung zu gewähren und dem Strukturwandel in der Landwirtschaft gerecht zu werden.[1545]

Nach § 35 Absatz 4 Satz 2 BauGB gilt in begründeten Einzelfällen die Rechtsfolge des § 35 Absatz 4 Satz 1 BauGB auch für die Neuerrichtung eines Gebäudes im Sinne des § 35 Absatz 1 Nr. 1 BauGB, der danach einem land- oder forstwirtschaftlichen Betrieb dient und nur einen untergeordneten Teil der Betriebsfläche einnimmt, dem eine andere Nutzung zugewiesen werden soll, wenn das ursprüngliche Gebäude vom äußeren Erscheinungsbild auch zur Wahrung der Kulturlandschaft erhaltenswert ist, keine stärkere Belastung des Außenbereichs zu erwarten ist als in Fällen des § 35 Absatz 4 Satz 1 BauGB und die Neuerrichtung auch mit nachbarlichen In-

---

1543 *Schimansky*, Die Problematik des Freiflächenverbrauchs, S. 137.
1544 *Brenner*, Öffentliches Baurecht, S. 201.
1545 *Söfker*, in: Ernst/Zinkahn/Bielenberg/Krautzberger, Baugesetzbuch, § 35 Rn. 4.

teressen vereinbar ist. § 35 Absatz 4 Satz 2 BauGB schränkt damit ebenfalls die Förderung der direkten Unterlassung der Flächeninanspruchnahme durch § 35 BauGB ein. § 35 Absatz 4 Satz 2 BauGB wurde durch die BauGB-Novelle 2013 eingeführt.[1546] Sinn des § 35 Absatz 4 Satz 2 BauGB ist nach dem Gesetzgebungswillen die weitere Unterstützung des Strukturwandels in der Landwirtschaft.[1547]

Durch das Gesetz über Maßnahmen im Bauplanungsrecht zur Erleichterung der Unterbringung von Flüchtlingen 2014 und das Asylverfahrensbeschleunigungsgesetz 2015 wurde in § 246 BauGB die Rechtsfolge des § 35 Absatz 4 Satz 1 BauGB zeitlich begrenzt auch zugunsten der Unterbringung von Flüchtlingen aufgegriffen.[1548]

c. Vorhaben und Außenbereichssatzungen

Die Gemeinde kann nach § 35 Absatz 6 Satz 1 BauGB für bebaute Bereiche im Außenbereich, die nicht überwiegend landwirtschaftlich geprägt sind und in denen eine Wohnbebauung von einigem Gewicht vorhanden ist, durch Satzung bestimmen, dass Wohnzwecken dienenden Vorhaben im Sinne des § 35 Absatz 2 BauGB einige der in § 35 Absatz 3 BauGB aufgeführten öffentlichen Belange nicht entgegengehalten werden können. Außenbereichssatzungen nach § 35 Absatz 6 Satz 1 BauGB begrenzen damit die Förderung der direkten Unterlassung der Flächeninanspruchnahme durch § 35 BauGB hinsichtlich der Wohnvorhaben. Diese Vorhaben können als eine weitere Kategorie begünstigter Vorhaben im Außenbe-

---

[1546] BGBl. I 2013/29, S. 1549.
[1547] BT-Drucks. 17/11468, S. 15.
[1548] Nach § 246 Absatz 9 BauGB gilt bis zum 31. Dezember 2019 die Rechtsfolge des § 35 Absatz 4 Satz 1 BauGB für Vorhaben entsprechend, die der Unterbringung von Flüchtlingen oder Asylbegehrenden dienen, wenn das Vorhaben im unmittelbaren räumlichen Zusammenhang mit nach § 30 Absatz 1 BauGB oder § 34 BauGB zu beurteilenden bebauten Flächen innerhalb des Siedlungsbereichs erfolgen soll. Nach § 246 Absatz 13 Satz 1 BauGB gilt im Außenbereich nach § 35 BauGB unbeschadet des § 246 Absatzes 9 BauGB bis zum 31. Dezember 2019 die Rechtsfolge des § 35 Absatz 4 Satz 1 BauGB entsprechend für die auf längstens drei Jahre zu befristende Errichtung mobiler Unterkünfte für Flüchtlinge oder Asylbegehrende und die Nutzungsänderung zulässigerweise errichteter baulicher Anlagen, auch wenn deren bisherige Nutzung aufgegeben wurde, in Aufnahmeeinrichtungen, Gemeinschaftsunterkünfte oder sonstige Unterkünfte für Flüchtlinge oder Asylbegehrende, einschließlich einer erforderlichen Erneuerung oder Erweiterung.

reich gesehen werden.¹⁵⁴⁹ Anders als bei Innenbereichssatzungen nach § 34 Absatz 4 BauGB verbleiben die von den Außenbereichssatzungen erfassten Bereiche jedoch im Außenbereich.¹⁵⁵⁰
Außenbereichssatzungen müssen die Voraussetzungen nach § 35 Absatz 6 Satz 4 BauGB erfüllen. Nach § 35 Absatz 6 Satz 4 Nr. 3 BauGB dürfen keine Anhaltspunkte für eine Beeinträchtigung der in § 1 Absatz 6 Nr. 7 b) BauGB genannten Schutzgüter, den Erhaltungszielen und dem Schutzzweck der Natura 2000-Gebiete im Sinne des Bundesnaturschutzgesetzes, bestehen.¹⁵⁵¹ § 35 Absatz 6 Satz 4 BauGB fördert damit die direkte Unterlassung der Flächeninanspruchnahme in Richtung einer Stärkung der Freiraumentwicklung.

e. Aspekte der Wirkung bei Vorhaben im Außenbereich

§ 35 Absatz 1 und 4 BauGB umreißt die städtebauliche Situation hinsichtlich der privilegierten und teilprivilegierten Vorhaben klar, indem sie detaillierte Merkmale der Privilegierungs- und Teilprivilegierungstatbestände vorgibt, wobei noch klarere Bestimmungen möglich wären¹⁵⁵². Klare Bestimmungen in § 35 Absatz 1 und 4 BauGB sind wichtig, da die Vorhaben einen Abbau der Förderung der direkten Unterlassung der Flächeninanspruchnahme durch § 35 BauGB darstellen und eine diesbezügliche klar umrissene städtebauliche Situation zugunsten der direkten Unterlassung der Flächeninanspruchnahme den Interpretationsspielraum der Merkmale dieser Vorhaben verengt.¹⁵⁵³

1549 *Jäde*, in: Jäde/Dirnberger/Weiß, Baugesetzbuch, Baunutzungsverordnung, § 35 Rn. 288.
1550 *Schimansky*, Die Problematik des Freiflächenverbrauchs, S. 140; Innenbereichssatzungen II. 1. b.
1551 Erhaltungszielen und Schutzzweck der Natura 2000-Gebiete Teil II Kapitel 1 Abschnitt 2 VI. 1.
1552 Vgl. *Greiving*, in: ARL, Flächenhaushaltspolitik: Feststellungen und Empfehlungen, S. 165; *Deutsches Institut für Urbanistik*, Planspiel 2012, S. 73 ff.
1553 Vgl. *Greiving*, in: ARL, Flächenhaushaltspolitik: Feststellungen und Empfehlungen, S. 165.

III. Indirekte Unterlassung der Flächeninanspruchnahme durch Innenentwicklung

Der Innenbereich nach § 34 BauGB ist für die Innenentwicklung insgesamt und für alle drei Bereiche der Innenentwicklung relevant: der nachhaltigen Nutzung des Siedlungsgebietes, der nachhaltigen Siedlungsstruktur des Siedlungsgebietes und der nachhaltigen Mobilität im Siedlungsgebiet. Darüber hinaus ist für die nachhaltige Baustruktur des Siedlungsgebietes auch der Außenbereich nach § 35 BauGB von Bedeutung.

1. Innenentwicklung

Innerhalb der im Zusammenhang bebauten Ortsteile ist ein Vorhaben nach dem Einfügungsgebot des § 34 Absatz 1 Satz 1 BauGB zulässig, wenn es sich nach Art und Maß der baulichen Nutzung, der Bauweise und der Grundstücksfläche, die überbaut werden soll, in die Eigenart der näheren Umgebung einfügt. Bei der Auslegung der Begriffe Art und Maß der baulichen Nutzung, Bauweise und Grundstücksfläche kann an die BauNVO angeknüpft werden.[1554] Der räumliche Bereich der näheren Umgebung ist mit Hilfe des Einfügungsgebotes zu bestimmen.[1555] Die nähere Umgebung reicht aus diesem Grund so weit, wie sich das Vorhaben auswirken kann und die Umgebung ihrerseits die bodenrechtliche Situation des Grundstücks beeinflusst.[1556] Ein Vorhaben fügt sich in diese nähere Umgebung ein, wenn es sich an den Rahmen dieser hält und das Gebot der Rücksichtnahme wahrt.[1557] Überschreitet ein Vorhaben den Rahmen der näheren Umgebung, kann es sich dennoch einfügen, wenn es keine bodenrechtlich beachtlichen Spannungen begründet oder erhöht.[1558]

Im Innenbereich ist der Maßstab für neue Vorhaben durch § 34 Absatz 1 Satz 1 BauGB die vorhandene Baustruktur, Nutzung und Mobilität. Sind die vorhandene Baustruktur, Nutzung und Mobilität nicht nachhaltig, ist es somit kaum möglich, Maßnahmen der Innenentwicklung umzusetzen,

---

1554 *Spannowsky*, in: Spannowsky/Uechtritz, Baugesetzbuch, § 34 Rn. 37.
1555 *Söfker*, in: Ernst/Zinkahn/Bielenberg/Krautzberger, Baugesetzbuch, § 34 Rn. 36.
1556 *Söfker*, in: Ernst/Zinkahn/Bielenberg/Krautzberger, Baugesetzbuch, § 34 Rn. 36; *Roeser*, in: Berliner Kommentar zum Baugesetzbuch, § 34 Rn. 16.
1557 *Brenner*, Öffentliches Baurecht, S. 176.
1558 *Brenner*, Öffentliches Baurecht, S. 178.

wenn sie Vorhaben darstellen und soweit das Einfügungsgebot greift.[1559] Dies gilt jedoch auch umgekehrt. Sind Baustruktur, Nutzung oder Mobilität bereits nachhaltig, so wird dies durch das Kriterium des Einfügens noch verfestigt. Je nach vorhandener Baustruktur, Nutzung und Mobilität wird daher durch § 34 Absatz 1 Satz 1 BauGB die Innenentwicklung weiter gestärkt oder weiter begrenzt.

Entspricht die Eigenart der näheren Umgebung einem Baugebiet nach §§ 2 ff. BauNVO, so beurteilt sich die Zulässigkeit des Vorhabens hinsichtlich der Art der baulichen Nutzung nach § 34 Absatz 2 BauGB danach, ob es nach der BauNVO in dem Baugebiet allgemein zulässig wäre. Bei faktischen Baugebieten verdrängt § 34 Absatz 2 BauGB somit § 34 Absatz 1 Satz 1 BauGB in Bezug auf die Art der baulichen Nutzung.[1560] Dabei ist § 1 Absatz 10 Satz 1 BauNVO nicht anwendbar, da er unter dem Vorbehalt einer ausdrücklichen planerischen Entscheidung der Gemeinde steht.[1561]

Aspekte der Wirkung

Durch das Einfügungsgebot des § 34 Absatz 1 Satz 1 BauGB kann nicht flexibel auf unterschiedliche städtebauliche Situationen eingegangen werden. Die Voraussetzung des Einfügens in die nähere Umgebung ist streng an die vorhandene Bebauung gebunden und lässt nur Entwicklungen entsprechend dieser Bebauung zu.

Da sich das Nutzungsspektrum von einem Mischgebiet nach § 6 BauNVO und einem Urbanen Gebiet nach § 6a BauNVO ähnelt,[1562] ergeben sich mangels der Integration eines gebietstypischen Immissionsschutzniveaus in § 6 BauNVO und § 6a BauNVO bei der Bewertung, ob es sich um ein faktisches Mischgebiet oder ein faktisches Urbanes Gebiet handelt, Abgrenzungsprobleme.[1563] Für § 34 Absatz 2 BauGB geben § 6 BauNVO und § 6a BauNVO daher keine konkrete städtebauliche Situation vor. Dies wurde vom Gesetzgeber beachtet, indem nach der Überleitungsvorschrift

---

1559 *Greiving*, in: ARL, Flächenhaushaltspolitik: Feststellungen und Empfehlungen, S. 164; Auswirkungen des Einfügungsgebotes auf die einzelnen Maßnahmen der nachhaltigen Flächennutzung ab III. 2.
1560 *Rieger*, in: Schrödter, Baugesetzbuch, § 34 Rn. 74; vgl. Baugebiete Teil II Kapitel 1 Abschnitt 1 II. 1. und III. 3. a. aa.
1561 *Söfker*, in: Ernst/Zinkahn/Bielenberg/Krautzberger, Baugesetzbuch, § 34 Rn. 39.
1562 Vgl. Teil II Kapitel 1 Abschnitt 1 III. 3. a. aa.
1563 Vgl. *Deutsches Institut für Urbanistik*, Planspiel 2017, S. 97 f.

nach § 245c Absatz 3 BauGB die Regelung des 34 Absatz 2 BauGB auf Baugebiete nach § 6a BauNVO keine Anwendung findet[1564].
Entspricht der Innenbereich bereits einer nachhaltigen Baustruktur, so ist das Baugebot nach § 176 Absatz 2 BauGB als Instrument des Flächenmanagements und als deutliche verbindliche Aussage für Zielgruppen förderlich.[1565] Nach § 176 Absatz 2 BauGB kann das Baugebot außerhalb der in § 176 Absatz 1 BauGB bezeichneten Gebiete[1566], aber innerhalb im Zusammenhang bebauter Ortsteile angeordnet werden, um unbebaute oder geringfügig bebaute Grundstücke entsprechend den baurechtlichen Vorschriften zu nutzen oder einer baulichen Nutzung zuzuführen, insbesondere zur Schließung von Baulücken. Das Baugebot im Innenbereich kann innerhalb des Zulässigkeitsrahmens des § 34 BauGB sowohl als Bebauungsgebot, als auch als Anpassungsgebot ergehen.[1567] Unbebaut ist ein Grundstück unter anderem dann, wenn sich auf diesem tatsächlich keine baulichen Anlagen befinden.[1568] Ein Grundstück ist geringfügig bebaut, wenn die vorhandene Bebauung auf dem Grundstück nach Maß und überbaubarer Grundstücksfläche erheblich hinter der zulässigen Bebauung zurückbleibt.[1569] Mit Hilfe eines Bebauungsgebotes kann im Innenbereich auf unbebauten oder geringfügig bebauten Grundstücken eine bauliche Anlage errichtet oder mit Hilfe eines Anpassungsgebotes erweitert werden, beispielsweise durch eine Aufstockung[1570]. Als typischer Anwendungsfall ist in § 176 Absatz 2 BauGB die Schließung von Baulücken genannt.[1571] Die Formulierung „um unbebaute oder geringfügig bebaute Grundstücke entsprechend den baurechtlichen Vorschriften zu nutzen oder einer baulichen Nutzung zuzuführen, insbesondere zur Schließung von Baulücken" bezieht sich auch ausdrücklich auf eine Nachverdichtung. Städtebaulicher Grund nach § 175 Absatz 2 BauGB kann ein dringender oder erheblicher Bedarf an Wohn- und Arbeitsstätten oder die Ausnutzung der vorhande-

---

1564 BGBl. I 2017/25, S. 1060.
1565 Vgl. *Stock*, in: Ernst/Zinkahn/Bielenberg/Krautzberger, Baugesetzbuch, § 176 Rn. 30.
1566 Teil I Kapitel 1 Abschnitt 1 III. 2. b. bb. (5) und d. aa. (3).
1567 *Stock*, in: Ernst/Zinkahn/Bielenberg/Krautzberger, Baugesetzbuch, § 176 Rn. 30; Bebauungsgebot Teil I Kapitel 1 Abschnitt 1 III. 2. b. bb. (5) und Anpassungsgebot Teil I Kapitel 1 Abschnitt 1 III. 2. d. aa. (3).
1568 *Stock*, in: Ernst/Zinkahn/Bielenberg/Krautzberger, Baugesetzbuch, § 176 Rn. 32.
1569 *Stock*, in: Ernst/Zinkahn/Bielenberg/Krautzberger, Baugesetzbuch, § 176 Rn. 33.
1570 *Mitschang*, in: Battis/Krautzberger/Löhr, Baugesetzbuch, § 176 Rn. 7.
1571 Vgl. *Thiel*, Strategisches Landmanagement, S. 139.

nen städtebaulichen Infrastruktur zur Vermeidung von Flächeninanspruchnahme für Neubaugebiete sein.[1572]

2. Nachhaltige Nutzung des Siedlungsgebietes

Das Einfügungsgebot nach § 34 Absatz 1 Satz 1 BauGB ist sowohl für die Nutzungskoordination, Nutzungsintensivierung und Mehrfachnutzung als auch für die Folgenutzung von Bedeutung.

a. Nutzungskoordination, Nutzungsintensivierung und Mehrfachnutzung

Nutzungskoordination, Nutzungsintensivierung[1573] und eine Mehrfachnutzung[1574] können eine Nutzungsänderung einer baulichen Anlage nach § 29 Absatz 1 BauGB und damit ein Vorhaben darstellen. Folglich kommt das Einfügungsgebot des § 34 Absatz 1 Satz 1 BauGB zur Anwendung. Wie auch bei einer Änderung, ist bei einer Nutzungsänderung Gegenstand der bauplanungsrechtlichen Prüfung das Gesamtvorhaben in seiner geänderten Form, beschränkt auf die bauplanungsrechtlichen Aspekte, die von der Nutzungsänderung berührt werden.[1575] Hinsichtlich des Einfügens in die nähere Umgebung können nur die einfügungsbedürftigen Merkmale relevant sein:[1576] die Art und das Maß der baulichen Nutzung, die Bauweise und die Grundstücksfläche, die überbaut werden soll. Diese sind gesondert und unabhängig voneinander zu untersuchen.[1577] Andere Merkmale wie etwa die Zahl der Wohnungen bleiben daher außer Betracht.[1578] Bei der Nutzungskoordination, Mehrfachnutzung und Nutzungsintensivierung

---

1572 *Stock,* in: Ernst/Zinkahn/Bielenberg/Krautzberger, Baugesetzbuch, § 175 Rn. 41 ff.
1573 OVG Lüneburg NVwZ-RR 2014, 255 (255 f.); OVG Münster, Beschluss vom 23.11.2010 – 7 A 2535/09, Juris, Rn. 12.
1574 BVerwG BauR 1977, 253 (254).
1575 Änderung siehe *Reidt,* in: Battis/Krautzberger/Löhr, Baugesetzbuch, § 29 Rn. 20; BVerwG NVwZ 2000, 1047 (1047); Änderung und Nutzungsänderung siehe BVerwG NVwZ 2009, 779 (779).
1576 *Jarass/Kment,* Baugesetzbuch, § 34 Rn. 30.
1577 BVerwG BauR 1995, 506 (507); BVerwG NVwZ-RR 1998, 539 (539); VG Gelsenkirchen, Urteil vom 11.5.2006 – 5 K 6411/04, Juris, Rn. 18.
1578 *Jarass/Kment,* Baugesetzbuch, § 34 Rn. 30.

kann das Einfügungsgebot nach § 34 Absatz 1 Satz 1 BauGB in Bezug auf das Merkmal der Art der baulichen Nutzung eine Rolle spielen.[1579]

b. Folgenutzung

Ist die Nutzung der baulichen Anlage nach der Verkehrsauffassung endgültig aufgegeben worden, so erlischt der Bestandsschutz sowohl für die Nutzung als auch für die Substanz der baulichen Anlage.[1580] In diesem Fall steht die Folgenutzung als Vorhaben nach § 29 Absatz 1 BauGB einer Errichtung einer baulichen Anlage gleich.[1581] Ist die Nichtnutzung nach der Verkehrsauffassung als bloße Nutzungsunterbrechung zu werten,[1582] so kann die Folgenutzung eine Änderung der baulichen Anlage darstellen. Dies ist der Fall, wenn für die Folgenutzung Bauarbeiten notwendig sind, die zwar das äußere Erscheinungsbild der baulichen Anlage unangetastet lassen, über bloße Reparatur- und Instandsetzungsarbeiten aber hinausgehen, so dass die bauliche Anlage seine ursprüngliche Identität verliert.[1583] In den weiteren Fällen kann die Folgenutzung eine Nutzungsänderung nach § 29 Absatz 1 BauGB sein. In allen Fällen greift das Einfügungsgebot des § 34 Absatz 1 Satz 1 BauGB.

Nach § 34 Absatz 3a Satz 1 BauGB kann im Einzelfall bei Nutzungsänderungen vom Einfügungsgebot abgewichen werden. Dazu muss die Abweichung nach § 34 Absatz 3a Satz 1 Nr. 1 a) BauGB der Nutzungsänderung eines zulässigerweise errichteten Gewerbe- oder Handwerksbetriebs dienen oder nach § 34 Absatz 3a Satz 1 Nr. 1 c) BauGB der Nutzungsänderung einer zulässigerweise errichteten baulichen Anlage zu Wohnzwecken. Sie muss darüber hinaus städtebaulich vertretbar und auch unter Würdigung nachbarlicher Interessen mit den öffentlichen Belangen vereinbar sein. § 34 Absatz 3a Satz 1 BauGB fördert Nutzungsänderungen und erleichtert damit auch für von Nutzungsaufgabe betroffene oder mindergenutzte Ebenen eine Folgenutzung: bei der Nutzungsänderung von Gewer-

---

1579 Vgl. BVerwG BauR 1977, 253 (254); OVG Lüneburg NVwZ-RR 2014, 255 (255 f.).
1580 BVerwG BauR 2003, 1021 (1022).
1581 *Reidt*, in: Battis/Krautzberger/Löhr, Baugesetzbuch, § 29 Rn. 18.
1582 *Reidt*, in: Battis/Krautzberger/Löhr, Baugesetzbuch, § 29 Rn. 18; OVG Münster BauR 1997, 811 (812 ff.).
1583 *Halama*, in: Berliner Kommentar zum Baugesetzbuch, § 29 Rn. 10; vgl. *Krautzberger* in: Ernst/Zinkahn/Bielenberg/Krautzberger, Baugesetzbuch, § 29 Rn. 46 f.

be- oder Handwerksbetrieben eine Wiedernutzung und bei der Nutzungsänderung sämtlicher baulicher Anlagen eine Umnutzung zu Wohnzwecken. Die Möglichkeit der Nutzungsänderung von einem Gewerbe- und Handwerksbetrieb zu einem Wohnzwecken dienenden Gebäude wurde bereits durch die BauGB-Novelle 2013 eingeführt.[1584] Die BauGB-Novelle 2017 weitete dies sodann auf eine Nutzungsänderung sämtlicher baulicher Anlagen zu Wohnzwecken aus. [1585] In Betracht kommen dabei beispielsweise Umnutzungen von Kirchen, Schulen oder Jugendherbergen zu Wohnzwecken.[1586] Da § 34 Absatz 1 Satz 1 BauGB durch das Kriterium des Einfügens für die Stärkung der Innenentwicklung eine Grenze ist, wenn die bereits vorhandene Baustruktur und vorhandene Nutzung nicht nachhaltig sind, stellt § 34 Absatz 3a BauGB einen Abbau dieser Grenze zugunsten der Folgenutzung dar.

Durch das Gesetz über Maßnahmen im Bauplanungsrecht zur Erleichterung der Unterbringung von Flüchtlingen 2014 wurde § 246 Absatz 8 BauGB eingeführt[1587] und durch das Asylverfahrensbeschleunigungsgesetz 2015 sodann erweitert[1588]. Dieser bezieht sich zeitlich begrenzt hinsichtlich der Unterbringung von Flüchtlingen oder Asylbegehrenden auf § 34 Absatz 3a Satz 1 BauGB und trägt daher zusätzlich zu einer Folgenutzung bei.[1589]

Aspekte der Wirkung

Durch § 34 Absatz 3a Satz 1 BauGB kann im Vergleich zu § 34 Absatz 1 Satz 1 BauGB flexibler auf unterschiedliche städtebauliche Situationen reagiert werden, denn § 34 Absatz 3a BauGB lässt im Vergleich zu der Voraussetzung des Einfügens in die nähere Umgebung nach § 34 Absatz 1 Satz 1 BauGB eine von der vorhandenen Bebauung abweichendere Entwicklung zu. § 34 Absatz 3a Satz 1 BauGB bewirkt zudem eine Ressourcen-

---

1584 BGBl. I 2013/29, S. 1549.
1585 BGBl. I 2017/25, S. 1059; BT-Drucks. 18/10942, S. 49.
1586 *Deutsches Institut für Urbanistik*, Planspiel 2017, S. 89.
1587 BGBl. I 2014/53, S. 1748.
1588 BGBl. I 2015/40, S. 1731.
1589 Nach § 246 Absatz 8 BauGB gilt bis zum 31. Dezember 2019 § 34 Absatz 3a Satz 1 BauGB entsprechend für die Nutzungsänderung zulässigerweise errichteter baulicher Anlagen in bauliche Anlagen, die der Unterbringung von Flüchtlingen oder Asylbegehrenden dienen, und für deren Erweiterung, Änderung oder Erneuerung.

schonung der Verwaltung, denn auf diese Weise kann ohne ein aufwendiges Bebauungsplanverfahren neuer Wohnraum geschaffen werden.[1590] Darüber hinaus handelt es sich der Sache nach um einen Ausnahme- oder Befreiungstatbestand[1591] und damit um eine erweiterte Genehmigungsmöglichkeit[1592]. Dadurch wird mit § 34 Absatz 3a Satz 1 BauGB ein Eingehen auf die Interessen von Zielgruppen möglich.

3. Nachhaltige Baustruktur des Siedlungsgebietes

Für die nachhaltige Baustruktur im Siedlungsgebiet sind das Einfügungsgebot nach § 34 Absatz 1 Satz 1 BauGB sowie die Abgrenzung von Innenbereich und Außenbereich relevant.

a. Einfügungsgebot

Die Ausschöpfung des Potentials der Höhe kann durch die Errichtung oder Änderung einer baulichen Anlage als Vorhaben nach § 29 Absatz 1 BauGB erfolgen. Da somit das Einfügungsgebot des § 34 Absatz 1 Satz 1 BauGB greift, muss sich das Vorhaben in das vorhandene Maß der baulichen Anlagen einfügen. Im Vordergrund stehen die optisch wahrnehmbaren Maßbestimmungsfaktoren, dies sind hinsichtlich der Höhe die Zahl der Vollgeschosse und die Höhe baulicher Anlagen.[1593] Für die Zahl der Vollgeschosse bestehen Einschränkungen, da im modernen Wohnungsbau die Geschosse niedriger sind, als in Altbaugebieten, so dass eine Einheitlichkeit des Straßenbildes nicht immer durch eine gleiche Zahl der Vollgeschosse zu erreichen ist.[1594] Keine aussagekräftigen Regelungen enthalten die Planungsersatzvorschriften hinsichtlich der Ausschöpfung des Potentials des Untergrundes, insbesondere bei diesen Maßnahmen kann es an der für das Vorliegen eines Vorhabens nach § 29 Absatz 1 BauGB erforderli-

---

1590 Vgl. *Deutsches Institut für Urbanistik*, Planspiel 2012, S. 50.
1591 *Rieger*, in: Schrödter, Baugesetzbuch, § 34 Rn. 97.
1592 *Söfker*, in: Ernst/Zinkahn/Bielenberg/Krautzberger, Baugesetzbuch, § 34 Rn. 87.
1593 *Bracher*, in: Bracher/Reidt/Schiller, Bauplanungsrecht, S. 739.
1594 *Söfker*, in: Ernst/Zinkahn/Bielenberg/Krautzberger, Baugesetzbuch, § 34 Rn. 44.

chen planungsrechtlichen Relevanz fehlen[1595]. Folglich kommt das Einfügungsgebot des § 34 Absatz 1 Satz 1 BauGB nicht zur Anwendung.

Wie auch die Ausschöpfung des Potentials der Höhe kann die Ausschöpfung des Potentials der Fläche mit der Errichtung oder Änderung einer baulichen Anlage als Vorhaben nach § 29 Absatz 1 BauGB verbunden sein, so dass sich das Vorhaben nach § 34 Absatz 1 Satz 1 BauGB unter anderem in das vorhandene Maß der baulichen Anlagen einfügen muss. Für die Ausschöpfung des Potentials der Fläche ist die Grundfläche als optisch wahrnehmbarer Maßbestimmungsfaktor maßgeblich.[1596] Darüber hinaus hat sich das Vorhaben bezüglich der Ausschöpfung des Potentials der Fläche auch hinsichtlich der Bauweise und der Grundfläche, die überbaut werden soll, in die nähere Umgebung einzufügen.

Eine Abweichung vom Erfordernis des Einfügens in die Eigenart der näheren Umgebung nach § 34 Absatz 3a Satz 1 BauGB ist unter den Voraussetzungen dieser Vorschrift[1597] nicht nur bei einer Nutzungsänderung, sondern auch bei einer Änderung oder Erweiterung eines Gebäudes im Sinne dieser Vorschrift möglich. Eine Erweiterung bedeutet, dass Baumaßnahmen den vorhandenen Bestand ergänzen.[1598] Eine Änderung liegt unter anderem dann vor, wenn eine vorhandene bauliche Anlage ausgebaut wird.[1599] Änderung und Erweiterung erfassen damit auch die Ausschöpfung des Potentials der Höhe und der Fläche. § 34 Absatz 3a Satz 1 BauGB fördert daher diese Maßnahmen. Da § 34 Absatz 1 Satz 1 BauGB durch das Kriterium des Einfügens die Stärkung der Innenentwicklung begrenzt, wenn die bereits vorhandene Baustruktur nicht nachhaltig ist, stellt § 34 Absatz 3a Satz 1 BauGB zugleich einen Abbau dieser Grenze zugunsten der Ausschöpfung des Potentials der Höhe und Fläche dar.

b. Abgrenzung Innenbereich und Außenbereich

Vom Außenbereich nach § 35 BauGB können auch größere Flächen innerhalb des Siedlungsgebietes, den Außenbereichsinseln[1600], erfasst sein. Ob eine solche Außenbereichsinsel vorliegt, kommt auf die Wertung der kon-

---

1595 Vgl. VGH Mannheim NuR 1996, 89 (89).
1596 Vgl. *Bracher*, in: Bracher/Reidt/Schiller, Bauplanungsrecht, S. 739.
1597 § 34 Absatz 3a BauGB III. 2. b.
1598 *Spannowsky*, in: Spannowsky/Uechtritz, Baugesetzbuch, § 34 Rn. 65.1.
1599 *Spannowsky*, in: Spannowsky/Uechtritz, Baugesetzbuch, § 34 Rn. 65.2.
1600 *Weber/Köppert*, Baurecht Bayern, S. 106; II. 1. a.

kreten örtlichen Verhältnisse nach den Maßstäben der Verkehrsauffassung an.[1601] In Bezug auf die Außenbereichsinsel hat § 35 BauGB ebenfalls die Funktion, diese Fläche von der Bebauung freizuhalten, so dass dabei die Abgrenzung des Außenbereichs vom Innenbereich nach § 34 Absatz 1 Satz 1 BauGB die Ausschöpfung des Potentials der Fläche begrenzt.

4. Nachhaltige Mobilität im Siedlungsgebiet

Insbesondere hinsichtlich der Nutzungsmischung, aber auch in Bezug auf die weiteren Maßnahmen nachhaltiger Mobilität im Siedlungsgebiet enthalten die Planungsersatzvorschriften aussagekräftige Regelungen.

a. Nutzungsmischung

Nutzungsmischung kann mit einer Errichtung, Änderung oder Nutzungsänderung einer baulichen Anlage verbunden sein und damit ein Vorhaben nach § 29 Absatz 1 BauGB darstellen. Folglich kommt das Einfügungsgebot des § 34 Absatz 1 Satz 1 BauGB zur Anwendung. Wenn die Eigenart der näheren Umgebung einem Baugebiet nach §§ 2 ff. BauNVO entspricht ist aber zu beachten, dass sich die Zulässigkeit des Vorhabens nach § 34 Absatz 2 BauGB nach seiner Art allein danach beurteilt, ob es in diesem Baugebiet allgemein zulässig wäre. Irrelevant ist dabei die vertikale Gliederung der Nutzungsarten.[1602]

Wie auch bei der Folgenutzung kommt für eine Nutzungsmischung ein Abweichen vom Erfordernis des Einfügens nach § 34 Absatz 3a Satz 1 BauGB in Betracht. Darüber hinaus sind für die Nutzungsmischung Regelungen zu den zentralen Versorgungsbereichen und den Vergnügungsstätten von Bedeutung.

aa. Abweichen vom Erfordernis des Einfügens

Das Abweichen vom Erfordernis des Einfügens nach § 34 Absatz 3a Satz 1 BauGB bezieht sich auf Vorhaben, die sich nicht in die Eigenart der nähe-

---

1601 BVerwG NVwZ-RR 1992, 227 (227 f.).
1602 BVerwG NVwZ 1990, 557 (558); *Jäde*, in: Jäde/Dirnberger/Weiß, Baugesetzbuch, Baunutzungsverordnung, § 34 BauGB Rn. 82.

ren Umgebung einfügen,[1603] was typischerweise in Gemengelagen der Fall ist.[1604] § 34 Absatz 3a Satz 1 BauGB fördert im Rahmen dieser Gemengelagen Nutzungsänderungen zu Wohnzwecken, so dass diese Vorschrift beispielsweise einer Wohnnutzung in der Nachbarschaft einer gewerblichen Nutzung zu Gute kommt.[1605] Durch § 34 Absatz 3a Satz 1 BauGB wird somit das Nebeneinander unterschiedlicher Nutzungsarten erleichtert und damit eine Nutzungsmischung gefördert. Eine Änderung der Wohnnutzung zur Gewerbe- oder Handwerksnutzung ist von § 34 Absatz 3a Satz 1 BauGB aber nicht erfasst.[1606] Da § 34 Absatz 1 Satz 1 BauGB durch das Kriterium des Einfügens für die Stärkung der Innenentwicklung eine Grenze ist, wenn die bereits vorhandene Baustruktur und vorhandene Nutzung nicht nachhaltig sind, stellt § 34 Absatz 3a BauGB einen Abbau dieser Grenze auch zugunsten der Nutzungsmischung dar.

bb. Zentrale Versorgungsbereiche

Nach § 11 Absatz 3 Satz 1 BauNVO sind Einkaufszentren, großflächige Einzelhandelsbetriebe, die sich nach Art, Lage oder Umfang auf die Verwirklichung der Ziele der Raumordnung und Landesplanung oder auf die städtebauliche Entwicklung und Ordnung nicht nur unwesentlich auswirken können und sonstige großflächige Handelsbetriebe, die im Hinblick auf den Verkauf an letzte Verbraucher und auf die Auswirkungen der vorhergehend bezeichneten Einzelhandelsbetrieben vergleichbar sind, außer in Kerngebieten nur in für sie festgesetzten Sondergebieten zulässig. Zu den Auswirkungen gehören nach § 11 Absatz 3 Satz 2 BauNVO Auswirkungen auf die zentralen Versorgungsbereiche der Gemeinde. § 11 Absatz 3 BauNVO wirkt Standorten für die aufgeführten Betriebe entgegen, die zentrale Versorgungsbereiche gefährden.[1607] Die aufgeführten Betriebe sind im Innenbereich nur in einem faktischen Kerngebiet zulässig und im Außenbereich unzulässig, denn wenn sie trotz der Gebietstypologie der BauNVO einer speziellen Planung nach § 11 Absatz 3 BauNVO unterlie-

---

1603 Einfügungsgebot III. 1.
1604 *Krautzberger/Stüer,* DVBl 2013, 805 (811); *Stüer,* Handbuch des Bau- und Fachplanungsrechts, S. 1030.
1605 *Stüer,* Handbuch des Bau- und Fachplanungsrechts, S. 1030; vgl. *Deutsches Institut für Urbanistik,* Planspiel 2017, S. 89.
1606 BT-Drucks. 17/11468, S. 14.
1607 *Bischopink,* in: Bönker/Bischopink, Baunutzungsverordnung, § 11 Rn. 128.

gen, so entfällt der Außenbereich erst recht als geeigneter Standort.[1608] § 11 Absatz 3 BauNVO sichert damit die Nutzungsmischung von Wohnen und Versorgung.[1609]

Des Weiteren dürfen von Vorhaben nach § 34 Absatz 1 oder 2 BauGB nach § 34 Absatz 3 BauGB keine schädlichen Auswirkungen auf zentrale Versorgungsbereiche in der Gemeinde oder in anderen Gemeinden zu erwarten sein. Diese Zulässigkeitsvoraussetzung für Vorhaben im Innenbereich sichert bereits bestehende Versorgungsbereiche[1610] und damit ebenfalls die Nutzungsmischung von Wohnen und Versorgung[1611]. Dieser Zulässigkeitsvoraussetzung entspricht auch § 34 Absatz 3a Satz 2 BauGB,[1612] nach dem vom Abweichen vom Erfordernis des Einfügens nach § 34 Absatz 3a Satz 1 BauGB Einzelhandelsbetriebe ausgeschlossen sind, die die verbrauchernahe Versorgung der Bevölkerung beeinträchtigen oder schädliche Auswirkungen auf zentrale Versorgungsbereiche in der Gemeinde oder in anderen Gemeinden haben können. Im Zusammenhang mit § 34 Absatz 3 BauGB stehen § 5 Absatz 2 Nr. 2 d) BauGB und § 9 Absatz 2a Satz 1 BauGB.

Im Flächennutzungsplan kann nach § 5 Absatz 2 Nr. 2 d) BauGB die Ausstattung des Gemeindegebiets mit zentralen Versorgungsbereichen dargestellt werden. Diese Regelung wurde durch die BauGB-Novelle 2013 eingeführt.[1613] § 5 Absatz 2 Nr. 2 d) BauGB ist nicht nur auf bereits bestehende Versorgungsbereiche beschränkt, sondern erfasst auch die noch zu entwickelnden Zentren.[1614] Voraussetzung ist dabei aber das Vorhandensein gewisser funktionaler Grundstrukturen, eine „Zentrenerfindung" ist aufgrund der Definition zentraler Versorgungsbereiche als nichtisolierte Standorte nicht möglich.[1615] Für § 34 Absatz 3 BauGB sind nur tatsächlich vorhandene Versorgungsbereiche maßgeblich.[1616]

Nach § 9 Absatz 2a Satz 1 BauGB kann sodann in einem Bebauungsplan für im Zusammenhang bebaute Ortsteile nach § 34 BauGB zur Erhaltung

---

1608 *Bischopink*, in: Bönker/Bischopink, Baunutzungsverordnung, § 11 Rn. 71 ff.
1609 Vgl. Teil II Kapitel 1 Abschnitt 2 IV. 4. a. cc.
1610 Vgl. BT-Drucks. 17/11468, S. 13; *Krautzberger/Stüer*, DVBl. 2013, 805 (810).
1611 Vgl. *Krautzberger/Stüer*, DVBl. 2013, 805 (809 f.); *Deutsches Institut für Urbanistik*, Planspiel 2012, S. 35.
1612 *Söfker*, in: Ernst/Zinkahn/Bielenberg/Krautzberger, Baugesetzbuch, § 34 Rn. 89.
1613 BGBl. I 2013/29, S. 1548.
1614 BT-Drucks. 17/11468, S. 13; *Krautzberger/Stüer*, DVBl. 2013, 805 (810).
1615 *Jaeger*, in: Spannowsky/Uechtritz Baugesetzbuch, § 5 Rn. 46d.
1616 *Mitschang/Reidt*, in: Battis/Krautzberger/Löhr, Baugesetzbuch, § 34 Rn. 69.

oder Entwicklung zentraler Versorgungsbereiche, auch im Interesse einer verbrauchernahen Versorgung der Bevölkerung und der Innenentwicklung der Gemeinden, festgesetzt werden, dass nur bestimmte Arten der nach § 34 Absatz 1 und 2 BauGB zulässigen baulichen Nutzungen zulässig oder nicht zulässig sind oder nur ausnahmsweise zugelassen werden können; die Festsetzungen können für Teile des räumlichen Geltungsbereichs des Bebauungsplans unterschiedlich getroffen werden. Diese Festsetzungsmöglichkeiten zur Sicherung zentraler Versorgungsbereiche wurden bereits durch das Gesetz zur Erleichterung von Planungsvorhaben für die Innenentwicklung der Städte vom 21.12.2006 eingeführt.[1617] § 9 Absatz 2a Satz 1 BauGB lässt damit einen reinen „Negativ-Bebauungsplan" mit dem Inhalt des Ausschlusses einzelner Anlagetypen ohne positiver Planungskonzeption zu.[1618] Dadurch kann zur Sicherung zentraler Versorgungsbereiche anderen Entwicklungen entgegengetreten werden.[1619] Der Bebauungsplan nach § 9 Absatz 2a Satz 1 BauGB kann für Flächen außerhalb des zentralen Versorgungsbereiches zum Ausschluss großflächiger Einzelhandelsbetriebe oder für die Fläche, in dem er liegt, aufgestellt werden.[1620]

Aspekte der Wirkung

§ 5 Absatz 2 Nr. 2 d) BauGB unterstützt bisherige Verwaltungsaktivitäten. Die Darstellungsmöglichkeit zentraler Versorgungsbereiche gab es bereits vor Einführung von § 5 Absatz 2 Nr. 2 d) BauGB, da der Katalog der Darstellungsmöglichkeiten nicht abschließend ist.[1621] Durch die Klarstellung nach § 5 Absatz 2 Nr. 2 d) BauGB rückt die Darstellungsmöglichkeit zentraler Versorgungsbereiche noch mehr in das Bewusstsein der Gemeinden[1622]. Mit § 5 Absatz 2 Nr. 2 d) BauGB wird die Beurteilung von Vorhaben bezüglich der Zulässigkeitsvoraussetzung des § 34 Absatz 3 BauGB er-

---

1617 BGBl. I 2006/64, S. 3317.
1618 *Uechtritz*, BauR 2007, 476 (487).
1619 *Battis/Krautzberger/Löhr*, NVwZ 2007, 121 (122).
1620 *Spannowsky*, in: Spannowsky/Uechtritz, Baugesetzbuch, § 9 Rn. 132.
1621 *Bundesministerium für Verkehr, Bau und Stadtentwicklung*, Berliner Gespräche, Band 1, S. 53.
1622 *Bundesministerium für Verkehr, Bau und Stadtentwicklung*, Berliner Gespräche, Band 1, S. 12 und 53; vgl. *Deutsches Institut für Urbanistik*, Planspiel 2012, S. 33 f.

leichtert.[1623] § 5 Absatz 2 Nr. 2 d) BauGB bewirkt auf diese Weise eine Ressourcenschonung der Verwaltung.

Die Formulierung in § 9 Absatz 2a Satz 1 BauGB „im Interesse einer verbrauchernahen Versorgung der Bevölkerung und der Innenentwicklung der Gemeinden" ist eine klare Formulierung des Zwecks der Norm. Dadurch wird diese Regelung deutlich mit der Innenentwicklung in Verbindung gebracht. § 9 Absatz 2a Satz 1 BauGB bewirkt im Verhältnis zu § 34 Absatz 3 BauGB zudem eine Ressourcenschonung.[1624] Die Ablehnung eines Vorhabens kann auf diesen Bebauungsplan gestützt werden und ist somit im Verhältnis zu § 34 Absatz 3 BauGB mit weniger Begründungsaufwand verbunden.[1625] Bei einem Bebauungsplan, der lediglich Festsetzungen nach § 9 Absatz 2a BauGB aufweist, kann darüber hinaus nach § 13 Absatz 1 BauGB das vereinfachte Verfahren des § 13 BauGB angewandt werden, das im Verhältnis zum regelmäßigen Verfahren eine Ressourcenschonung der Verwaltung bewirkt. Das Verfahren zur Aufstellung eines Bebauungsplans weist dadurch eine nur geringe Komplexität auf.[1626] Ein Bebauungsplan nach § 9 Absatz 2a BauGB wird daher als spezieller Typ des einfachen Bebauungsplans bezeichnet.[1627]

cc. Vergnügungsstätten

Durch § 9 Absatz 2a BauGB können zur Entwicklung und Erhaltung der zentralen Versorgungsbereiche auch Vergnügungsstätten ausgeschlossen werden.[1628] Vergnügungsstätten sind eine wirtschafts- und gewerberechtlich besondere Art von Gewerbebetrieben, bei denen die kommerzielle Unterhaltung, nicht aber die Geselligkeit oder der kulturelle Aspekt, im Vordergrund steht.[1629] Zu den Vergnügungsstätten können beispielsweise Spielhallen, Spielbanken und alle Arten von Diskotheken und Nachtlokalen gezählt werden.[1630] Über § 9 Absatz 2a BauGB hinaus kann nach § 9 Absatz 2b BauGB für im Zusammenhang bebaute Ortsteile nach § 34

1623 *Mitschang/Reidt*, in: Battis/Krautzberger/Löhr, Baugesetzbuch, § 34 Rn. 69.
1624 Vgl. *Spannowsky*, in: Spannowsky/Uechtritz, Baugesetzbuch, § 9 Rn. 13 .
1625 *Spannowsky*, in: Spannowsky/Uechtritz, Baugesetzbuch, § 9 Rn. 13.
1626 *Uechtritz*, BauR 2007, 476 (487 f.).
1627 Vgl. *Spannowsky*, in: Bundesministerium für Verkehr, Bau und Stadtentwicklung, Berliner Gespräche, Band 2, S. 179.
1628 *Mitschang/Reidt*, in: Battis/Krautzberger/Löhr, Baugesetzbuch, § 9 Rn. 206.
1629 *Mitschang/Reidt*, in: Battis/Krautzberger/Löhr, Baugesetzbuch, § 9 Rn. 189.
1630 *Mitschang/Reidt*, in: Battis/Krautzberger/Löhr, Baugesetzbuch, § 9 Rn. 189.

BauGB in einem Bebauungsplan, auch für Teile des räumlichen Geltungsbereichs des Bebauungsplans, festgesetzt werden, dass Vergnügungsstätten oder bestimmte Arten von Vergnügungsstätten zulässig oder nicht zulässig sind oder nur ausnahmsweise zugelassen werden können. Diese Regelung wurde durch die BauGB-Novelle 2013 eingeführt.[1631] Danach kann ein Bebauungsplan aufgestellt werden, in dem nur Festsetzungen getroffen werden, dass Vergnügungsstäten oder bestimmte Arten von Vergnügungsstätten nicht oder nur ausnahmsweise zulässig sind.[1632] Als städtebaulicher Grund für einen solchen Bebauungsplan kommen nur die in § 9 Absatz 2b BauGB aufgeführten städtebaulichen Gründe in Betracht.[1633] Nach § 9 Absatz 2b Nr. 2 BauGB ist dies eine Beeinträchtigung der sich aus der vorhandenen Nutzung ergebenden städtebaulichen Funktion des Gebiets, insbesondere durch eine städtebaulich nachteilige Häufung von Vergnügungsstätten. Die städtebauliche Funktion eines Gebietes ergibt sich aus den dort stattfindenden Nutzungen.[1634] Vergnügungsstätten können diese Nutzungen verdrängen.[1635] Dies kann der Fall sein, wenn Nutzungen auf eine bestimmte Attraktivität des Standortes angewiesen sind und durch Vergnügungsstätten diese Attraktivität verloren geht.[1636] Auf eine bestimmte Attraktivität des Standortes sind beispielsweise Einkaufsstraßen und Fußgängerzonen angewiesen.[1637] Durch Vergnügungsstätten kann ein Rückgang des Güter- und Dienstleistungsangebotes[1638] und damit eine Reduzierung der Nutzungen in einem bestimmten Bereich auf Vergnügungsstätten erfolgen. § 9 Absatz 2b Nr. 2 BauGB wirkt dem entgegenwirkt und fördert damit die Nutzungsmischung.

Aspekte der Wirkung

§ 9 Absatz 2b BauGB bewirkt eine Ressourcenschonung der Verwaltung, da auch für den Bebauungsplan nach dieser Vorschrift nach § 13 Absatz 1

1631 BGBl. I 2013/29, S. 1548.
1632 BT-Drucks. 17/11468, S. 13.
1633 *Mitschang/Reidt*, in: Battis/Krautzberger/Löhr, Baugesetzbuch, § 9 Rn. 194.
1634 *Mitschang/Reidt*, in: Battis/Krautzberger/Löhr, Baugesetzbuch, § 9 Rn. 197.
1635 *Söfker*, in: Ernst/Zinkahn/Bielenberg/Krautzberger, Baugesetzbuch, § 9 Rn. 243a.
1636 *Söfker*, in: Ernst/Zinkahn/Bielenberg/Krautzberger, Baugesetzbuch, § 9 Rn. 243a.
1637 Vgl. *Mitschang/Reidt*, in: Battis/Krautzberger/Löhr, Baugesetzbuch, § 9 Rn. 197.
1638 *Möller*, in: Schrödter, Baugesetzbuch, § 9 Rn. 347.

BauGB das vereinfachte Verfahren des § 13 BauGB angewandt werden kann.

b. Weitere Maßnahmen der nachhaltigen Mobilität im Siedlungsgebiet

Hinsichtlich der Nachverdichtung anderer Nutzungsarten gelten die Ausführungen zur nachhaltigen Baustruktur im Siedlungsgebiet.[1639] Für die Ausschöpfung des Potentials der Höhe und des Untergrundes für Verkehrsebenen sind die Ausführungen zur Ausschöpfung des Potentials der Höhe heranzuziehen[1640] und für die nachhaltige Nutzung der Verkehrsebenen die Ausführungen zur nachhaltigen Nutzung des Siedlungsgebietes[1641]. Dabei ist zu beachten, dass Verkehrsebenen für den ruhenden[1642] und für den fließenden Verkehr[1643] Vorhaben nach § 29 Absatz 1 BauGB darstellen können. Im Fall eines faktischen Baugebietes nach § 34 Absatz 2 BauGB, aber auch im Fall des § 34 Absatz 1 BauGB als sachverständiger Konkretisierung allgemeiner städtebaulicher Grundsätze und damit als Auslegungs- oder Orientierungshilfe, ist auf die Baunutzungsverordnung zurückzugreifen[1644], so dass für den ruhenden Verkehr § 12 BauNVO relevant ist, der Regelungen über die Zulässigkeit von Stellplätzen und Garagen enthält.

IV. Reduzierung der Flächeninanspruchnahme

Für die Reduzierung der Flächeninanspruchnahme ist der Außenbereich nach § 35 BauGB relevant.

a. Konzentrationszonen

Nach § 35 Absatz 3 Satz 3 BauGB stehen öffentliche Belange einem Vorhaben nach § 35 Absatz 1 Nr. 2 bis 6 BauGB in der Regel auch dann entgegen, soweit hierfür durch Darstellungen im Flächennutzungsplan oder als

---

1639 III. 3.
1640 III. 3.
1641 III. 2.
1642 BVerwG NVwZ 2011, 436 (436).
1643 VG München, Urteil vom 20.8.2003 – M 9 K 03.1775, Juris, Rn. 27 ff.; VGH München UPR 2010, 112 (113).
1644 BVerwG NVwZ 2011, 436 (437).

Ziele der Raumordnung eine Ausweisung an anderer Stelle erfolgt ist. Gemeinden können somit im Flächennutzungsplan gemäß § 5 Absatz 2 Nr. 1 BauGB Bauflächen als Konzentrationszonen für Vorhaben nach § 35 Absatz 1 Nr. 2 bis 6 BauGB darstellen. Durch die Regelvermutung des § 35 Absatz 3 Satz 3 BauGB werden Vorhaben trotz ihrer Privilegierung nur noch in den durch die Gemeinden im Flächennutzungsplan gemäß § 5 Absatz 2 Nr. 1 BauGB dargestellten Konzentrationszonen zulässig, im Übrigen stehen ihnen die öffentlichen Belange entgegen.[1645] Gemeinden können durch die Darstellung von Konzentrationszonen für Vorhaben nach § 35 Absatz 1 Nr. 2 bis 6 BauGB die diesbezügliche Entwicklung des Außenbereichs zielgenau steuern.[1646] Dadurch wird Flächeninanspruchnahme zwar nicht verhindert, durch die Konzentration der Vorhaben auf bestimmte Flächen können diese Nutzungsräume jedoch gering gehalten werden.[1647] § 35 Absatz 3 Satz 3 BauGB fördert damit die direkte Reduzierung der Flächeninanspruchnahme. Für die Zwecke des § 35 Absatz 3 Satz 3 BauGB können nach § 5 Absatz 2 b) BauGB auch sachliche Teilflächennutzungspläne aufgestellt werden; sie können auch für Teile des Gemeindegebiets aufgestellt werden. Besteht neben dem Teilflächennutzungsplan ein Flächennutzungsplan im Sinne des § 5 Absatz 1 Satz 1 BauGB, so dürfen sich die Darstellungen nicht widersprechen.[1648]

Aspekte der Wirkung

§ 35 Absatz 3 Satz 3 BauGB bewirkt eine Ressourcenschonung der Verwaltung. Mit dessen Hilfe können Gemeinden Entwicklungen im Außenbereich zielgenau steuern, ohne den Aufwand der Aufstellung eines Bebauungsplanes.[1649]

Die Darstellung von Konzentrationszonen ist jedoch ebenfalls ein komplexes Verfahren, dass eine Standortanalyse erfordert.[1650] Gemäß § 15 Absatz 3 Satz 1 BauGB hat die Baugenehmigungsbehörde deshalb auf Antrag

---

1645 *Weber/Köppert*, Baurecht Bayern, S. 17.
1646 *Wickel*, in: Ehlers/Fehling/Pünder, Besonderes Verwaltungsrecht, Band 2, S. 201 f.
1647 Vgl. *Köck/Hofmann*, in: Umweltbundesamt, Effektivierung des raumbezogenen Planungsrechts, S. 47.
1648 *Jaeger*, in: Spannowsky/Uechtritz, Baugesetzbuch, § 5 Rn. 72.
1649 *Wickel*, in: Ehlers/Fehling/Pünder, Besonderes Verwaltungsrecht, Band 2, S. 201 f.
1650 BT-Drucks. 17/11468, S. 21; BT-Drucks. 17/13272, S. 9.

der Gemeinde die Entscheidung über die Zulässigkeit von Vorhaben nach § 35 Absatz 1 Nr. 2 bis 6 BauGB für einen Zeitraum bis zu längstens einem Jahr nach Zustellung der Zurückstellung des Baugesuchs auszusetzen, wenn die Gemeinde beschlossen hat, einen Flächennutzungsplan aufzustellen, zu ändern oder zu ergänzen, mit dem die Rechtswirkungen des § 35 Absatz 3 Satz 3 BauGB erreicht werden sollen, und zu befürchten ist, dass die Durchführung der Planung durch das Vorhaben unmöglich gemacht oder wesentlich erschwert werden würde. Wenn besondere Umstände es erfordern, kann die Baugenehmigungsbehörde nach § 15 Absatz 3 Satz 4 BauGB auf Antrag der Gemeinde die Entscheidung nach § 15 Absatz 3 Satz 1 BauGB um ein weiteres Jahr aussetzen. § 15 Absatz 3 Satz 4 BauGB wurde durch die BauGB-Novelle 2013 eingeführt.[1651] § 15 Absatz 3 Satz 1 und 4 BauGB erleichtert damit die Planung der Konzentrationszonen.[1652]

Als Instrument des Flächenmanagements kann der gemeinsame Flächennutzungsplan nach § 204 Absatz 1 BauGB auch für Konzentrationszonen eingesetzt werden[1653]. Der erhöhte Koordinationsbedarf kann sich unter anderem aus tendenziell gemeinsamen Interessen ergeben,[1654] dies kann die Ausweitung der Ausschlusswirkung des § 35 Absatz 3 Satz 3 BauGB auf den Bereich der Nachbargemeinde sein.[1655]

b. Ausführung der Vorhaben

Die nach § 35 Absatz 1 bis 4 BauGB zulässigen Vorhaben sind nach § 35 Absatz 5 Satz 1 BauGB in einer flächensparenden, die Bodenversiegelung auf das notwendige Maß begrenzenden Weise auszuführen. § 35 Absatz 5 Satz 1 BauGB berührt nicht die Zulässigkeit eines Vorhabens,[1656] so dass Flächeninanspruchnahme durch diese Regelung nicht verhindert wird. § 35 Absatz 5 Satz 1 BauGB ist jedoch die Rechtsgrundlage für Nebenbestimmungen zur Genehmigung des Vorhabens, in denen der Vorhabenträger zu Modifikationen des Vorhabens in Richtung einer direkten Reduzie-

---

1651 BGBl. I 2013/29, S. 1549.
1652 *Krautzberger/Stüer*, DVBl 2013, 805 (811).
1653 *Runkel*, in: Ernst/Zinkahn/Bielenberg/Krautzberger, Baugesetzbuch, § 204 Rn. 28; Gemeinsamer Flächennutzungsplan Teil II Kapitel 1 Abschnitt 1 II. 1.
1654 *Hornmann*, in: Spannowsky/Uechtritz, Baugesetzbuch, § 204 Rn. 10 f.
1655 *Runkel*, in: Ernst/Zinkahn/Bielenberg/Krautzberger, Baugesetzbuch, § 204 Rn. 28.
1656 *Söfker*, in: Spannowsky/Uechtritz, Baugesetzbuch, § 35 Rn. 154.

rung der Flächeninanspruchnahme verpflichtet wird.[1657] Eine flächensparende Bauweise ist durch eine Begrenzung der zu bebauenden Fläche zu erreichen.[1658] Die Begrenzung der Bodenversiegelung auf das notwendige Maß zielt sodann auf eine Begrenzung der Bodenversiegelung durch eine geeignete Gestaltung in Bezug auf Nebenanlagen, Wegen und Plätzen.[1659] Diese Anforderungen sind durch die Maßnahmen der Innenentwicklung, die nicht nur auf bestehendes Siedlungsgebiet anwendbar sind, zu erzielen.[1660]

Aspekte der Wirkung

Eine klare Formulierung des Zwecks der Norm ist die Formulierung „in einer flächensparenden, die Bodenversiegelung auf das notwendige Maß begrenzenden und den Außenbereich schonenden Weise auszuführen" in § 35 Absatz 5 Satz 1 BauGB. Dadurch wird eindeutig umschrieben, dass die Norm am Rand oder außerhalb des Siedlungsbereiches der direkten Reduzierung der Flächeninanspruchnahme dient. Die städtebauliche Situation ist hingegen nicht klar umrissen, denn für den Vorhabenträger wird aus dieser Vorschrift nicht ersichtlich, dass er diese Verpflichtung mit allen Maßnahmen der Innenentwicklung erfüllen kann.

V. Freiraumentwicklung

Für die Freiraumentwicklung ist ebenfalls der Außenbereich nach § 35 BauGB maßgeblich. Die öffentlichen Belange nach § 35 Absatz 3 Satz 1 BauGB fördern die direkte Unterlassung der Flächeninanspruchnahme. § 35 Absatz 3 Satz 1 Nr. 2 BauGB stärkt in diesem Rahmen die Freiraumentwicklung, denn danach liegt eine Beeinträchtigung öffentlicher Belange vor, wenn das Vorhaben den Darstellungen eines Landschaftsplans widerspricht.[1661] Gleiches gilt für § 35 Absatz 3 Satz 1 Nr. 5 BauGB. Danach liegt eine Beeinträchtigung öffentlicher Belange vor, wenn das Vorha-

---

1657 Vgl. *Rieger*, in: Schrödter, Baugesetzbuch, § 35 Rn. 211.
1658 *Söfker*, in: Spannowsky/Uechtritz, Baugesetzbuch, § 35 Rn. 154.
1659 *Söfker*, in: Spannowsky/Uechtritz, Baugesetzbuch, § 35 Rn. 154.
1660 Vgl. VGH München, Beschluss vom 9.3.2000 – 14 ZB 98.3352, Juris, Rn. 4.
1661 Darstellungen eines Landschaftsplans Teil II Kapitel 1 Abschnitt 2 VI. 1.

ben Belange des Naturschutzes und der Landschaftspflege oder die natürliche Eigenart der Landschaft und ihren Erholungswert beeinträchtigt.

Ein Vorhaben beeinträchtigt Belange des Naturschutzes und der Landschaftspflege, wenn durch das Vorhaben die in § 1 BNatSchG beschriebenen Ziele und Grundsätze des Naturschutzes und der Landschaftspflege negativ betroffen sind.[1662] Zwar besitzt das BNatSchG dazu ein eigenes System an Vorschriften, die nach § 29 Absatz 2 BauGB von den Regelungen des BauGB unberührt bleiben, doch hat § 35 Absatz 3 Satz 1 Nr. 5 BauGB demgegenüber eigenständige Bedeutung.[1663] Für eine Beeinträchtigung der Belange des Naturschutzes und der Landschaftspflege muss die das Vorhaben umgebende Landschaft insbesondere nicht förmlich nach § 20 Absatz 2 BNatSchG unter Schutz gestellt sein.[1664] Der Zusammenhang zwischen § 35 Absatz 3 Satz 1 Nr. 5 BauGB und den Vorschriften des BNatSchG besteht aber darin, dass ein Verstoß gegen Vorschriften des BNatSchG zugleich eine Beeinträchtigung der Belange des Naturschutzes und der Landschaftspflege nach § 35 Absatz 3 Satz 1 Nr. 5 BauGB darstellt.[1665]

Ein Vorhaben beeinträchtigt die natürliche Eigenart der Landschaft und ihren Erholungswert, wenn es der naturgemäßen Nutzungsweise der Landschaft widerspricht, worunter die land- und forstwirtschaftliche Nutzung sowie die Erholungsmöglichkeiten fallen.[1666] Bezüglich privilegierter Vorhaben nach § 35 Absatz 1 BauGB wird dieser öffentliche Belang in der Regel nicht gewichtiger sein, als die gesetzliche Privilegierung des Vorhabens.[1667] Etwas anderes kann aber aufgrund des konkret gewählten Standortes des Vorhabens gelten.[1668] Ist die natürliche Eigenart der Landschaft durch bauliche Eingriffe bereits verändert, so kann sie dadurch an Schutzwürdigkeit eingebüßt haben.[1669] Die Schutzwürdigkeit der natürlichen Eigenart der Landschaft ist jedoch nicht bereits dadurch ausgeschlossen, dass sie an bebaute Flächen angrenzt.[1670]

1662 *Rieger*, in: Schrödter, Baugesetzbuch, § 35 Rn. 113.
1663 *Rieger*, in: Schrödter, Baugesetzbuch, § 35 Rn. 114.
1664 *Rieger*, in: Schrödter, Baugesetzbuch, § 35 Rn. 114.
1665 *Rieger*, in: Schrödter, Baugesetzbuch, § 35 Rn. 114.
1666 *Weber/Köppert*, Baurecht Bayern, S. 121 f.
1667 *Bracher*, in: Bracher/Reidt/Schiller, Bauplanungsrecht, S. 813.
1668 *Bracher*, in: Bracher/Reidt/Schiller, Bauplanungsrecht, S. 813.
1669 *Bracher*, in: Bracher/Reidt/Schiller, Bauplanungsrecht, S. 812.
1670 *Bracher*, in: Bracher/Reidt/Schiller, Bauplanungsrecht, S. 812.

VI. Renaturierung

Für die Renaturierung im Siedlungsgebiet oder am Rand des Siedlungsgebietes, der Flächen innerhalb der im Zusammenhang bebauten Ortsteile, ist der Innenbereich nach § 34 BauGB maßgeblich. Für die Renaturierung ist die Beseitigung der auf dieser Fläche vorhandenen baulichen Anlagen erforderlich. Die völlige Beseitigung einer baulichen Anlage ist keine Änderung einer baulichen Anlage, da nach dem Wortsinn einer Änderung, diese eine verbleibende Bausubstanz voraussetzt.[1671] Damit stellt die völlige Beseitigung einer baulichen Anlage kein Vorhaben nach § 29 Absatz 1 BauGB dar.[1672] Folglich kommt auch das Einfügungsgebot des § 34 Absatz 1 Satz 1 BauGB nicht zur Anwendung.

Für die Renaturierung außerhalb des Siedlungsgebietes, der Flächen außerhalb der im Zusammenhang bebauten Ortsteile, ist der Außenbereich nach § 35 BauGB maßgeblich. Für privilegierte Vorhaben nach § 35 Absatz 1 Nr. 2 bis 6 BauGB ist nach § 35 Absatz 5 Satz 2 Halbsatz 1 BauGB eine Verpflichtungserklärung abzugeben, das Vorhaben nach dauerhafter Aufgabe der zulässigen Nutzung zurückzubauen und Bodenversiegelungen zu beseitigen. § 35 Absatz 5 Satz 2 Halbsatz 1 BauGB stellt eine ergänzende Zulässigkeitsvoraussetzung für Vorhaben nach § 35 Absatz 1 Nr. 2 bis 6 BauGB dar.[1673] Eine dauerhafte Aufgabe der zulässigen Nutzung liegt vor, wenn die Nutzung der Anlage aufgegeben worden ist und nach der Verkehrsauffassung mit einer Wiederaufnahme der Nutzung nicht gerechnet werden kann.[1674] Entsprechend der Verpflichtungserklärung ist das Vorhaben in diesem Fall zurückzubauen und die Bodenversiegelung zu beseitigen, so dass auf dieser Fläche nach Nutzungsaufgabe die Ebenen mit nicht naturgemäßen Nutzungsräumen wieder beseitigt werden. § 35 Absatz 5 Satz 2 Halbsatz 1 BauGB dient damit der Renaturierung. Im Außenbereich stellt Bebauung einen Ausnahmezustand dar.[1675] Wenn die Bebauung als Ausnahmezustand nicht mehr benötigt wird, da der privilegierte Nutzungszweck und somit die bodenrechtliche Legitimation entfallen ist,

---

1671 *Krautzberger*, in: Ernst/Zinkahn/Bielenberg/Krautzberger, Baugesetzbuch, § 29 Rn. 48.
1672 *Krautzberger*, in: Ernst/Zinkahn/Bielenberg/Krautzberger, Baugesetzbuch, § 29 Rn. 48.
1673 *Söfker*, in: Ernst/Zinkahn/Bielenberg/Krautzberger, Baugesetzbuch, § 35 Rn. 165a.
1674 *Söfker*, in: Ernst/Zinkahn/Bielenberg/Krautzberger, Baugesetzbuch, § 35 Rn. 165b.
1675 Vgl. *Jörissen/Coenen*, Sparsame und schonende Flächennutzung, S. 106 f.

stellt § 35 Absatz 5 Satz 2 Halbsatz 1 BauGB sicher, dass der Regelzustand durch Renaturierung wieder hergestellt wird.[1676]

Aspekte der Wirkung

Der Wortlaut in § 35 Absatz 5 Satz 2 Halbsatz 1 BauGB „zurückzubauen und Bodenversiegelungen zu beseitigen" ist eine klare Formulierung des Zwecks der Norm. Dadurch wird klar ausgedrückt, dass durch die Norm der ursprüngliche Zustand vor der Bebauung erreicht werden soll, so dass diese Formulierung die Renaturierung daher eindeutig umschreibt.

Eine Kontrolle der Verpflichtung nach § 35 Absatz 5 Satz 2 BauGB bewirkt § 35 Absatz 5 Satz 3 BauGB. Danach soll die Baugenehmigungsbehörde durch nach Landesrecht vorgesehene Baulast oder in anderer Weise die Einhaltung der Verpflichtung nach § 35 Absatz 5 Satz 2 BauGB sicherstellen. Eine Baulast ist eine vom Grundstückseigentümer durch Erklärung gegenüber der Bauaufsichtsbehörde übernommene öffentlich-rechtliche Verpflichtung zu einem sein Grundstück betreffendem Tun, Dulden oder Unterlassen, die sich nicht schon aus öffentlich-rechtlichen Vorschriften ergibt.[1677] Als Alternativen zur Baulast kommen Nebenbestimmungen in der Baugenehmigung oder die Übernahme einer beschränkt persönlichen Dienstbarkeit zugunsten des Trägers der Baugenehmigungsbehörde nach § 1090 BGB in Betracht.[1678]

1676 Vgl. *Jörissen/Coenen*, Sparsame und schonende Flächennutzung, S. 106 f.
1677 Beispielsweise ist in Thüringen die Baulast nach § 82 Absatz 1 Satz 1 ThürBO geregelt: „Durch Erklärung gegenüber der Bauaufsichtsbehörde können Grundstückseigentümer öffentlich-rechtliche Verpflichtungen zu einem ihre Grundstücke betreffenden Tun, Dulden oder Unterlassen übernehmen, die sich nicht schon aus öffentlich-rechtlichen Vorschriften ergeben (Baulasten)."
1678 *Rieger*, in: Schrödter, Baugesetzbuch, § 35 Rn. 215.

Drittes Kapitel: Besonderes Städtebaurecht

Das besondere Städtebaurecht beinhaltet Maßnahmen zur Bewältigung besonderer städtebaulicher Problemlagen.[1679]

I. Einführung

Städtebauliche Sanierungsmaßnahmen sind nach § 136 Absatz 2 Satz 1 BauGB Maßnahmen, durch die ein Gebiet zur Behebung städtebaulicher Missstände wesentlich verbessert oder umgestaltet wird. Mit städtebaulichen Entwicklungsmaßnahmen nach § 165 Absatz 2 BauGB sollen Ortsteile und andere Teile des Gemeindegebiets entsprechend ihrer besonderen Bedeutung für die städtebauliche Entwicklung und Ordnung der Gemeinde oder entsprechend der angestrebten Entwicklung des Landesgebiets oder der Region erstmalig entwickelt oder im Rahmen einer städtebaulichen Neuordnung einer neuen Entwicklung zugeführt werden.

Anstelle oder ergänzend zu städtebaulichen Sanierungs- und Entwicklungsmaßnahmen können nach § 171a Absatz 1 BauGB Stadtumbaumaßnahmen durchgeführt werden. Die Vorschriften zum Stadtumbau wurden durch das Europarechtsanpassungsgesetz Bau 2004 eingeführt.[1680] Stadtumbaumaßnahmen sind nach § 171a Absatz 2 Satz 1 BauGB Maßnahmen, durch die in von erheblichen städtebaulichen Funktionsverlusten betroffenen Gebieten Anpassungen zur Herstellung nachhaltiger städtebaulicher Strukturen vorgenommen werden.

Städtebauliche Maßnahmen der Sozialen Stadt nach § 171e Absatz 2 Satz 1 BauGB sind Maßnahmen zur Stabilisierung und Aufwertung von durch soziale Missstände benachteiligten Ortsteilen oder anderen Teilen des Gemeindegebiets, in denen ein besonderer Entwicklungsbedarf besteht.

Die aufgeführten Maßnahmen des besonderen Städtebaurechts werden jeweils einheitlich vorbereitet. Als städtebauliche Gesamtmaßnahmen ko-

---

1679 *Krebs*, in: Schoch, Besonderes Verwaltungsrecht, S. 437.
1680 BGBl. I 2004/31, S. 1374 f.

ordinieren sie damit mehrere Einzelmaßnahmen[1681] und beziehen sich daher auf städtebauliche Problembündel[1682]. Sie sind des Weiteren zügig und daher in einem absehbaren Zeitraum durchzuführen.[1683]

Städtebauliche Sanierungsmaßnahmen „werden" nach § 136 Absatz 1 BauGB vorbereitet und durchgeführt. Da zahlreiche Vorschriften des Sanierungsrechts auf die Gemeinden Bezug nehmen, ist dies eine den Gemeinden gesetzlich zugewiesene Aufgabe.[1684] Aufgrund ihrer Planungshoheit legt § 136 Absatz 1 BauGB jedoch keine strikte Anwendungspflicht für die Gemeinden fest.[1685] Es ist vielmehr eine grundsätzliche Anwendungspflicht zur Gewährleistung der Gleichbehandlung der betroffenen Eigentümer und Nutzungsberechtigten, bei der die Gemeinde zur Beurteilung der Anwendungsvoraussetzungen vielfältige Gesichtspunkte zu gewichten hat.[1686] Die Anwendungspflicht ist daher als Wertung des Gesetzgebers zu verstehen, dass bei Vorliegen der Voraussetzungen das Erfordernis für die Anwendung des Sanierungsrechts grundsätzlich angenommen werden kann.[1687] Gleiches gilt nach § 165 Absatz 1 BauGB für städtebauliche Entwicklungsmaßnahmen.[1688] Stadtumbaumaßnahmen und Maßnahmen der sozialen Stadt „können" hingegen durchgeführt werden. Daraus ergibt sich keine Anwendungspflicht dieser Maßnahmen.[1689]

Von den aufgeführten Maßnahmen unabhängig können nach § 171f Satz 1 BauGB nach Maßgabe des Landesrechts Gebiete festgelegt werden, in denen in privater Verantwortung standortbezogene Maßnahmen durchgeführt werden, die auf der Grundlage eines mit den städtebaulichen Zielen der Gemeinde abgestimmten Konzepts der Stärkung oder Entwicklung von Bereichen der Innenstädte, Stadtteilzentren, Wohnquartiere und Gewerbezentren sowie von sonstigen für die städtebauliche Entwicklung bedeutsamen Bereichen dienen.

1681 *Schmitz*, in: Spannowsky/Uechtritz, Baugesetzbuch, § 136 Rn. 4; vgl. *Krautzberger*, in: Ernst/Zinkahn/Bielenberg/Krautzberger, Baugesetzbuch, § 136 Rn. 3 ff.
1682 *Krautzberger*, in: Ernst/Zinkahn/Bielenberg/Krautzberger, Baugesetzbuch, Vorb §§ 136-164b Rn. 16d.
1683 *Schmitz*, in: Spannowsky/Uechtritz, Baugesetzbuch, § 136 Rn. 8.
1684 *Köhler/Fieseler*, in: Schrödter, Baugesetzbuch, § 136 Rn. 6.
1685 *Köhler/Fieseler*, in: Schrödter, Baugesetzbuch, § 136 Rn. 20; *Krautzberger*, in: Ernst/Zinkahn/Bielenberg/Krautzberger, Baugesetzbuch, § 136 Rn. 60.
1686 *Schmitz*, in: Spannowsky/Uechtritz, Baugesetzbuch, § 136 Rn. 12 f.
1687 *Krautzberger*, in: Ernst/Zinkahn/Bielenberg/Krautzberger, Baugesetzbuch, § 136 Rn. 62a.
1688 *Mitschang*, in: Battis/Krautzberger/Löhr, Baugesetzbuch, § 165 Rn. 4.
1689 *Krautzberger*, in: Ernst/Zinkahn/Bielenberg/Krautzberger, Baugesetzbuch, § 171b Rn. 6 und § 171e Rn. 27.

Nach § 172 ff. BauGB können zur Erhaltung baulicher Anlagen und der Eigenart des Gebiets Erhaltungssatzungen erlassen werden.

Aspekte der Wirkung

Das besondere Städtebaurecht erfasst die Instrumente des Flächenmanagements Planung und Anordnung,[1690] es stellt den Gemeinden zur Bewältigung von Problemlagen eine Vielzahl von möglichen städtebaulichen Maßnahmen zur Verfügung. Dadurch können Gemeinden mit dem besonderen Städtebaurecht flexibel auf unterschiedliche städtebauliche Situationen eingehen.

II. Direkte Unterlassung der Flächeninanspruchnahme: Städtebauliche Entwicklungsmaßnahmen

Durch das besondere Städtebaurecht sollen bereits bestehende Problemlagen bewältigt werden, so dass es sich folglich auf bereits bestehendes Siedlungsgebiet bezieht. Eine Ausnahme dazu stellen die städtebaulichen Entwicklungsmaßnahmen als Außenentwicklungsmaßnahmen[1691] dar. Nach § 165 Absatz 2 BauGB sollen Ortsteile und andere Teile des Gemeindegebiets erstmalig entwickelt werden, so dass städtebauliche Entwicklungsmaßnahmen auch außerhalb des Siedlungsgebietes möglich sind[1692]. Dies soll entsprechend der besonderen Bedeutung der Ortsteile und anderen Teile des Gemeindegebiets für die städtebauliche Entwicklung und Ordnung der Gemeinde oder entsprechend der angestrebten Entwicklung des Landesgebiets oder der Region erfolgen. Für den Ortsteil und andere Teilen des Gemeindegebietes sind zwar keine Mindestgrößen angegeben, über das Merkmal der besonderen Bedeutung müssen sie jedoch ein gewisses städtebauliches Gewicht aufweisen,[1693] was über eine gewisse Größenordnung und Bedeutung erfolgt.[1694]

1690 Vgl. *BBR*, Perspektive Flächenkreislaufwirtschaft, Band 2, S. 56 und 93.
1691 *Battis*, Öffentliches Baurecht und Raumordnungsrecht, S. 156.
1692 *Schmitz*, in: Spannowsky/Uechtritz, Baugesetzbuch, § 165 Rn. 10.
1693 *Dirnberger*, in: Jäde/Dirnberger/Weiß, Baugesetzbuch, Baunutzungsverordnung, § 165 BauGB Rn. 6.
1694 *Runkel*, in: Ernst/ Zinkahn/Bielenberg/Krautzberger, Baugesetzbuch, Vorb §§ 165-171 Rn. 20.

Der städtebauliche Entwicklungsbereich wird durch die Gemeinde nach § 165 Absatz 6 Satz 1 BauGB als Satzung förmlich festgelegt. Nach § 169 Absatz 3 Satz 1 BauGB ist die Enteignung im städtebaulichen Entwicklungsbereich ohne Bebauungsplan zugunsten der Gemeinde oder des Entwicklungsträgers zur Erfüllung ihrer Aufgaben zulässig. Da eine Enteignung nach Art. 14 Absatz 3 Satz 1 GG nur zum Wohle der Allgemeinheit zulässig ist[1695], setzt § 165 Absatz 3 Satz 1 Nr. 2 BauGB für die förmliche Festlegung des städtebaulichen Entwicklungsbereichs als Satzung voraus, dass das Wohl der Allgemeinheit die Durchführung der städtebaulichen Entwicklungsmaßnahme erfordert.[1696] § 165 Absatz 3 Satz 1 Nr. 2 BauGB nennt dafür Beispiele. Unter anderem ist dies die Deckung eines erhöhten Bedarfs an Wohn- und Arbeitsstätten. Dabei muss es sich um einen erhöhten Bedarf handeln, so dass nicht jeder Nachfrageüberhang in Frage kommt.[1697] Zudem muss die Nachfrage das Angebot aus strukturellen Gründen längerfristig deutlich übersteigen, da die städtebauliche Entwicklungsmaßnahme eine Gesamtmaßnahme ist und da es sich um einen Ortsteil oder einen Teil des Gemeindegebietes mit einer gewissen Größenordnung und Bedeutung handeln muss.[1698] Die Nachfrageprognose muss auf einer zuverlässigen Tatsachenbasis beruhen und in sich schlüssig sein.[1699] Dafür muss die Gemeinde alle mit zumutbarem Aufwand zugänglichen Erkenntnisquellen nutzen.[1700] Ausschlaggebend sind die konkreten Verhältnisse im Gemeindegebiet.[1701] Zu beachten ist, dass das Vorliegen eines erhöhten Bedarfs für die Durchführung einer Entwicklungsmaßnahme allein nicht ausreicht, denn durch die Beispiele in § 165 Absatz 3 Satz 1 Nr. 2 BauGB werden die Allgemeinwohlbelange lediglich indiziert.[1702] Es hat daher zusätzlich eine enteignungsrechtliche Abwägung zu erfolgen.[1703]

1695 Teil I Kapitel 3 I. 2. c. bb. (2).
1696 *Köhler/Fieseler*, in: Schrödter, Baugesetzbuch, § 165 Rn. 19.
1697 *Schmitz*, in: Spannowsky/Uechtritz, Baugesetzbuch, § 165 Rn. 15.
1698 *Runkel*, in: Ernst/Zinkahn/Bielenberg/Krautzberger, Baugesetzbuch, § 165 Rn. 60.
1699 *Runkel*, in: Ernst/Zinkahn/Bielenberg/Krautzberger, Baugesetzbuch, § 165 Rn. 62.
1700 *Schmitz*, in: Spannowsky/Uechtritz, Baugesetzbuch, § 165 Rn. 18.
1701 *Runkel*, in: Ernst/Zinkahn/Bielenberg/Krautzberger, Baugesetzbuch, § 165 Rn. 60.
1702 BVerwG NVwZ 1999, 407 (408); *Schlichter/Roeser*, in: Berliner Kommentar zum Baugesetzbuch, § 165 Rn. 11 und 22; vgl. *Schmitz*, in: Spannowsky/Uechtritz, Baugesetzbuch, § 165 Rn. 25.2.
1703 *Runkel*, in: Ernst/Zinkahn/Bielenberg/Krautzberger, Baugesetzbuch, Vorb §§ 165-171 Rn. 52.

Diese ist bipolar, denn es muss für die Enteignung ein im Verhältnis zu entgegenstehenden Interessen überwiegendes öffentliches Interesse bestehen.[1704] Eine Außenentwicklungsmaßnahme zur Deckung eines erhöhten Bedarfs an Wohn- und Arbeitsstätten hat die Schaffung neuer Siedlungseinheiten auf bisher unbebauten Flächen wie beispielsweise landwirtschaftlich genutzten Flächen außerhalb des Siedlungsgebietes zum Ziel.[1705] Dies sind meist Flächen an den Ortsrändern, die für den Wohnungsbau oder als Gewerbeflächen neu entwickelt werden sollen.[1706] Eine Außenentwicklungsmaßnahme zur Deckung eines erhöhten Bedarfs an Wohn- und Arbeitsstätten nach § 165 Absatz 2, Absatz 3 Satz 1 Nr. 2 BauGB steht damit einer direkten Unterlassung der Flächeninanspruchnahme entgegen.

Über die enteignungsrechtliche Abwägung hinaus hat nach § 165 Absatz 3 Satz 2 BauGB auch eine allgemeine Abwägung zu erfolgen.[1707] Diese ist von der enteignungsrechtlichen Abwägung zu unterscheiden[1708] und bezieht sich auf die Gesamtmaßnahme generell sowie auf den vorgesehenen Standort[1709]. Durch die zusätzliche Abwägung stellt § 165 Absatz 3 Satz 2 BauGB bezüglich der Außenentwicklungsmaßnahme zur Deckung eines erhöhten Bedarfs an Wohn- und Arbeitsstätten einen Abbau der Grenze für die direkte Unterlassung der Flächeninanspruchnahme dar. Bei einer städtebaulichen Entwicklungsmaßnahme, die eine Maßnahme nachhaltiger Flächennutzung zur Reduzierung der Flächeninanspruchnahme fördert,[1710] wirkt § 165 Absatz 3 Satz 2 BauGB hingegen begrenzend.

Aspekte der Wirkung

Die Auswirkungen der Flächeninanspruchnahme werden gegenüber der Verwaltung durch das Abwägungsgebot des § 165 Absatz 3 Satz 2 BauGB

1704 *Runkel*, in: Ernst/Zinkahn/Bielenberg/Krautzberger, Baugesetzbuch, Vorb §§ 165-171 Rn. 52 und § 165 Rn. 91.
1705 Vgl. *Schmitz*, in: Spannowsky/Uechtritz, Baugesetzbuch, § 165 Rn. 10.
1706 *Mitschang*, in: Battis/Krautzberger/Löhr, Baugesetzbuch, § 165 Rn. 10.
1707 *Runkel*, in: Ernst/Zinkahn/Bielenberg/Krautzberger, Baugesetzbuch, § 165 Rn. 91.
1708 *Runkel*, in: Ernst/Zinkahn/Bielenberg/Krautzberger, Baugesetzbuch, § 165 Rn. 91.
1709 *Schlichter/Roeser*, in: Berliner Kommentar zum Baugesetzbuch, § 165 Rn. 11.
1710 Vgl. *Schmitz*, in: Spannowsky/Uechtritz, Baugesetzbuch, § 165 Rn. 25.2; Beispielsweise Entwicklungsmaßnahmen zur Mobilisierung von Brachflächen III. 1. b. cc.

verdeutlicht, da darunter auch die abwägungserheblichen Auswirkungen der Flächeninanspruchnahme fallen. Eine Offenlegung der Entscheidungsgründe erfolgt durch § 165 Absatz 7 BauGB. Nach § 165 Absatz 7 Satz 1 BauGB ist der Entwicklungssatzung eine Begründung beizufügen. In dieser sind nach § 165 Absatz 7 Satz 2 BauGB die Gründe darzulegen, die die förmliche Festlegung des entwicklungsbedürftigen Bereichs rechtfertigen. Die Begründung ist der Entwicklungssatzung beizufügen und damit kein Bestandteil dieser.[1711] Sie ist wesentliche Beurteilungsgrundlage im Rahmen der gerichtlichen Nachprüfung der Satzung in Bezug auf die enteignungsrechtliche Abwägung, die allgemeine Abwägung und in Bezug auf die zweckmäßige Gebietsabgrenzung.[1712]

III. Indirekte Unterlassung der Flächeninanspruchnahme durch Innenentwicklung

Im Rahmen des besonderen Städtebaurechts kann Innenentwicklung nur in Verbindung mit der Behebung von Problemlagen bewirkt werden. Mangelnde Innenentwicklung ist im besonderen Städtebaurecht nicht als Problemlage erfasst, so dass es zur Innenentwicklung insgesamt keine aussagekräftigen Regelungen enthält. Indem sich bestimmte Problemlagen auf einzelne Maßnahmen der Innenentwicklung beziehen, sind die Regelungen des besonderen Städtebaurechts jedoch zu allen drei Bereichen der Stärkung der Innenentwicklung aussagekräftig: der nachhaltigen Nutzung des Siedlungsgebietes, der nachhaltigen Siedlungsstruktur des Siedlungsgebietes und der nachhaltigen Mobilität im Siedlungsgebiet. Dabei tragen Regelungen, die die Nachverdichtung begrenzen, zum stadtökologischen Schutz des Naturhaushalts nach Art. 20a GG und zum stadtökologischen Schutz des Menschen nach Art. 2 Absatz 2 Satz 1 GG bei.[1713] Regelungen, die die Nutzungsmischung begrenzen, fördern den stadtökologischen Schutz des Menschen nach Art. 2 Absatz 2 Satz 1 GG.[1714]

1711 *Runkel*, in: Ernst/Zinkahn/Bielenberg/Krautzberger, Baugesetzbuch, § 165 Rn. 128.
1712 *Runkel*, in: Ernst/Zinkahn/Bielenberg/Krautzberger, Baugesetzbuch, § 165 Rn. 130.
1713 Vgl. *Köhler/Fieseler*, in: Schrödter, Baugesetzbuch, § 136 Rn. 84; *Krautzberger*, in: Ernst/Zinkahn/Bielenberg/Krautzberger, Baugesetzbuch, § 136 Rn. 134.
1714 Vgl. *Schmitz*, in: Spannowsky/Uechtritz, Baugesetzbuch, § 136 Rn. 35.

1. Nachhaltige Nutzung des Siedlungsgebietes

Mangelnde Nutzungskoordination, Nutzungsintensivierung oder Mehrfachnutzung sind vom besonderen Städtebaurecht als Problemlagen nicht erfasst. Der Erhalt von Bausubstanz durch Erhaltungssatzungen zieht eine Folgenutzung nach sich. Auf Brachflächen als Problemlage geht das besondere Städtebaurecht sehr umfassend ein.

a. Folgenutzung: Erhaltungssatzungen

Nach § 172 Absatz 1 Satz 1 Nr. 1 BauGB kann die Gemeinde in einem Bebauungsplan oder durch eine sonstige Satzung Gebiete bezeichnen, in denen zur Erhaltung der städtebaulichen Eigenart des Gebiets auf Grund seiner städtebaulichen Gestalt unter anderem der Rückbau baulicher Anlagen der Genehmigung bedürfen. Dieser Genehmigungsvorbehalt ist ein eigenständiges Rechtsinstrument und daher unabhängig von anderen Zustimmungs- und Genehmigungsvorbehalten.[1715] Hauptanliegen des Genehmigungsvorbehaltes für den Rückbau ist es, die Beseitigung erhaltenswerter Bausubstanz zu verhindern.[1716] Der Erhalt dieser Bausubstanz ist nur möglich, wenn sie auch genutzt wird, da nur eine dauernde Nutzung die notwendigen Wartungs- und Reparaturmaßnahmen sicherstellt.[1717] Auf diese Weise fördert § 172 Absatz 1 Satz 1 Nr. 1 BauGB die Folgenutzung.

b. Mobilisierung von Brachflächen

Brachflächen als Problemlage werden sowohl von städtebaulichen Sanierungs- und Entwicklungsmaßnahmen, als auch von Stadtumbaumaßnahmen erfasst.

1715 *Köhler/Fieseler*, in: Schrödter, Baugesetzbuch, § 172 Rn. 40.
1716 *Köhler/Fieseler*, in: Schrödter, Baugesetzbuch, § 172 Rn. 41.
1717 *Stellhorn*, Umnutzung und Modernisierung von Baudenkmälern, S. 3.

aa. Städtebauliche Sanierungsmaßnahmen

Städtebauliche Sanierungsmaßnahmen setzen eine Substanz- oder Funktionsschwäche voraus, dessen Behebung im öffentlichen Interesse liegen muss.

(1) Substanzschwäche

Mit städtebaulichen Sanierungsmaßnahmen werden nach § 136 Absatz 2 Satz 1 BauGB städtebauliche Missstände behoben. Ein städtebaulicher Missstand liegt nach § 136 Absatz 2 Satz 2 Nr. 1 BauGB vor, wenn das Gebiet nach seiner vorhandenen Bebauung oder nach seiner sonstigen Beschaffenheit den allgemeinen Anforderungen an gesunde Wohn- und Arbeitsverhältnisse[1718] oder an die Sicherheit der in ihm wohnenden oder arbeitenden Menschen auch unter Berücksichtigung der Belange des Klima-

---

1718 Die Wohn- und Arbeitsverhältnisse werden auch in anderen Regelungen im BauGB aufgegriffen. Nach § 1 Absatz 6 Nr. 1 BauGB sind bei der Aufstellung der Bauleitpläne die allgemeinen Anforderungen an gesunde Wohn- und Arbeitsverhältnisse zu berücksichtigen. Die Kriterien dafür entsprechen § 136 Absatz 2 Satz 2 Nr. 1, Absatz 3 Nr. 2 BauGB. Siehe *Schrödter/Wahlhäuser*, in: Schrödter, Baugesetzbuch, § 1 Rn. 228. Nach § 34 Absatz 1 Satz 2 BauGB müssen durch ein Vorhaben im Innenbereich nach § 34 BauGB die Anforderungen an gesunde Wohn- und Arbeitsverhältnisse gewahrt bleiben. Auch diese Vorschrift bezieht sich auf städtebauliche Missstände nach § 136 Absatz 2 Satz 2 Nr. 1, Absatz 3 Nr. 2 BauGB. Siehe *Rieger*, in: Schrödter, Baugesetzbuch, § 34 Rn. 70. Nach § 17 Absatz 2 Satz 1 BauNVO können die Obergrenzen des § 17 Absatzes 1 BauNVO aus städtebaulichen Gründen überschritten werden, wenn die Überschreitung durch Umstände ausgeglichen ist oder durch Maßnahmen ausgeglichen wird, durch die sichergestellt ist, dass unter anderem die allgemeinen Anforderungen an gesunde Wohn- und Arbeitsverhältnisse nicht beeinträchtigt werden. Siehe Teil I Kapitel 1 Abschnitt 1 III. 2. b. bb. (1). Auch für § 17 Absatz 2 Satz 1 BauNVO kann § 136 Absatz 2 Satz 2 Nr. 1, Absatz 3 Nr. 2 BauGB herangezogen werden. Siehe *Schilder*, in: Bönker/Bischopink, Baunutzungsverordnung, § 17 Rn. 24. Nach § 171a Absatz 3 Satz 1 Nr. 2 BauGB sollen Stadtumbaumaßnahmen dazu beitragen, die Wohn- und Arbeitsverhältnisse zu verbessern. Da sich diese Vorschrift nicht nur auf gesunde Wohn- und Arbeitsverhältnisse bezieht, geht sie über § 136 Absatz 2 Satz 2 Nr. 1, Absatz 3 Nr. 2 BauGB hinaus. Siehe *Möller*, in: Schrödter, Baugesetzbuch, § 171a Rn. 14. Eine Parallele zu § 136 Absatz 2 Satz 2 Nr. 1, Absatz 3 Nr. 2 BauGB enthält auch § 171e Absatz 4 Satz 2 BauGB. Siehe *Roeser*, in: Berliner Kommentar zum Baugesetzbuch, § 171e Rn. 13; *Köhler/Möller*, in: Schrödter, Baugesetzbuch, § 171e Rn. 10. Danach soll das Entwicklungskonzept für

schutzes und der Klimaanpassung nicht entspricht. Ein städtebaulicher Missstand kann daher eine Substanzschwäche sein. Diese ist auf den Zustand des Gebietes an sich bezogen.[1719]

§ 136 Absatz 3 Nr. 1 BauGB enthält Indikatoren für die Beurteilung, ob eine Substanzschwäche vorliegt.[1720] Nach § 136 Absatz 3 Nr. 1 e) BauGB sind die Wohn- und Arbeitsverhältnisse oder die Sicherheit der in dem Gebiet wohnenden und arbeitenden Menschen in Bezug auf die Nutzung von bebauten und unbebauten Flächen nach dem Zustand zu berücksichtigen. Da technische Mängel von Gebäuden bereits unter § 136 Absatz 3 Nr. 1 b) BauGB fallen, der baulichen Beschaffenheit von Gebäuden, Wohnungen und Arbeitsstätten, kommen bezüglich bebauter Flächen ungepflegte und verwahrloste Gebäude in Betracht.[1721] Dies ist bei nicht mehr bewohnten Häusern oder nicht mehr genutzten Gebäuden eines Fabrikgeländes der Fall,[1722] so dass unter bebaute Flächen nach § 136 Absatz 3 Nr. 1 e) BauGB Brachflächen fallen, deren bestehende Nutzungsräume mangels technischer Mängel einer neuen Nutzung zugänglich sind. Hinsichtlich unbebauter Flächen kommen beispielsweise Flächen in Betracht, die ungenehmigt als Müllkippen oder Schrottabladeplätze genutzt werden.[1723] Handelt es sich dabei um eine starke Mindernutzung der Fläche, so können diese unbebauten Flächen nach § 136 Absatz 3 Nr. 1 e) BauGB ebenfalls als Brachflächen bezeichnet werden.

(2) Funktionsschwäche

Nach § 136 Absatz 2 Satz 2 Nr. 2 BauGB liegen städtebauliche Missstände auch dann vor, wenn das Gebiet in der Erfüllung der Aufgaben erheblich beeinträchtigt ist, die ihm nach seiner Lage und Funktion obliegen. Ein städtebaulicher Missstand kann daher nach § 136 Absatz 2 Satz 2 Nr. 2 BauGB eine Funktionsschwäche sein, die sich auf die Fehlentwicklung des Gebiets bezieht und die sich aus der Funktion des Gebietes selbst oder aus seiner Funktion für benachbarte Gemeindeteile oder die gesamte Stadt er-

---

Maßnahmen der sozialen Stadt insbesondere Maßnahmen enthalten, die der Verbesserung der Wohn- und Arbeitsverhältnisse dienen.
1719 *Austermann*, Brachflächenreaktivierung, S. 174.
1720 *Schmitz*, in: Spannowsky/Uechtritz, Baugesetzbuch, § 136 Rn. 29.
1721 *Schmitz*, in: Spannowsky/Uechtritz, Baugesetzbuch, § 136 Rn. 38.
1722 *Köhler/Fieseler*, in: Schrödter, Baugesetzbuch, § 136 Rn. 65.
1723 *Schmitz*, in: Spannowsky/Uechtritz, Baugesetzbuch, § 136 Rn. 38.

geben kann.[1724] Bei der Funktionsschwäche ist unerheblich, ob es sich um eine alte Funktion des Gebietes handelt oder um eine neu geplante.[1725] Sie kann damit auch prognostische Elemente enthalten, die an das gemeindliche Entwicklungskonzept anknüpfen.[1726]

§ 136 Absatz 3 Nr. 2 BauGB enthält Indikatoren für die Beurteilung, ob eine Funktionsschwäche vorliegt.[1727] Nach § 136 Absatz 3 Nr. 2 b) BauGB ist die Funktionsfähigkeit des Gebiets in Bezug auf die wirtschaftliche Situation und Entwicklungsfähigkeit des Gebiets unter Berücksichtigung seiner Versorgungsfunktion im Verflechtungsbereich zu berücksichtigen. Die wirtschaftliche Situation wird vorrangig durch das Vorhandensein von betrieblichen Einrichtungen bestimmt.[1728] Nach § 136 Absatz 3 Nr. 2 c) BauGB ist die Funktionsfähigkeit des Gebiets des Weiteren in Bezug auf die infrastrukturelle Erschließung des Gebiets, seine Ausstattung mit Grünflächen, Spiel- und Sportplätzen und mit Anlagen des Gemeinbedarfs, insbesondere unter Berücksichtigung der sozialen und kulturellen Aufgaben dieses Gebiets im Verflechtungsbereich zu berücksichtigen. Die infrastrukturelle Erschließung bezieht sich dabei auf die Ausstattung des Gebietes mit den genannten Einrichtungen.[1729] Größere Brachflächen erfüllen in der Regel ihre ehemals zugewiesenen Aufgaben im Hinblick auf die wirtschaftliche Situation oder infrastrukturelle Erschließung nicht mehr.[1730] Sie können deshalb eine Funktionsschwäche nach § 136 Absatz 3 Nr. 2 b) oder c) BauGB darstellen.[1731]

(3) Öffentliches Interesse

Städtebauliche Sanierungsmaßnahmen müssen zwar nicht wie städtebauliche Entwicklungsmaßnahmen aus Gründen des Allgemeinwohls erforderlich sein,[1732] die Gesamtmaßnahme und ihre zügige Durchführung müs-

---

1724 *Austermann*, Brachflächenreaktivierung, S. 182.
1725 *Schimansky*, Die Problematik des Freiflächenverbrauchs, S. 172.
1726 *Austermann*, Brachflächenreaktivierung, S. 175.
1727 *Schmitz*, in: Spannowsky/Uechtritz, Baugesetzbuch, § 136 Rn. 29.
1728 *Köhler/Fieseler*, in: Schrödter, Baugesetzbuch, § 136 Rn. 70.
1729 *Köhler/Fieseler*, in: Schrödter, Baugesetzbuch, § 136 Rn. 72.
1730 Vgl. *Austermann*, Brachflächenreaktivierung, S. 175.
1731 Vgl. *Austermann*, Brachflächenreaktivierung, S. 175.
1732 *Schmitz*, in: Spannowsky/Uechtritz, Baugesetzbuch, § 136 Rn. 51.

sen aber nach § 136 Absatz 1 BauGB im öffentlichen Interesse liegen.[1733] Dabei ist ein qualifiziertes öffentliches Interesse notwendig, allein das Vorhandensein städtebaulicher Missstände ist nicht ausreichend.[1734] Dies wird durch § 136 Absatz 4 Satz 2 BauGB konkretisiert.[1735] Die in § 136 Absatz 4 Satz 2 BauGB aufgezählten Ziele gelten durch die Formulierung „oder" alternativ, eine städtebauliche Sanierungsmaßnahme muss daher mindestens einem der in § 136 Absatz 4 Satz 2 BauGB genannten Ziele dienen.[1736] Die Ziele entsprechen inhaltlich einigen öffentlichen Belangen der Bauleitplanung, so dass § 136 Absatz 4 Satz 2 BauGB die Eigenständigkeit des städtebaulichen Sanierungsrechts gegenüber der Bauleitplanung betont.[1737]

Städtebauliche Sanierungsmaßnahmen sollen nach § 136 Absatz 4 Satz 2 Nr. 3 BauGB dazu beitragen, dass die Siedlungsstruktur der Bevölkerungsentwicklung entspricht. Die Bevölkerungsentwicklung hat unterschiedliche Rückwirkungen auf die Siedlungsstruktur.[1738] Aus der Bevölkerungsentwicklung kann sich ergeben, dass neuer Nutzungsbedarf besteht,[1739] der durch eine Folgenutzung mit Hilfe der Mobilisierung von Brachflächen gedeckt werden kann. Nach § 136 Absatz 4 Satz 2 Nr. 4 BauGB sollen die vorhandenen Ortsteile erhalten und den Erfordernissen des Denkmalschutzes Rechnung getragen werden. Die Erhaltung von Ortsteilen umfasst die Instandsetzung und Modernisierung von Gebäuden mit städtebaulicher Bedeutung.[1740] Die Folgenutzung wird durch Denkmalschutz gefördert.[1741] Beides kann durch eine Mobilisierung von Brachflächen erreicht werden.

1733 *Krautzberger*, in: Ernst/ Zinkahn/Bielenberg/Krautzberger, Baugesetzbuch, § 136 Rn. 44; *Köhler/Fieseler*, in: Schrödter, Baugesetzbuch, § 136 Rn. 17.
1734 *Schmitz*, in: Spannowsky/Uechtritz, Baugesetzbuch, § 136 Rn. 9 f.
1735 *Schmitz*, in: Spannowsky/Uechtritz, Baugesetzbuch, § 136 Rn. 52.
1736 *Krautzberger*, in: Ernst/Zinkahn/Bielenberg/Krautzberger Baugesetzbuch, § 136 Rn. 36.
1737 *Köhler/Fieseler*, in: Schrödter, Baugesetzbuch, § 136 Rn. 78.
1738 *Krautzberger*, in: Ernst/Zinkahn/Bielenberg/Krautzberger, Baugesetzbuch, § 171a Rn. 32.
1739 Vgl. *Krautzberger*, in: Ernst/Zinkahn/Bielenberg/Krautzberger, Baugesetzbuch, § 171a Rn. 32.
1740 *Köhler/Fieseler*, in: Schrödter, Baugesetzbuch, § 136 Rn. 88.
1741 Teil I Kapitel 1 Abschnitt 2 IV. 2.

(4) Sanierungsrechtliches Abwägungsgebot

§ 136 Absatz 4 Satz 3 BauGB enthält für die städtebauliche Sanierung ein Abwägungsgebot. Danach sind die öffentlichen und privaten Belange gegeneinander und untereinander gerecht abzuwägen. Das Abwägungsgebot bezieht sich grundsätzlich auf die Vorbereitung der Sanierung nach §§ 140 ff. BauGB[1742] und erfasst auch die Bestimmung der Ziele und Zwecke der Sanierung nach § 140 Nr. 3 BauGB[1743]. Durch die zusätzliche Abwägung kann § 136 Absatz 4 Satz 3 BauGB eine städtebauliche Sanierungsmaßnahme erschweren, die eine Maßnahme nachhaltiger Flächennutzung zur Reduzierung der Flächeninanspruchnahme fördert. Bei einer städtebaulichen Sanierungsmaßnahme, die sich gegen eine Maßnahme nachhaltiger Flächennutzung zur Reduzierung der Flächeninanspruchnahme richtet,[1744] wirkt § 136 Absatz 4 Satz 3 BauGB hingegen begrenzend.

(5) Aspekte der Wirkung bei städtebaulichen Sanierungsmaßnahmen

Aufgrund des § 136 Absatz 2 Satz 2 Nr. 1 und 2 BauGB wird die städtebauliche Situation klar umrissen, indem diese Vorschrift definiert, dass ein städtebaulicher Missstand bei einer Substanzschwäche oder bei einer Funktionsschwäche vorliegt. Eine weitere Konkretisierung der Substanzschwäche und Funktionsschwäche erfolgt sodann durch die Indikatoren in § 136 Absatz 3 Nr. 1 und 2 BauGB.

Auf Interessen der Zielgruppen wird durch § 141 Absatz 1 Satz 2 BauGB eingegangen. Nach dieser Vorschrift sollen sich die vorbereitenden Untersuchungen im Rahmen des Sanierungsverfahrens[1745] auch auf nachteilige Auswirkungen erstrecken, die sich für die von der beabsichtigten Sanierung unmittelbar Betroffenen in ihren persönlichen Lebensumständen im wirtschaftlichen oder sozialen Bereich voraussichtlich ergeben werden. Lassen sich nachteilige Auswirkungen nicht vermeiden, so hat die Gemeinde einen Sozialplan nach § 180 BauGB aufzustellen.[1746] § 141 Absatz 1

1742 *Köhler/Fieseler*, in: Schrödter, Baugesetzbuch, § 136 Rn. 99; Sanierungsverfahren VII. 1.
1743 *Köhler/Fieseler*, in: Schrödter, Baugesetzbuch, § 136 Rn. 99.
1744 Beispielsweise Sanierungsmaßnahmen zur Belichtung, Besonnung und Belüftung der Wohnungen und Arbeitsstätten III. 2. a. bb.
1745 Sanierungsverfahren VII. 1.
1746 Siehe auch VII. 1.

Satz 2 BauGB ist nach § 165 Absatz 4 Satz 2 BauGB auf städtebauliche Entwicklungsmaßnahmen entsprechend anwendbar.

Deutliche verbindliche Aussagen für Zielgruppen enthält § 144 BauGB, der nach § 169 BauGB ebenfalls auch auf städtebauliche Entwicklungsmaßnahmen entsprechend anwendbar ist. Diese Vorschrift enthält einen Genehmigungsvorbehalt, mit dessen Hilfe die Gemeinde Vorhaben, Teilungen und Rechtsvorgänge unterbinden kann, die die Ziele und Zwecke der Sanierung beeinträchtigen oder unmöglich machen.[1747]

Als Instrument des Flächenmanagements und als deutliche verbindliche Aussage für Zielgruppen ist für Maßnahmen des besonderen Städtebaurechts, die der Mobilisierung von Brachflächen dienen, das Modernisierungs- und Instandsetzungsgebot nach § 177 Absatz 1 Satz 1 BauGB förderlich. Weist eine bauliche Anlage nach ihrer inneren oder äußeren Beschaffenheit Missstände oder Mängel auf, deren Beseitigung oder Behebung durch Modernisierung oder Instandsetzung möglich ist, kann die Gemeinde nach § 177 Absatz 1 Satz 1 BauGB die Beseitigung der Missstände durch ein Modernisierungsgebot und die Behebung der Mängel durch ein Instandsetzungsgebot anordnen. Das Modernisierungs- und Instandsetzungsgebot verbessert damit den vorhandenen Bestand einer baulichen Anlage zugunsten einer Folgenutzung.[1748] Als städtebaulicher Grund nach § 175 Absatz 2 BauGB reicht weitgehend die Verfolgung der Ziele und Zwecke städtebaulicher Sanierungsmaßnahmen.[1749] Durch § 177 Absatz 2, Absatz 3 Satz 1 BauGB wird die städtebauliche Situation im Rahmen des Modernisierungs- und Instandsetzungsgebots klarer umrissen. § 177 Absatz 2 BauGB umschreibt den Missstand, ohne durch die Formulierung „insbesondere" eine abschließende Begriffsbestimmung zu sein.[1750] § 177 Absatz 3 Satz 1 BauGB zählt nicht abschließend auf, wann Mängel vorliegen[1751]. § 177 Absatz 4 und 5 BauGB regelt die Kosten, die der Eigentümer und die Gemeinde zu tragen haben. Durch diese Vorschrift werden die Kosten für den Eigentümer möglichst gering gehalten, gleichzeitig zielt sie aber auch auf eine Ressourcenschonung der Verwaltung.

1747 *Schmitz*, in: Spannowsky/Uechtritz, Baugesetzbuch, § 144 Rn. 1.
1748 Vgl. *Thiel*, Strategisches Landmanagement, S. 141.
1749 *Stock*, in: Ernst/Zinkahn/Bielenberg/Krautzberger, Baugesetzbuch, § 175 Rn. 42.
1750 *Stock*, in: Ernst/Zinkahn/Bielenberg/Krautzberger, Baugesetzbuch, § 177 Rn. 19.
1751 *Stock*, in: Ernst/Zinkahn/Bielenberg/Krautzberger, Baugesetzbuch, § 177 Rn. 42.

bb. Stadtumbaumaßnahmen

Stadtumbaumaßnahmen setzen einen Funktionsverlust voraus und müssen zudem im öffentlichen Interesse liegen.

(1) Funktionsverlust

Mit Stadtumbaumaßnahmen werden nach § 171 a Absatz 2 Satz 1 BauGB bei von erheblichen städtebaulichen Funktionsverlusten betroffenen Gebieten Anpassungen zur Herstellung nachhaltiger städtebaulicher Strukturen vorgenommen. Erhebliche städtebauliche Funktionsverluste liegen regelmäßig dann vor, wenn es sich um eine Funktionsschwäche nach § 136 Absatz 2 Satz 2 Nr. 2, Absatz 3 Nr. 2 BauGB handelt, da eine Funktionsschwäche über den Funktionsverlust hinausgeht.[1752] Unter eine Funktionsschwäche nach § 136 Absatz 3 Nr. 2 b) und c) BauGB fallen auch Brachflächen,[1753] sie führen deshalb gleichzeitig zu einem erheblichen städtebaulichen Funktionsverlust. Überdies wird als Beispiel eines erheblichen städtebaulichen Funktionsverlustes in § 171a Absatz 2 Satz 2 BauGB ein bestehendes dauerhaftes Überangebot an baulichen Anlagen für bestimmte Nutzungen, namentlich für Wohnzwecke, genannt, mit dem leerstehende Gebäude und damit Brachflächen gemeint sind.[1754]

(2) Öffentliches Interesse

Wie auch städtebauliche Sanierungsmaßnahmen müssen Stadtumbaumaßnahmen zwar nicht aus Gründen des Allgemeinwohls erforderlich sein, sie müssen aber nach § 171a Absatz 1 BauGB im öffentlichen Interesse liegen.[1755] Durch § 171a Absatz 3 Satz 2 BauGB wird dies beispielhaft konkretisiert.[1756]

1752 *Möller*, in: Schrödter, Baugesetzbuch, § 171a Rn. 7; *Reidt*, in: Battis/Krautzberger/Löhr, Baugesetzbuch, § 171a Rn. 5.
1753 III. 1. b. aa. (2)
1754 Vgl. *Krautzberger*, in: Ernst/Zinkahn/Bielenberg/Krautzberger, Baugesetzbuch, § 171a Rn. 23.
1755 *Krautzberger*, in: Ernst/Zinkahn/Bielenberg/Krautzberger, Baugesetzbuch, § 171a Rn. 27.
1756 *Mitschang*, in: Spannowsky/Uechtritz, Baugesetzbuch, § 171a Rn. 14; *Krautzberger*, in: Ernst/Zinkahn/Bielenberg/Krautzberger, Baugesetzbuch, § 171a Rn. 26.

Nach § 171a Absatz 3 Satz 2 Nr. 3 BauGB sollen Stadtumbaumaßnahmen dazu beitragen, dass innerstädtische Bereiche gestärkt werden. Dadurch wird die Stärkung der Innenentwicklung betont,[1757] worunter die Mobilisierung von Brachflächen fällt. Des Weiteren fällt die Mobilisierung von Brachflächen auch unter § 171a Absatz 3 Satz 2 Nr. 4 BauGB, wonach nicht mehr bedarfsgerechte bauliche Anlagen einer neuen Nutzung zugeführt werden sollen. Mit nicht mehr bedarfsgerechten baulichen Anlagen sind auch leerstehende Gebäude und damit Brachflächen gemeint.[1758] Nach § 171a Absatz 3 Satz 2 Nr. 6 BauGB sollen brachliegende oder freigelegte Flächen einer nachhaltigen städtebaulichen Entwicklung zugeführt werden. Unter § 171a Absatz 3 Satz 2 Nr. 6 BauGB fallen Brachflächen ohne bauliche Anlagen.[1759] Die weiteren Brachflächen werden bereits durch § 171a Absatz 3 Satz 2 Nr. 4 BauGB erfasst. Eine nachhaltige Entwicklung kann durch eine Mobilisierung dieser Flächen durch eine nichtbauliche Nutzung erfolgen. Nach § 171a Absatz 3 Satz 2 Nr. 7 BauGB sollen Stadtumbaumaßnahmen zudem dazu beitragen, dass innerstädtische Altbaubestände nachhaltig erhalten werden. Dies verdeutlicht, dass die Erhaltung innerstädtischer Altbaubestände durch Instandsetzungs- und Modernisierungsmaßnahmen Vorrang vor dem Rückbau haben.[1760] Im Laufe der Zeit können Substanzschäden auftreten. Zudem müssen Altbaubestände genutzt werden, um erhalten zu bleiben, da nur eine dauernde Nutzung die notwendigen Wartungs- und Reparaturmaßnahmen sicherstellt.[1761] Handelt es sich bei innerstädtischen Altbaubeständen um Brachflächen, so können sie durch eine Mobilisierung nachhaltig erhalten werden.

(3) Abwägungsgebot für den Stadtumbau

§ 171b Absatz 2 Satz 2 BauGB enthält für den Stadtumbau ein Abwägungsgebot, wonach die öffentlichen und privaten Belange gegeneinander und untereinander gerecht abzuwägen sind. Dieses bezieht sich auf die Aufstellung des städtebaulichen Entwicklungskonzeptes für den Stadtumbau sowie auf die räumliche Festlegung des Stadtumbaugebietes.[1762] Durch die

---

1757 Vgl. *Möller*, in: Schrödter, Baugesetzbuch, § 171a Rn. 15.
1758 Vgl. *Roeser*, in: Berliner Kommentar zum Baugesetzbuch, § 171a Rn. 18.
1759 Vgl. *Roeser*, in: Berliner Kommentar zum Baugesetzbuch, § 171a Rn. 20.
1760 *Möller*, in: Schrödter, Baugesetzbuch, § 171a Rn. 20.
1761 *Stellhorn*, Umnutzung und Modernisierung von Baudenkmälern, S. 3.
1762 *Roeser*, in: Berliner Kommentar zum Baugesetzbuch, § 171b Rn. 10.

zusätzliche Abwägung kann § 171b Absatz 2 Satz 2 BauGB eine Stadtumbaumaßnahme erschweren, die eine Maßnahme nachhaltiger Flächennutzung zur Reduzierung der Flächeninanspruchnahme fördert. Bei einer Stadtumbaumaßnahme, die sich gegen eine Maßnahme nachhaltiger Flächennutzung zur Reduzierung der Flächeninanspruchnahme richtet,[1763] wirkt § 171b Absatz 2 Satz 2 BauGB hingegen begrenzend.

(4) Aspekte der Wirkung bei Stadtumbaumaßnahmen

Durch § 171a Absatz 2 Satz 2 BauGB wird die städtebauliche Situation klar umrissen, indem diese Vorschrift Beispiele nennt, wann erhebliche städtebauliche Funktionsverluste vorliegen. Eine klare Formulierung des Zwecks der Norm sind die Formulierungen „innerstädtische Bereiche gestärkt werden" in § 171a Absatz 3 Satz 2 Nr. 3 BauGB, „nicht mehr bedarfsgerechte bauliche Anlagen einer neuen Nutzung zugeführt werden" in § 171a Absatz 3 Satz 2 Nr. 4 BauGB sowie „brachliegende (...) Flächen einer nachhaltiger städtebaulichen Entwicklung (...) zugeführt" in § 171a Absatz 3 Satz 2 Nr. 6 BauGB. Daraus kann auf eine Mobilisierung von Brachflächen geschlossen werden.

Ein Instrument des Flächenmanagements ist als eine besondere Ausprägung des städtebaulichen Vertrages nach § 11 BauGB[1764] der Stadtumbauvertrag nach § 171c BauGB. Durch diesen kann auf die Interessen von Zielgruppen eingegangen werden. Nach § 171c Satz 1 BauGB soll die Gemeinde soweit erforderlich zur Umsetzung ihres städtebaulichen Entwicklungskonzeptes die Möglichkeit nutzen, Stadtumbaumaßnahmen auf der Grundlage von städtebaulichen Verträgen im Sinne des § 11 BauGB insbesondere mit den beteiligten Eigentümern durchzuführen. Die Gegenstände des Stadtumbauvertrages sind durch die Formulierung „insbesondere" nicht abschließend in § 171c Satz 2 BauGB aufgeführt.

Kann eine einvernehmliche Regelung mit den Beteiligten durch einen Stadtumbauvertrag nicht getroffen werden und besteht die Gefahr, dass von den Beteiligten Maßnahmen durchgeführt werden, die die Durchführung der Stadtumbaumaßnahmen gefährden, greift § 171d BauGB.[1765]

1763 Beispielsweise Stadtumbaumaßnahmen für Grünflächen im Siedlungsgebiet III. 2. a. aa. (2).
1764 *Jörissen/Coenen*, Sparsame und schonende Flächennutzung, S. 109.
1765 *Krautzberger*, in: Ernst/Zinkahn/Bielenberg/Krautzberger, Baugesetzbuch, § 171d Rn. 1.

Nach § 171d Absatz 1 Satz 1 BauGB kann die Gemeinde durch Satzung ein Gebiet bezeichnen, das ein festgelegtes Stadtumbaugebiet nach § 171b Absatz 1 BauGB oder Teile davon umfasst und in dem zur Sicherung und sozialverträglichen Durchführung von Stadtumbaumaßnahmen unter anderem Vorhaben nach § 29 BauGB der Genehmigung bedürfen. Dadurch können mit § 171d BauGB deutliche verbindliche Aussagen für Zielgruppen bewirkt werden.

cc. Städtebauliche Entwicklungsmaßnahmen

Mit städtebaulichen Entwicklungsmaßnahmen sollen nach § 165 Absatz 2 BauGB Ortsteile und andere Teile des Gemeindegebiets im Rahmen einer städtebaulichen Neuordnung einer neuen Entwicklung zugeführt werden. Städtebauliche Entwicklungsmaßnahmen sind damit auch als Innenentwicklungsmaßnahmen innerhalb des Siedlungsgebietes möglich.[1766] Dabei handelt es sich um die Neustrukturierung bereits bebauter Ortslagen, die neben einem meist bestehenden städtebaulichen Sanierungsbedürfnis eine durchgreifende Neuordnung erfordern.[1767] Einer durchgreifenden Neuordnung bedürfen vor allem brachliegende Gebiete.[1768]

Nach § 165 Absatz 3 Satz 1 Nr. 2 BauGB kann die Durchführung der städtebaulichen Entwicklungsmaßnahme zur Wiedernutzung brachliegender Flächen erforderlich sein. Eine gesetzliche Definition von brachliegenden Flächen existiert nicht.[1769] Die Formulierung drückt aber aus, dass es sich um Flächen mit nicht mehr ausgeübter, fehlender Nutzung handelt.[1770] Dabei schließt der Wortlaut auch eine starke Mindernutzung nicht aus.[1771] Damit fällt eine brachliegende Fläche nach § 165 Absatz 3 Satz 1 Nr. 2 BauGB unter die Definition der Brachfläche.[1772] Die Wiedernutzung ist von der Art der Folgenutzung unabhängig, so dass bei der Errichtung von Wohn- und Arbeitsstätten auf einer Brachfläche ein erhöhter Bedarf an

---

1766 Vgl. *Battis*, Öffentliches Baurecht und Raumordnungsrecht, S. 156 f.
1767 *Schmitz*, in: Spannowsky/Uechtritz, Baugesetzbuch, § 165 Rn. 12.
1768 Vgl. *Runkel*, in: Ernst/Zinkahn/Bielenberg/Krautzberger, Baugesetzbuch, § 165 Rn. 34; *Mitschang*, in: Battis/Krautzberger/Löhr, Baugesetzbuch, § 165 Rn. 11.
1769 *Schmitz*, in: Spannowsky/Uechtritz, Baugesetzbuch, § 165 Rn. 25.1.
1770 Vgl. *Schmitz*, in: Spannowsky/Uechtritz, Baugesetzbuch, § 165 Rn. 25.
1771 Vgl. *Schmitz*, in: Spannowsky/Uechtritz, Baugesetzbuch, § 165 Rn. 25.2.
1772 Definition der Brachfläche Teil I Kapitel 1 III. 1. a. bb.

Wohn- und Arbeitsstätten nicht bestehen muss.¹⁷⁷³ Darin kommt die gesetzgeberische Wertung zum Ausdruck, dass ein gesteigertes öffentliches Interesse der Nutzung bereits erschlossener Flächen besteht, bevor Flächen außerhalb des Siedlungsbereiches in Anspruch genommen werden.¹⁷⁷⁴

Eine Innenentwicklungsmaßnahme zur Wiedernutzung brachliegender Flächen nach § 165 Absatz 2, Absatz 3 Satz 1 Nr. 2 BauGB fördert damit die Mobilisierung von Brachflächen. Dabei darf eine städtebauliche Sanierung für die Mobilisierung einer Brachfläche nicht ausreichen, für die Innenentwicklungsmaßnahme ist eine wesentliche Veränderung der Fläche Voraussetzung.¹⁷⁷⁵ Zwischen der angestrebten städtebaulichen Entwicklung und dem derzeitigen Zustand muss ein erheblicher Unterschied bestehen.¹⁷⁷⁶ Zudem sind städtebauliche Entwicklungsmaßnahmen, da es sich um einen Ortsteil oder Teil des Gemeindegebietes mit einer gewissen Größenordnung und Bedeutung handeln muss, auf große und städtebaulich besonders bedeutsame Flächen beschränkt, so dass sie bezüglich der Mobilisierung von Brachflächen eine nur ergänzende Funktion haben können.¹⁷⁷⁷ Sie sind daher kein Instrument für die Wiedernutzung kleinerer Brachflächen.¹⁷⁷⁸ Städtebauliche Entwicklungsmaßnahmen kommen somit insbesondere für die Wiedernutzung zusammenhängender, großflächiger Brachflächen, wie Industriebrachen, Bahn-, Post- oder Konversationsflächen in Betracht.¹⁷⁷⁹

Aspekte der Wirkung

Der Wortlaut in § 165 Absatz 3 Satz 1 Nr. 2 BauGB „zur Wiedernutzung brachliegender Fläche" ist eine klare Formulierung des Zwecks der Norm. Diese drückt klar aus, dass die Norm der Mobilisierung von Brachflächen dient.

1773 *Runkel*, in: Ernst/Zinkahn/Bielenberg/Krautzberger, Baugesetzbuch, § 165 Rn. 76 f.
1774 *Runkel*, in: Ernst/Zinkahn/Bielenberg/Krautzberger Baugesetzbuch, § 165 Rn. 57; vgl. *Köhler/Fieseler*, in: Schrödter, Baugesetzbuch, § 165 Rn. 28.
1775 Vgl. *Runkel*, in: Ernst/Zinkahn/Bielenberg/Krautzberger Baugesetzbuch, § 165 Rn. 78.
1776 *Austermann*, Brachflächenreaktivierung, S. 180.
1777 Vgl. BBR, Perspektive Flächenkreislaufwirtschaft, Band 2, S. 88 f.
1778 BBR, Perspektive Flächenkreislaufwirtschaft, Instrumente und Akteure, S. 52.
1779 BBR, Perspektive Flächenkreislaufwirtschaft, Band 2, S. 89.

c. Zwischennutzung: Stadtumbaumaßnahmen

Stadtumbaumaßnahmen erfassen neben der Mobilisierung von Brachflächen auch Zwischennutzungen dieser. Unter erhebliche städtebauliche Funktionsverluste nach § 171a Absatz 2 BauGB können Brachflächen fallen.[1780] Nach § 171a Absatz 3 Satz 2 Nr. 6 BauGB sollen Stadtumbaumaßnahmen dazu beitragen, dass brachliegende Flächen einer nachhaltigen städtebaulichen Entwicklung oder einer mit dieser verträglichen Zwischennutzung zugeführt werden. Zur Flächenverwertung für die Entwicklung brachliegender Flächen nach § 171a Absatz 3 Satz 2 Nr. 6 BauGB kann somit auch eine Zwischennutzung in Frage kommen.[1781]

Aspekte der Wirkung

Der Wortlaut in § 171a Absatz 3 Satz 2 Nr. 6 BauGB „auch durch Zwischennutzung" ist eine klare Formulierung des Zwecks der Norm. Diese drückt klar aus, dass durch die Norm auch eine Zwischennutzung gefördert wird.

2. Nachhaltige Baustruktur des Siedlungsgebietes

Das besondere Städtebaurecht erfasst sowohl Problemlagen, dessen Behebung eine Reduzierung der Flächeninanspruchnahme durch nachhaltige Baustruktur fördert als auch begrenzt.

a. Ausschöpfung des Potentials der Fläche

Vom besonderen Städtebaurecht ist der Mangel an Grünflächen als ein Teil einer Problemlage erfasst, der durch mehr Grünflächen behoben werden kann. Zu nah nebeneinander stehende baulicher Anlagen stellen ebenfalls eine städtebauliche Problemlage dar, die Abstandflächen erforderlich macht. Grünflächen und Abstandsflächen wirken sich auf die Ausschöpfung des Potentials der Fläche aus. Bei Brachflächen als Problemlage kann die Ausschöpfung des Potentials der Fläche anstelle oder im Zusammen-

---

1780 III. 1. b. bb. (1).
1781 Vgl. *BBR*, Perspektive Flächenkreislaufwirtschaft, Band 2, S. 44.

hang mit der Mobilisierung von Brachflächen erfolgen, falls die Beseitigung alter Bausubstanz und eine neue Bebauung erforderlich sind.

aa. Grünflächen

Der Mangel an Grünflächen wird sowohl von städtebaulichen Sanierungsmaßnahmen, als auch von Stadtumbaumaßnahmen erfasst.

(1) Städtebauliche Sanierungsmaßnahmen

Bei der Beurteilung, ob eine Substanzschwäche vorliegt, sind nach § 136 Absatz 3 Nr. 1 g) BauGB die Wohn- und Arbeitsverhältnisse oder die Sicherheit der in dem Gebiet wohnenden und arbeitenden Menschen in Bezug auf die vorhandene Erschließung zu berücksichtigen. Dafür ist maßgeblich, ob der Erschließungszustand in dem Gebiet den heutigen Anforderungen und Vorstellungen entspricht.[1782] Zu den Erschließungsanlagen gehören nach § 127 Absatz 2 Nr. 4 BauGB auch die für ein Baugebiet notwendigen Grünanlagen, zur Naherholung der Bewohner oder zur Verbesserung des Kleinklimas.[1783] Ein Mangel an Grünflächen kann damit Teil einer Substanzschwäche nach § 136 Absatz 3 Nr. 1 g) BauGB sein. Bei der Beurteilung, ob eine Funktionsschwäche vorliegt, ist nach § 136 Absatz 3 Nr. 2 c) BauGB bei der infrastrukturellen Erschließung des Gebietes die Ausstattung des Gebiets mit Grünflächen zu berücksichtigen. Damit kann ein Mangel an Grünflächen auch zu einer Funktionsschwäche gehören.

Städtebauliche Sanierungsmaßnahmen sollen nach § 136 Absatz 4 Satz 2 Nr. 3 BauGB dazu beitragen, dass den Erfordernissen des Umweltschutzes entsprochen wird. Da sich städtebauliche Sanierungsmaßnahmen auf das Siedlungsgebiet beziehen, kann dem durch eine Verbesserung der Leistungsfähigkeit des Naturhaushalts im Siedlungsgebiet entsprochen werden[1784]. Dies kann durch mehr Grünflächen innerhalb des Siedlungsgebietes erfolgen[1785], was sich auf die Ausschöpfung des Potentials der Fläche begrenzend auswirkt. Ferner soll nach § 136 Absatz 4 Satz 2 Nr. 1 BauGB

1782 *Schmitz*, in: Spannowsky/Uechtritz, Baugesetzbuch, § 136 Rn. 41.
1783 *Eiding*, in: Spannowsky/Uechtritz, Baugesetzbuch, § 127 Rn. 75.
1784 *Köhler/Fieseler*, in: Schrödter, Baugesetzbuch, § 136 Rn. 84; *Krautzberger*, in: Ernst/Zinkahn/Bielenberg/Krautzberger, Baugesetzbuch, § 136 Rn. 134.
1785 *Köhler/Fieseler*, in: Schrödter, Baugesetzbuch, § 136 Rn. 84.

die bauliche Struktur in allen Teilen des Bundesgebiets nach den allgemeinen Anforderungen an den Klimaschutz und die Klimaanpassung entwickelt werden. Dies ist klarstellend, da diese Anforderungen auch unter die Erfordernisse des Umweltschutzes nach § 136 Absatz 4 Satz 2 Nr. 3 BauGB subsumiert werden können.

(2) Stadtumbaumaßnahmen

Erhebliche städtebauliche Funktionsverluste nach § 171a Absatz 2 BauGB liegen regelmäßig dann vor, wenn es sich um eine Funktionsschwäche nach § 136 Absatz 2 Satz 2 Nr. 2, Absatz 3 Nr. 2 BauGB handelt,[1786] so dass ein Mangel an Grünflächen innerhalb des Siedlungsgebietes auch zu einem erheblichen städtebaulichen Funktionsverlust nach § 171a Absatz 2 Satz 1 BauGB gehören kann. Überdies wird in § 171a Absatz 2 Satz 2 BauGB als Beispiel eines erheblichen städtebaulichen Funktionsverlustes auch die Nichterfüllung der allgemeinen Anforderungen an den Klimaschutz und die Klimaanpassung genannt, die sich aus dem Grand der Versiegelung innerhalb des Siedlungsgebietes mangels Grünflächen ergeben kann[1787].

Nach § 171a Absatz 3 Satz 2 Nr. 2 BauGB sollen Stadtumbaumaßnahmen dazu beitragen, dass der Umweltschutz verbessert wird. Umweltschutz kann durch ökologische Maßnahmen im Wohnumfeld erfolgen,[1788] beispielsweise durch Entsiegelung[1789] und durch die Schaffung von Grünflächen[1790]. Letzteres wirkt auf die Ausschöpfung des Potentials der Fläche beschränkend.

Aspekte der Wirkung

Eine Offenlegung der Entscheidungsgründe erfolgt durch § 171b Absatz 2 Satz 1 BauGB. Danach sind im Entwicklungskonzept, welches die Grundlage für den Beschluss des Stadtumbaugebietes nach § 171b Absatz 1 Satz 1 BauGB bildet, die Ziele und Maßnahmen nach § 171a Absatz 3 BauGB

1786 III. 1. b. bb. (1).
1787 Vgl. *Möller*, in: Schrödter, Baugesetzbuch, § 171a Rn. 10.
1788 *Mitschang*, in: Spannowsky/Uechtritz, Baugesetzbuch, § 171a Rn. 16.
1789 *Möller*, in: Schrödter, Baugesetzbuch, § 171a Rn. 14.
1790 *Mitschang*, in: Spannowsky/Uechtritz, Baugesetzbuch, § 171a Rn. 16.

schriftlich darzustellen. Dies kann durch eine Planzeichnung, durch eine textliche Umschreibung oder durch eine Kombination aus beiden erfolgen.[1791] Dadurch wird erkennbar, was die Gemeinde mit den Stadtumbaumaßnahmen gebietsbezogen erreichen möchte und welche Maßnahmen dafür vorgesehen sind.[1792]

bb. Abstandsflächen: Städtebauliche Sanierungsmaßnahmen

Nach § 136 Absatz 3 Nr. 1 a) BauGB sind bei der Beurteilung, ob eine Substanzschwäche vorliegt, die Wohn- und Arbeitsverhältnisse oder die Sicherheit der in dem Gebiet wohnenden und arbeitenden Menschen in Bezug auf die Belichtung, Besonnung und Belüftung der Wohnungen und Arbeitsstätten zu berücksichtigen. Wohnungen und Arbeitsstätten sind alle Räume, die nicht nur dem vorübergehenden Aufenthalt von Menschen dienen.[1793] Die Anforderungen an die Belichtung, Besonnung und Belüftung ergeben sich aus den Landesbauordnungen und dem Arbeitsstättenrecht.[1794] Relevant sind insbesondere die bauordnungsrechtlich vorgeschriebenen Abstandsflächen, um den Zutritt von Luft und Licht zu sichern.[1795] Je weniger Fläche für eine Bebauung in Anspruch genommen wird, umso positiver wirkt sich dies auf die Belichtung, Besonnung und Belüftung der Wohnungen und Arbeitsstätten aus. Eine zu intensive Inanspruchnahme der Fläche für eine Bebauung kann deshalb eine Substanzschwäche darstellen.

Städtebauliche Sanierungsmaßnahmen sollen nach § 136 Absatz 4 Satz 2 Nr. 3 BauGB dazu beitragen, dass den Anforderungen an gesunde Lebens- und Arbeitsverhältnisse entsprochen wird, so dass § 136 Absatz 4 Satz 2 Nr. 3 BauGB diesbezüglich den gleichen Inhalt aufweist wie § 136 Absatz 3 Nr. 1 BauGB.[1796] Dies kann im Hinblick auf § 136 Absatz 3 Nr. 1 a) BauGB durch größere und damit die Ausschöpfung des Potentials der Fläche begrenzende Abstandsflächen erfolgen.

1791 *Möller*, in: Schrödter, Baugesetzbuch, § 171b Rn. 3.
1792 *Reidt*, in: Battis/Krautzberger/Löhr, Baugesetzbuch, § 171b Rn. 8.
1793 *Schmitz*, in: Spannowsky/Uechtritz, Baugesetzbuch, § 136 Rn. 30.
1794 *Schmitz*, in: Spannowsky/Uechtritz, Baugesetzbuch, § 136 Rn. 30.
1795 *Schmitz*, in: Spannowsky/Uechtritz, Baugesetzbuch, § 136 Rn. 30; *Krautzberger*, in: Ernst/Zinkahn/Bielenberg/Krautzberger, Baugesetzbuch, § 136 Rn. 99.
1796 *Köhler/Fieseler*, in: Schrödter, Baugesetzbuch, § 136 Rn. 85.

cc. Brachflächen

Für eine Ausschöpfung des Potentials der Fläche durch Brachflächen sind sowohl städtebauliche Sanierungs- und Entwicklungsmaßnahmen, als auch Stadtumbaumaßnahmen relevant.

(1) Städtebauliche Sanierungsmaßnahmen

Unter § 136 Absatz 3 Nr. 1 e), Nr. 2 b) und c) BauGB fallen Brachflächen.[1797] Im Zusammenhang mit den folgenden Regelungen fördert § 136 Absatz 3 Nr. 1 e), Nr. 2 b) und c) BauGB aber nicht nur die Mobilisierung von Brachflächen, sondern auch die Ausschöpfung des Potentials der Fläche, indem zunächst die vorhandenen Nutzungsräume beseitigt werden.[1798]

Nach § 136 Absatz 4 Satz 2 Nr. 3 BauGB sollen städtebauliche Sanierungsmaßnahmen dazu beitragen, dass die Siedlungsstruktur der Bevölkerungsentwicklung entspricht. Da die Bevölkerungsentwicklung unterschiedliche Rückwirkungen auf die Siedlungsstruktur hat, kann sich aus der Bevölkerungsentwicklung ein neuer Nutzungsbedarf ergeben.[1799] Dieser kann durch die Inanspruchnahme von Fläche innerhalb des Siedlungsgebietes für neue Ebenen nicht naturgemäßer Nutzungsräume gedeckt werden, so dass die Ausschöpfung des Potentials der Fläche gefördert wird. Nach § 136 Absatz 4 Satz 2 Nr. 4 BauGB sollen Ortsteile fortentwickelt werden. Dafür kommt unter anderem eine bauliche Verdichtung in Betracht[1800] und damit auch die Ausschöpfung des Potentials der Fläche. Für § 136 Absatz 4 Satz 2 Nr. 3 und 4 BauGB ist eine neue Bebauung von Brachflächen denkbar.

1797 III. 1. b. aa. (1) und (2).
1798 Vgl. *BBR*, Perspektive Flächenkreislaufwirtschaft, Band 2, S. 88; *Tomerius*, NuR 2005, 14 (17).
1799 Vgl. *Krautzberger*, in: Ernst/Zinkahn/Bielenberg/Krautzberger, Baugesetzbuch, § 171a Rn. 32.
1800 *Köhler/Fieseler*, in: Schrödter, Baugesetzbuch, § 136 Rn. 91.

(2) Stadtumbaumaßnahmen

Unter erhebliche städtebauliche Funktionsverluste können nach § 171a Absatz 2 BauGB Brachflächen fallen.[1801] Nach § 171a Absatz 3 Satz 2 Nr. 1 BauGB soll die Siedlungsstruktur den Erfordernissen der Entwicklung von Bevölkerung angepasst werden. Die Anpassung der Siedlungsstruktur an die Erfordernisse der Entwicklung der Bevölkerung kann auch durch einen teilweisen Rückbau und der Wiederbebauung der betroffenen Flächen mit baulichen Anlagen erreicht werden.[1802] Damit können Brachflächen für eine Ausschöpfung des Potentials der Fläche genutzt werden. Nach § 171a Absatz 3 Satz 2 Nr. 3 BauGB sollen Stadtumbaumaßnahmen außerdem dazu beitragen, dass innerstädtische Bereiche gestärkt werden, was auch durch eine Schließung von Baulücken erfolgen kann[1803]. Auch dafür können Brachflächen genutzt werden. Nach § 171a Absatz 3 Satz 2 Nr. 6 BauGB sollen brachliegende oder freigelegte Flächen einer nachhaltigen Entwicklung zugeführt werden. Freigelegte Flächen sind vormals bebaute Flächen,[1804] dessen Freilegung entweder bereits vor Beginn der Stadtumbaumaßnahmen oder im Zusammenhang mit den Stadtumbaumaßnahmen erfolgte.[1805] Erfolgte keine Freilegung, sondern wurden die ungenutzten Flächen keiner baulichen Nutzung zugeführt, so handelt es sich nach dieser Vorschrift um brachliegende Flächen.[1806] Eine nachhaltige Entwicklung dieser Fläche ist durch eine Ausschöpfung des Potentials der Fläche zu erreichen.

(3) Städtebauliche Entwicklungsmaßnahmen

Eine städtebauliche Entwicklungsmaßnahme als Innenentwicklungsmaßnahme zur Wiedernutzung brachliegender Flächen nach § 165 Absatz 2, Absatz 3 Satz 1 Nr. 2 BauGB differenziert bezüglich der Brachflächen nicht zwischen der Nutzung alter Bausubstanz einerseits und der Beseitigung alter Bausubstanz und einer neuen Bebauung andererseits.[1807] Deshalb dient

---

1801 III. 1. b. bb. (1).
1802 *Möller*, in: Schrödter, Baugesetzbuch, § 171a Rn. 13.
1803 *Möller*, in: Schrödter, Baugesetzbuch, § 171a Rn. 15.
1804 *Möller*, in: Schrödter, Baugesetzbuch, § 171a Rn. 19.
1805 *Roeser*, in: Berliner Kommentar zum Baugesetzbuch, § 171a Rn. 20.
1806 *Roeser*, in: Berliner Kommentar zum Baugesetzbuch, § 171a Rn. 20.
1807 Vgl. *Runkel*, in: Ernst/ Zinkahn/Bielenberg/Krautzberger, Baugesetzbuch, § 165 Rn. 76.

sie neben der Mobilisierung von Brachflächen auch der Ausschöpfung des Potentials der Fläche.

(4) Aspekte der Wirkung hinsichtlich der Ausschöpfung des Potentials der Fläche durch Brachflächen

Als Instrument des Flächenmanagements und als deutliche verbindliche Aussage für Zielgruppen ist zur Beseitigung alter Bausubstanz für neue Bebauung das Rückbaugebot nach § 179 Absatz 1 Satz 1 Nr. 2 BauGB förderlich. Danach kann die Gemeinde den Eigentümer verpflichten zu dulden, dass eine bauliche Anlage ganz oder teilweise beseitigt wird, wenn sie Missstände oder Mängel im Sinne des § 177 Absatz 2 und 3 Satz 1 BauGB aufweist, die auch durch eine Modernisierung oder Instandsetzung nicht behoben werden können. Das Rückbaugebot greift demnach immer dann, wenn ein Modernisierungs- und Instandsetzungsgebot nach § 177 BauGB nicht mehr möglich ist. Zwar kommt innerhalb eines Bebauungsplanes auch das Baugebot mit eingeschlossener Rückbauverpflichtung nach § 176 Absatz 1 Nr. 1 BauGB i. V. m. § 176 Absatz 5 BauGB in Betracht,[1808] doch hat in diesem Fall das Rückbaugebot im Verhältnis zum Baugebot auch eine eigenständige Bedeutung.[1809] Als städtebaulicher Grund nach § 175 Absatz 2 BauGB reicht die Verfolgung der Ziele und Zwecke städtebaulicher Sanierungs- und Entwicklungsmaßnahmen.[1810] Das Rückbaugebot betrifft insbesondere die sogenannten „Schrottimmobilien".[1811] Die aktuelle Fassung des § 179 Absatz 1 Satz 1 BauGB gilt seit der BauGB-Novelle 2013,[1812] zuvor war das Gebot nur anwendbar, wenn sich die bauliche Anlage im Geltungsbereich eines Bebauungsplans befand. Die Änderung erfolgte, da das Problem von verwahrlosten, nicht mehr wirtschaftlich nutzbaren Gebäuden, nicht nur in Bebauungsplangebieten, sondern zumeist im nicht beplanten Innenbereich nach § 34 BauGB auftritt.[1813] Durch die Neuregelung des § 179 BauGB ist das Erfordernis der Aufstellung eines Bebauungsplanes, falls dieser nicht vorliegt, als Voraussetzung für das Gebot

---

1808 *Goldschmidt*, UPR 2012, 50 (51); Teil II Kapitel 1 Abschnitt 1 III. 2. b. bb. (5).
1809 *Stock*, in: Ernst/Zinkahn/Bielenberg/Krautzberger, Baugesetzbuch, § 176 Rn. 91.
1810 *Stock*, in: Ernst/Zinkahn/Bielenberg/Krautzberger, Baugesetzbuch, § 175 Rn. 42.
1811 BT-Drucks. 17/11468, S. 16.
1812 BGBl. I 2013/29, S. 1550.
1813 BT-Drucks. 17/11468, S. 16.

entfallen.[1814] Die Aufstellung von Bauleitplänen ist ein aufwändiges Verfahren, so dass die Neuregelung des § 179 BauGB eine Ressourcenschonung bewirkt.[1815]

Nach § 179 Absatz 4 Satz 1 BauGB sind die Beseitigungskosten vom Eigentümer bis zur Höhe der ihm durch die Beseitigung entstehenden Vermögensvorteile zu tragen. § 179 Absatz 4 BauGB wurde durch die BauGB-Novelle 2013 eingeführt.[1816] Danach ist die Grenze der Eigentümerbeteiligung nicht die Zumutbarkeit, sondern die dem Eigentümer entstehenden Vermögensvorteile, was eine unverhältnismäßige Heranziehung des Eigentümers verhindert und eine verlässliche Grundlage für seine Kostenbeteiligung darstellt.[1817] Damit entstehen dem Grundstückseigentümer zwar Kosten, diese werden aber durch die Begrenzung auf die Höhe der entstehenden Vermögensvorteile gering gehalten. Vor der Einführung des § 179 Absatz 4 BauGB durch die BauGB-Novelle 2013 hatte die Gemeinde die Kosten zu tragen.[1818] Damit trägt auch § 179 Absatz 4 BauGB zu einer Ressourcenschonung der Verwaltung bei.[1819]

b. Ausschöpfung des Potentials der Fläche und Höhe: Städtebauliche Sanierungsmaßnahmen

Das städtebauliche Sanierungsrecht erfasst die Problemlage überhöhter Grund- oder Geschossflächenzahlen, deren Behebung sich auf die Ausschöpfung des Potentials der Fläche und Höhe auswirkt.

Nach § 136 Absatz 3 Nr. 1 e) BauGB sind bei der Beurteilung, ob eine Substanzschwäche vorliegt, die Wohn- und Arbeitsverhältnisse oder die Sicherheit der in dem Gebiet wohnenden und arbeitenden Menschen in Bezug auf die Nutzung von bebauten und unbebauten Flächen nach dem Maß zu berücksichtigen. Eine Substanzschwäche kann sich danach bei überhöhten Grund- oder Geschossflächenzahlen ergeben, wie dies bei zu dichter Wohnbebauung mit engen versiegelten Hinterhöfen der Fall ist.[1820]

Nach § 136 Absatz 4 Satz 2 Nr. 3 BauGB sollen städtebauliche Sanierungsmaßnahmen dazu beitragen, dass den Anforderungen an gesunde Le-

---

1814 Vgl. *Deutsches Institut für Urbanistik*, Planspiel 2012, S. 58 f.
1815 Vgl. *Deutsches Institut für Urbanistik*, Planspiel 2012, S. 58 ff.
1816 BGBl. I 2013/29, S. 1550.
1817 BT-Drucks. 17/13272, S. 17.
1818 *Lege*, NVwZ 2005, 880 (884).
1819 Vgl. *Deutsches Institut für Urbanistik*, Planspiel 2012, S. 58 ff.
1820 *Köhler/Fieseler*, in: Schrödter, Baugesetzbuch, § 136 Rn. 64.

bens- und Arbeitsverhältnisse entsprochen wird. Dies kann im Hinblick auf § 136 Absatz 3 Nr. 1 e) BauGB durch eine Reduzierung der Baustruktur hinsichtlich der Fläche und Höhe erfolgen.

3. Nachhaltige Mobilität im Siedlungsgebiet

Eine Nachverdichtung anderer Nutzungsarten lässt sich durch die Maßnahmen des besonderen Städtebaurechts hinsichtlich der nachhaltigen Baustruktur im Siedlungsgebiet erreichen.[1821] Außerdem ist im besonderen Städtebaurecht der Verkehr als auch die Nutzungsmischung mit Problemlagen verknüpft.

a. Verkehr

Verkehr wird durch städtebauliche Sanierungsmaßnahmen und durch Stadtumbaumaßnahmen als Problemlage erfasst.

aa. Städtebauliche Sanierungsmaßnahmen

Nach § 136 Absatz 3 Nr. 1 f) BauGB sind bei der Beurteilung, ob eine Substanzschwäche vorliegt, die Wohn- und Arbeitsverhältnisse oder die Sicherheit der in dem Gebiet wohnenden und arbeitenden Menschen in Bezug auf die Einwirkungen, die von Grundstücken, Betrieben, Einrichtungen oder Verkehrsanlagen ausgehen, insbesondere durch Lärm, Verunreinigungen und Erschütterungen, zu berücksichtigen. Als Störungsquelle nennt § 136 Absatz 3 Nr. 1 f) BauGB auch Verkehrsanlagen, so dass Emissionen von Verkehrsanlagen eine Substanzschwäche darstellen können. Bei der Beurteilung, ob eine Funktionsschwäche vorliegt, ist nach § 136 Absatz 3 Nr. 2 a) BauGB die Funktionsfähigkeit des Gebietes auf den fließenden und ruhenden Verkehr zu berücksichtigen. Danach können sich stauender fließender Verkehr, da er die vorhandenen Nutzungen im Siedlungsgebiet stört, und nicht mehr ausgelastete Verkehrsanlagen eine Funktionsschwäche darstellen.[1822]

1821 III. 2.
1822 *Köhler/Fieseler*, in: Schrödter, Baugesetzbuch, § 136 Rn. 69.

Städtebauliche Sanierungsmaßnahmen sollen nach § 136 Absatz 4 Satz 2 Nr. 3 BauGB dazu beitragen, dass den Erfordernissen des Umweltschutzes und den Anforderungen an gesunde Lebens- und Arbeitsbedingungen entsprochen wird. Dies kann im Hinblick auf § 136 Absatz 3 Nr. 1 f) und Nr. 2 a) BauGB durch eine Entlastung des innerstädtischen Verkehrsnetzes oder durch die Schaffung von verkehrsberuhigten Zonen, und damit durch Maßnahmen nachhaltiger Mobilität, erfolgen.[1823] Nach § 136 Absatz 4 Satz 2 Nr. 3 BauGB soll den Erfordernissen der Bevölkerungsentwicklung entsprochen werden. Dies kann im Hinblick auf § 136 Absatz 3 Nr. 2 a) BauGB durch eine Folgenutzung nicht mehr ausgelasteter Verkehrsanlagen realisiert werden.

bb. Stadtumbaumaßnahmen

Da erhebliche städtebauliche Funktionsverluste nach § 171a Absatz 1 BauGB dann vorliegen, wenn es sich um eine Funktionsschwäche nach § 136 Absatz 2 Satz 2 Nr. 2, Absatz 3 Nr. 2 BauGB handelt,[1824] können sich stauender fließender Verkehr und nicht mehr ausgelastete Verkehrsanlagen auch zu einem erheblichen städtebaulichen Funktionsverlust nach § 171a Absatz 2 Satz 1 BauGB gehören. Stadtumbaumaßnahmen sollen nach § 171a Absatz 3 Satz 1 Nr. 2 BauGB dazu beitragen, dass die Wohn- und Arbeitsverhältnisse sowie die Umwelt verbessert werden. Dies kann im Hinblick auf sich stauenden fließenden Verkehr und nicht mehr ausgelasteten Verkehrsanlagen durch Stadtumbaumaßnahmen, entsprechend den dafür relevanten städtebaulichen Sanierungsmaßnahmen,[1825] erfolgen. Zudem sollen nach § 171a Absatz 3 Satz 1 Nr. 4 BauGB nicht mehr bedarfsgerechte bauliche Anlagen einer neuen Nutzung zugeführt werden, was durch die Folgenutzung der nicht mehr ausgelasteten Verkehrsanlagen möglich ist.

b. Nutzungsmischung

Vom besonderen Städtebaurecht ist sowohl die Nutzungsmischung, als auch der Mangel an Nutzungsmischung als Problemlage erfasst.

1823 Vgl. *Köhler/Fieseler*, in: Schrödter, Baugesetzbuch, § 136 Rn. 66 und 69.
1824 III. 1. b. bb. (1).
1825 III. 3. a. aa.

aa. Begrenzung von Nutzungskonflikten: Städtebauliche Sanierungsmaßnahmen

Nach § 136 Absatz 3 Nr. 1 d) BauGB sind bei der Beurteilung, ob eine Substanzschwäche vorliegt, die Wohn- und Arbeitsverhältnisse oder die Sicherheit der in dem Gebiet wohnenden und arbeitenden Menschen in Bezug auf die Auswirkungen einer vorhandenen Mischung von Wohn- und Arbeitsstätten zu berücksichtigen. Daraus folgt keine gesetzliche Unwertbeurteilung von Nutzungsmischungen,[1826] erfasst sind nur die negativen Auswirkungen einer individuell vorhandenen Mischung von Wohnen und Arbeiten.[1827] Negative Auswirkungen können vor allem Luft- und Lärmbelastungen sein.[1828] Nutzungsmischung kann deshalb eine Substanzschwäche darstellen.

Städtebauliche Sanierungsmaßnahmen sollen nach § 136 Absatz 4 Satz 2 Nr. 3 BauGB dazu beitragen, dass den Anforderungen an gesunde Lebens- und Arbeitsverhältnisse entsprochen wird. Dem kann im Hinblick auf § 136 Absatz 3 Nr. 1 d) BauGB durch eine Begrenzung von Nutzungskonflikten entsprochen werden, die sich gegen die Nutzungsmischung richtet.

bb. Versorgungsfunktion eines Gebietes

Städtebauliche Sanierungsmaßnahmen, Stadtumbaumaßnahmen sowie private Initiativen erfassen den Mangel an Nutzungsmischung im Zusammenhang mit der Versorgungsfunktion eines Gebietes als Problemlage.

(1) Städtebauliche Sanierungsmaßnahmen

Nach § 136 Absatz 3 Nr. 2 b) BauGB ist bei der Beurteilung, ob eine Funktionsschwäche vorliegt, die wirtschaftliche Situation und Entwicklungsfähigkeit des Gebiets unter Berücksichtigung seiner Versorgungsfunktion im Verflechtungsbereich zu berücksichtigen. Mit dem Verflechtungsbereich ist das benachbarte Gemeindegebiet, die Gesamtgemeinde oder das Um-

---

1826 *Krautzberger*, in: Ernst/Zinkahn/Bielenberg/Krautzberger Baugesetzbuch, § 136 Rn. 105.
1827 *Köhler/Fieseler*, in: Schrödter, Baugesetzbuch, § 136 Rn. 60.
1828 *Schmitz*, in: Spannowsky/Uechtritz, Baugesetzbuch, § 136 Rn. 35.

land der Gemeinde gemeint.[1829] Eine Funktionsschwäche liegt vor, wenn einem Gebiet im Verflechtungsbereich eine Versorgungsfunktion zukommt und es dieser mangels einer dieser Funktion entsprechenden Konzentration einzelner Nutzungsarten nicht nachkommen kann, beispielsweise aufgrund fehlender Nutzungen zur Erhaltung eines Gemeinwesens.[1830] Aber auch ohne eine besondere Funktionszuweisung können Gebiete eine Funktionsschwäche nach § 136 Absatz 3 Nr. 2 b) BauGB aufweisen. Dies ist der Fall, wenn keine ausreichenden Einkaufs- oder Versorgungsmöglichkeiten im Gebiet bestehen oder wenn es vom Trading-Down Effekt durch großflächige Einzelhandelsbetriebe betroffen ist, so dass Läden leer stehen und die verbrauchernahe Versorgung gefährdet ist.[1831] Eine Funktionsschwäche kann damit bei mangelnder Nutzungsmischung vorliegen.

Städtebauliche Sanierungsmaßnahmen sollen nach § 136 Absatz 4 Satz 2 Nr. 1 BauGB dazu beitragen, dass die bauliche Struktur nach den wirtschaftlichen Erfordernissen entwickelt wird. Nach § 136 Absatz 4 Satz 2 Nr. 2 BauGB soll zudem die Verbesserung der Wirtschaftsstruktur unterstützt werden. Dies ist im Hinblick auf § 136 Absatz 3 Nr. 2 b) BauGB durch eine Nutzungsmischung von Wohnen und Versorgung zu erreichen.[1832]

(2) Stadtumbaumaßnahmen

Da bei einer Funktionsschwäche nach § 136 Absatz 2 Satz 2 Nr. 2, Absatz 3 Nr. 2 BauGB regelmäßig auch erhebliche städtebauliche Funktionsverluste nach § 171a Absatz 2 Satz 1 BauGB vorliegen,[1833] führt eine mangelnde Nutzungsmischung hinsichtlich des Wohnens und der Versorgung als Funktionsschwäche nach § 136 Absatz 3 Nr. 2 b) BauGB gleichzeitig zu erheblichen städtebaulichen Funktionsverlusten.[1834] Überdies wird als Beispiel eines erheblichen städtebaulichen Funktionsverlustes in § 171a Ab-

---

1829 *Mitschang*, in: Battis/Krautzberger/Löhr, Baugesetzbuch, § 136 Rn. 17.
1830 *Mitschang*, in: Battis/Krautzberger/Löhr, Baugesetzbuch, § 136 Rn. 17.
1831 *Schmitz*, in: Spannowsky/Uechtritz, Baugesetzbuch, § 136 Rn. 47; vgl. *Mitschang*, in: Battis/Krautzberger/Löhr, Baugesetzbuch, § 136 Rn. 17.
1832 Vgl. *Krautzberger*, in: Ernst/Zinkahn/Bielenberg/Krautzberger, Baugesetzbuch, § 136 Rn. 132.
1833 *Möller*, in: Schrödter, Baugesetzbuch, § 171a Rn. 7; *Mitschang*, in: Battis/Krautzberger/Löhr, Baugesetzbuch, § 171a Rn. 10; III. 1. b. bb. (1).
1834 Vgl. *Mitschang*, in: Spannowsky/Uechtritz, Baugesetzbuch, § 171a Rn. 18.

satz 2 Satz 2 BauGB ein zu erwartendes dauerhaftes Überangebot an baulichen Anlagen für bestimmte Nutzungen genannt.[1835] Das können die beispielhaft genannten Anlagen für Wohnzwecke aber auch gewerbliche Anlagen sein.[1836] Daraus wird deutlich, dass Stadtumbaumaßnahmen auch präventiv durchgeführt werden können.[1837] Ein zu erwartendes dauerhaftes Überangebot an baulichen Anlagen muss methodisch einwandfrei und nachvollziehbar prognostiziert werden.[1838] Gemeint ist ein drohender Leerstand von Gebäuden, da leerstehende Gebäude ab einer bestimmten Größenordnung in eine städtebauliche Qualität umschlagen können.[1839] Grund für den drohenden Leerstand können fehlende Versorgungseinrichtungen und damit ein Mangel an Nutzungsmischung von Wohnen und Versorgung sein.[1840]

Nach § 171a Absatz 3 Satz 1 Nr. 3 BauGB sollen Stadtumbaumaßnahmen dazu beitragen, dass innerstädtische Bereiche gestärkt werden. Dies kann durch die Schaffung dort fehlender Versorgungseinrichtungen[1841] und damit durch mehr Nutzungsmischung erfolgen.

(3) Private Initiativen

Die Möglichkeit einer privaten Initiative nach § 171f Satz 1 BauGB richtet sich insbesondere an die lokale Wirtschaft in traditionellen Geschäftslagen.[1842] Dies ist die Festlegung von Gebieten, in denen in privater Verantwortung standortbezogene Maßnahmen durchgeführt werden, die auf der Grundlage eines mit den städtebaulichen Zielen der Gemeinde abgestimmten Konzepts der Stärkung oder Entwicklung von Bereichen der Innenstädte, Stadtteilzentren, Wohnquartiere und Gewerbezentren sowie von sonstigen für die städtebauliche Entwicklung bedeutsamen Bereichen dienen. Durch eine private Initiative nach § 171f Satz 1 BauGB können innerstädtische räumlich klar definierte Bereiche eingerichtet werden, den sogenannten „Business Improvement Districts", um durch ein für diesen

---

1835 *Möller*, in: Schrödter, Baugesetzbuch, § 171a Rn. 9.
1836 *Mitschang*, in: Spannowsky/Uechtritz, Baugesetzbuch, § 171a Rn. 9.
1837 *Möller*, in: Schrödter, Baugesetzbuch, § 171a Rn. 7.
1838 *Möller*, in: Schrödter, Baugesetzbuch, § 171a Rn. 9.
1839 *Krautzberger*, in: Ernst/Zinkahn/Bielenberg/Krautzberger, Baugesetzbuch, § 171a Rn. 23.
1840 Vgl. *Möller*, in: Schrödter, Baugesetzbuch, § 171a Rn. 15.
1841 *Möller*, in: Schrödter, Baugesetzbuch, § 171a Rn. 15.
1842 Vgl. *Schink*, in: Spannowsky/Uechtritz, Baugesetzbuch, § 171f Rn. 5.

Bereich ausgearbeitetes Entwicklungs-, Maßnahmen- und Finanzierungskonzept dem Wettbewerb mit den peripheren großflächigen Einzelhandelsbetrieben standzuhalten.[1843] § 171f Satz 1 BauGB richtet sich damit auf die Sicherung der lokalen wohnungsnahen Wirtschaft und trägt auf diese Weise zu einer Nutzungsmischung hinsichtlich des Nebeneinanders von Wohnen und Versorgung bei. § 171f Satz 1 BauGB ist aber nicht auf eine bestimmte Gebietskulisse beschränkt, möglich sind mit Hilfe dieser Vorschrift beispielsweise auch „Housing Improvement Districts"; die Nutzungsmischung durch die Einrichtung von Kinderspielplätzen oder Angeboten für Jugendliche fördern.[1844]

Aspekte der Wirkung

Indem § 171f Satz 1 BauGB Initiativen von Zielgruppen ermöglicht, wird durch diese Vorschrift auf die Interessen von Zielgruppen eingegangen.

cc. Wohnklima in einem Gebiet

Städtebauliche Sanierungs- und Entwicklungsmaßnahmen, Stadtumbaumaßnahmen sowie städtebauliche Maßnahmen der Sozialen Stadt erfassen den Mangel an Nutzungsmischung im Zusammenhang mit dem Wohnklima in einem Gebiet als Problemlage.

(1) Städtebauliche Sanierungsmaßnahmen

Nach § 136 Absatz 3 Nr. 2 c) BauGB ist bei der Beurteilung, ob eine Funktionsschwäche vorliegt, die infrastrukturelle Erschließung des Gebiets, seine Ausstattung mit Grünflächen, Spiel- und Sportplätzen und mit Anlagen des Gemeinbedarfs, insbesondere unter Berücksichtigung der sozialen und kulturellen Aufgaben dieses Gebiets im Verflechtungsbereich zu berücksichtigen. Damit bezieht sich diese Vorschrift auf das Wohnklima,[1845] dem-

---

1843 *Schink*, in: Spannowsky/Uechtritz, Baugesetzbuch, § 171f Rn. 5.
1844 Vgl. *Krautzberger*, in: Ernst/Zinkahn/Bielenberg/Krautzberger, Baugesetzbuch, § 171f Rn. 16.
1845 *Krautzberger*, in: Ernst/Zinkahn/Bielenberg/Krautzberger, Baugesetzbuch, § 136 Rn. 123.

zufolge mangelnde Nutzungsmischung eine Funktionsschwäche darstellen kann.

Städtebauliche Sanierungsmaßnahmen sollen nach § 136 Absatz 4 Satz 2 Nr. 1 BauGB einen Beitrag dazu leisten, dass die bauliche Struktur nach den sozialen und kulturellen Erfordernissen entwickelt wird. Dies kann im Hinblick auf § 136 Absatz 3 Nr. 2 c) BauGB durch eine Integration sozialer und kultureller Nutzung in ein Gebiet und damit durch mehr Nutzungsmischung erreicht werden.

(2) Stadtumbaumaßnahmen

Da bei einer Funktionsschwäche nach § 136 Absatz 2 Satz 2 Nr. 2, Absatz 3 Nr. 2 BauGB regelmäßig auch erhebliche städtebauliche Funktionsverluste nach § 171a Absatz 2 Satz 1 BauGB vorliegen,[1846] führt eine mangelnde Nutzungsmischung hinsichtlich des Wohnklimas als Funktionsschwäche nach § 136 Absatz 3 Nr. 2 c) BauGB gleichzeitig zu erheblichen städtebaulichen Funktionsverlusten.[1847]

Nach § 171a Absatz 3 Satz 1 Nr. 3 BauGB sollen Stadtumbaumaßnahmen dazu beitragen, dass innerstädtische Bereiche gestärkt werden, was auch durch eine Aufwertung der sozialen Infrastruktur[1848] und damit durch mehr Nutzungsmischung erfolgen kann.

(3) Städtebauliche Entwicklungsmaßnahmen

Durch städtebauliche Entwicklungsmaßnahmen als Außenentwicklungsmaßnahmen können nach § 165 Absatz 2, Absatz 3 Satz 1 Nr. 2 BauGB neue Wohngebiete entstehen.[1849] Dies kann aber auch durch Innenentwicklungsmaßnahmen erfolgen, wenn dadurch brachliegende Flächen wiedergenutzt werden.[1850] Nach § 165 Absatz 3 Satz 1 Nr. 2 BauGB kann die Durchführung der städtebaulichen Entwicklungsmaßnahme zur Errichtung von Gemeinbedarfseinrichtungen erforderlich sein, die der Aus-

---

1846 *Möller*, in: Schrödter, Baugesetzbuch, § 171a Rn. 7; *Mitschang*, in: Battis/Krautzberger/Löhr, Baugesetzbuch, § 171a Rn. 10; III. 1. b. bb. (1).
1847 Vgl. *Mitschang*, in: Spannowsky/Uechtritz, Baugesetzbuch, § 171a Rn. 18.
1848 Vgl. *Mitschang*, in: Spannowsky/Uechtritz, Baugesetzbuch, § 171a Rn. 18.
1849 II.
1850 III. 1. b. cc.

stattung des Wohngebietes dienen.[1851] Auf diese Weise wird eine das Wohnklima positiv beeinflussende Nutzungsmischung bewirkt.

(4) Städtebauliche Maßnahmen der Sozialen Stadt

Städtebauliche Maßnahmen der Sozialen Stadt sind nach § 171e Absatz 2 Satz 1 BauGB Maßnahmen zur Stabilisierung und Aufwertung von durch soziale Missstände benachteiligten Ortsteilen oder anderen Teilen des Gemeindegebiets, in denen ein besonderer Entwicklungsbedarf besteht. § 171e Absatz 2 Satz 2 BauGB erläutert den Begriff des sozialen Missstandes beispielhaft.[1852] Danach liegen soziale Missstände insbesondere vor, wenn ein Gebiet auf Grund der Zusammensetzung und wirtschaftlichen Situation der darin lebenden und arbeitenden Menschen erheblich benachteiligt ist. § 171e Absatz 2 Satz 3 BauGB erläutert sodann den Begriff des besonderen Entwicklungsbedarfs beispielhaft.[1853] Danach liegt ein besonderer Entwicklungsbedarf insbesondere vor, wenn es sich um benachteiligte innerstädtische oder innenstadtnah gelegene Gebiete oder verdichtete Wohn- und Mischgebiete handelt, in denen es einer aufeinander abgestimmten Bündelung von investiven und sonstigen Maßnahmen bedarf. Verdichtete Wohn- und Mischgebiete sind meist gekennzeichnet durch fehlende Nutzungsmischung.[1854]

Durch Maßnahmen der Sozialen Stadt sollen nach § 171e Absatz 2 Satz 1 BauGB diese von sozialen Missständen betroffenen Gebiete mit einem besonderen Entwicklungsbedarf stabilisiert und aufgewertet werden. Dies wird in § 171e Absatz 4 Satz 2 BauGB beispielhaft konkretisiert.[1855] Danach soll das Entwicklungskonzept, das nach § 171e Absatz 4 Satz 1 BauGB von den Gemeinden für das Stadtumbaugebiet aufzustellen ist, insbesondere Maßnahmen enthalten, die der Verbesserung der Wohn- und Arbeitsverhältnisse sowie der Schaffung und Erhaltung sozial stabiler Bewohnerstrukturen dienen. Eine Verbesserung der Wohnverhältnisse ist durch die Umnutzung der Erdgeschossbereiche für kleinere gewerbliche Betriebe oder mittelbar durch eine Aufwertung des Wohnumfeldes, beispielsweise

---

1851 *Runkel*, in: Ernst/Zinkahn/Bielenberg/Krautzberger, Baugesetzbuch, § 165 Rn. 68 ff.; *Köhler/Fieseler*, in: Schrödter, Baugesetzbuch, § 165 Rn. 26 f.
1852 *Köhler/Möller*, in: Schrödter, Baugesetzbuch, § 171e Rn. 4.
1853 *Köhler/Möller*, in: Schrödter, Baugesetzbuch, § 171e Rn. 5.
1854 *Köhler/Möller*, in: Schrödter, Baugesetzbuch, § 171e Rn. 7.
1855 *Roeser*, in: Berliner Kommentar zum Baugesetzbuch, § 171e Rn. 12.

durch die Verbesserung der sozialen, kulturellen, sowie bildungs- und freizeitbezogenen Infrastruktur wie Freizeithäusern und Sporteinrichtungen zu erreichen.[1856] Diese Maßnahmen der Stabilisierung und Aufwertung des Gebietes tragen zu mehr Nutzungsmischung bei.

Aspekte der Wirkung

Durch § 171e Absatz 2 Satz 2 und 3 BauGB wird die städtebauliche Situation klar umrissen, indem Satz 2 den Begriff des sozialen Missstandes und Satz 3 den Begriff des besonderen Entwicklungsbedarfs beispielhaft erläutert. Zudem wird auf die Interessen von Zielgruppen durch § 171e Absatz 5 BauGB eingegangen. Nach § 171e Absatz 5 Satz 1 BauGB sollen bei der Erstellung des Entwicklungskonzeptes und bei seiner Umsetzung die Beteiligten in geeigneter Form einbezogen und zur Mitwirkung angeregt werden. Die Beteiligten sind unter anderem die Betroffenen, hauptsächlich die in dem Gebiet wohnenden Mieter und ihre Vermieter.[1857] Diesen soll die Möglichkeit gegeben werden, die Maßnahmen zu begleiten sowie ihre eigenen Vorstellungen zu entwickeln und einzubringen.[1858] Nach § 171e Absatz 5 Satz 2 BauGB soll die Gemeinde die Beteiligten im Rahmen des Möglichen zudem fortlaufend beraten und unterstützen.

IV. Reduzierung der Flächeninanspruchnahme: Städtebauliche Entwicklungsmaßnahmen

Maßnahmen der Innenentwicklung im Zusammenhang mit der Entstehung von Gebieten auf Flächen außerhalb des Siedlungsgebietes bewirken eine Reduzierung der Flächeninanspruchnahme. Städtebauliche Entwicklungsmaßnahmen als Außenentwicklungsmaßnahmen beziehen sich auf die Entstehung neuer Ortsteile und anderer Teile des Gemeindegebiets auf Flächen außerhalb des bestehenden Siedlungsgebietes.[1859] Nach § 165 Absatz 3 Satz 1 Nr. 2 BauGB kann die Durchführung der städtebaulichen Entwicklungsmaßnahme zur Errichtung von Gemeinbedarfseinrichtungen er-

---

1856 *Roeser*, in: Berliner Kommentar zum Baugesetzbuch, § 171e Rn. 14 f.
1857 *Köhler/Möller*, in: Schrödter, Baugesetzbuch, § 171e Rn. 9 und 11.
1858 *Köhler/Möller*, in: Schrödter, Baugesetzbuch, § 171e Rn. 11.
1859 II.

forderlich sein, die der Ausstattung des neuen Wohngebietes dienen.[1860] Da sich die Nutzungsmischung lediglich auf die Integration von Gemeinbedarfseinrichtungen im neuen Gebiet beschränkt, kann dadurch eine Reduzierung der Flächeninanspruchnahme aber nur sehr geringfügig bewirkt werden.

V. Freiraumentwicklung: Städtebauliche Entwicklungsmaßnahmen

Städtebauliche Entwicklungsmaßnahmen als Außenentwicklungsmaßnahmen nach § 165 Absatz 2 BauGB beziehen sich auf Flächen außerhalb des Siedlungsgebietes. Nach § 165 Absatz 3 Satz 1 Nr. 2 BauGB kann die Durchführung der städtebaulichen Entwicklungsmaßnahme zur Errichtung von Gemeinbedarfseinrichtungen erforderlich sein. Die Gemeinbedarfseinrichtungen dienen der Ausstattung des Entwicklungsbereichs, sie müssen jedoch nicht allein den Bewohnern des Entwicklungsbereiches zugutekommen, sondern können auch einem größeren Bevölkerungskreis nützen.[1861] Auch ein Landschaftspark stellt eine Gemeinbedarfseinrichtung dar,[1862] der als Außenentwicklungsmaßnahme entstehen kann.[1863] Eine Außenentwicklungsmaßnahme zur Errichtung eines Landschaftsparks nach § 165 Absatz 2, Absatz 3 Satz 1 Nr. 2 BauGB stärkt somit die Freiraumentwicklung. Der Landschaftspark kann dem Erholungsbedürfnis der Bewohner des Entwicklungsbereiches und der umliegenden Ortsteile zugutekommen.[1864] Da Gemeinbedarfseinrichtungen regelmäßig gemeinnützigen Zwecken dienen, muss diesbezüglich, anders als bei Wohn- und Arbeitsstätten, kein erhöhter Bedarf vorliegen, ein normaler Bedarf ist daher ausreichend.[1865]

1860 *Runkel*, in: Ernst/Zinkahn/Bielenberg/Krautzberger, Baugesetzbuch, § 165 Rn. 68 ff.; *Köhler/Fieseler*, in: Schrödter, Baugesetzbuch, § 165 Rn. 26 f.; III. 3. b. cc. (3).
1861 *Runkel*, in: Ernst/Zinkahn/Bielenberg/Krautzberger, Baugesetzbuch, § 165 Rn. 68 ff.; *Köhler/Fieseler*, in: Schrödter, Baugesetzbuch, § 165 Rn. 26 f.
1862 BVerwG NVwZ 2001, 558 (559).
1863 *Schmitz*, in: Spannowsky/Uechtritz, Baugesetzbuch, § 165 Rn. 10.
1864 BVerwG NVwZ 2001, 558 (559).
1865 *Runkel*, in: Ernst/Zinkahn/Bielenberg/Krautzberger, Baugesetzbuch, § 165 Rn. 56.

VI. Renaturierung

Die Problemlage der Brachflächen kann auch durch eine Renaturierung gelöst werden, so dass diese von städtebaulichen Sanierungs- und Entwicklungsmaßnahmen sowie Stadtumbaumaßnahmen erfasst wird.

1. Städtebauliche Sanierungsmaßnahmen

Nach § 136 Absatz 3 Nr. 1 b) BauGB sind bei der Beurteilung, ob eine Substanzschwäche vorliegt, die Wohn- und Arbeitsverhältnisse oder die Sicherheit der in dem Gebiet wohnenden und arbeitenden Menschen in Bezug auf die bauliche Beschaffenheit von Gebäuden, Wohnungen und Arbeitsstätten zu berücksichtigen. Darunter fallen technische Mängel von Gebäuden.[1866] Es kann sich dabei um Brachflächen handeln, dessen Gebäudesubstanz die Sicherheitsanforderungen nicht mehr erfüllt.[1867]

Nach § 136 Absatz 4 Satz 2 Nr. 3 BauGB sollen städtebauliche Sanierungsmaßnahmen dazu beitragen, dass die Siedlungsstruktur der Bevölkerungsentwicklung entspricht. Die Bevölkerungsentwicklung hat unterschiedliche Rückwirkungen auf die Siedlungsstruktur, so dass sich daraus ergeben kann, dass nicht naturgemäße Nutzungsräume wieder beseitigt werden können.[1868] Dies kann bei einem Vorliegen von Brachflächen nach § 136 Absatz 3 Nr. 1 b) BauGB durch eine Renaturierung dieser erfolgen.

2. Stadtumbaumaßnahmen

Unter erhebliche städtebauliche Funktionsverluste können nach § 171a Absatz 2 BauGB Brachflächen fallen.[1869] Nach § 171a Absatz 3 Satz 2 Nr. 1 BauGB sollen Stadtumbaumaßnahmen dazu beitragen, dass die Siedlungsstruktur den Erfordernissen der Entwicklung der Bevölkerung angepasst wird. Die Bevölkerungsentwicklung hat unterschiedliche Rückwirkungen auf die Siedlungsstruktur, so dass die Anpassung der Siedlungsstruktur an die Erfordernisse der Entwicklung der Bevölkerung auch durch einen flä-

---

1866 Vgl. *Schmitz*, in: Spannowsky/Uechtritz, Baugesetzbuch, § 136 Rn. 38.
1867 Vgl. *Austermann*, Brachflächenreaktivierung, S. 174.
1868 Vgl. *Krautzberger*, in: Ernst/Zinkahn/Bielenberg/Krautzberger, Baugesetzbuch, § 171a Rn. 32.
1869 III. 1. b. bb. (1).

chenhaften Rückbau zu erreichen sein kann.[1870] Dies ist durch die Renaturierung von Brachflächen möglich. Gleiches gilt für § 171a Absatz 3 Satz 2 Nr. 5 BauGB, wonach einer anderen Nutzung nicht zuführbare bauliche Anlagen zurückgebaut werden sollen. Eine bauliche Anlage ist einer anderen Nutzung nicht zuführbar, wenn sie einem dauerhaften Funktionsverlust unterliegt.[1871] Dies ist dann der Fall, wenn Nachnutzungsmöglichkeiten aus wirtschaftlichen oder städtebaulichen Gründen jetzt oder in Zukunft nicht gegeben sind.[1872] Unter Rückbau ist die vollständige oder teilweise Beseitigung einer solchen baulichen Anlage zu verstehen.[1873] Möglich ist auch ein flächenhafter Rückbau.[1874] Durch 171a Absatz 3 Satz 2 Nr. 5 BauGB kann daher eine Dereliktion peripherer Stadtquartiere nebst zugehörigen Infrastruktursystemen erfolgen.[1875] Damit wird Renaturierung zur Bewältigung der Folgen von Schrumpfung wieder zu einer Option der Stadtentwicklung.[1876] Aus § 171a Absatz 4 Satz 1 Nr. 7 BauGB, nach dem innerstädtische Altbaubestände nachhaltig erhalten werden sollen, ergibt sich für § 171a Absatz 3 Satz 2 Nr. 5 BauGB, dass bei notwendigem Rückbau tendenziell die peripheren Siedlungsbereiche zurückgebaut werden sollen.[1877] Daraus folgt ein Rückbau von außen nach innen[1878] als organischer Umkehrung des Wachstums, der zu einer konzentrierten Reurbanisierung führt[1879].

Aspekte der Wirkung

Eine klare Formulierung des Zwecks der Norm erfolgt durch den Wortlaut „einer anderen Nutzung nicht zuführbare bauliche Anlagen zurückgebaut werden" in § 171a Absatz 3 Satz 2 Nr. 5 BauGB. Dadurch wird klar ausgedrückt, dass für diese baulichen Anlagen keine Perspektive einer Folgenut-

---

1870 Vgl. *Möller*, in: Schrödter, Baugesetzbuch, § 171a Rn. 13; *Krautzberger*, in: Ernst/Zinkahn/Bielenberg/Krautzberger, Baugesetzbuch, § 171a Rn. 32.
1871 *Goldschmidt*, DVBl. 2005, 81 (83).
1872 *Goldschmidt*, DVBl. 2005, 81 (83).
1873 *Goldschmidt*, DVBl. 2005, 81 (83).
1874 *Lege*, NVwZ 2005, 880 (884).
1875 Vgl. *Thiel*, Strategisches Landmanagement, S. 146 f.
1876 Vgl. *BBR*, Perspektive Flächenkreislaufwirtschaft, Band 2, S. 116.
1877 *Krautzberger*, in: Ernst/Zinkahn/Bielenberg/Krautzberger, Baugesetzbuch, § 171a Rn. 42.
1878 *Krautzberger*, in: Ernst/Zinkahn/Bielenberg/Krautzberger, Baugesetzbuch, § 171a Rn. 42.
1879 *Möller*, in: Schrödter, Baugesetzbuch, § 171a Rn. 20.

zung besteht und die Norm dadurch den Rückbau fördert. Damit kann § 171a Absatz 3 Satz 2 Nr. 5 BauGB deutlich mit der Renaturierung in Verbindung gebracht werden.
Der Stadtumbauvertrag als Instrument des Flächenmanagements durch den auf Interessen von Zielgruppen eingegangen wird[1880], kann nach § 171c Satz 2 Nr. 1 BauGB insbesondere die Durchführung des Rückbaus zum Gegenstand haben.

3. Städtebauliche Entwicklungsmaßnahmen

Einer durchgreifenden Neuordnung durch städtebauliche Entwicklungsmaßnahmen als Innenentwicklungsmaßnahmen nach § 165 Absatz 2 BauGB bedürfen vor allem brachliegende Gebiete.[1881] Nach § 165 Absatz 3 Satz 1 Nr. 2 BauGB kann die Durchführung der städtebaulichen Entwicklungsmaßnahme zur Wiedernutzung brachliegender Flächen erforderlich sein, wobei die Wiedernutzung ausdrücklich offen für neue Nutzungsformen ist[1882]. Damit können Brachflächen auch für Ausgleichsmaßnahmen der Bodenentsiegelung und anschließenden Begrünung genutzt werden.[1883]

VII. Aspekte der Wirkung im besonderen Städtebaurecht

Regelungen zum Sanierungsverfahren und Umgang mit Betroffenen sowie die Städtebauförderung enthalten Aspekte der Wirkung, die alle oder eine Vielzahl der für die Maßnahmen nachhaltiger Flächennutzung zur Reduzierung der Flächeninanspruchnahme relevanten Normen des besonderen Städtebaurechts erfassen.

1880 Stadtumbauvertrag III. 1. b. bb. (4).
1881 Vgl. *Runkel*, in: Ernst/Zinkahn/Bielenberg/Krautzberger Baugesetzbuch, § 165 Rn. 34; *Mitschang*, in: Battis/Krautzberger/Löhr, Baugesetzbuch, § 165 Rn. 11; III. 1. b. cc.
1882 *Runkel*, in: Ernst/Zinkahn/Bielenberg/Krautzberger Baugesetzbuch, § 165 Rn. 76; *Austermann*, Brachflächenreaktivierung, S. 180.
1883 *Runkel*, in: Ernst/Zinkahn/Bielenberg/Krautzberger, Baugesetzbuch, § 165 Rn. 76.

1. Sanierungsverfahren und Umgang mit Betroffenen

Das Sanierungsverfahren gliedert sich in die zwei Hauptphasen: die Vorbereitung nach § 140 BauGB und die Durchführung nach § 146 BauGB.[1884] Die Vorbereitung umfasst eine Vielzahl von Einzelmaßnahmen wie beispielsweise der Bestimmung der Ziele und Zwecke der Sanierung. Die Durchführung erfolgt sodann durch Ordnungsmaßnahmen nach § 147 BauGB und Baumaßnahmen nach § 148 BauGB. Die Vorschriften über das Sanierungsverfahren sind nach § 169 BauGB für städtebauliche Entwicklungsmaßnahmen überwiegend entsprechend anzuwenden.[1885] Eine wichtige Abweichung für die Durchführung enthalten § 166 Absatz 3 BauGB über den Erwerb der Grundstücke im städtebaulichen Entwicklungsbereich durch die Gemeinde.[1886] Für städtebauliche Sanierungs- und Entwicklungsmaßnahmen bestehen somit klare Verhaltensanweisungen.

§ 137 BauGB regelt die Beteiligung und Mitwirkung der Betroffenen bei der Sanierung. Er hat eine Kooperation zum Inhalt und ist damit ein Instrument des Flächenmanagements. Zudem kann die Gemeinde dadurch auf Interessen von Zielgruppen eingehen. Nach § 137 Satz 1 BauGB soll die Sanierung mit den Eigentümern, Mietern, Pächtern und sonstigen Betroffenen möglichst frühzeitig erörtert werden. Die Betroffenheit ergibt sich aus einem unmittelbaren Bezug privater Belange zum förmlich festgelegten oder in Aussicht genommenen Sanierungsgebiet.[1887] In § 137 Satz 1 BauGB sind als Betroffene Eigentümer, Mieter und Pächter beispielhaft genannt.[1888] Die Erörterung umfasst das Unterrichten und das Anhören der Betroffenen, so dass die Gemeinde mit ihnen einen Dialog führen soll.[1889] Dieser ist möglichst frühzeitig und damit bereits in der Vorbereitungsphase zu beginnen und in der Durchführungsphase fortzusetzen.[1890] Nach § 137 Satz 2 BauGB sollen die Betroffenen zur Mitwirkung bei der Sanierung und zur Durchführung der erforderlichen baulichen Maßnahmen angeregt und hierbei im Rahmen des Möglichen beraten werden. Dies dient der Mobilisierung der Betroffenen, an der Sanierung und ihrem gesamten

---

1884 *Battis*, Öffentliches Baurecht und Raumordnungsrecht, S. 148.
1885 *Battis*, Öffentliches Baurecht und Raumordnungsrecht, S. 157.
1886 *Battis*, Öffentliches Baurecht und Raumordnungsrecht, S. 157.
1887 *Schmitz*, in: Spannowsky/Uechtritz, Baugesetzbuch, § 137 Rn. 2.
1888 *Schmitz*, in: Spannowsky/Uechtritz, Baugesetzbuch, § 137 Rn. 2.1.
1889 *Schmitz*, in: Spannowsky/Uechtritz, Baugesetzbuch, § 137 Rn. 5; *Köhler/Fieseler*, in: Schrödter, Baugesetzbuch, § 137 Rn. 2.
1890 *Schmitz*, in: Spannowsky/Uechtritz, Baugesetzbuch, § 137 Rn. 4.

Verfahrensablauf freiwillig mitzuwirken.[1891] Die Gemeinde erhält auf diese Weise für die Abwägung nach § 136 Absatz 4 Satz 3 BauGB von den Belangen der Betroffenen Kenntnis.[1892] § 137 BauGB ist auf die städtebaulichen Entwicklungsmaßnahmen nach § 169 Absatz 1 Nr. 1 BauGB, auf Stadtumbaumaßnahmen nach § 171b Absatz 3 BauGB und auf Maßnahmen der sozialen Stadt nach § 171e Absatz 4 Satz 1 BauGB entsprechend anwendbar. Ein Eingehen auf die Interessen von Zielgruppen wird des Weiteren durch den Sozialplan nach § 180 BauGB[1893] und den Härteausgleich nach § 181 BauGB gewährleistet, der für städtebauliche Sanierungs-, Entwicklungs- und Stadtumbaumaßnahmen gilt.

2. Städtebauförderung

Zum Flächenmanagement gehören ökonomische Instrumente. Die Städtebauförderung nach §§ 164a, 164b BauGB zielt auf ökonomische Anreize für die Gemeinden und stellt damit ein Instrument des Flächenmanagements dar. Dadurch werden zudem die finanziellen Ressourcen der Gemeinde geschont. Die Städtebauförderung ist zunächst auf städtebauliche Sanierungsmaßnahmen bezogen. Sie ist auf die Finanzierung von städtebaulichen Entwicklungsmaßnahmen nach § 169 Absatz 1 Nr. 9 BauGB, von Stadtumbaumaßnahmen nach § 171b Absatz 4 BauGB und von Maßnahmen der Sozialen Stadt nach § 171e Absatz 5 Satz 1 BauGB aber entsprechend anwendbar.

Nach § 164a Absatz 1 Satz 1 BauGB werden zur Deckung der Kosten der einheitlichen Vorbereitung und zügigen Durchführung der städtebaulichen Sanierungsmaßnahme als Einheit und damit als Gesamtmaßnahme Finanzierungs- und Förderungsmittel, die Städtebauförderungsmittel, eingesetzt. Finanzierungsmittel sind die Einnahmen der Gemeinde, die ihr aus anderen öffentlichen Haushalten gewährt werden.[1894] Förderungsmittel sind Mittel aus dem Haushalt der Gemeinde, die von ihr selbst aufgebracht werden.[1895]

1891 *Schmitz*, in: Spannowsky/Uechtritz, Baugesetzbuch, § 137 Rn. 12.
1892 Vgl. *Köhler/Fieseler*, in: Schrödter, Baugesetzbuch, § 137 Rn. 11; Sanierungsrechtliches Abwägungsgebot III. 1. b. aa. (4).
1893 Siehe auch III. 1. b. aa. (5).
1894 *Köhler/Fieseler*, in: Schrödter, Baugesetzbuch, § 164a Rn. 3.
1895 *Köhler/Fieseler*, in: Schrödter, Baugesetzbuch, § 164a Rn. 3.

Nach § 164b Absatz 1 Satz 1 BauGB kann der Bund zur Förderung städtebaulicher Sanierungsmaßnahmen den Ländern nach Maßgabe des jeweiligen Haushaltsgesetzes nach Art. 104b GG Finanzhilfen für Investitionen der Gemeinden und Gemeindeverbände nach einem in gleicher Weise geltenden, allgemeinen und sachgerechten Maßstab gewähren. Art. 104b Absatz 1 Satz 1 GG besagt, dass der Bund, soweit das Grundgesetz ihm Gesetzgebungsbefugnisse verleiht, den Ländern Finanzhilfen für besonders bedeutsame Investitionen der Länder und der Gemeinden und Gemeindeverbände gewähren kann, die zur Abwehr einer Störung des gesamtwirtschaftlichen Gleichgewichts oder zum Ausgleich unterschiedlicher Wirtschaftskraft im Bundesgebiet oder zur Förderung des wirtschaftlichen Wachstums erforderlich sind. § 164b Absatz 1 Satz 1 BauGB gibt dem Bund damit die Möglichkeit, sich durch die Gewährung von Finanzhilfen an die Länder an der Sanierung zu beteiligen.[1896] Durch die Formulierung „kann" ergibt sich für den Bund daraus aber keine Verpflichtung.[1897] Nach § 164b Absatz 1 Satz 2 BauGB werden der Maßstab und das Nähere für den Einsatz der Finanzhilfen durch Verwaltungsvereinbarung zwischen Bund und Ländern festgelegt. Die Verwaltungsvereinbarungen enthalten keine für die Gemeinden unmittelbar geltenden Rechtssätze und bedürfen daher der Umsetzung durch Förderrichtlinien der Länder.[1898]

§ 164b Absatz 2 BauGB enthält Schwerpunkte für den Einsatz der Finanzhilfen, so dass Länder und Gemeinden an diese Schwerpunktsetzung gebunden sind, sobald sie die Finanzierungshilfen des Bundes in Anspruch nehmen.[1899] Durch die Formulierung „Schwerpunkt" schließt die Vorschrift nicht aus, dass dabei auch andere förderungsfähige Sanierungsaufgaben erfüllt werden.[1900] Es ist deshalb ausreichend, wenn die Mehrzahl der Maßnahmen einem oder mehreren in den Schwerpunkten normierten Zielen entspricht.[1901] Da der Gesetzgeber durch die Schwerpunkte verdeutlicht, was er für besonders wichtig hält, haben sie eine städtebauliche Leitbildfunktion.[1902] Die Schwerpunkte beziehen sich auch auf Maßnahmen der nachhaltigen Flächennutzung zur Reduzierung der Flächeninanspruchnahme.

1896 *Schmitz,* in: Spannowsky/Uechtritz, Baugesetzbuch, § 164b Rn. 3.
1897 *Schmitz,* in: Spannowsky/Uechtritz, Baugesetzbuch, § 164b Rn. 3.
1898 *Köhler/Fieseler,* in: Schrödter, Baugesetzbuch, § 164b Rn. 10.
1899 *Schmitz,* in: Spannowsky/Uechtritz, Baugesetzbuch, § 164b Rn. 14.
1900 *Schmitz,* in: Spannowsky/Uechtritz, Baugesetzbuch, § 164b Rn. 14.
1901 *Schmitz,* in: Spannowsky/Uechtritz, Baugesetzbuch, § 164b Rn. 14.
1902 *Köhler/Fieseler,* in: Schrödter, Baugesetzbuch, § 164b Rn. 11.

Nach § 164b Absatz 2 Nr. 1 BauGB ist die Stärkung von Innenstädten und Ortsteilzentren in ihrer städtebaulichen Funktion unter besonderer Berücksichtigung des Wohnungsbaus sowie der Belange des Denkmalschutzes und der Denkmalpflege ein Schwerpunkt. Einer Schwächung von Innenzentren und Ortsteilzentren kann durch Handel, Wohnen, kulturelle Einrichtungen und weitere zentrale Nutzungen[1903] und damit durch eine Nutzungsmischung[1904] entgegengewirkt werden. § 164b Absatz 2 Nr. 1 BauGB bewirkt damit für die Nutzungsmischung eine Ressourcenschonung der Gemeinden. Nach § 164b Absatz 2 Nr. 2 BauGB ist die Wiedernutzung von Flächen, insbesondere der in Innenstädten brachliegenden Industrie-, Konversions- oder Eisenbahnflächen, zur Errichtung von Wohn- und Arbeitsstätten, Gemeinbedarfs- und Folgeeinrichtungen unter Berücksichtigung ihrer funktional sinnvollen Zuordnung, der Nutzungsmischung, sowie von umweltschonenden, kosten- und flächensparenden Bauweisen ein weiterer Schwerpunkt. § 164b Absatz 2 Nr. 2 BauGB bezieht sich auf nicht mehr genutzte Flächen und nennt beispielhaft brachliegende Industrie-, Konversions- oder Eisenbahnflächen.[1905] Für die darauffolgende Nutzung soll eine Nutzungsmischung angestrebt werden.[1906] Eine flächensparende Bauweise ist durch die Einsparung von Fläche und damit durch die Ausschöpfung des Potentials der Höhe, des Untergrundes und der Fläche zu erreichen.[1907] § 164b Absatz 2 Nr. 2 BauGB bewirkt damit für die Mobilisierung von Brachflächen, für die Ausschöpfung des Potentials der Höhe, des Untergrundes und der Fläche sowie für die Nutzungsmischung eine Ressourcenschonung der Gemeinden. Dabei kann durch den Wortlaut „Wiedernutzung von Flächen" und „brachliegenden" leicht auf die Mobilisierung von Brachflächen geschlossen werden. Die Nutzungsmischung wird in der Vorschrift zudem ausdrücklich erwähnt. Nach § 164b Absatz 2 Nr. 3 BauGB sind städtebauliche Maßnahmen zur Behebung des Weiteren soziale Missstände ebenfalls ein Schwerpunkt. Soziale Missstände können unter anderem durch mehr Nutzungsmischung behoben werden,[1908] so dass § 164b Absatz 2 Nr. 3 BauGB damit ebenfalls für die Nutzungsmischung eine Ressourcenschonung der Gemeinden bewirkt.

1903 *Schmitz*, in: Spannowsky/Uechtritz, Baugesetzbuch, § 164b Rn. 16.2.
1904 *Köhler/Fieseler*, in: Schrödter, Baugesetzbuch, § 164b Rn. 13.
1905 *Köhler/Fieseler*, in: Schrödter, Baugesetzbuch, § 164b Rn. 14.
1906 *Köhler/Fieseler*, in: Schrödter, Baugesetzbuch, § 164b Rn. 15.
1907 Vgl. *Schmitz*, in: Spannowsky/Uechtritz, Baugesetzbuch, § 164b Rn. 19.4; *Köhler/Fieseler*, in: Schrödter, Baugesetzbuch, § 164b Rn. 18.
1908 III. 3. b. cc. (4).

Dritter Teil: Untersuchungsergebnis

Der aktuelle Beitrag des Bauplanungsrechtes zur Problemlösung der Flächeninanspruchnahme soll hier zusammengefasst dargestellt werden.

I. Entwicklung des Bauplanungsrechts

Durch das Bauplanungsrecht werden städtebauliche Leitbilder realisiert.[1909] Einige bauplanungsrechtliche Normen beziehen sich noch auf die Flächeninanspruchnahme fördernde städtebauliche Leitbilder vor 1960.[1910] So besteht ein Zusammenhang zwischen der Gebietstypik der Baunutzungsverordnung von 1962 und dem städtebaulichen Leitbild der gegliederten und aufgelockerten Stadt.[1911] Aktuelles städtebauliches Leitbild ist das Leitbild der nachhaltigen Siedlungsentwicklung, das den Maßnahmen nachhaltiger Flächennutzung zur Reduzierung der Flächeninanspruchnahme zugutekommt. Somit ist auch in den Novellen des Bauplanungsrechts seit 1998 eine Tendenz hin zur Förderung dieser Maßnahmen zu erkennen.

Durch das Gesetz zur Änderung des Baugesetzbuches und der Neuregelung des Rechts der Raumordnung von 1998 wurden der Grundsatz der Nachhaltigkeit und die Bodenschutzklausel eingeführt.[1912] Das Europarechtsanpassungsgesetz Bau von 2004 ermöglichte sodann, Nutzungen von Fläche nur befristet oder auflösend bedingt festzusetzen,[1913] und integrierte zudem den Stadtumbau in das Bauplanungsrecht.[1914] Das Gesetz zur Erleichterung von Planungsvorhaben für die Innenentwicklung der Städte von 2006 führte den Bebauungsplan der Innenentwicklung ein[1915] sowie

---

1909 Vgl. *Krautzberger*, in: Bundesministerium für Verkehr, Bau und Stadtentwicklung, Berliner Gespräche, Band 2, S. 54; *Endlicher*, Einführung in die Stadtökologie, S. 24.
1910 Vgl. *Heitfeld-Hagelgans*, in: Bundesministerium für Verkehr, Bau und Stadtentwicklung, Berliner Gespräche, Band 2, S. 107.
1911 Vgl. *Heitfeld-Hagelgans*, in: Bundesministerium für Verkehr, Bau und Stadtentwicklung, Berliner Gespräche, Band 2, S. 107.
1912 BGBl. I 1997/59, S. 2085.
1913 BGBl. I 2004/31, S. 1367.
1914 BGBl. I 2004/31, S. 1374 f.
1915 BGBl. I 2006/64, S. 3317 f.

Festsetzungsmöglichkeiten zur Sicherung zentraler Versorgungsbereiche[1916]. Auf Innenentwicklung bezog sich das Gesetz zur Stärkung der Innenentwicklung in den Städten und Gemeinden und weiteren Fortentwicklung des Städtebaurechts von 2013 und führte unter anderem das Planungsziel des Vorranges der Innenentwicklung ein.[1917] Ein ausdrückliches Ziel dieses Gesetzes ist es, durch die Stärkung der Innenentwicklung der Städte und Gemeinden eine Neuinanspruchnahme von Flächen auf der „Grünen Wiese" weitestgehend zu vermeiden.[1918] Auch das Gesetz zur Umsetzung der Richtlinie 2014/52/EU im Städtebaurecht und zur Stärkung des neuen Zusammenlebens in der Stadt von 2017 achtete durch den neuen Baugebietstyp „Urbanes Gebiet" [1919] und durch die Integration des Belanges Fläche in die Planungsleitlinien[1920] auf eine Reduzierung der Flächeninanspruchnahme.

Seit der BauGB-Novelle 2013 hat der Gesetzgeber überwiegend Änderungen des Bauplanungsrechts vorgenommen, die den Maßnahmen nachhaltiger Flächennutzung zur Reduzierung der Flächeninanspruchnahme entgegenkommen. Mit Einführung des § 35 Absatz 4 Satz 2 BauGB durch die BauGB-Novelle 2013 hat der Gesetzgeber jedoch den Strukturwandel in der Landwirtschaft für gewichtiger erachtet, als eine Reduzierung der Flächeninanspruchnahme.[1921] Die Einführung des § 246 Absatz 9 BauGB durch das Gesetz über Maßnahmen im Bauplanungsrecht zur Erleichterung der Unterbringung von Flüchtlingen von 2014[1922] und § 246 Absatz 13 BauGB durch das Asylverfahrensbeschleunigungsgesetz von 2015[1923], die sich gegen eine Reduzierung der Flächeninanspruchnahme richten, dient der Bereitstellung von Flüchtlingsunterkünften. Die Einbeziehung von Außenbereichsflächen in das beschleunigte Verfahren durch die BauGB-Novelle 2017 erleichtert den Wohnungsbau.[1924] Dieser wurde vom Gesetzgeber bereits ohne das Kriterium eines dringenden Wohnbedarfs

---

1916 BGBl. I 2006/64, S. 3317.
1917 BGBl. I 2013/29, S. 1548; BT-Drucks. 17/11468, S. 9.
1918 BT-Drucks. 17/11468, S. 1.
1919 BGBl. I 2017/25, S. 1062.
1920 BGBl. I 2017/25, S. 1057.
1921 Vgl. BT-Drucks. 17/11468, S. 15; Damit widerspricht § 35 Absatz 4 Satz 2 BauGB der Zielsetzung der BauGB-Novelle 2013. Siehe BT-Drucks. 17/11468, S. 22 f.; BT-Drucks. 17/13272, S. 10; BR-Drucks. 317/13, S. 1.
1922 BGBl. I 2014/53, S. 1748.
1923 BGBl. I 2015/40, S. 1731.
1924 BT-Drucks. 18/10942, S. 32 f.

oder eines sozialen Wohnungsbaus als gewichtiger bewertet, als eine Reduzierung der Flächeninanspruchnahme.[1925]

II. Zusammenfassung der bauplanungsrechtlichen Normen: Maßnahmen

Bauplanungsrechtliche Normen, die sich auf Maßnahmen nachhaltiger Flächennutzung zur Reduzierung der Flächeninanspruchnahme beziehen, treffen Aussagen, inwiefern eine Reduzierung der Flächeninanspruchnahme in das Bauplanungsrecht „übersetzt" ist.

1. Direkte Unterlassung der Flächeninanspruchnahme

Für die direkte Unterlassung der Flächeninanspruchnahme ist § 35 BauGB die Hauptnorm. In der Bauleitplanung bestehen hingegen lediglich Grenzen, da sie eine Freihaltung von Flächen von Bebauung um der Fläche selber willen nicht vorsieht. Die Abwägung enthält sowohl Regelungen, die diese Grenzen stärken als auch schwächen. Im besonderen Städtebaurecht begrenzen städtebauliche Entwicklungsmaßnahmen als Außenentwicklungsmaßnahmen die direkte Unterlassung der Flächeninanspruchnahme.

Bauleitplanung	
§ 1 Absatz 1 BauGB	Grenze
§ 5 Absatz 2 Nr. 1 i. V. m. § 1 Absatz 1 und 2 BauNVO	Realisierung der Grenze
§ 9 Absatz 1 Nr. 1 Alt. 1 BauGB i. V. m. § 1 Absatz 2, Absatz 3 Satz 1 BauNVO	Realisierung der Grenze
§ 5 Absatz 2 Nr. 3 BauGB	Realisierung der Grenze
Abwägung	
§ 1 Absatz 5 Satz 1 BauGB	Schwächung der Grenze
§ 1 Absatz 5 Satz 2 BauGB	Schwächung der Grenze
§ 1 Absatz 6 Nr. 7 a), c), i) BauGB	Schwächung der Grenze
§ 1 Absatz 6 Nr. 2 BauGB	Stärkung der Grenze
§ 1 Absatz 6 Nr. 8 a) BauGB	Stärkung der Grenze
§ 1 Absatz 6 Nr. 4 BauGB	Stärkung der Grenze
§ 1 Absatz 5 Satz 2, Absatz 6 Nr. 5 BauGB	Schwächung der Grenze
§ 1 Absatz 7 BauGB (Offenheit der Planung)	Schwächung der Grenze

---

1925 Vgl. *Deutsches Institut für Urbanistik*, Planspiel 2017, S. 72 f.

§ 1 Absatz 5 Satz 3 BauGB	Schwächung der Grenze
§ 1a Absatz 2 Satz 1 und 2 BauGB	Schwächung der Grenze
§ 1a Absatz 3 Satz 1 BauGB	Schwächung der Grenze
§ 1 Absatz 6 Nr. 7 b) BauGB	Schwächung der Grenze
§ 1 Absatz 6 Nr. 7 g) BauGB	Schwächung der Grenze
§ 1a Absatz 4 BauGB i. V. m. §§ 32 ff. BNatSchG	Schwächung der Grenze
§ 1 Absatz 6 Nr. 8 b) BauGB, § 1a Absatz 2 Satz 2 BauGB	Schwächung der Grenze
Planungsersatzvorschriften	
§ 35 BauGB	Förderung
§ 34 Absatz 1 Satz 1 BauGB	Abgrenzung der Förderung
§ 34 Absatz 4 Satz 1 Nr. 2 und 3 BauGB	Abgrenzung der Förderung
§ 35 Absatz 1 und 2 BauGB	Grenze
§ 35 Absatz 3 BauGB	Abbau der Grenze
§ 35 Absatz 3 Satz 1 Nr. 7 BauGB	Abbau der Grenze
§ 35 Absatz 4 BauGB (§ 246 Absatz 9, Absatz 13 Satz 1 BauGB)	Wiederaufbau der Grenze
§ 35 Absatz 6 Satz 1 BauGB	Wiederaufbau der Grenze
§ 35 Absatz 6 Satz 4 BauGB	Abbau der Grenze
Besonderes Städtebaurecht	
§ 165 Absatz 2, Absatz 3 Satz 1 Nr. 2 BauGB (Außenentwicklungsmaßnahme: erhöhter Bedarf an Wohn- und Arbeitsstätten)	Grenze
§ 165 Absatz 3 Satz 2 BauGB	Abbau der Grenze

2. Innenentwicklung

Zahlreiche Vorschriften der Abwägung fördern die indirekte Unterlassung der Flächeninanspruchnahme durch Innenentwicklung. Greifen Planungsersatzvorschriften, so ist für die Innenentwicklung das Einfügungsgebot relevant. Auf die Rangfolge der einzelnen Maßnahmen wird im Bauplanungsrecht nicht eingegangen.

Dritter Teil: Untersuchungsergebnis

Bauleitplanung	
Abwägung	
§ 1 Absatz 5 Satz 1 und 2 BauGB	Stärkung der Förderung Schwächung der Grenzen
§ 1 Absatz 6 Nr. 7 a), c), i) BauGB	Stärkung der Förderung Schwächung der Grenzen
§ 1 Absatz 7 BauGB (Offenheit der Planung)	Stärkung der Förderung Schwächung der Grenzen
§ 1 Absatz 5 Satz 3 BauGB	Stärkung der Förderung Schwächung der Grenzen
§ 1 Absatz 6 Nr. 4 BauGB	Stärkung der Förderung Schwächung der Grenzen
§ 1a Absatz 2 Satz 1 und 2 BauGB	Stärkung der Förderung Schwächung der Grenzen
§ 1a Absatz 3 Satz 1 BauGB	Stärkung der Förderung Schwächung der Grenzen
Planungsersatzvorschriften	
§ 34 Absatz 1 Satz 1 BauGB	Einfluss
Besonderes Städtebaurecht	
Keine relevanten Regelungen	

3. Nutzungskoordination, Nutzungsintensivierung und Mehrfachnutzung

Auf Nutzungskoordination, Nutzungsintensivierung und Mehrfachnutzung geht das Bauplanungsrecht kaum ein. Durch das Einfügungsgebot werden diese Maßnahmen beeinflusst. Zudem kann eine Gemeinde die Nutzungsintensivierung durch Festsetzungen begrenzen.

Bauleitplanung	
§ 9 Absatz 1 Nr. 6 BauGB	Grenze für die Nutzungsintensivierung
Abwägung	
§ 1 Absatz 6 Nr. 2 BauGB	Einfluss auf die Grenze
Planungsersatzvorschriften	
§ 34 Absatz 1 Satz 1 BauGB	Einfluss
Besonderes Städtebaurecht	
Keine aussagekräftigen Regelungen	

4. Folgenutzung

Die Folgenutzung wird durch das Bauplanungsrecht mit Hilfe von Darstellungen und Festsetzungen, der Abwägung, der Ausnahmen vom Einfügungsgebot und der Erhaltungssatzung intensiv gefördert. Zudem können für Zwischennutzungen Festsetzungen und Stadtumbaumaßnahmen herangezogen werden. Die Mobilisierung von Brachflächen wird durch das besondere Städtebaurecht sehr begünstigt.

Bauleitplanung	
§ 5 Absatz 2 Nr. 1 BauGB i. V. m. § 1 Absatz 1 und 2 BauNVO	Förderung
§ 9 Absatz 1 Nr. 1 Alt. 1 BauGB i. V. m. § 1 Absatz 2, Absatz 3 Satz 1 BauNVO	Förderung
§ 1 Absatz 10 BauNVO	Unterstützung der Förderung
Unterfall: Zwischennutzung	
§ 9 Absatz 2 Satz 1 BauGB	Förderung
Abwägung	
§ 1 Absatz 6 Nr. 5 BauGB	Stärkung der Förderung
§ 1 Absatz 6 Nr. 10 BauGB	Stärkung der Förderung
Planungsersatzvorschriften	
§ 34 Absatz 1 Satz 1 BauGB	Einfluss
§ 34 Absatz 3a Satz 1 BauGB (§ 246 Absatz 8 BauGB)	Förderung
Besonderes Städtebaurecht	
§ 172 Absatz 1 Satz 1 Nr. 1 BauGB	Förderung
Unterfall: Mobilisierung von Brachflächen	
§ 136 Absatz 3 Nr. 1 e), 2 b) und c), Absatz 4 Satz 2 Nr. 3 und 4 BauGB	Förderung
§ 136 Absatz 5 Satz 3 BauGB	Abbau der Förderung
§ 171a Absatz 2, Absatz 3 Satz 2 Nr. 3, 4, 6 und 7 BauGB	Förderung
§ 171b Absatz 2 Satz 2 BauGB	Abbau der Förderung
§ 165 Absatz 2, Absatz 3 Satz 1 Nr. 2 BauGB (Innenentwicklungsmaßnahme: Wiedernutzung brachliegender Flächen)	Förderung
Unterfall: Zwischennutzung	
§ 171a Absatz 2, Absatz 3 Satz 2 Nr. 6 BauGB	Förderung

5. Nachverdichtung

Auf die Ausschöpfung des Potentials der Höhe hat das Einfügungsgebot Einfluss. In der Bauleitplanung bestehen für diese Maßnahme Grenzen, die durch die Abwägung nochmals verstärkt werden. Diese Grenzen müssen im Zusammenhang mit dem Einfügungsgebot betrachtet werden. Ist die bereits vorhandene Baustruktur nicht nachhaltig, so wirkt das Einfügungsgebot auf die Ausschöpfung des Potentials der Höhe hemmend. Durch Bauleitplanung kann die Gemeinde jedoch auf die vorhandene Baustruktur Einfluss nehmen. Im Verhältnis zum Einfügungsgebot kann eine Gemeinde somit durch Darstellungen und Festsetzungen die Ausschöpfung des Potentials der Höhe fördern. Maßnahmen in Richtung einer Ausschöpfung des Potentials des Untergrundes werden durch Festsetzungen zur überbaubaren Grundstücksfläche ermöglicht. Darüber hinaus enthält die Bauleitplanung für diese Maßnahmen Grenzen. Sehr aussagekräftig ist die Bauleitplanung hinsichtlich der Ausschöpfung des Potentials der Fläche. Es dominieren die Grenzen, wobei auch hier das Verhältnis zum Einfügungsgebot zu berücksichtigen ist. Gleiches gilt für die zahlreichen Regelungen im Bauplanungsrecht zur Nachverdichtung insgesamt. Das besondere Städtebaurecht erfasst die Nachverdichtung als Problemlage, enthält jedoch auch begünstigende Regelungen.

Ausschöpfung des Potentials der Höhe	
Bauleitplanung	
§ 5 Absatz 2 Nr. 1 BauGB i. V. m. §§ 16 Absatz 1, 18 BauNVO	Grenze
§ 9 Absatz 1 Nr. 1 Alt. 2 BauGB i. V. m. §§ 16 Absatz 2 Nr. 4, 18 BauNVO	Grenze
§ 16 Absatz 3 Nr. 2 BauNVO	Unterstützung der Grenze
§ 16 Absatz 4 BauNVO	Abbau der Grenze
§ 9 Absatz 1 Nr. 1 Alt. 2 BauGB i. V. m. §§ 16 Absatz 2 Nr. 3, 20 Absatz 1 BauNVO	Grenze
§ 16 Absatz 3 Nr. 2 BauNVO	Unterstützung der Grenze
§ 16 Absatz 4 BauNVO	Abbau der Grenze
§ 16 Absatz 6 BauNVO	Abbau der Grenze
§ 21a Absatz 1 BauNVO	Abbau der Grenze
§ 9 Absatz 3 Satz 1 BauGB	Einfluss
Abwägung	
§ 1 Absatz 5 Satz 1 und 2 BauGB	Stärkung der Grenze
§ 1 Absatz 6 Nr. 7 a), c), i) BauGB	Stärkung der Grenze

Dritter Teil: Untersuchungsergebnis

Planungsersatzvorschriften	
§ 34 Absatz 1 Satz 1 BauGB	Einfluss
§ 34 Absatz 3a Satz 1 BauGB	Förderung
Besonderes Städtebaurecht	
Keine aussagekräftigen Regelungen	

Ausschöpfung des Potentials des Untergrunds	
Bauleitplanung	
§ 9 Absatz 3 Satz 1 BauGB	Einfluss
§ 19 Absatz 4 Satz 1 Nr. 3 BauNVO	Grenze
§ 19 Absatz 4 Satz 2 bis 4 BauNVO	Abbau der Grenze
§ 21a Absatz 3 BauNVO	Abbau der Grenze
§ 9 Absatz 1 Nr. 2 BauGB i. V. m. § 23 Absatz 1 Satz 1 BauNVO	Förderung
§ 23 Absatz 1 Satz 2 BauNVO i. V. m. § 16 Absatz 5 BauNVO	Förderung
§ 16 Absatz 5 BauNVO	Grenze
Abwägung	
§ 1 Absatz 5 Satz 1 und 2 BauGB	Stärkung der Grenze
§ 1 Absatz 6 Nr. 7 a), c), i) BauGB	Stärkung der Grenze
Planungsersatzvorschriften	
Keine aussagekräftigen Regelungen	
Besonderes Städtebaurecht	
Keine aussagekräftigen Regelungen	

Ausschöpfung des Potentials der Fläche	
Bauleitplanung	
§§ 5 Absatz 2 Nr. 5, 9 Absatz 1 Nr. 15 BauGB	Grenze
§§ 5 Absatz 2 Nr. 10, 9 Absatz 1 Nr. 20 BauGB	Grenze
§ 5 Absatz 2 Nr. 2 c) BauGB	Grenze
§ 9 Absatz 1 Nr. 10, 25 BauGB	Unterstützung der Grenze
§ 9 Absatz 1 Nr. 1 Alt. 2 BauGB i. V. m. §§ 16 Absatz 2 Nr. 1, Absatz 3 Nr. 1, 19 Absatz 1 und 2 BauNVO	Grenze
§ 19 Absatz 4 Satz 1 Nr. 1 und 2 BauGB	Unterstützung der Grenze
§ 19 Absatz 4 Satz 2 bis 4 BauNVO	Abbau der Grenze
§ 21a Absatz 3 BauNVO	Abbau der Grenze
§ 17 Absatz 1 BauNVO	Unterstützung der Grenze
§ 17 Absatz 2 Satz 1 BauNVO	Abbau der Grenze

Dritter Teil: Untersuchungsergebnis

§ 21a Absatz 2 BauNVO	Abbau der Grenze
§ 9 Absatz 1 Nr. 2 BauGB i. V. m. § 23 BauNVO	Grenze
§ 9 Absatz 1 Nr. 2 BauGB i. V. m. § 22 Absatz 1 und 2 BauNVO	Grenze
§ 9 Absatz 1 Nr. 2 BauGB i. V. m. § 22 Absatz 1 und 3 BauNVO	Förderung
§ 9 Absatz 1 Nr. 2a BauGB	Einfluss
§ 9 Absatz 1 Nr. 3 BauGB	Förderung und Grenze
Abwägung	
§ 1a Absatz 3 Satz 3 BauGB, § 200a Satz 2 BauGB	Stärkung der Förderung Schwächung der Grenze
§ 1 Absatz 5 Satz 1 und 2 BauGB	Stärkung der Grenze
§ 1 Absatz 6 Nr. 7 a), c), i) BauGB	Stärkung der Grenze
§ 1a Absatz 2 Satz 1 BauGB	Schwächung der Förderung Stärkung der Grenze
Planungsersatzvorschriften	
§ 34 Absatz 1 Satz 1 BauGB	Einfluss
§ 34 Absatz 3a Satz 1 BauGB	Förderung
§ 35 BauGB	Grenze
§ 34 Absatz 1 Satz 1 BauGB	Abgrenzung der Grenze
Besonderes Städtebaurecht	
§ 136 Absatz 3 Nr. 1 g) und Nr. 2 c), Absatz 4 Satz 2 Nr. 3 BauGB	Grenze
§ 171a Absatz 2, Absatz 3 Satz 1 Nr. 2 BauGB	Grenze
§ 136 Absatz 3 Nr. 1 a), Absatz 4 Satz 2 Nr. 3 BauGB	Grenze
§ 136 Absatz 3 Nr. 1 e), Nr. 2 b) und c), Absatz 4 Satz 2 Nr. 3 und 4 BauGB	Förderung
§ 171a Absatz 2, Absatz 3 Satz 2 Nr. 1, 3 und 6 BauGB	Förderung
§ 165 Absatz 2, Absatz 3 Satz 1 Nr. 2 BauGB (Innenentwicklungsmaßnahme: Wiedernutzung brachliegender Flächen)	Förderung

	Ausschöpfung des Potentials der Höhe, des Untergrundes und der Fläche
Bauleitplanung	
§ 5 Absatz 2 Nr. 1 BauGB i. V. m. §§ 16 Absatz 1, 20 Absatz 2 BauNVO	Grenze
§ 9 Absatz 1 Nr. 1 Alt. 2 BauGB i. V. m. §§ 16 Absatz 2 Nr. 2, 20 Absatz 2 BauNVO	Grenze
§ 20 Absatz 3 Satz 2 BauNVO	Unterstützung der Grenze (Höhe und Untergrund)
§ 17 Absatz 1 BauNVO	Unterstützung der Grenze
§ 17 Absatz 2 Satz 1 BauNVO	Abbau der Grenze
§ 16 Absatz 4 Satz 1 BauNVO	Abbau der Grenze
§ 20 Absatz 4 BauNVO	Abbau der Grenze
§ 21a Absatz 4 und 5 BauNVO	Abbau der Grenze
§ 5 Absatz 2 Nr. 1 BauGB i. V. m. §§ 16 Absatz 1, 21 Absatz 1 BauNVO	Grenze
§ 9 Absatz 1 Nr. 1 Alt. 2 BauGB i. V. m. § 16 Absatz 2 Nr. 2, 21 Absatz 1 BauNVO	Grenze
§ 21 Absatz 2 Satz 2 BauNVO	Unterstützung der Grenze
§ 21 Absatz 4 BauNVO	Unterstützung der Grenze
§ 17 Absatz 1 BauNVO	Unterstützung der Grenze
§ 17 Absatz 2 Satz 1 BauNVO	Abbau der Grenze
§ 21 Absatz 3 BauNVO i. V. m. § 20 Absatz 4 BauNVO	Abbau der Grenze
§ 21a Absatz 4 und 5 BauNVO	Abbau der Grenze
§ 9 Absatz 1 Nr. 6 BauGB	Grenze
Planungsersatzvorschriften	
Keine aussagekräftigen Regelungen	
Besonderes Städtebaurecht	
§ 136 Absatz 3 Nr. 1e), Absatz 4 Satz 2 Nr. 3 BauGB	Grenze (Höhe und Fläche)

6. Nachhaltige Mobilität im Siedlungsgebiet

In Bezug auf die Nachverdichtung anderer Nutzungsarten unter dem Aspekt der Mobilität, die nachhaltige Nutzung der Verkehrsebenen und die Ausschöpfung des Potentials der Höhe und des Untergrundes für Verkehrsebenen ist das Bauplanungsrecht punktuell aussagekräftig und dabei überwiegend fördernd. Auf die Nutzungsmischung bezieht sich das Bauplanungsrecht durch zahlreiche Regelungen. Dies sind zum einen Grenzen

Dritter Teil: Untersuchungsergebnis

aufgrund der Stadtökologie, zum anderen begünstigende Regelungen zur Förderung zentraler Versorgungsbereiche oder des Wohnklimas.

Nachverdichtung anderer Nutzungsarten	
Bauleitplanung Siehe nachhaltige Baustruktur	
Abwägung § 1 Absatz 6 Nr. 9 BauGB	Stärkung der Förderung Schwächung der Grenze
Planungsersatzvorschriften Siehe nachhaltige Baustruktur	
Besonderes Städtebaurecht Siehe nachhaltige Baustruktur § 136 Absatz 3 Nr. 1 f) und Nr. 2 a), Absatz 4 Satz 2 Nr. 3 BauGB § 171a Absatz 2 Satz 1, Absatz 3 Satz 1 Nr. 2 BauGB	Förderung Förderung

Nachhaltige Nutzung der Verkehrsebenen	
Bauleitplanung Siehe Folgenutzung und Zwischennutzung §§ 5 Absatz 2 Nr. 3, 9 Absatz 1 Nr. 11 BauGB	Einfluss
Abwägung § 1 Absatz 6 Nr. 9 BauGB	Einfluss
Planungsersatzvorschriften Siehe nachhaltige Nutzung § 34 Absatz 1 Satz 1, Absatz 2 BauGB i. V. m. § 12 BauNVO	Einfluss
Besonderes Städtebaurecht § 136 Absatz 3 Nr. 1 f) und Nr. 2 a), Absatz 4 Satz 2 Nr. 3 BauGB § 171a Absatz 2 Satz 1, Absatz 3 Satz 1 Nr. 2 und 4 BauGB	Förderung Förderung

Ausschöpfung des Potentials der Höhe und des Untergrundes für Verkehrsebenen	
Bauleitplanung Siehe Ausschöpfung des Potentials der Höhe und des Untergrundes § 12 Absatz 6 BauNVO i. V. m. § 9 Absatz 1 Nr. 22 BauGB	Förderung

Planungsersatzvorschriften
Siehe Ausschöpfung des Potentials der Höhe

Besonderes Städtebaurecht

§ 136 Absatz 3 Nr. 1 f) und Nr. 2 a), Absatz 4 Satz 2 Nr. 3 BauGB	Förderung
§ 171a Absatz 2 Satz 1, Absatz 3 Satz 1 Nr. 2 BauGB	Förderung

Nutzungsmischung	

Bauleitplanung

§§ 5 Absatz 2 Nr. 6, 9 Absatz 1 Nr. 24 BauGB	Grenze
§ 5 Absatz 2 Nr. 1 BauGB i. V. m. § 1 Absatz 2 BauNVO	Grenze
§ 9 Absatz 1 Nr. 1 Alt. 1 BauGB i. V. m. § 1 Absatz 2 und 3 Satz 1 BauNVO	Grenze
§§ 5 Absatz 2 Nr. 2 a), 9 Absatz 1 Nr. 5 BauGB	Förderung
§ 9 Absatz 3 Satz 2 BauGB	Unterstützung der Förderung

Abwägung

§ 1 Absatz 5 Satz 1 und 2 BauGB	Stärkung der Grenze Schwächung der Förderung
§ 1 Absatz 6 Nr. 7 a), c), i) BauGB	Stärkung der Grenze Schwächung der Förderung
§ 1 Absatz 6 Nr. 9 BauGB	Schwächung der Grenze Stärkung der Förderung
§ 1 Absatz 6 Nr. 7 c) BauGB, § 1 Absatz 7 BauGB, § 50 Satz 1 BImSchG	Stärkung der Grenze Schwächung der Förderung
§ 2 Absatz 2 BauGB	Schwächung der Grenze Stärkung der Förderung
§ 1 Absatz 6 Nr. 4 BauGB	Schwächung der Grenze Stärkung der Förderung
§ 1 Absatz 6 Nr. 8 a) BauGB	Schwächung der Grenze Stärkung der Förderung
§ 1 Absatz 6 Nr. 3 BauGB	Schwächung der Grenze Stärkung der Förderung

Planungsersatzvorschriften

§ 34 Absatz 1 Satz 1 BauGB	Einfluss
§ 34 Absatz 2 BauGB	Einfluss
§ 34 Absatz 3a Satz 1 BauGB	Förderung
§ 11 Absatz 3 BauNVO	Förderung
§ 34 Absatz 3 BauGB	Förderung
§§ 5 Absatz 2 Nr. 2 d), 9 Absatz 2a Satz 1 BauGB	Unterstützung der Förderung
§ 34 BauGB i. V. m. § 9 Absatz 2b BauGB	Förderung

Dritter Teil: Untersuchungsergebnis

Besonderes Städtebaurecht	
§ 136 Absatz 3 Nr. 1 d), Absatz 4 Satz 2 Nr. 3 BauGB	Grenze
§ 136 Absatz 3 Nr. 2 b), Absatz 4 Satz 2 Nr. 1 und 2 BauGB	Förderung
§ 171a Absatz 2, Absatz 3 Satz 1 Nr. 3 BauGB (Versorgungsfunktion)	Förderung
§ 171f Satz 1 BauGB	Förderung
§ 136 Absatz 3 Nr. 2 c), Absatz 4 Satz 2 Nr. 1 BauGB	Förderung
§ 171a Absatz 2 Satz 1, Absatz 3 Satz 1 Nr. 3 BauGB (Wohnklima)	Förderung
§ 165 Absatz 2, Absatz 3 Satz 1 Nr. 2 BauGB (Außen- oder Innenentwicklungsmaßnahme: Wiedernutzung brachliegender Flächen)	Förderung
§ 171e Absatz 2, Absatz 4 Satz 2 BauGB	Förderung

7. Reduzierung der Flächeninanspruchnahme (im engeren Sinn)

In der Bauleitplanung gelten für die Reduzierung der Flächeninanspruchnahme alle zur Innenentwicklung aussagekräftigen Regelungen mit Ausnahme der Folgenutzung. Die Abwägung enthält zusätzlich Regelungen zur Reduzierung der Flächeninanspruchnahme, die überwiegend fördernd sind. Auch sind Regelungen des § 35 BauGB für diese Maßnahme punktuell begünstigend. Im besonderen Städtebaurecht ist die Reduzierung der Flächeninanspruchnahme hinsichtlich der städtebaulichen Entwicklungsmaßnahme als Außenentwicklungsmaßnahme relevant, wobei das besondere Städtebaurecht dabei hinsichtlich der Reduzierung der Flächeninanspruchnahme kaum aussagekräftig ist. Der Zusammenhang zwischen der Reduzierung der Flächeninanspruchnahme im engeren Sinn und den Maßnahmen der Innenentwicklung wird im Bauplanungsrecht nicht klargestellt.

Bauleitplanung	
Siehe Maßnahmen der Innenentwicklung (außer Folgenutzung)	

Abwägung	
§ 1 Absatz 5 Satz 1 und 2 BauGB	Einfluss
§ 1 Absatz 6 Nr. 7 a), c), i) BauGB	Einfluss
§ 1 Absatz 6 Nr. 8 a) BauGB	Stärkung der Grenze
§ 1 Absatz 7 BauGB (Offenheit der Planung)	Stärkung der Förderung Schwächung der Grenze
§ 1a Absatz 2 Satz 1 BauGB	Stärkung der Förderung Schwächung der Grenze

Dritter Teil: Untersuchungsergebnis

§ 1a Absatz 3 Satz 1 BauGB	Stärkung der Förderung Schwächung der Grenze

Planungsersatzvorschriften	
§ 35 Absatz 3 Satz 3 BauGB	Förderung
§ 35 Absatz 5 Satz 1 BauGB i. V. m. Maßnahmen der Innenentwicklung	Förderung

Besonderes Städtebaurecht	
§ 165 Absatz 2, Absatz 3 Satz 1 Nr. 2 BauGB (Außenentwicklungsmaßnahme: Gemeinbedarfseinrichtung)	Förderung

8. Freiraumentwicklung

Für die Freiraumentwicklung enthält das Bauplanungsrecht zahlreiche fördernde Regelungen.

Bauleitplanung	
§§ 5 Absatz 2 Nr. 5, 9 Absatz 1 Nr. 15 BauGB	Förderung
§§ 5 Absatz 2 Nr. 10, 9 Absatz 1 Nr. 20 BauGB	Förderung
§ 9 Absatz 1 Nr. 10 und 25 BauGB	Unterstützung der Förderung
§§ 5 Absatz 1 Nr. 9, 9 Absatz 1 Nr. 18 BauGB	Förderung
§ 9 Absatz 1 Nr. 10 BauGB	Unterstützung der Förderung
§ 10 Absatz 3, Absatz 4 Satz 2, Absatz 5 BauNVO	Förderung

Abwägung	
§ 1 Absatz 5 Satz 1 und 2 BauGB	Stärkung der Förderung
§ 1 Absatz 6 Nr. 7 a), c), i) BauGB	Stärkung der Förderung
§ 1 Absatz 6 Nr. 7 b) und g) BauGB	Stärkung der Förderung
§ 1a Absatz 4 BauGB i. V. m. §§ 32 ff. BNatSchG	Stärkung der Förderung
§ 1 Absatz 6 Nr. 8 b) BauGB, § 1a Absatz 2 Satz 2 BauGB	Stärkung der Förderung
§ 1a Absatz 3 Satz 1 bis 3 BauGB i. V. m. §§ 5 Absatz 2a, 9 Absatz 1a Satz 1, 200a Satz 2, 135a Absatz 2 Satz 2 BauGB	Stärkung der Förderung

Planungsersatzvorschriften	
§ 35 Absatz 3 Satz 1 Nr. 2 und 5 BauGB	Förderung

Besonderes Städtebaurecht	
§ 165 Absatz 2, Absatz 3 Satz 1 Nr. 2 BauGB (Außenentwicklungsmaßnahme: Gemeinbedarfseinrichtung)	Förderung

325

Dritter Teil: Untersuchungsergebnis

9. Renaturierung

Für die Renaturierung enthält das Bauplanungsrecht zahlreiche fördernde Regelungen.

Bauleitplanung	
§§ 5 Absatz 2 Nr. 5, 9 Absatz 1 Nr. 15 BauGB	Förderung
§§ 5 Absatz 2 Nr. 10, 9 Absatz 1 Nr. 20 BauGB	Förderung
§§ 5 Absatz 1 Nr. 9, 9 Absatz 1 Nr. 18 BauGB	Förderung
§ 9 Absatz 1 Nr. 10, 25 BauGB	Unterstützung der Förderung
Abwägung	
§ 1 Absatz 5 Satz 1 und 2 BauGB	Stärkung der Förderung
§ 1 Absatz 6 Nr. 7 a), c), i) BauGB	Stärkung der Förderung
§ 1 Absatz 6 Nr. 2 BauGB	Stärkung der Förderung
§ 1a Absatz 3 Satz 1 BauGB	Stärkung der Förderung
§ 1a Absatz 3 Satz 5 BauGB i. V. m. § 15 Absatz 3 BNatSchG	Stärkung der Förderung
Planungsersatzvorschriften	
§ 35 Absatz 5 Satz 2 Halbsatz 1 BauGB	Förderung
Besonderes Städtebaurecht	
§ 136 Absatz 3 Nr. 1 b), Absatz 4 Satz 2 Nr. 3 BauGB	Förderung
§ 171a Absatz 2, Absatz 3 Satz 2 Nr. 1 und 5 BauGB	Förderung
§ 165 Absatz 2, Absatz 3 Satz 1 Nr. 2 BauGB (Innenentwicklungsmaßnahme: Wiedernutzung brachliegender Flächen)	Förderung

III. Zusammenfassung der bauplanungsrechtlichen Normen: Wirkungsanforderungen

Bauplanungsrechtliche Normen, die sich auf Maßnahmen nachhaltiger Flächennutzung zur Reduzierung der Flächeninanspruchnahme beziehen, treffen gleichzeitig eine Aussage darüber, inwiefern sie die Wirkungsanforderung der Förderung dieser Maßnahmen erfüllen. Darüber hinaus gehen sie teilweise auf zusätzliche Wirkungsanforderungen ein oder werden diesbezüglich von Hilfsnormen unterstützt.

1. Zweck der Normen

Instrumente des Flächenmanagements sind im Bauplanungsrecht zahlreich verankert. Dies sind unter anderem die Städtebauförderung, städtebauliche Gebote, der gemeinsame Flächennutzungsplan und das kooperative Städtebaurecht. Die Auswirkungen der Flächeninanspruchnahme werden gegenüber der Verwaltung durch die Abwägung verdeutlicht.

Instrumente des Flächenmanagements	
Bauleitplanung	*Hilfsnormen*
Planung	
Normen zu allen Maßnahmen, § 2 Absatz 1 Satz 1 BauGB	
Anordnungen	
Normen zur Ausschöpfung des Potentials der Fläche (Bebaubarkeit der Grundstücksfläche)	§ 176 Absatz 1 Nr. 1 BauGB
Normen zur Nachverdichtung (Bebaubarkeit des Grundstücks)	§ 176 Absatz 1 Nr. 2 BauGB
§ 9 Absatz 1 Nr. 25 BauGB	§ 178 BauGB
§ 5 Absatz 2 Nr. 5, 9, 10 BauGB, § 9 Absatz 1 Nr. 10, 15, 18, 20 BauGB	§§ 176 Absatz 6, 179 Absatz 1 Satz 1 Nr. 1 und Satz 2 BauGB
Kooperation	
Normen zu Maßnahmen als Einzelfallprojekte	§§ 11, 12 BauGB
Normen zur Zwischennutzung als Einzelfallprojekt	§ 11 Absatz 1 Satz 2 Nr. 2 BauGB
Normen zur Ausschöpfung des Potentials der Fläche als Einzelfallprojekt	§ 11 Absatz 1 Satz 2 Nr. 1 BauGB
§ 5 Absatz 2 Nr. 1 BauGB	§ 204 Absatz 1 BauGB
§ 5 Absatz 2 Nr. 10 BauGB	§ 204 Absatz 1 BauGB
§§ 1a Absatz 3 Satz 1 bis 3, 200a Absatz 2, 135a Absatz 2 Satz 2 BauGB	§ 204 Absatz 1 BauGB
§ 2 Absatz 2 BauGB	
Information	
Normen zur Ausschöpfung des Potentials der Fläche (Bebaubarkeit der Grundstücksfläche)	§ 200 Absatz 3 Satz 1 BauGB

Dritter Teil: Untersuchungsergebnis

Planungsersatzvorschriften	*Hilfsnormen*
Anordnungen Normen zur nachhaltigen Baustruktur	§ 176 Absatz 2 BauGB
Kooperation § 35 Absatz 3 Satz 3 BauGB	§ 204 Absatz 1 BauGB (§§ 205, 203 Absatz 2 Satz 1 BauGB)

Besonderes Städtebaurecht	*Hilfsnormen*
Planung Normen zu allen Maßnahmen	
Anordnungen Normen zu allen Maßnahmen	
Normen zur Mobilisierung von Brachflächen	§ 177 Absatz 1 Satz 1 BauGB
Normen zur Ausschöpfung des Potentials der Fläche (auf Brachflächen)	§ 179 Absatz 1 Satz 1 Nr. 2 BauGB
Kooperation Normen zu allen Maßnahmen (Sanierung, Entwicklung, Stadtumbau, Soziale Stadt)	§ 137 BauGB (i. V. m. §§ 169 Absatz 1 Nr. 1, 171b Absatz 3 BauGB, 171e Absatz 4 Satz 1 BauGB)
§ 171a Absatz 2, Absatz 3 BauGB	§ 171c BauGB
§ 171a Absatz 2, Absatz 3 Satz 2 Nr. 1 und 5 BauGB	§ 171c Satz 2 Nr. 1 BauGB
Ökonomische Instrumente Normen zu allen Maßnahmen (Sanierung, Entwicklung, Stadtumbau, Soziale Stadt)	§§ 164a, 164b BauGB (i. V. m. §§ 169 Absatz 1 Nr. 9, 171b Absatz 4, 171e Absatz 5 Satz 1 BauGB)
Normen zur Mobilisierung von Brachflächen und zur Nachverdichtung (Sanierung, Entwicklung, Stadtumbau, Soziale Stadt)	§ 164b Absatz 2 Nr. 2 BauGB
Normen zur Nutzungsmischung (Sanierung, Entwicklung, Stadtumbau, Soziale Stadt)	§ 164b Absatz 2 Nr. 1 bis 3 BauGB

Dritter Teil: Untersuchungsergebnis

Verdeutlichung der Instrumente der Flächeninanspruchnahme gegenüber der Verwaltung
Bauleitplanung *Abwägung* § 1 Absatz 7 BauGB, Negativ: nicht summativ, Ausnahme nur für Umweltbelange durch § 2 Absatz 4 BauGB
Planungsersatzvorschriften Keine relevanten Regelungen
Besonderes Städtebaurecht § 165 Absatz 3 Satz 2 BauGB

2. Struktur der Normen

Der Zweck der Norm wird punktuell genannt. Gehäuft erfolgt dies hinsichtlich der Stadtumbaumaßnahmen, positiv tritt auch die Bodenschutzklausel hervor. Trotz dass § 35 BauGB für die direkte Unterlassung der Flächeninanspruchnahme die Hauptnorm ist, wird dieser Zweck der Norm in § 35 BauGB nicht erwähnt. Die städtebauliche Situation wird sowohl in der Bauleitplanung als auch in den Planungsersatzvorschriften verständlich umschrieben, wobei in den Planungsersatzvorschriften auch negative Aspekte vorhanden sind. Sehr gut umrissen wird sie in den Regelungen des besonderen Städtebaurechts. Die Regelungen der Abwägung enthalten diesbezüglich hingegen punktuell Schwächen. Ein flexibles Eingehen auf unterschiedliche städtebauliche Situationen lässt das Einfügungsgebot nicht zu. Daneben hält das Bauplanungsrecht aber zahlreiche Möglichkeiten des Eingehens auf unterschiedliche städtebauliche Situationen bereit. Besonders hervorzuheben sind die Ausnahmen und Befreiungen sowie das kooperative Städtebaurecht. Die Bauleitplanung enthält für die Verwaltung nur wenige verbindliche Aussagen.

Klare Formulierung des Zwecks der Norm
Bauleitplanung § 9 Absatz 1 Nr. 3 BauGB
Abwägung § 1 Absatz 5 Satz 3 BauGB § 1a Absatz 2 Satz 1 BauGB

Dritter Teil: Untersuchungsergebnis

§ 1 Absatz 6 Nr. 10 BauGB

Planungsersatzvorschriften
Negativ: nicht in § 35 BauGB
§ 35 Absatz 3 Satz 1 Nr. 7 BauGB
§ 9 Absatz 2a Satz 1 BauGB
§ 35 Absatz 5 Satz 1 BauGB
§ 35 Absatz 5 Satz 2 Halbsatz 1 BauGB

Besonderes Städtebaurecht
§ 171a Absatz 3 Satz 2 Nr. 3, 4, 5 und 6 BauGB
§ 165 Absatz 3 Satz 1 Nr. 2 BauGB

Klar umrissene städtebauliche Situation

Bauleitplanung	*Hilfsnormen*
§ 5 Absatz 2 BauGB	§ 9 Absatz 1 BauGB
§§ 5 Absatz 2, 9 Absatz 1 BauGB	BauNVO
§§ 5 Absatz 2 Nr. 9, 9 Absatz 1 Nr. 18 BauGB	§ 201 BauGB

Abwägung
Negativ: nicht in § 1 Absatz 5 BauGB, aber Hilfsnorm § 1 Absatz 6 BauGB
Negativ: nicht in § 1a Absatz 2 Satz 1 BauGB
Negativ: nicht in § 1a Absatz 3 Satz 1 BauGB i. V. m. § 14 Absatz 1 BNatSchG

Planungsersatzvorschriften
Negativ: nicht in § 34 Absatz 1 Satz 1 BauGB, aber durch Rechtsprechung
§ 35 Absatz 1 und 4 BauGB, Negativ: noch klarere Bestimmungen möglich
Positiv: § 34 Absatz 2 BauGB i. V. m. § 6a BauNVO durch § 245c Absatz 3 BauGB verhindert
Negativ: in § 35 Absatz 5 Satz 1 BauGB Maßnahmen der Innenentwicklung nicht erwähnt

Besonderes Städtebaurecht
§ 136 Absatz 2 Satz 2, Absatz 3 BauGB
§ 171a Absatz 2 Satz 2 BauGB
§ 171e Absatz 2 Satz 2 und 3 BauGB

Flexibles Eingehen auf unterschiedliche städtebauliche Situationen

Bauleitplanung	*Hilfsnormen*
Normen zu allen Maßnahmen	§ 31 BauGB
	(§ 246 Absatz 10 bis 12 BauGB)

Dritter Teil: Untersuchungsergebnis

Normen zur Folgenutzung	§ 246 Absatz 12 Satz 1 Nr. 2 BauGB
Normen zur Nutzungsmischung	§ 246 Absatz 10 und 11 BauGB
Normen zu Maßnahmen als Einzelfallprojekte	§§ 11, 12 BauGB
Normen zur Zwischennutzung als Einzelfallprojekt	§ 11 Absatz 1 Satz 2 Nr. 2 BauGB
Normen zur Ausschöpfung des Potentials der Fläche als Einzelfallprojekt	§ 11 Absatz 1 Satz 2 Nr. 1 BauGB
§§ 5 Absatz 2, 9 Absatz 1 BauGB	
§§ 5 Absatz 2 Nr. 3, 9 Absatz 1 Nr. 11 BauGB	
§ 9 Absatz 2 BauGB	
§ 9 Absatz 3 Satz 1 BauGB	
§ 9 Absatz 3 Satz 2 BauGB	
§ 16 Absatz 6 BauNVO	
§ 17 Absatz 2 Satz 1 BauNVO	

Abwägung
§ 1 Absatz 7 BauGB

Planungsersatzvorschriften
Negativ: nicht in § 34 Absatz 1 Satz 1 BauGB
§ 34 Absatz 3a Satz 1 BauGB

Besonderes Städtebaurecht
Normen zu allen Maßnahmen

Verbindliche hinreichend abstrakte Aussagen für die Verwaltung
Bauleitplanung
§ 1 Absatz 3 Satz 1 BauGB
Abwägung
Negativ: nicht in §§ 1 Absatz 5, Absatz 6, 1a BauGB
§ 1a Absatz 4 BauGB i. V. m. §§ 34 ff. BNatSchG
Planungsersatzvorschriften
§ 34 BauGB
§ 35 BauGB
Besonderes Städtebaurecht
§ 136 Absatz 1 BauGB
§ 165 Absatz 1 BauGB

331

Dritter Teil: Untersuchungsergebnis

3. Ausgestaltung der Normen hinsichtlich der Zielgruppen

Im Rahmen der Bauleitplanung werden den Zielgruppen gegenüber die Auswirkungen der Flächeninanspruchnahme durch die Beteiligung der Öffentlichkeit verdeutlicht. Auf die Interessen der Zielgruppen wird mit Hilfe des Abweichens vom Einfügungsgebot eingegangen. Im Rahmen der Bauleitplanung erfolgt dies durch Ausnahmen und Befreiungen sowie durch das kooperative Städtebaurecht. Auch das besondere Städtebaurecht enthält zahlreiche Regelungen, die sich auf Interessen der Zielgruppen beziehen. Deutliche verbindliche Aussagen für Zielgruppen sind insbesondere die städtebaulichen Gebote.

Verdeutlichung der Auswirkungen der Flächeninanspruchnahme gegenüber den Zielgruppen	
Bauleitplanung	
Abwägung	Hilfsnorm
§ 1 Absatz 7 BauGB	§ 3 BauGB
Planungsersatzvorschriften	
Keine relevanten Regelungen	
Besonderes Städtebaurecht	
Keine relevanten Regelungen	

Eingehen auf die Interessen der Zielgruppen	
Bauleitplanung	*Hilfsnormen*
Normen zu allen Maßnahmen	§ 31 BauGB
	(§ 246 Absatz 10 bis 12 BauGB)
Normen zur Folgenutzung	§ 246 Absatz 12 Satz 1 Nr. 2 BauGB
Normen zur Nutzungsmischung	§ 246 Absatz 10 und 11 BauGB
Normen zu Maßnahmen als Einzelfallprojekte	§§ 11, 12 BauGB
Normen zur Zwischennutzung als Einzelfallprojekt	§ 11 Absatz 1 Satz 2 Nr. 2 BauGB
Normen zur Ausschöpfung des Potentials der Fläche als Einzelfallprojekt	§ 11 Absatz 1 Satz 2 Nr. 1 BauGB
Normen zu allen Maßnahmen	§ 180 BauGB
§ 9 Absatz 1 Nr. 5, 10, 15, 20 BauGB	§ 40 Absatz 1 Nr. 1, 8, 12, 14 BauGB
§ 16 Absatz 6 BauNVO	
Abwägung	
§ 1 Absatz 7 BauGB	§ 3 BauGB

Planungsersatzvorschriften
§ 34 Absatz 3a Satz 1 BauGB

Besonderes Städtebaurecht	*Hilfsnormen*
Normen zu allen Maßnahmen (Sanierung, Entwicklung, Stadtumbau, Soziale Stadt)	§ 137 BauGB (i. V. m. §§ 169 Absatz 1 Nr. 1, 171b Absatz 3, 171e Absatz 4 Satz 1 BauGB)
Normen zu allen Maßnahmen (Sanierung, Entwicklung, Stadtumbau)	§§ 180, 181 BauGB
§ 136 BauGB, § 165 BauGB	§ 141 Absatz 1 Satz 2 BauGB
§ 171a Absatz 2, Absatz 3 BauGB	§ 171c BauGB
§ 171a Absatz 2, Absatz 3 Satz 2 Nr. 1 und 5 BauGB	§ 171c Satz 2 Nr. 1 BauGB
§ 171e Absatz 2, Absatz 4 Satz 2 BauGB	§ 171e Absatz 5 BauGB
§ 171f Satz 1 BauGB	

Deutliche verbindliche Aussagen für die Zielgruppen (nachrangig)	
Bauleitplanung	*Hilfsnormen*
Negativ: keine verbindlichen Aussagen in den Bauleitplänen, aber Hilfsnormen	§§ 14, 15, 19 Absatz 2, 24 f., 29 ff., 45 ff., 85 ff., 175 ff.
Normen zur Ausschöpfung des Potentials der Fläche (Bebaubarkeit der Grundstücksfläche)	§ 176 Absatz 1 Nr. 1 BauGB
Normen zur Nachverdichtung (Bebaubarkeit des Grundstücks)	§ 176 Absatz 1 Nr. 2 BauGB
§ 9 Absatz 1 Nr. 25 BauGB	§ 178 BauGB
§§ 5 Absatz 2 Nr. 5, 9, 10 BauGB, § 9 Absatz 1 Nr. 15, 18, 20 BauGB	§§ 176 Absatz 6, 179 Absatz 1 Satz 1 Nr. 1 und Satz 2 BauGB
Planungsersatzvorschriften	*Hilfsnorm*
Normen zur nachhaltigen Baustruktur	§ 176 Absatz 2 BauGB
Besonderes Städtebaurecht	*Hilfsnormen*
Normen zur Mobilisierung von Brachflächen	§ 177 Absatz 1 Satz 1 BauGB
Normen zur Ausschöpfung des Potentials an Fläche (auf Brachflächen)	§ 179 Absatz 1 Satz 1 Nr. 2 BauGB
§ 136 BauGB, § 165 BauGB	§ 144 BauGB
§ 171a Absatz 2, Absatz 3 BauGB	§ 171d BauGB

4. Verfahren zu den Normen

Die Bauleitplanung enthält für die Aufstellung von Bauleitplänen detaillierte Verhaltensanweisungen. Diesbezüglich negative Aspekte weisen je-

Dritter Teil: Untersuchungsergebnis

doch Regelungen über die Abwägung auf. Im besonderen Städtebaurecht ist insbesondere das Vorgehen bei Sanierungs- und Entwicklungsmaßnahmen klar geregelt. Neuregelungen seit der BauGB-Novelle 2013 unterstützen punktuell bisherige Verwaltungsaktivitäten. Die Ressourcenschonung der Verwaltung ist in den Planungsersatzvorschriften einzeln bedacht, in der Bauleitplanung insbesondere durch den Bebauungsplan der Innenentwicklung und durch das kooperative Städtebaurecht. Im Rahmen des besonderen Städtebaurechts stellt die Städtebauförderung eine erhebliche Ressourcenschonung dar. Der Ressourcenaufwand wird durch die Umwidmungssperrklausel bei Flächeninanspruchnahme erhöht. Keine Erhöhung, sondern eine Reduzierung des Ressourcenaufwandes bei Flächeninanspruchnahme bewirken hingegen Innenbereichssatzungen und das beschleunigte Verfahren für Außenbereichsflächen.

Klare Verhaltensanweisungen	
Bauleitplanung	
Normen zu allen Maßnahmen	*Hilfsnormen*
	§§ 2a bis 4b, 6, 10 BauGB
Abwägung	
Negativ: nicht in § 1 Absatz 7 BauGB, aber Rechtsprechung und Hilfsnorm	§ 2 Absatz 3 BauGB
§§ 1 Absatz 6 Nr. 7, 1a BauGB	§ 2 Absatz 4 Satz 1 BauGB
§ 2 Absatz 2 BauGB	§ 4 BauGB
Planungsersatzvorschriften	
Keine relevanten Regelungen	
Besonderes Städtebaurecht	*Hilfsnormen*
§ 136 BauGB, § 165 BauGB	§§ 140, 146 BauGB

Unterstützung bisheriger Verwaltungsaktivitäten	
Bauleitplanung	
Abwägung	
§ 1a Absatz 3 Satz 5 BauGB i. V. m. § 15 Absatz 3 BNatSchG	
Planungsersatzvorschriften	
§ 5 Absatz 2 Nr. 2 d) BauGB	

Dritter Teil: Untersuchungsergebnis

Besonderes Städtebaurecht	
Keine relevanten Regelungen	

Ressourcenschonung der Verwaltung	
Bauleitplanung	*Hilfsnormen*
Normen zu den Maßnahmen der Innenentwicklung	§ 13a BauGB
Normen zu Maßnahmen als Einzelfallprojekte	§§ 11, 12 BauGB
Normen zur Zwischennutzung als Einzelfallprojekt	§ 11 Absatz 1 Satz 2 Nr. 2 BauGB
Normen zur Ausschöpfung des Potentials der Fläche als Einzelfallprojekt	§ 11 Absatz 1 Satz 2 Nr. 1 BauGB
§ 9 Absatz 2 BauGB	
Planungsersatzvorschriften	*Hilfsnorm*
§ 34 Absatz 3a Satz 1 BauGB	
§ 5 Absatz 2 Nr. 2 d) BauGB	
§ 9 Absatz 2a Satz 1 BauGB	
§ 9 Absatz 2b BauGB	
§ 35 Absatz 3 Satz 3 BauGB	
§ 35 Absatz 3 Satz 3 BauGB	§ 15 Absatz 3 Satz 1 und 4 BauGB
Besonderes Städtebaurecht	*Hilfsnormen*
Normen zu allen Maßnahmen (Sanierung, Entwicklung, Stadtumbau, Soziale Stadt)	§§ 164a, 164b BauGB (i. V. m. §§ 169 Absatz 1 Nr. 9, 171b Absatz 4, 171e Absatz 5 Satz 1 BauGB)
Normen zur Mobilisierung von Brachflächen und zur Nachverdichtung (Sanierung, Entwicklung, Stadtumbau, Soziale Stadt)	§ 164b Absatz 2 Nr. 2 BauGB
Normen zur Nutzungsmischung (Sanierung, Entwicklung, Stadtumbau, Soziale Stadt)	§ 164b Absatz 2 Nr. 1 bis 3 BauGB

Erhöhung des Ressourcenaufwandes bei Flächeninanspruchnahme	
Bauleitplanung	*Hilfsnorm*
Abwägung	
§ 1a Absatz 2 Satz 2 BauGB	§ 1a Absatz 2 Satz 4 BauGB
Planungsersatzvorschriften	
Negativ: Ressourcenschonung in § 34 Absatz 4 Satz 1 Nr. 2 und 3 BauGB	
Negativ: Ressourcenschonung durch § 13b Satz 1 BauGB	
Besonderes Städtebaurecht	
Keine relevanten Regelungen	

Dritter Teil: Untersuchungsergebnis

5. Steuerung der Anwendung der Normen

Das Genehmigungserfordernis der Bauleitpläne intensiviert die Steuerung der Anwendung der Normen durch die vorgesetzte Behörde, hinsichtlich der Bebauungspläne betrifft dies jedoch nur Ausnahmefälle. Die gerichtliche Kontrolle ist durch Heilungs- und Unbeachtlichkeitsregelungen eingeschränkt. Eine Offenlegung der Entscheidungsgründe bei Flächeninanspruchnahme erfolgt insbesondere mit Hilfe des Erfordernisses der Begründung der Bauleitpläne.

Intensivierung der Steuerung durch Selbstkontrolle, durch die vorgesetzte Behörde und durch Gerichte	
Bauleitplanung	*Hilfsnormen*
Normen zu allen Maßnahmen	§§ 6 Absatz 1, 10 Absatz 2 BauGB
	Negativ: § 10 Absatz 2 BauGB erfasst nur Ausnahmefälle
	Negativ: § 214 Absatz 1 Nr. 1, Absatz 3 Satz 2 Halbsatz 2 BauGB
Abwägung	
§ 1a Absatz 3 BauGB	§ 4c Satz 1 Halbsatz 2 BauGB
Planungsersatzvorschriften	*Hilfsnorm*
§ 35 Absatz 5 Satz 2 Halbsatz 1 BauGB	§ 35 Absatz 5 Satz 3 BauGB
Besonderes Städtebaurecht	
Keine relevanten Regelungen	

Offenlegung der Entscheidungsgründe bei Flächeninanspruchnahme	
Bauleitplanung Normen zugunsten einer Flächeninanspruchnahme	*Hilfsnormen* §§ 5 Absatz 5, 9 Absatz 8 BauGB i. V. m. § 2a BauGB §§ 6a Absatz 1, 10a Absatz 1 BauGB
Planungsersatzvorschriften § 34 Absatz 4 Satz 1 Nr. 3 BauGB	*Hilfsnorm* § 34 Absatz 5 Satz 4 Halbsatz 2 BauGB
Besonderes Städtebaurecht § 165 Absatz 2, Absatz 3 Satz 2 Nr. 2 BauGB (Außenentwicklungsmaßnahme: erhöhter Bedarf an Wohn- und Arbeitsstätten) § 171a Absatz 2, Absatz 3 Nr. 2 BauGB	*Hilfsnormen* § 165 Absatz 7 BauGB § 171b Absatz 2 Satz 1 BauGB

Hauptthesen der Untersuchung

Das Ziel der Arbeit war die Beantwortung der folgenden Fragen:
- Wie kann das Problem der Flächeninanspruchnahme gelöst werden?
- Inwiefern ist die Problemlösung in das Bauplanungsrecht übersetzt?
- Inwiefern erfüllt diese Übersetzung Wirkungsanforderungen für die Realisierung im sozialen System?

Maßnahmen

1. *Lösung des Problems der Flächeninanspruchnahme.* Die Lösung des Problems der Flächeninanspruchnahme lässt sich in unterschiedliche Maßnahmen nachhaltiger Flächennutzung differenzieren.
2. *Maßnahmen nachhaltiger Flächennutzung.* Es kann zwischen der direkten Unterlassung der Flächeninanspruchnahme, der indirekten Unterlassung der Flächeninanspruchnahme durch Innenentwicklung, der Reduzierung der Flächeninanspruchnahme (im engeren Sinn), der Freiraumentwicklung und der Renaturierung unterschieden werden.
3. *Indirekte Unterlassung der Flächeninanspruchnahme.* Die indirekte Unterlassung der Flächeninanspruchnahme durch Innenentwicklung lässt sich weiter unterteilen. Darunter fallen Maßnahmen nachhaltiger Nutzung des Siedlungsgebietes, nachhaltiger Baustruktur des Siedlungsgebietes sowie nachhaltiger Mobilität im Siedlungsgebiet. Diese Maßnahmen können weiter differenziert werden (vgl. Thesen 15. bis 18.).
4. *Rangfolge der Maßnahmen.* Die Maßnahmen nachhaltiger Nutzung sind gegenüber den Maßnahmen nachhaltiger Baustruktur vorrangig. Innerhalb der Maßnahmen nachhaltiger Baustruktur gilt die Rangfolge Ausschöpfung des Potentials der Höhe, des Untergrunds und zuletzt der Fläche. Innerhalb der Maßnahmen nachhaltiger Mobilität im Siedlungsgebiet gilt die Rangfolge Nutzungsmischung und Nachverdichtung anderer Nutzungen, nachhaltige Nutzung der Verkehrsebenen und zuletzt Ausschöpfung des Potentials der Höhe und des Untergrundes für Verkehrsebenen.

Hauptthesen der Untersuchung

Wirkung

5. *Soziales System.* Um durch Maßnahmen nachhaltiger Flächennutzung das Problem der Flächeninanspruchnahme mit Hilfe des Bauplanungsrechts lösen zu können, bedarf es nicht nur ihrer Übersetzung in das Bauplanungsrecht, sondern auch einer darauffolgenden Realisierung dieses Rechts im sozialen System.
6. *Implementationsforschung.* Die Ansätze aus der Implementationsforschung „Wirkungsfaktoren" sowie „subjektiver Nutzen" lassen sich auf das Bauplanungsrecht übertragen, so dass Tendenzaussagen über die Wirkung des Bauplanungsrechts zugunsten einer Reduzierung der Flächeninanspruchnahme möglich sind.
7. *Gliederung der Ansätze.* Die Wirkungsfaktoren können in die Merkmale des Problems, der Implementationsinstanz, des gesellschaftlichen Bereichs und der Merkmale der Normen unterteilt werden. Innerhalb der jeweiligen Merkmale sind weitere Differenzierungen möglich (vgl. Thesen 22. bis 26.). Der Ansatz des subjektiven Nutzens kann auf die Verwaltung und auf die Zielgruppen angewandt werden.
8. *Folgerungen.* Die Folgerungen für die Ausgestaltung der bauplanungsrechtlichen Normen zugunsten einer Reduzierung der Flächeninanspruchnahme aus den Ansätzen der Implementationsforschung lassen eine Zusammenfassung in den folgenden Kategorien zu: Zweck der Normen, Struktur der Normen, Ausgestaltung der Normen hinsichtlich der Zielgruppen, Verfahren zu den Normen und Steuerung der Anwendung der Normen.

Verfassungsrechtlicher Rahmen

9. *Verfassungsrechtliche Pflichten.* Für den Staat ergeben sich aus Art. 2 Absatz 2 Satz 1 (i. V. m. Art. 1 Absatz 1 GG) und Art. 20a GG verfassungsrechtliche Pflichten des Schutzes der Ressource Fläche.
10. *Verfassungsrechtliche Grenzen für Maßnahmen.* Die verfassungsrechtlichen Vorgaben des stadtökologischen Schutzes des Menschen nach Art. 2 Absatz 2 Satz 1 GG sind für die Maßnahmen der Nutzungsmischung und Nachverdichtung eine Grenze. Die Nachverdichtung wird darüber hinaus durch die verfassungsrechtlichen Vorgaben für die Stadtökologie hinsichtlich des Naturhaushaltes nach Art. 20a GG beschränkt. Das Gesamtwirtschaftliche Gleichgewicht nach Art. 109 Absatz 2 GG als ein Bestandteil der Wirtschaftsverfassung sowie die Baufreiheit nach Art. 14 Absatz 1 Satz 1 GG begrenzen alle Maßnahmen

nachhaltiger Flächennutzung zur Reduzierung der Flächeninanspruchnahme.
11. *Verfassungsrechtliche Grenzen für Wirkungsfaktoren.* Das Demokratieprinzip nach Art. 20 Absatz 2 Satz 1 GG stellt hinsichtlich einer klar umrissenen Situation und klarer Verhaltensanweisungen im Art. 20a GG eine Grenze dar. Die Planungshoheit der Gemeinden nach Art. 28 Absatz 2 Satz 1 GG begrenzt die Möglichkeit verbindlicher hinreichend abstrakter Aussagen für die Gemeinden.

Bauplanungsrecht

12. *Entwicklung des Bauplanungsrechts.* Die Entwicklung des Bauplanungsrechts kommt der Reduzierung der Flächeninanspruchnahme entgegen. Punktuell bewertet der Gesetzgeber andere Herausforderungen als gewichtiger. Seit der BauGB-Novelle 2013 sind dies der Strukturwandel in der Landwirtschaft, die Bereitstellung von Flüchtlingsunterkünften und die Erleichterung des Wohnungsbaus.

Maßnahmen
13. *Direkte Unterlassung der Flächeninanspruchnahme.* Für die direkte Unterlassung der Flächeninanspruchnahme ist § 35 BauGB die Hauptnorm. In der Bauleitplanung bestehen hingegen lediglich Grenzen, da sie eine Freihaltung von Flächen von Bebauung um der Fläche selber willen nicht vorsieht. Die Abwägung enthält sowohl Regelungen, die diese Grenzen stärken als auch schwächen. Im besonderen Städtebaurecht begrenzen städtebauliche Entwicklungsmaßnahmen als Außenentwicklungsmaßnahmen die direkte Unterlassung der Flächeninanspruchnahme.
14. *Innenentwicklung.* Zahlreiche Vorschriften der Abwägung fördern die indirekte Unterlassung der Flächeninanspruchnahme durch Innenentwicklung. Greifen Planungsersatzvorschriften, so ist für die Innenentwicklung das Einfügungsgebot relevant. Auf die Rangfolge der einzelnen Maßnahmen wird im Bauplanungsrecht nicht eingegangen.
15. *Nutzungskoordination, Nutzungsintensivierung und Mehrfachnutzung.* Auf Nutzungskoordination, Nutzungsintensivierung und Mehrfachnutzung geht das Bauplanungsrecht kaum ein. Durch das Einfügungsgebot werden diese Maßnahmen beeinflusst. Zudem kann eine Gemeinde die Nutzungsintensivierung durch Festsetzungen begrenzen.
16. *Folgenutzung.* Die Folgenutzung wird durch das Bauplanungsrecht mit Hilfe von Darstellungen und Festsetzungen, der Abwägung, der Aus-

nahmen vom Einfügungsgebot und der Erhaltungssatzung intensiv gefördert. Zudem können für Zwischennutzungen Festsetzungen und Stadtumbaumaßnahmen herangezogen werden. Die Mobilisierung von Brachflächen wird durch das besondere Städtebaurecht sehr begünstigt.
17. *Nachverdichtung.* Auf die Ausschöpfung des Potentials der Höhe hat das Einfügungsgebot Einfluss. In der Bauleitplanung bestehen für diese Maßnahme Grenzen, die durch die Abwägung nochmals verstärkt werden. Diese Grenzen müssen im Zusammenhang mit dem Einfügungsgebot betrachtet werden. Ist die bereits vorhandene Baustruktur nicht nachhaltig, so wirkt das Einfügungsgebot auf die Ausschöpfung des Potentials der Höhe hemmend. Durch Bauleitplanung kann die Gemeinde jedoch auf die vorhandene Baustruktur Einfluss nehmen. Im Verhältnis zum Einfügungsgebot kann eine Gemeinde somit durch Darstellungen und Festsetzungen die Ausschöpfung des Potentials der Höhe fördern. Maßnahmen in Richtung einer Ausschöpfung des Potentials des Untergrundes werden durch Festsetzungen zur überbaubaren Grundstücksfläche ermöglicht. Darüber hinaus enthält die Bauleitplanung für diese Maßnahmen Grenzen. Sehr aussagekräftig ist die Bauleitplanung hinsichtlich der Ausschöpfung des Potentials der Fläche. Es dominieren die Grenzen, wobei auch hier das Verhältnis zum Einfügungsgebot zu berücksichtigen ist. Gleiches gilt für die zahlreichen Regelungen im Bauplanungsrecht zur Nachverdichtung insgesamt. Das besondere Städtebaurecht erfasst die Nachverdichtung als Problemlage, enthält jedoch auch begünstigende Regelungen.
18. *Nachhaltige Mobilität im Siedlungsgebiet.* In Bezug auf die Nachverdichtung anderer Nutzungsarten unter dem Aspekt der Mobilität, die nachhaltige Nutzung der Verkehrsebenen und die Ausschöpfung des Potentials der Höhe und des Untergrundes für Verkehrsebenen ist das Bauplanungsrecht punktuell aussagekräftig und dabei überwiegend fördernd. Auf die Nutzungsmischung bezieht sich das Bauplanungsrecht durch zahlreiche Regelungen. Dies sind zum einen Grenzen aufgrund der Stadtökologie, zum anderen begünstigende Regelungen zur Förderung zentraler Versorgungsbereiche oder des Wohnklimas.
19. *Reduzierung der Flächeninanspruchnahme (im engeren Sinn).* In der Bauleitplanung gelten für die Reduzierung der Flächeninanspruchnahme alle zur Innenentwicklung aussagekräftigen Regelungen mit Ausnahme der Folgenutzung. Die Abwägung enthält zusätzlich Regelungen zur Reduzierung der Flächeninanspruchnahme, die überwiegend fördernd sind. Auch sind Regelungen des § 35 BauGB für diese Maßnah-

me punktuell begünstigend. Im besonderen Städtebaurecht ist die Reduzierung der Flächeninanspruchnahme hinsichtlich der städtebaulichen Entwicklungsmaßnahme als Außenentwicklungsmaßnahme relevant, wobei das besondere Städtebaurecht dabei hinsichtlich der Reduzierung der Flächeninanspruchnahme kaum aussagekräftig ist. Der Zusammenhang zwischen der Reduzierung der Flächeninanspruchnahme im engeren Sinn und den Maßnahmen der Innenentwicklung wird im Bauplanungsrecht nicht klargestellt.
20. *Freiraumentwicklung.* Für die Freiraumentwicklung enthält das Bauplanungsrecht zahlreiche fördernde Regelungen.
21. *Renaturierung.* Für die Renaturierung enthält das Bauplanungsrecht zahlreiche fördernde Regelungen.

Wirkung
22. *Zweck der Normen.* Instrumente des Flächenmanagements sind im Bauplanungsrecht zahlreich verankert. Dies sind unter anderem die Städtebauförderung, städtebauliche Gebote, der gemeinsame Flächennutzungsplan und das kooperative Städtebaurecht. Die Auswirkungen der Flächeninanspruchnahme werden gegenüber der Verwaltung durch die Abwägung verdeutlicht.
23. *Struktur der Normen.* Der Zweck der Norm wird punktuell genannt. Gehäuft erfolgt dies hinsichtlich der Stadtumbaumaßnahmen, positiv tritt auch die Bodenschutzklausel hervor. Trotz dass § 35 BauGB für die direkte Unterlassung der Flächeninanspruchnahme die Hauptnorm ist, wird dieser Zweck der Norm in § 35 BauGB nicht erwähnt. Die städtebauliche Situation wird sowohl in der Bauleitplanung als auch in den Planungsersatzvorschriften verständlich umschrieben, wobei in den Planungsersatzvorschriften auch negative Aspekte vorhanden sind. Sehr gut umrissen wird sie in den Regelungen des besonderen Städtebaurechts. Die Regelungen der Abwägung enthalten diesbezüglich hingegen punktuell Schwächen. Ein flexibles Eingehen auf unterschiedliche städtebauliche Situationen lässt das Einfügungsgebot nicht zu. Daneben hält das Bauplanungsrecht aber zahlreiche Möglichkeiten des Eingehens auf unterschiedliche städtebauliche Situationen bereit. Besonders hervorzuheben sind die Ausnahmen und Befreiungen sowie das kooperative Städtebaurecht. Die Bauleitplanung enthält für die Verwaltung nur wenige verbindliche Aussagen.
24. *Ausgestaltung der Normen hinsichtlich der Zielgruppen.* Im Rahmen der Bauleitplanung werden den Zielgruppen gegenüber die Auswirkungen der Flächeninanspruchnahme durch die Beteiligung der Öffent-

Hauptthesen der Untersuchung

lichkeit verdeutlicht. Auf die Interessen der Zielgruppen wird mit Hilfe des Abweichens vom Einfügungsgebot eingegangen. Im Rahmen der Bauleitplanung erfolgt dies durch Ausnahmen und Befreiungen sowie durch das kooperative Städtebaurecht. Auch das besondere Städtebaurecht enthält zahlreiche Regelungen, die sich auf Interessen der Zielgruppen beziehen. Deutliche verbindliche Aussagen für Zielgruppen sind insbesondere die städtebaulichen Gebote.

25. *Verfahren zu den Normen.* Die Bauleitplanung enthält für die Aufstellung von Bauleitplänen detaillierte Verhaltensanweisungen. Diesbezüglich negative Aspekte weisen jedoch Regelungen über die Abwägung auf. Im besonderen Städtebaurecht ist insbesondere das Vorgehen bei Sanierungs- und Entwicklungsmaßnahmen klar geregelt. Neuregelungen seit der BauGB-Novelle 2013 unterstützen punktuell bisherige Verwaltungsaktivitäten. Die Ressourcenschonung der Verwaltung ist in den Planungsersatzvorschriften einzeln bedacht, in der Bauleitplanung insbesondere durch den Bebauungsplan der Innenentwicklung und durch das kooperative Städtebaurecht. Im Rahmen des besonderen Städtebaurechts stellt die Städtebauförderung eine erhebliche Ressourcenschonung dar. Der Ressourcenaufwand wird durch die Umwidmungssperrklausel bei Flächeninanspruchnahme erhöht. Keine Erhöhung, sondern eine Reduzierung des Ressourcenaufwandes bei Flächeninanspruchnahme bewirken hingegen Innenbereichssatzungen und das beschleunigte Verfahren für Außenbereichsflächen.

26. *Steuerung der Anwendung der Normen.* Das Genehmigungserfordernis der Bauleitpläne intensiviert die Steuerung der Anwendung der Normen durch die vorgesetzte Behörde, hinsichtlich der Bebauungspläne betrifft dies jedoch nur Ausnahmefälle. Die gerichtliche Kontrolle ist durch Heilungs- und Unbeachtlichkeitsregelungen eingeschränkt. Eine Offenlegung der Entscheidungsgründe bei Flächeninanspruchnahme erfolgt insbesondere mit Hilfe des Erfordernisses der Begründung der Bauleitpläne.

Literaturverzeichnis

AGORA Köln, Themengruppe Mobilität (Hrsg.): Verkehr des guten Lebens: Ein nachhaltiges Mobilitätskonzept für Köln, 1. Auflage, Norderstedt 2015

Akademie für Raumforschung und Landesplanung (ARL) (Hrsg.): Flächenhaushaltspolitik: ein Beitrag zum Bodenschutz, Hannover 1987

Akademie für Raumforschung und Landesplanung (ARL) (Hrsg.): Flächenhaushaltspolitik: ein Beitrag zur nachhaltigen Raumentwicklung, Hannover 2004

Akademie für Raumforschung und Landesplanung (ARL) (Hrsg.): Handwörterbuch der Raumordnung, 4. Auflage, Hannover 2005

Apel, Dieter: Landschaft und Landnutzung: vom richtigen Umgang mit begrenzten Flächen, München 2012

Austermann, Christof: Brachflächenreaktivierung als Instrument der Stadterhaltung und nachhaltiger Innenentwicklung, Göttingen 2012

Baerlocher, Bianca: Natur und soziales Handeln: ein sozialtheoretisches Konzept für die Nachhaltigkeitsforschung, Frankfurt am Main u. a. 2013

Battis, Ulrich: Öffentliches Baurecht und Raumordnungsrecht, 6. Auflage, Stuttgart 2014

Battis, Ulrich/ Krautzberger, Michael/ Löhr, Rolf-Peter: Gesetz zur Erleichterung von Planungsvorhaben für die Innenentwicklung der Städte („BauGB 2007"), NVwZ 2007, S. 121 ff.

Battis, Ulrich/ Krautzberger, Michael/ Löhr, Rolf-Peter (Begr.): Baugesetzbuch: Kommentar, 13. Auflage, München 2016

Becker, Joachim: Wege und Möglichkeiten einer ökologischen Stadtplanung, Hamburg 1992

Benda, Ernst/ Maihofer, Werner/ Vogel, Hans-Jochen (Hrsg.): Handbuch des Verfassungsrechts der Bundesrepublik Deutschland, 2. Auflage, Studienausgabe, Berlin u. a. 1995

Berliner Kommentar zum Baugesetzbuch: Hrsg. Schlichter, Otto/ Stich, Rudolf/ Driehaus, Hans-Joachim/ Paetow, Stefan, 3. Auflage, Losensblattsammlung, Köln 2002, Stand: 37. Lieferung, Juli 2017

Birkedal, Erik Christoph Olaf: Die Implementation des Staatsziels Umweltschutz (Art. 20a GG) in das Bauplanungsrecht und seine Auswirkungen auf das bauplanungsrechtliche Abwägungsgebot, Stuttgart u. a. 2001

Bock, Stephanie/ Preuß, Thomas: Neue Wege im Flächenmanagement. Forschungs- und Praxisansätze aus REFINA, in: Weith, Thomas (Hrsg.), Flächenmanagement im Wandel, 1. Auflage, Berlin 2009, S. 56 ff.

Literaturverzeichnis

Bock, Stephanie/ Hinzen, Ajo/ Libbe, Jens (Hrsg.): Nachhaltiges Flächenmanagement - ein Handbuch für die Praxis: Ergebnisse aus der REFINA-Forschung/ eine Publikation des Förderschwerpunkts "Forschung für die Reduzierung der Flächeninanspruchnahme und ein nachhaltiges Flächenmanagement" (REFINA) im Rahmen des Programms "Forschung für die Nachhaltigkeit" (FONA) des Bundesministeriums für Bildung und Forschung, Berlin 2011

Boeddinghaus, Gerhard/ Grigoleit, Klaus Joachim: BauNVO: Baunutzungsverordnung; Kommentar, 6. Auflage, Heidelberg u. a. 2014

Bönker, Christian/ Bischopink, Olaf (Hrsg.): Baunutzungsverordnung: mit Immissionsschutzrecht, PlanZV, ergänzende Vorschriften, 1. Auflage, Baden-Baden u. a. 2014

Bosselmann, Klaus: Ökologische Grundrechte: zum Verhältnis zwischen individueller Freiheit und Natur, 1. Auflage, Baden-Baden 1998

Bracher, Christian-Dietrich/ Reidt, Olaf/ Schiller, Gernot: Bauplanungsrecht: (mit Innenentwicklungsnovelle), 8. Auflage, Köln 2014

Brand, Karl-Werner: Umweltsoziologie: Entwicklungslinien, Basiskonzepte und Erklärungsmodelle, Weinheim u. a. 2014

Brenner, Michael: Öffentliches Baurecht, 4. Auflage, Heidelberg u. a. 2014

Brohm, Winfried: Öffentliches Baurecht: Bauplanungs-, Bauordnungs- und Raumordnungsrecht, 3. Auflage, München 2002

Bruder, Wolfgang: Umsetzung und Vollzug von Verwaltungsprogrammen, Die Verwaltung 1983, S. 200 ff.

Brunner, Paul: Ressourcen für die Siedlungs- und Infrastrukturentwicklung, in: Leitungsgruppe des Nationalen Forschungsprogramms 54 (NFP 54) „Nachhaltige Siedlungs- und Infrastrukturentwicklung" (Hrsg.), Nachhaltige Siedlungs- und Infrastrukturentwicklung: von der Verwaltung zur aktiven Entwicklung; Programmsynthese des Nationalen Forschungsprogramms 54, Zürich 2011, S. 66 ff.

Bull, Hans Peter: Die Staatsaufgaben nach dem Grundgesetz, 2. Auflage, Kronberg/Ts. 1977

Bundesamt für Bauwesen und Raumordnung (BBR) (Hrsg.): Kompass für den Weg zur Stadt der Zukunft: indikatorengestützte Erfolgskontrolle nachhaltiger Stadtentwicklung; eine Orientierungshilfe für die kommunale Praxis; ein Ergebnis aus dem ExWoS-Forschungsfeld "Städte der Zukunft", Bonn 2004

Bundesamt für Bauwesen und Raumordnung (BBR) (Hrsg.): Perspektive Flächenkreislaufwirtschaft: Kreislaufwirtschaft in der städtischen/stadtregionalen Flächennutzung - Fläche im Kreis; ein ExWoSt-Forschungsfeld; ein Projekt des Forschungsprogramms "Experimenteller Wohnungs- und Städtebau" (ExWoSt) des Bundesministeriums für Verkehr, Bau und Stadtentwicklung (BMVBS) und des Bundesamtes für Bauwesen und Raumordnung (BBR), Instrumente und Akteure in der Flächenkreislaufwirtschaft (Expertise), Berlin u. a. 2006

Bundesamt für Bauwesen und Raumordnung (BBR) (Hrsg.): Perspektive Flächenkreislaufwirtschaft: Kreislaufwirtschaft in der städtischen/stadtregionalen Flächennutzung - Fläche im Kreis; ein ExWoSt-Forschungsfeld; ein Projekt des Forschungsprogramms "Experimenteller Wohnungs- und Städtebau" (ExWoSt) des Bundesministeriums für Verkehr, Bau und Stadtentwicklung (BMVBS) und des Bundesamtes für Bauwesen und Raumordnung (BBR), Band 1: Theoretische Grundlagen und Planspielkonzeption, Berlin 2006

Bundesamt für Bauwesen und Raumordnung (BBR) (Hrsg.): Perspektive Flächenkreislaufwirtschaft: Kreislaufwirtschaft in der städtischen/stadtregionalen Flächennutzung - Fläche im Kreis; ein ExWoSt-Forschungsfeld; ein Projekt des Forschungsprogramms "Experimenteller Wohnungs- und Städtebau" (ExWoSt) des Bundesministeriums für Verkehr, Bau und Stadtentwicklung (BMVBS) und des Bundesamtes für Bauwesen und Raumordnung (BBR), Band 2: Was leisten bestehende Instrumente?, Berlin 2007

Bundesamt für Bauwesen und Raumordnung (BBR) (Hrsg.): Perspektive Flächenkreislaufwirtschaft: Kreislaufwirtschaft in der städtischen/stadtregionalen Flächennutzung - Fläche im Kreis; ein ExWoSt-Forschungsfeld; ein Projekt des Forschungsprogramms "Experimenteller Wohnungs- und Städtebau" (ExWoSt) des Bundesministeriums für Verkehr, Bau und Stadtentwicklung (BMVBS) und des Bundesamtes für Bauwesen und Raumordnung (BBR), Band 3: Neue Instrumente für neue Ziele, Berlin 2007

Bundesinstitut für Bau-, Stadt- und Raumforschung (BBSR) im Bundesamt für Bauwesen und Raumordnung (BBR) (Hrsg.): Neue Stadtquartiere: Bestand und städtebauliche Bedeutung, Bonn 2012

Bundesinstitut für Bevölkerungsforschung (Hrsg.): Bevölkerungsentwicklung 2016. Daten, Fakten, Trends zum demografischen Wandel, Wiesbaden 2016

Bundesminister des Innern (Hrsg.): Abschlußbericht der Projektgruppe „Aktionsprogramm Ökologie": Argumente und Forderungen für eine ökologisch ausgerichtete Umweltvorsorgepolitik, Bonn 1983

Bundesministerium des Inneren (Hrsg.): Moderner Staat - moderne Verwaltung: Leitfaden zur Gesetzesfolgenabschätzung, Berlin 2000

Bundesministerium für Umwelt, Naturschutz und Reaktorsicherheit (BMU)(Hrsg.): Nationale Strategie zur biologischen Vielfalt: vom Bundeskabinett am 7. November 2007 beschlossen, 4. Auflage, Berlin 2015

Bundesministerium für Umwelt, Naturschutz und Reaktorsicherheit, Referat Öffentlichkeitsarbeit (Hrsg.): Nachhaltige Entwicklung in Deutschland: Entwurf eines umweltpolitischen Schwerpunktprogramms, Bonn 1998

Bundesministerium für Umwelt, Naturschutz, Bau und Reaktorsicherheit (BMUB) (Hrsg.): Deutsches Ressourceneffizienzprogramm II – Programm zur nachhaltigen Nutzung und zum Schutz der natürlichen Ressourcen, Berlin 2016

Bundesministerium für Verkehr, Bau und Stadtentwicklung/ Bundesamt für Bauwesen und Raumordnung (BBR) (Hrsg.): Renaturierung als Strategie nachhaltiger Stadtentwicklung: Ergebnisse des Forschungsprojekts, Bonn 2009

Bundesministerium für Verkehr, Bau und Stadtentwicklung (Hrsg.): Berliner Gespräche zum Städtebaurecht, Band 1, Berlin 2010

Literaturverzeichnis

Bundesministerium für Verkehr, Bau und Stadtentwicklung (Hrsg.): Berliner Gespräche zum Städtebaurecht, Band 2: Dokumentation Festveranstaltung/Materialien, Berlin 2010

Bundesstiftung Baukultur (Hrsg.): Baukulturbericht 2014/15: Gebaute Lebensräume der Zukunft – Fokus Stadt, 4. Auflage, Berlin 2015

Bundesstiftung Baukultur (Hrsg.): Baukulturbericht 2016/17: Stadt und Land, 3. Auflage, Berlin 2017

Bunzel, Arno: Das beschleunigte Verfahren für Bebauungspläne der Innenentwicklung, LKV 2007, S. 444 ff.

Bunzel, Arno /Reitzig, Frank /Sander, Robert: Interkommunale Kooperation im Städtebau, Berlin 2002

Degenhart, Christoph: Staatsorganisationsrecht: mit Bezügen zum Europarecht, 32. Auflage, Heidelberg 2016

Der Bundesminister des Inneren/ Der Bundesminister der Justiz (Hrsg.): Staatszielbestimmungen, Gesetzgebungsaufträge: Bericht der Sachverständigenkommission, Bonn 1983

Deutsches Institut für Urbanistik (Hrsg.): Planspiel zur Novellierung des Bauplanungsrechts, Entwurf des "Gesetzes zur Stärkung der Innenentwicklung in den Städten und Gemeinden und weiteren Fortentwicklung des Städtebaurechts". Endbericht, Berlin 2012

Deutsches Institut für Urbanistik (Hrsg.): Planspiel zur Städtebaurechtsnovelle 2016/2017, Entwurf des Gesetzes zur Umsetzung der Richtlinie 2014/52/EU im Städtebaurecht und zur Stärkung des neuen Zusammenlebens in der Stadt. Endbericht, Berlin 2017

Die Bundesregierung (Hrsg.): Deutsche Nachhaltigkeitsstrategie. Neuauflage 2016, Berlin 2016

Dreier, Horst (Hrsg.): Grundgesetz: Kommentar, Band 1, 3. Auflage, Tübingen 2013

Dreier, Horst (Hrsg.): Grundgesetz: Kommentar, Band 2, 3. Auflage, Tübingen 2015

Dreier, Horst (Hrsg.): Grundgesetz: Kommentar, Band 3, 2. Auflage, Tübingen 2008

Dreier, Horst (Hrsg.): Rechtssoziologie am Ende des 20. Jahrhunderts: Gedächtnissymposion für Edgar Michael Wenz, Tübingen 2000

Ebinger, Falk: Wege zur guten Bürokratie: Erklärungsansätze und Evidenz zur Leistungsfähigkeit öffentlicher Verwaltungen, 1. Auflage, Baden-Baden 2013

Ehlers, Dirk/ Fehling, Michael/ Pünder, Hermann (Hrsg.): Besonderes Verwaltungsrecht, Band 2, Planungs-, Bau- und Straßenrecht, Umweltrecht, Gesundheitsrecht, Medien- und Informationsrecht, 3. Auflage, Heidelberg u. a. 2013

Einig, Klaus/ Petzold, Hans/ Siedentop, Stefan: Zukunftsfähige Stadtregionen durch ressourcenoptimierte Flächennutzung, in: Walcha, Henning/ Dreesbach, Peter-Paul (Hrsg.), Nachhaltige Stadtentwicklung: Impulse, Projekte, Perspektiven, Köln u. a. 1998, S. 41 ff.

Endlicher, Wilfried: Einführung in die Stadtökologie: Grundzüge des urbanen Mensch-Umwelt-Systems, Stuttgart 2012

Engelke, Dirk/ Jung, Wolfgang (Hrsg.): Strategien zukünftiger Raumentwicklung in Baden-Württemberg, Hannover 2012; E-Paper der Akademie für Raumforschung und Landesplanung (ARL): http://nbn-resolving.de/urn:nbn:de:0156-73265 (Stand: 1.9.2017)

Engi, Lorenz: Politische Verwaltungssteuerung: demokratisches Erfordernis und faktische Grenzen, Zürich u. a. 2008

Epping, Volker/ Hillgruber, Christian (Hrsg.): Grundgesetz: Kommentar, 2. Auflage, München 2013

Ernst, Werner/ Zinkahn, Willy/ Bielenberg, Walter (Begr.)/ Krautzberger, Michael (Hrsg.): Baugesetzbuch: Kommentar, Loseblattsammlung, München 1987, Stand: 124. Lieferung, Februar 2017

Ewen, Christoph: Flächenverbrauch als Indikator für Umweltbelastungen, Freiburg u. a. 1998

Faßbender, Kurt: Der Beitrag der Rechtsprechung zur Reduzierung des Flächenverbrauchs, ZUR 2010, S. 81 ff.

Ferner, Hilmar/ Kröninger, Holger /Aschke, Manfred (Hrsg.): Baugesetzbuch: mit Baunutzungsverordnung; Handkommentar, 3. Auflage, Baden-Baden 2013

Fickert, Hans Carl/ Fieseler, Herbert (Begr.)/ Determann, Dietrich/ Stühler, Hans Ulrich: Baunutzungsverordnung: Kommentar unter besonderer Berücksichtigung des deutschen und gemeinschaftlichen Umweltschutzes, 12. Auflage, Stuttgart 2014

Finkelnburg, Klaus/ Ortloff, Karsten-Michael (Begr.)/ Kment, Martin: Bauplanungsrecht, 6. Auflage, München 2011

Flaig, Stefan/ Kriese, Ulrich: Neubaugebiete und demografische Entwicklung – Ermittlung der fiskalisch besten Baulandstrategie und neue gesetzliche Rahmenbedingungen für die Kommunen, in: Gottwald, Marc/ Löwer, Markus (Hrsg.), Demografischer Wandel - Herausforderungen und Handlungsansätze in Stadt und Region, Münster 2009, S. 39 ff.

Forum Stadt- und Regionalplanung e.V./ Besecke, Anja/ Hänsch, Robert/ Pinetzki, Michael (Hrsg.): Das Flächensparbuch: Diskussion zu Flächenverbrauch und lokalem Bodenbewusstsein, Berlin 2005

Frenz, Walter/ Müggenborg, Hans-Jürgen: BNatSchG: Bundesnaturschutzgesetz; Kommentar, 2. Auflage, Berlin 2016

Fuchs, Oliver/ Schleifnecker, Thomas: Handbuch ökologische Siedlungsentwicklung: Konzepte zur Realisierung zukunftsfähiger Bauweisen, Berlin 2001

Gaasch, Nadin/ Weith, Thomas: Vom Flächenmanagement zum Landmanagement. Entwicklung des Flächenmanagements in Deutschland, PLANERIN 2011, S. 8 ff.

Gähde, Ulrich: Modelle der Struktur und Dynamik wissenschaftlicher Theorien, in: Bartels, Andreas/ Stöckler, Manfred (Hrsg.), Wissenschaftstheorie: ein Studienbuch, Paderborn 2007, S. 45 ff.

Galler, Josef: Lehrbuch Umweltschutz: Fakten, Kreisläufe, Maßnahmen; ein Handbuch für Unterricht und Eigenstudium, Landsberg 1999

Goldschmidt, Jürgen: Stadtumbau und Soziale Stadt, DVBl. 2005, S. 81 ff.

Literaturverzeichnis

Goldschmidt, Jürgen: Das Rückbau- und Entsiegelungsgebot nach § 179 BauGB, UPR 2012, S. 50 ff.

Görg, Christoph: Raum und Gesellschaft. Zur Bedeutung von Ort und raum in Zeiten der „Globalisierung", in: Weingarten, Michael (Hrsg.), Strukturierung von Raum und Landschaft: Konzepte in Ökologie und der Theorie gesellschaftlicher Naturverhältnisse, 1. Auflage, Münster 2005, S. 222 ff.

Goudie, Andrew: Mensch und Umwelt: eine Einführung, Heidelberg u. a. 1994

Greiving, Stefan: Die Rolle der Bauleitplanung bei der Beeinflussung der zukünftigen Flächeninanspruchnahme, in: Akademie für Raumforschung und Landesplanung (ARL) (Hrsg.), Flächenhaushaltspolitik: Feststellungen und Empfehlungen für eine zukunftsfähige Raum- und Siedlungsentwicklung, Hannover 1999, S. 147 ff.

Grooterhorst, Johannes: Welche Möglichkeiten bieten insbesondere Bau- und Planungsrecht zur Umsetzung umweltrelevanter Maßnahmen im Innenstadtbereich?, DVBl. 1987, S. 654 ff.

Groß, Thomas: Welche Klimaschutzpflichten ergeben sich aus Art. 20a GG?, ZUR 2009, S. 364 ff.

Grüner, Johannes: Die Einschränkung der planerischen Gestaltungsfreiheit durch Optimierungsgebote und Abwägungsdirektiven, UPR 2011, S. 50 ff.

Hansmann, Klaus/ Sellner, Dieter (Hrsg.): Grundzüge des Umweltrechts, 4. Auflage, Berlin 2012

Hauff, Volker (Hrsg.): Unsere gemeinsame Zukunft: der Brundtland-Bericht der Weltkommission für Umwelt und Entwicklung, Greven 1987

Heineberg, Heinz unter Mitarbeit von Kraas, Frauke und Krajewski, Christian: Stadtgeographie, 5. Auflage, Paderborn 2017

Henninger, Sascha (Hrsg.): Stadtökologie: Bausteine des Ökosystems Stadt, Paderborn 2011

Hill, Hermann/ Hof, Hagen (Hrsg.): Wirkungsforschung zum Recht II: Verwaltung als Adressat und Akteur, 1. Auflage, Baden-Baden 2000

Holz-Rau, Christian/ Günthner, Stephan/ Krummheuer, Florian: Daseinsvorsorge ist keine Dortseinsvorsorge. Hinweise zur Planung in dünn besiedelten Räumen, IzR 2010, S. 489 ff.

Hoppe, Werner/ Bönker, Christian/ Grotefels, Susan: Öffentliches Baurecht: Raumordnungsrecht, Städtebaurecht, Bauordnungsrecht, 4. Auflage, München 2010

Hucke, Jochen/ Wollmann, Hellmut: Methodenprobleme der Implementationsforschung, in: Mayntz, Renate (Hrsg.), Implementation politischer Programme: empirische Forschungsberichte, Königstein/Ts. 1980, S. 216 ff.

Ingenieurtechnischer Verband Altlasten e.V. (Hrsg.): Flächenrecycling, Berlin 1998

Ipsen, Jörn: Staatsrecht II: Grundrechte, 18. Auflage, München 2015

Jäde, Henning/ Dirnberger, Franz/ Weiß, Josef: Baugesetzbuch, Baunutzungsverordnung: Kommentar, 8. Auflage, Stuttgart u. a. 2017

Jahndorf, Christian: Grundlagen der Staatsfinanzierung durch Kredite und alternative Finanzierungsformen im Finanzverfassungs- und Europarecht: Formenstrenge und Gestaltungsspielräume im Haushalts- und Staatsschuldenrecht sowie Reformüberlegungen unter Einbeziehung der Haushaltssysteme Frankreichs und Englands, Heidelberg 2003

Jarass, Hans D./ Kment, Martin: Baugesetzbuch, München 2013

Jarass, Hans D./ Pieroth, Bodo: Grundgesetz für die Bundesrepublik Deutschland: Kommentar, 14. Auflage, München 2016

Job, Hubert/ Pütz, Marco (Hrsg.): Flächenmanagement: Grundlagen für eine nachhaltige Siedlungsentwicklung mit Fallbeispielen aus Bayern, Hannover 2006

Jörissen, Juliane/ Coenen, Reinhard: Sparsame und schonende Flächennutzung: Entwicklung und Steuerbarkeit des Flächenverbrauchs, Berlin 2007

Jost, Peter-Jürgen: Effektivität von Recht aus ökonomischer Sicht, Berlin 1998

Kingreen, Thorsten/ Poscher, Ralf/ Pieroth, Bodo (Begr.)/ Schlink, Bernhard (Begr.): Grundrechte: Lehrbuch, Entscheidungen, Gesetzestexte, 32. Auflage, Heidelberg 2016

Klemme, Marion: Stadtentwicklung ohne Wachstum: zur Praxis kommunaler Siedlungsflächenentwicklung: empirische Befunde und Folgerungen zu Steuerungsverständnissen und -formen öffentlicher Akteure, Saarbrücken 2010

Kloepfer, Michael: Verfassungsrecht/ Teil 1: Grundlagen, Staatsorganisationsrecht, Bezüge zum Völker- und Europarecht, München 2011

Kloepfer, Michael: Finanzverfassungsrecht: mit Haushaltsverfassungsrecht; ein Studienbuch, München 2014

Koch, Michael: Ökologische Stadtentwicklung: innovative Konzepte für Städtebau, Verkehr und Infrastruktur, Stuttgart u. a. 2001

Köck, Wolfgang/ Hofmann, Ekkehard: Leistungsfähigkeit des Rechts der Bauleitplanung zur Reduzierung der Flächeninanspruchnahme, in: Umweltbundesamt (Hrsg.), Effektivierung des raumbezogenen Planungsrechts zur Reduzierung der Flächeninanspruchnahme, Berlin 2007, S. 11 ff.

König, Helmut/ Roeser, Thomas/ Stock, Jürgen: Baunutzungsverordnung: Kommentar, 3. Auflage, München 2014

König, Klaus/ Kropp, Sabine/ Kuhlmann, Sabine/ Reichard, Christoph/ Sommermann, Karl-Peter/ Ziekow, Jan (Hrsg.): Grundmuster der Verwaltungskultur: interdisziplinäre Diskurse über kulturelle Grundformen der öffentlichen Verwaltung, 1. Auflage, Baden-Baden 2014, S. 181 ff.

Konzendorf, Götz: Institutionelle Einbettung der Evaluationsfunktion in Politik und Verwaltung in Deutschland, in: Widmer, Thomas/ Beywl, Wolfgang/ Fabian, Carlo (Hrsg.), Evaluation: ein systematisches Handbuch, 1. Auflage, Wiesbaden 2009, S. 27 ff.

Krautzberger, Michael/ Stüer, Bernhard: BauGB-Novelle 2013, DVBl. 2013, S. 805 ff.

Lahmann, Erwin: Luftverunreinigung - Luftreinhaltung: eine Einführung in ein interdisziplinäres Wissensgebiet, Berlin u. a. 1990

Literaturverzeichnis

Lege, Joachim: Stadtumbau und städtebauliche Gebote. Neue Herausforderungen durch Stadterhaltung und Rückbau, NVwZ 2005, S. 880 ff.

Louis, Hans Walter/ Wolf, Verena: Bodenschutz in der Bauleitplanung, NuR 2002, S. 61 ff.

Luhmann, Niklas: Soziale Systeme: Grundriß einer allgemeinen Theorie, 1. Auflage (Nachdruck), Frankfurt am Main 2006

Mackensen, Rainer: Bevölkerungsdynamik und Stadtentwicklung in ökologischer Perspektive, in: Sukopp, Herbert/ Wittig, Rüdige (Hrsg.), Stadtökologie: ein Fachbuch für Studium und Praxis, 2. Auflage, Stuttgart u. a. 1998, S. 49 ff.

Mangoldt, Hermann von (Begr.)/ Klein, Friedrich (fortgeführt)/ Starck, Christian (Hrsg.): Kommentar zum Grundgesetz, 6. Auflage, München 2010

Martin, Dieter J./ Krautzberger, Michael (Begr.)/ Davydov, Dimitrij/ Spennemann, Jörg (Hrsg.): Handbuch Denkmalschutz und Denkmalpflege: Recht – fachliche Grundsätze – Verfahren – Finanzierung, 4. Auflage, München 2017

Mathey, Juliane/ Rößler, Stefanie/ Lehmann, Iris/ Bräuer, Anne/ Goldberg, Valeri/ Kurbjuhn, Cornelia/ Westbeld, Anna: Noch wärmer, noch trockener? Stadtnatur und Freiraumstrukturen im Klimawandel: Abschlussbericht zum F+E-Vorhaben (FKZ 3508 821 800) "Noch wärmer, noch trockener? Stadtnatur und Freiraumstrukturen im Klimawandel" Bonn 2011

Maunz, Theodor/ Dürig, Günter (Begr.)/ Herzog, Roman/ Herdegen, Matthias/ Scholz, Rupert/ Klein, Hans H. (Hrsg.): Grundgesetz: Kommentar, Loseblattsammlung, München 1958, Stand: 79. Lieferung, Dezember 2016

Maurer, Hartmut: Staatsrecht I: Grundlagen, Verfassungsorgane, Staatsfunktionen, 6. Auflage, München 2010

Mayntz, Renate: Die Implementation politischer Programme. Theoretische Überlegungen zu einem neuen Forschungsgebiet, in: Mayntz, Renate (Hrsg.), Implementation politischer Programme: empirische Forschungsberichte, Königstein/Ts. 1980, S. 236 ff.

Merten, Detlef/ Papier, Hans-Jürgen (Hrsg.): Handbuch der Grundrechte in Deutschland und Europa, Band II: Grundrechte in Deutschland, Allgemeine Lehren I, Heidelberg 2006

Mitschang, Stephan: Fachplanungen, in: Henckel, Dietrich/ Kuczkowski, Kester/ Lau, Petra/ Pahl-Weber, Elke/ Stellmacher, Florian (Hrsg.), Planen-Bauen-Umwelt: Ein Handbuch, 1. Auflage, Wiesbaden 2010, S. 164 ff.

Mitschang, Stephan: Städtebauliche Planungsinstrumente für die Innenentwicklung, ZfBR 2013, S. 324 ff.

Möller, Detlev: Luft: Chemie, Physik, Biologie, Reinhaltung, Recht, Berlin u. a. 2003

Münch, Ingo von (Begr.)/ Kunig, Philip (Hrsg.): Grundgesetz: Kommentar, 6. Auflage, Band 1 und 2, München 2012

Murswiek, Dietrich: Privater Nutzen und Gemeinwohl im Umweltrecht, DVBl. 1994, S. 77 ff

Nohlen, Dieter/ Grotz, Florian (Hrsg.): Kleines Lexikon der Politik, 5. Auflage, München 2011 (Anmerkung: die aktuelle 6. Auflage 2015 enthält die zitierten Ausführungen nicht)

Paluch, Daria/ Werk, Klaus: Zum aktuellen Sachstand und zur Bewertung der europäischen Beschlüsse zur Änderung der UVP-Richtlinie, NuR 2014, S. 400 ff.

Papier, Hans-Jürgen: Eigentum in der Planung, in: Erbguth, Wilfried/ Oebbecke, Janbernd/ Rengeling, Hans-Werner/ Schulte, Martin (Hrsg.), Planung: Festschrift für Werner Hoppe zum 70. Geburtstag, München 2000, S. 213 ff.

Pecher, Christian Matthias: Verfassungsimmanente Schranken von Grundrechten, Münster u. a. 2002

Peine, Franz-Joseph: Öffentliches Baurecht: Grundzüge des Bauplanungs- und Bauordnungsrechts unter Berücksichtigung des Raumordnungs- und Fachplanungsrechts, 4. Auflage, Tübingen 2003

Plett, Konstanze/ Ziegert, Klaus A. (Hrsg.): Empirische Rechtsforschung zwischen Wissenschaft und Politik: zur Problemlage rechtssoziologischer Auftragsforschung; Kolloquium im Max-Planck-Institut für Ausländisches und Internationales Privatrecht, Hamburg, 30. und 31. März 1982, Tübingen 1984

Plogmann, Jürgen: Zur Konkretisierung der Raumordnungsziele durch gesellschaftliche Indikatoren: ein Diskussionsbeitrag zu der Empfehlung des Beirats für Raumordnung vom 16. Juni 1976, Münster 1977

Presse- und Informationsamt der Bundesregierung (Hrsg.): Perspektiven für Deutschland: Unsere Strategie für eine nachhaltige Entwicklung, Berlin 2002

Preuß, Thomas/ Verbücheln, Maic (Hrsg.): Towards circular flow land use management: the CircUse compendium, Berlin 2013

Raiser, Thomas: Grundlagen der Rechtssoziologie, 6. Auflage, Tübingen 2013

Rehbinder, Manfred: Rechtssoziologie: ein Studienbuch, 8. Auflage, München 2014

Reimann, Bettina/ Schuleri-Hartje, Ulla-Kristina: Integration und sozialräumliche Segregation sind kein Widerspruch! Die Förderung der Integration von Zuwanderern unter den Bedingungen der sozialräumlichen Segregation ist eine zentrale Herausforderung der kommunalen Integrationspolitik, Difu-Berichte 2006, S. 2 f.

Rink, Dieter/ Banzhaf, Ellen: Flächeninanspruchnahme als Umweltproblem, in: Groß, Matthias (Hrsg.), Handbuch Umweltsoziologie, 1. Auflage, Wiesbaden 2011, S. 445 ff.

Sachs, Michael (Hrsg.): Grundgesetz: Kommentar, 7. Auflage, München 2014

Sacksofsky, Ute: Umweltschutz durch nicht-steuerliche Abgaben: zugleich ein Beitrag zur Geltung des Steuerstaatsprinzips, 1. Auflage, Tübingen 2000

Sangenstedt, Christof: Die Reform der UVP-Richtlinie 2014: Herausforderungen für das deutsche Recht, ZUR 2014, S. 526 ff.

Schayck, Edgar van: Ökologisch orientierter Städtebau, 1. Auflage, Düsseldorf 1996

Literaturverzeichnis

Schekahn, Anke/ Grundler, Hubert: Nachhaltige Freiraumsicherung und -entwicklung in Verdichtungsräumen: Ergebnisse aus dem F+E Vorhaben 801 82 110 "Naturschutz in Verdichtungsräumen" des Bundesamtes für Naturschutz, Bonn 2004

Schieferdecker, Bernd: Baurecht auf Zeit im BauGB 2004, BauR 2005, S. 320 ff.

Schimansky, Christian: Die Problematik des Freiflächenverbrauchs in Deutschland: Bodenschutz vor Versiegelung aus rechtlicher Sicht, Berlin 2003

Schink, Alexander: Umweltschutz als Staatsziel, DÖV 1997, S. 221 ff.

Schink, Alexander: Die Berücksichtigung von Umweltbelangen in der Bauleitplanung, BauR 1998, S. 1163 ff.

Schink, Alexander: Der Bodenschutz und seine Bedeutung für die nachhaltige städtebauliche Entwicklung, DVBl. 2000, S. 221 ff.

Schink, Alexander: Nachverdichtung, Baulandmobilisierung und Umweltschutz, UPR 2001, S. 161 ff.

Schink, Alexander: Umweltprüfung in der Bauleitplanung. Grundlagen und Auswirkungen der UVP-Änderungsrichtlinie 2014, UPR 2014, S. 408 ff.

Schliesky, Utz: Öffentliches Wirtschaftsrecht: eine Einführung mit Fällen, 4. Auflage, Heidelberg u. a. 2014

Schmalholz, Michael: Steuerung der Flächeninanspruchnahme: Defizite des Umwelt- und Planungsrechts sowie alternative Ansätze zur Reduzierung des Flächenverbrauchs durch Siedlung und Verkehr, Norderstedt 2005

Schmidt-Bleibtreu, Bruno/ Klein, Franz (Begr.)/ Hofmann, Hans/ Henneke, Hans-Günter (Hrsg.): GG: Kommentar zum Grundgesetz, 13. Auflage, Köln 2014

Schoch, Friedrich (Hrsg.): Besonderes Verwaltungsrecht, 15. Auflage, Berlin u. a. 2013

Schönwandt, Walter/ Jung, Wolfgang/ Jacobi, Juri/ Bader, Johannes: Flächenmanagement durch innovative Regionalplanung: Ergebnisbericht des REFINA-Forschungsprojekts FLAIR, Stuttgart 2009

Schrödter, Wolfgang (Hrsg.): Baugesetzbuch, 8. Auflage, Baden-Baden u. a. 2015

Schulz, Anne: Reduzierung des Flächenverbrauchs mit Hilfe der Bauleitplanung, Berlin u. a. 2017

Schuppert, Gunnar Folke: Verwaltungswissenschaft: Verwaltung, Verwaltungsrecht, Verwaltungslehre, 1. Auflage, Baden-Baden 2000

Senftleben, Diana: Rechtliche Anforderungen an handelbare Flächenausweisungsrechte zur Reduzierung des Flächenverbrauchs, ZUR 2008, S. 64 ff.

Siedentop, Stefan/ Egermann, Markus: Freiraumschutz und Freiraumentwicklung durch Raumordnungsplanung: Bilanz, aktuelle Herausforderungen und methodisch-instrumentelle Perspektiven, Hannover 2009

Sinning, Heidi: Stadtmanagement – konzeptionelle Einordnung, Handlungsebenen und -felder, in: Sinning, Heidi (Hrsg.), Stadtmanagement: Strategien zur Modernisierung der Stadt(-Region), 2. Auflage, Dortmund 2007, S. 7 ff.

Sodan, Helge (Hrsg.): Grundgesetz, 3. Auflage, München 2015

Spannowsky, Willy: Vertragliche Regelungen als Instrumente zur Sicherung der nachhaltigen städtebaulichen Entwicklung, DÖV 2000, S. 569 ff.

Spannowsky, Willy: Aktuelle Rechtsprechung zu den Instrumenten der Innenentwicklung, UPR 2011, S. 241 ff.

Spannowsky, Willy/ Uechtritz, Michael (Hrsg.): Baugesetzbuch: Kommentar, 2. Auflage, München 2014

Statistisches Bundesamt (Hrsg.): Statistisches Jahrbuch 2016. Deutschland und Internationales, Wiesbaden 2016

Statistisches Bundesamt (Hrsg.): Nachhaltige Entwicklung in Deutschland. Daten zum Indikatorenbericht 2016, Wiesbaden 2016

Statistisches Bundesamt (Hrsg.): Nachhaltige Entwicklung in Deutschland. Indikatorenbericht 2016, Wiesbaden 2017

Stellhorn, Holger: Umnutzung und Modernisierung von Baudenkmälern: Probleme des Verfassungs-, Bau- und Denkmalrechts, Wiesbaden 2016

Stern, Klaus/ Becker, Florian (Hrsg.): Grundrechte-Kommentar, 2. Auflage, Köln 2016

Stober, Rolf: Allgemeines Wirtschaftsverwaltungsrecht: Grundlagen des deutschen, europäischen und internationalen öffentlichen Wirtschaftsrechts, 18. Auflage, Stuttgart 2015

Stollmann, Frank: Öffentliches Baurecht, 10. Auflage, München 2015

Strehl, Wolfgang: Entscheidung – revisted, in: Busch, Dörte/ Kutscha, Martin (Hrsg.), Recht, Lehre und Ethik der öffentlichen Verwaltung: Festschrift für Hans Paul Prümm, 1. Auflage, Baden-Baden 2013, S. 163 ff.

Stüer, Bernhard: Handbuch des Bau- und Fachplanungsrechts: Planung - Genehmigung – Rechtsschutz, 5. Auflage, München 2015

Stüer, Bernhard: Städtebaurechtsnovelle 2012, DVBl. 2012, S. 1017 ff.

Tettinger, Peter J. (Begr.)/ Erbguth, Wilfried/ Mann, Thomas/ Schubert, Mathias: Besonderes Verwaltungsrecht: Kommunalrecht, Polizei- und Ordnungsrecht, Baurecht, 12. Auflage, Heidelberg 2015

Thiel, Fabian: Städtebaurechtliche Instrumente zur Reduzierung des Flächenverbrauchs unter besonderer Berücksichtigung der Problematik des Stadtumbaus, Leipzig/Halle 2004

Thiel, Fabian: Die Etablierung einer kommunalen Flächenkreislaufwirtschaft – strategische Ansätze und bodenpolitische Hemmnisse, UPR 2005, S. 212 ff.

Thiel, Fabian: Strategisches Landmanagement: Baulandentwicklung durch Recht, Ökonomie, Gemeinschaft und Information, 2. Auflage, Norderstedt 2008

Tomerius, Stephan: Flächenrecycling als Instrument nachhaltiger Stadtentwicklung, NuR 2005, S. 14 ff.

Tomerius, Stephan: Auswirkungen der Baugesetzbuch-Novelle 2007 – Impulse für mehr Innenentwicklung und Flächensparen in den Gemeinden?, ZUR 2008, S. 1 ff.

Umweltbundesamt (Hrsg.): Szenarien und Potentiale einer nachhaltig flächensparenden und landschaftsschonenden Siedlungsentwicklung, Berlin 2001

Uechtritz, Michael: Die Änderungen des BauGB durch das Gesetz zur Erleichterung von Planungsvorhaben für die Innenentwicklung der Städte – „BauGB 2007", BauR 2007, S. 476 ff.

Literaturverzeichnis

Waechter, Kay: Flächensparsamkeit in der Bauleitplanung, DVBl. 2009, S. 997 ff.

Watzenberg, Anja: Der homo oeconomicus und seine Vorurteile: eine Analyse des zivilrechtlichen Benachteiligungsverbots, Berlin u.a. 2014

Weber, Tobias/ Köppert, Valentin: Baurecht Bayern, 3. Auflage, Heidelberg 2016

Wettemann-Wülk, Julia: Nachhaltige Siedlungsentwicklung und Flächeninanspruchnahme in der raumplanerischen Abwägung und politischen Entscheidungsfindung, Würzburg 2015

Wittenbecher, Christian: Ziele und Entwicklungsstand der Flächenhaushaltspolitik, in: Akademie für Raumforschung und Landesplanung (ARL) (Hrsg.), Flächenhaushaltspolitik: Feststellungen und Empfehlungen für eine zukunftsfähige Raum- und Siedlungsentwicklung, Hannover 1999, S. 13 ff.

Wolf, Rainer: Gehalt und Perspektiven des Art. 20a GG, KritVj 1997, S. 280 ff.

Wollmann, Hellmut: Implementationsforschung/Evaluationsforschung, in: Nohlen, Dieter (Hrsg.), Lexikon der Politik, Band 2: Kriz, Jürgen/ Nohlen, Dieter/ Schulze, Rainer-Olaf (Hrsg.), Politikwissenschaftliche Methoden, München 1994, S. 173 ff.

Zeh, Wolfgang: Verwaltungswissenschaftliche Zugänge zur Gesetzgebungslehre, in: Schreckenberger, Waldemar/ König, Klaus/ Zeh, Wolfgang (Hrsg.), Gesetzgebungslehre: Grundlagen – Zugänge – Anwendung, Stuttgart u. a. 1986, S. 57 ff.

Zippelius, Reinhold/ Würtenberger, Thomas: Deutsches Staatsrecht: ein Studienbuch, 32. Auflage, München 2008